U0455342

权威·前沿·原创

皮书系列为
"十二五"国家重点图书出版规划项目

保险蓝皮书

BLUE BOOK OF
INSURANCE

中国保险业竞争力报告（2014）

ANNUAL REPORT ON CHINA'S INSURANCE
COMPETITIVENESS (2014)

建设世界保险强国新方位

主　编／项俊波

中国保险学会
特华博士后科研工作站

社会科学文献出版社
SOCIAL SCIENCES ACADEMIC PRESS (CHINA)

图书在版编目（CIP）数据

中国保险业竞争力报告：建设世界保险强国新方位.2014/项俊波主编.
—北京：社会科学文献出版社，2014.12
（保险蓝皮书）
ISBN 978 - 7 - 5097 - 6740 - 5

Ⅰ.①中…　Ⅱ.①项…　Ⅲ.①保险业 - 竞争力 - 研究报告 - 中国 -
2014　Ⅳ.①F842

中国版本图书馆 CIP 数据核字（2014）第 262197 号

保险蓝皮书

中国保险业竞争力报告（2014）
——建设世界保险强国新方位

主　　编/项俊波
副 主 编/周延礼　李　扬　陈文辉
执行副主编/姚庆海　王　力

出 版 人/谢寿光
项目统筹/恽　薇　蔡莎莎
责任编辑/蔡莎莎　冯咏梅

出　　版/社会科学文献出版社·经济与管理出版中心（010）59367226
　　　　　地址：北京市北三环中路甲 29 号院华龙大厦　邮编：100029
　　　　　网址：www.ssap.com.cn
发　　行/市场营销中心（010）59367081　59367090
　　　　　读者服务中心（010）59367028
印　　装/北京季蜂印刷有限公司

规　　格/开　本：787mm×1092mm　1/16
　　　　　印　张：28.75　字　数：467 千字
版　　次/2014 年 12 月第 1 版　2014 年 12 月第 1 次印刷
书　　号/ISBN 978 - 7 - 5097 - 6740 - 5
定　　价/99.00 元

皮书序列号/B - 2013 - 276

保险蓝皮书编委会

摘　要

《中国保险业竞争力报告（2014）》以行业和企业的竞争力为主题，在对行业国际竞争力进行全面、深入分析的基础上，回顾和反思近两年行业发展的主要成就及存在的问题，评价和分析主要公司在市场竞争中的表现及深层次竞争行为，并聚焦当前保险监管和市场发展的重点难点问题，力图通过客观、深入的分析研究为行业发展建言献策。

全书共分总报告、行业篇、企业篇和专题篇四个部分。

总报告紧紧围绕"新国十条"提出的世界保险强国目标，从发展现状、影响因素两大方面对中国保险业的国际竞争力进行了分析，并借鉴产业国际竞争力的"钻石模型"，从企业和政府两个角度提出了加快建设保险强国的对策举措。

行业篇采用大量翔实的数据梳理了近两年行业发展的基本脉络，多角度对财产保险、人身保险、保险中介、保险资产管理4个子行业的竞争力进行了评价分析，提出了提升行业竞争力和服务能力的对策建议。

企业篇运用企业竞争力"三段式"评价分析模型，在概括市场总体竞争态势的基础上，对主要财产险、人身险公司近两年的竞争力进行了系统评价分析，并对企业竞争力形成的原因进行了深入挖掘。

专题篇结合当前保险监管和市场发展的重点和难点，围绕全民保险教育、国际保险业发展、交强险经营、OECD成员国私人养老金计划、公务人员养老金制度改革的国际实践、商业机制参与医疗保障的国际实践、基于第二支柱养老金视角的次贷危机和欧债危机问题进行了系统、深入的研究，并提出了一系列有针对性的对策建议。

保险蓝皮书的撰写汇集了一批在国内保险界具有较高知名度的专家、学

者，内容力求客观、权威、通俗，兼具学术性、实务性和资讯性，既适合监管部门、保险相关机构和学术研究参考，也适合一般从业人员学习、了解保险业之用。

关键词：保险业　保险强国　行业竞争力　企业竞争力　民生保障

Abstract

Seeing the industry and enterprise competitiveness as the thread, *Annual Report on China's Insurance Competitiveness* (*2014*) presented a review of the main achievements of the industry as well as the problems over the past two years based on a comprehensive and in-depth analysis of the industry's international competitiveness. Meanwhile, with special topics on the roles of social security and commercial insurance, the book also evaluated the performance of major insurance companies and deep-level competitive behaviors in the market, striving to offer advice and suggestions for the industry through objective and profound analysis & research.

The entire book is consisted of four parts: General Report, Reports on Industry, Reports on Enterprises and Special Reports.

Focused on the target of a large world insurance country proposed in "Opinions of the State Council on Accelerating the Development of Modern Insurance Industry", the international competitiveness of China's insurance industry was analyzed from the perspectives of development status and influential factors in the overall report. Meanwhile, the countermeasures on accelerating the construction of a big insurance country was proposed for enterprises and the government by learning from the diamond model of international competitiveness.

In the Reports on Industry, the development course of the industry over the past two years was reviewed using a large amount of accurate data. Apart from the assessment made on the sub-industries competitiveness of property insurance, life insurance, insurance intermediaries and asset management from several perspectives, the measures and suggestions were proposed to enhance industrial competitiveness and service capability.

In the Reports on Enterprises, a systematic evaluation & analysis on the competitiveness of major property and life insurance companies over the past two years was conducted based on the summary of the overall market competitiveness

trend by making use of the three-step evaluation & analysis model for enterprise competitiveness. Besides, the underlying reasons behind enterprise competitiveness were explored thoroughly.

In Special Reports, the key points and difficulties of the current insurance regulation and market development were combined with to carry out a systematic and profound study with the evaluation of development and competitiveness of international insurance industry as the basis: the private pension programs sponsored by OECD, international practices relating to the reforms of public official pension systems, international practices regarding the involvement of commercial mechanism in medical security, subprime mortgage crisis and European debt crisis from the perspective of the State Second Pension. A series of countermeasures and suggestions were proposed at the same time.

The compilation of China's insurance blue book is a joint effort of a large group of experts and scholars renowned in domestic insurance industry. Featured by its practicality, academic content and informativeness and written with objective, authoritative and popular languages, the book is a good reference for supervision departments, insurance institutions and academic researchers as well as a suitable reading for general practitioners to learn about the insurance industry.

Keywords: Insurance Industry; Insurance Power; Industrial Competitiveness; Enterprise Competitiveness; People's Livelihood.

序

　　党的十八大提出要实施创新驱动发展战略，十八届三中全会进一步提出加快建设创新型国家。中国经济当前已经进入新常态，即高效率、低成本、可持续的中高速增长阶段。在新常态下，经济发展无疑将从要素驱动、投资驱动转向创新驱动。保险业是现代经济的重要产业，是现代服务业发展的重点，是我国经济新的增长点和生力军，在新常态下创新驱动的浪潮中自不能置身事外，要主动担当，积极作为。2014年下半年，《国务院关于加快发展现代保险服务业的若干意见》和《国务院办公厅关于加快发展商业健康保险的若干意见》先后颁布，为保险业的发展指明了新方位、新机遇、新未来。作为现代经济的重要产业和风险管理的基本手段，保险业发展创新空间巨大，任重道远。

　　自1979年国务院决定恢复国内业务至今，中国保险业已经走过了35年的光辉历程。30多年来，伴随着经济社会的快速发展，中国保险业保持了高速增长势头，保费收入由改革开放初期的4.6亿元增长到2013年的1.72万亿元，年均增长率达28.3%，成为国民经济中增长最快的行业之一。在保费收入快速增长的同时，保险业的服务能力不断增强，服务的领域和范围不断拓展，在推动经济社会发展中的作用日益凸显。中国保险业的快速发展是多种因素综合作用的结果。从行业自身看，既来源于人力、资本等生产要素的快速集聚，也得益于持续不断的改革创新。

　　近年来，中国保险业在体制机制改革及产品、服务、渠道、管理和技术等创新方面取得很大进步，但改革创新的意识和能力有待进一步增强。展望未来，要到2020年基本建成具有较强服务能力、创新能力和国际竞争力的现代保险服务业，使之在服务国家治理现代化和经济社会工作整体布局中发挥重要作用，实现由保险大国向保险强国的转变，就必须奏响改革创新时代主旋律，

真正摈弃传统的粗放式发展和规模扩张之路，实现保险业发展动力向创新驱动的根本性转变。

新型智库建设是实现创新驱动的重要保障。近期，保监会建立了中国保监会重大决策专家咨询委员会，专家咨询委员会致力于成为保监会决策智力支持系统的重要组成部门。专家咨询委员会秘书处设在中国保险学会。中国保险学会等行业智库要登高望远，围绕国家发展战略和行业发展大局，加强全局性研究和前瞻性思考，为保险业创新驱动提供重要的理论指导和智力支持，加快推动我国由保险大国向保险强国转变。

在学术界众多研究成果中，保险蓝皮书自 2013 年首次出版以来，以皮书系列"前沿、权威、原创"的特点迅速为大家所熟知。保险蓝皮书由中国保险学会和特华博士后科研工作站联袂打造，会聚了保险业及相关领域一批有代表性的专家学者，从中国经济社会发展和保险事业发展的大局出发，以保险业竞争力为主题，以改革创新为主线，以年度为时间单元，对保险行业的发展进行回顾、总结和反思，对保险公司竞争力进行评价和分析，并设专题对保险业改革创新中的一些重大问题进行系统梳理和研究。总体上看，保险蓝皮书定位准确，内容丰富，兼具学术性、实务性和资讯性，既适合监管部门、保险公司和学术机构研究参考，也适合一般从业人员学习和了解相关情况。

希望保险蓝皮书今后进一步突出保险业竞争力和改革创新这一主题主线，广泛听取意见和建议，不断改进存在的不足，再接再厉，努力将自身打造成保险业高端智库研究成果的拳头产品，为我国保险事业的发展不断做出新的贡献！

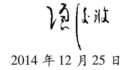

2014 年 12 月 25 日

目 录

B Ⅳ   专题篇

皮书数据库阅读**使用指南**

CONTENTS

B I   General Report

B II   Reports on Industry

B III   Reports on Enterprises

B Ⅳ　Special Reports

总 报 告

General Report

B.1

新起点　新方位　新征程

——以改革创新铺就世界保险强国之路

项俊波[*]

摘 要:

经过 35 年的快速发展,中国保险业已经站在了一个新的起点上。"新国十条"提出建设世界保险强国的目标,明确了中国保险业发展的新方位。保险业应乘势而上,顺势而为,通过改革创新、扩大开放,全面踏上服务经济社会发展、提升行业国际竞争力的新征程。

关键词:

保险强国　国际竞争力　钻石理论　企业　政府　改革创新

2014 年 8 月 3 日,国务院发布《关于加快发展现代保险服务业的若干意

* 项俊波,博士,研究员,中国保险监督管理委员会主席。

见》（以下简称"新国十条"），明确了今后一段时期保险业发展的主要方向、总体要求、重点任务和政策措施，提出到 2020 年基本建成具有较强服务能力、创新能力和国际竞争力的现代保险服务业，努力由保险大国向保险强国转变。"新国十条"站在国家治理体系建设和经济社会发展整体布局的高度，对加快发展现代保险服务业进行了全面部署，为保险业在更高层面、更广领域发展开创了新的战略机遇期。中国保险业应当不辱使命，乘势而上，顺势而为，从新的起点出发，按照"新国十条"确立的新方位，不断深化改革创新，扩大对内对外开放，全面踏上服务经济社会发展、提升行业国际竞争力的新征程。

一 新起点：中国保险业国际竞争力的现状

保险是市场经济的产物。自 1979 年决定恢复国内保险业务 35 年来，特别是自 1992 年中央提出建立社会主义市场经济体制以来，中国保险业实现了跨越式发展。虽然与英国、瑞士、美国等西方发达国家相比，中国保险业的国际竞争力还存在不小差距，但面对未来，中国保险业无疑已站在一个新的起点上，实现世界保险强国目标比以往任何时候都变得更加现实。

（一）中国保险业发展及国际比较

1. 保险业增长

近 20 多年来，中国保险业发展虽起起伏伏，但总体上保持了高速增长态势。从保费收入看，1992 年只有 368 亿元，2011 年达到 1.43 万亿元，是 1992 年的 39 倍，年均增长 21%。2012~2013 年，在经过之前的短暂调整后，保费收入再次呈现加快增长态势。2012 年，原保险保费收入为 15487.93 亿元，同比增长 8.01%；2013 年，原保险保费收入为 17222.24 亿元，同比增长 11.2%（见图 1）。这两年的快速增长得益于各类业务的并行加速。以 2013 年为例，财产险业务原保险保费收入为 6212.26 亿元，同比增速由上年的 15.44% 提升至 16.53%；寿险业务为 9425.14 亿元，同比增速由 2.44% 提升至 5.8%；健康险业务为 1123.5 亿元，同比增速由 24.73% 提升至 30.22%；人身意外险业务为 461.34 亿元，同比增速由 15.58% 提升至 19.46%。

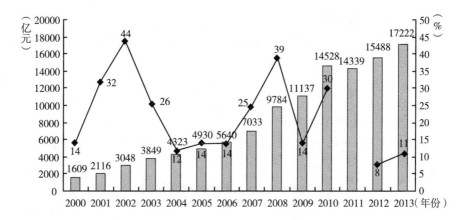

图1 2000～2013年保费收入和增幅对比

注：从2010年12月起，寿险公司全面实施《企业会计准则解释第2号》，寿险业务、健康险业务、意外险业务保费口径发生变化。2011年人身保险及全行业数据与2010年不具有可比性。本报告涉及人身保险及全行业数据的图表未标示2011年同比情况。

保费收入的快速增长促进了保险密度和保险深度的大幅度提升。根据Sigma的统计，1994年我国保险密度只有4.1美元/人，保险深度只有0.97%，到2011年，保险密度和保险深度已分别达163美元/人和3.0%（2010年后者一度达到3.8%）。2012年和2013年，保险密度分别进一步增加至178.9美元/人和201美元/人，同比分别净增15.9美元/人和22.1美元/人；保险深度则在2012年短暂回落后，于2013年再次提升至3.0%（见表1）。

表1 2006～2013年我国的保险密度和保险深度

单位：美元/人，%

年份	保险密度			保险深度		
	总业务	寿险	非寿险	总业务	寿险	非寿险
2006	53.5	34.1	19.4	2.7	1.7	1.0
2007	69.6	44.2	25.5	2.9	1.8	1.1
2008	105.4	71.7	33.7	3.3	2.2	1.0
2009	121.2	81.1	40	3.4	2.3	1.1
2010	158.4	105.5	52.9	3.8	2.5	1.3
2011	163	99	64	3.0	1.8	1.2
2012	178.9	102.9	76.0	2.96	1.7	1.26
2013	201	110	91	3.0	1.6	1.4

资料来源：Sigma。

2. 在金融业中的地位

保险业是现代金融体系的三大支柱之一。自 1980 年恢复国内业务以来，伴随着保险业的快速发展，保险业金融机构总资产及在金融业总资产中的占比不断提升，2013 年保险业金融机构总资产已达 8.29 万亿元，在金融业总资产中的占比为 4.30%，高于证券业金融机构。其中，总资产比证券业金融机构多出 6.77 万元，在金融业总资产中的占比比证券业金融机构多出 3.51 个百分点（见表 2）。

表2　2006~2013 年中国金融业资产简表

单位：万亿元，%

年份	资产总额				各类金融机构所占份额		
	金融业	银行业金融机构	证券业金融机构	保险业金融机构	银行业	证券业	保险业
2006	60.38	43.95	1.60	1.97	72.79	2.65	3.26
2007	77.39	52.60	4.98	2.90	67.97	6.43	3.75
2008	87.62	62.39	1.19	3.34	71.21	1.36	3.81
2009	108.35	79.51	2.03	4.06	73.38	1.87	3.75
2010	128.25	95.30	1.97	5.05	74.31	1.54	3.94
2011	148.97	113.29	1.57	6.01	76.05	1.05	4.03
2012	171.53	133.62	1.11	7.35	77.90	0.65	4.28
2013	192.89	151.35	1.52	8.29	78.46	0.79	4.30

资料来源：中国人民银行。

不过，保险业与银行业的差距却在不断扩大。2006 年，保险业金融机构总资产在金融业总资产中的占比比银行业金融机构低 69.53 个百分点，但到了 2012 年，差距扩大到 73.62 个百分点，2013 年进一步扩大至 74.16 个百分点。

从净利润指标看，保险业与银行业的差距也非常大。2012 年和 2013 年，银行业金融机构的净利润分别为 1.51 万亿元和 1.74 万亿元，保险公司的利润总额则分别只有 466.55 亿元和 991.42 亿元，仅相当于银行业净利润的 3.09% 和 5.70%。

3. 国际比较

近 20 年来，保险业的快速增长使其业务规模在全球的排名迅速上升。1994 年，我国的保费收入在全球仅排第 25 位，只占全球市场份额的 0.25%；但到了 2013 年，保费收入在全球的排名已上升至第 4 位（见表 3），占全球的市场份额上升至5.99%。不过，相对于经济总量居世界前5位的其他4个大国来说，我国保险业在世界上的相对位次仍然偏后。

表3 2013年世界主要保险大国在全球的地位

国 家	GDP		保费收入	
	总量(十亿美元)	排名	总量(百万美元)	排名
美 国	16802	1	1259255	1
中 国	9262	2	277965	4
日 本	4806	3	531506	2
德 国	3642	4	247162	6
法 国	2736	5	254754	5
英 国	2535	6	329643	3

资料来源：*Sigma*。

从保险密度和保险深度看，虽然近年来中国的位次有所提升，但与世界主要保险大国相比，差距仍然很大。2013年，我国保险密度、保险深度分别只有201美元/人和3.0%，在全球排第60位和第49位，均远落后于西方发达国家（见表4）。

表4 2013年世界主要保险大国的保险密度和保险深度

国 家	保险密度		保险深度	
	数值(美元/人)	排名	数值(%)	排名
美 国	3979	11	7.5	17
中 国	201	60	3.0	49
日 本	4207	10	11.1	7
德 国	2977	19	6.7	21
法 国	3736	14	9.0	11
英 国	4561	7	11.5	6

资料来源：*Sigma*。

从保险资产占金融业总资产的比重看，尽管我国近年来这一数值有所提升，但目前仍不足5%，与发达国家之间的差距非常大。从发达国家的情况看，保险资产通常占到金融总资产的25%~30%。例如，美国在1970~2011年间，保险资产占金融资产的比例大都维持在30%左右，其中1999~2009年在25%~32%之间波动；日本保险资产占金融总资产的比例，2000年为20%，2009年提高到27%，2010年有所下降，但仍达26%。

（二）中国保险服务贸易及国际比较

在世界贸易组织（WTO）的服务贸易统计中，"保险服务贸易"涵盖了由居民保险企业向非居民提供各种类型的保险，以及由非居民保险企业向居民提供各种类型的保险，包括货运保险、直接保险（如寿险）和再保险等。一个国家保险服务贸易在世界上的地位如何，直接体现了其保险业拓展国际市场的力度及其在国际市场上的竞争力。

1. 中国保险服务贸易

长期以来，中国保险服务贸易一直处于逆差状态。自 2005 年到 2013 年，保险服务贸易出口从 5.49 亿美元增加到 40 亿美元，保险服务贸易进口则从 72 亿美元增加至 221 亿美元，8 年间保险服务贸易逆差净增加约 114.5 亿美元（见表 5）。其中，2013 年，保险服务贸易逆差达 181 亿美元，在我国 13 类服务贸易中仅次于运输、旅游、专有权利使用费和特许费，居第 4 位。之所以有这么大的保险服务贸易逆差，其中一个重要原因是，随着国际货物贸易的发展，我国对货运、货运险的需求不断增长，但我国航空运输、远洋运输能力以及保险业务水平相比发达国家还有一定差距，在外贸运输、保险等合同条款的订立权上处于弱势地位，致使国际运输和保险服务仍多由外方提供。

表 5 2009～2013 年中国保险服务贸易统计

单位：亿美元

年份	保险服务贸易收入（出口）	保险服务贸易支出（进口）	保险服务贸易差额
2005	5.49	72.00	-66.51
2006	5.48	88.31	-82.83
2007	9.04	106.64	-97.60
2008	13.83	127.43	-113.60
2009	16	113	-97
2010	17	158	-141
2011	30	197	-167
2012	33	206	-173
2013	40	221	-181

资料来源：国家外汇管理局。

从国际上看，2011～2012 年，在保险服务贸易居前列的十大经济体（欧盟作为一个整体进行统计）中，中国的保险服务出口不仅次于欧盟、美国这些大的经济体，也次于瑞士这样小的经济体，甚至仅和东南亚的城市型国家新加坡相当。然而，在进口方面，中国的进口总额虽然也低于美国和欧盟，但远高于日本、印度、加拿大、新加坡等其他经济体（见表6）。

表6 2011～2012 年保险服务的主要输出者和输入者

单位：百万美元，%

经济体		数值		在10个经济体中的占比	同比增长		
		2011 年	2012 年	2011 年	2010 年	2011 年	2012 年
输出者	欧盟	52594	54727	59.0	−2	−7	4
	美国	15477	16626	17.4	0	7	7
	瑞士	5743	5811	6.4	−12	17	1
	中国	3018	3329	3.4	8	75	10
	新加坡	2967	2983	3.3	42	−21	1
	印度	2573	2228	2.9	18	44	−13
	墨西哥	2262	2215	2.5	15	24	−2
	加拿大	1980	1848	2.2	49	5	−7
	日本	1658	−378	1.9	47	30	—
	土耳其	869	988	1.0	6	21	14
合 计		89140	90375	100.0			
输入者	美国	56620	53340	39.4	−4	−7	−6
	欧盟	36627	33034	25.5	−2	0	−10
	中国	19738	20600	13.7	39	25	4
	日本	6806	7406	4.7	32	0	9
	印度	6052	6260	4.2	24	21	3
	加拿大	4728	4400	3.3	47	8	−7
	新加坡	4473	4473	3.1	39	16	0
	墨西哥	4086	4086	2.8	−18	56	0
	泰国	2753	3050	1.9	32	27	11
	沙特阿拉伯	1949	2300	1.4	11	17	18
合 计		143835	138950	100.0			

资料来源：世贸组织（WTO）。

2. 国际市场占有率

国际市场占有率，又称出口市场占有率，是指一个国家（或地区）某产业（或产品）出口总额占世界该产业（或产品）出口总额的比例。一个国家某产业国际竞争力的强弱，首先表现在该产业的国际市场占有率上。表7列出了2005～2013年主要国家保险业的国际市场占有率。从表7中可以看出，近年来，中国保险业的国际市场占有率稳步提升，从2005年的1.11%提升到2013年的3.94%，8年间净提升2.83个百分点。不过，从国际比较看，2013年3.94%的国际市场占有率，与英国和美国高达15%以上的国际市场占有率相比差别巨大，与瑞士（6.52%）也有不小的差距。

表7　2005～2013年主要国家保险业的国际市场占有率

单位：%

年份	英国	美国	瑞士	德国	中国	新加坡	法国	印度	日本
2005	5.71	15.32	6.78	4.50	1.11	2.62	2.29	1.90	1.76
2006	11.34	15.18	6.00	6.01	0.89	2.32	1.30	1.79	2.53
2007	13.27	14.13	6.37	7.62	1.18	1.99	1.36	1.96	1.76
2008	12.29	16.05	7.12	5.49	1.66	2.20	0.99	1.87	1.13
2009	25.46	15.18	5.80	5.51	1.67	2.74	4.02	1.58	0.90
2010	24.16	14.89	5.12	6.06	1.79	3.66	3.24	1.84	1.32
2011	24.09	14.21	5.46	5.82	2.87	2.78	3.9	2.45	1.57
2012	22.87	15.43	5.64	5.39	3.20	3.12	3.07	2.17	—
2013	16.05	15.25	6.52	5.41	3.94	3.92	3.85	2.09	0.16

资料来源：根据世贸组织提供的数据计算。

3. RCA指数

RCA指数（Revealed Comparative Advantage Index），即显示性比较优势指数，是指一个国家（或地区）某产业（或产品）的出口值占该国所有产业（或产品）出口总值的份额，与世界该产业（或产品）的出口值占世界所有产业（或产品）出口总值的份额的比例。RCA指数是美国经济学家贝拉·巴拉萨（Balassa Bela）在1965年评估国际贸易比较优势时采用的一种方法。按照日本贸易振兴会（JERTO）提出的标准，当RCA大于2.50时，具有极强比较优势；RCA在0.80～1.25之间时，具有中等比较优势；RCA在0.8

以下时，处于比较劣势。本书在计算保险业的 RCA 指数时，"所有产业"选择的是全部"服务贸易"。表 8 列出了 2005～2013 年主要国家保险业的RCA 指数。从表 8 中可以看出，2005～2013 年，中国保险业的 RCA 指数从0.38 逐步提升到 0.89，8 年间净提升 0.51，说明比较优势在不断增强。不过，从国际比较看，中国保险业 RCA 指数不仅与瑞士、英国差距巨大，而且低于新加坡、美国等国。

表 8　2005～2013 年主要国家保险业的 RCA 指数

年份	瑞士	英国	新加坡	美国	中国	德国	法国	印度	日本
2005	3.52	0.70	1.19	1.06	0.38	0.72	0.47	0.92	0.41
2006	3.19	1.39	1.00	1.07	0.28	0.95	0.29	0.73	0.63
2007	3.39	1.59	0.80	1.02	0.33	1.21	0.31	0.78	0.47
2008	3.63	1.68	0.85	1.19	0.44	0.84	0.23	0.67	0.30
2009	2.73	3.49	1.27	1.07	0.45	0.82	0.74	0.60	0.25
2010	2.41	3.51	1.49	1.05	0.42	0.96	0.64	0.61	0.36
2011	2.53	3.53	1.09	1.02	0.70	0.93	0.72	0.76	0.47
2012	2.79	3.49	1.17	1.08	0.74	0.89	0.63	0.65	-0.12
2013	3.24	2.55	1.49	1.07	0.89	0.88	0.76	0.64	0.05

资料来源：根据世贸组织提供的数据计算。

4. TC 指数

TC 指数（Trade Competitiveness Index），即贸易竞争力指数，是指一国（或地区）某产业（或产品）进出口贸易的差额占其进出口贸易总额的比重。该指数在 -1～1 之间。TC 指数如果大于零，表明该产业（或产品）具有较强的国际竞争力，越接近 1，竞争力越强；TC 指数如果小于零，则表明该产业（或产品）不具有国际竞争力，越接近 -1，竞争力越弱；TC 指数为零，表明该产业（或产品）达到进出口平衡，竞争力与国际平均水平相当。表 9 列出了 2005～2013 年主要国家保险业的 TC 指数。从表 9 中可以看出，从 2005 年到 2013 年，中国保险业的 TC 指数从 -0.86 逐步提升到 -0.69，8 年间净提升0.17。但从国际比较看，则不仅与瑞士、英国、法国差距巨大，且低于德国、新加坡等国，甚至低于另一个发展中大国印度。

表9　2005～2013年主要国家保险业的 TC 指数

年份	瑞士	英国	法国	德国	新加坡	印度	美国	中国	日本
2005	0.83	0.27	−0.33	−0.37	−0.19	−0.42	−0.58	−0.86	−0.38
2006	0.79	0.59	−0.48	0.16	−0.20	−0.41	−0.61	−0.88	−0.49
2007	0.79	0.67	−0.33	0.28	−0.21	−0.36	−0.63	−0.84	−0.51
2008	0.80	0.67	−0.42	0.04	−0.16	−0.47	−0.63	−0.80	−0.69
2009	0.74	0.60	0.13	0.19	−0.03	−0.45	−0.63	−0.75	−0.71
2010	0.71	0.66	0.00	0.19	−0.07	−0.48	−0.62	−0.80	−0.68
2011	0.71	0.69	0.36	0.15	−0.22	−0.41	−0.58	−0.73	−0.61
2012	0.70	0.62	0.37	0.22	−0.17	−0.48	−0.53	−0.72	—
2013	0.75	0.56	0.56	0.23	−0.11	−0.47	−0.52	−0.69	−0.95

资料来源：根据世贸组织提供的数据计算。

二　新方位：建设保险强国目标与影响因素分析

"新国十条"提出，到2020年，基本建成保障全面、功能完善、安全稳健、诚信规范，具有较强服务能力、创新能力和国际竞争力，与我国经济社会发展需求相适应的现代保险服务业，努力由保险大国向保险强国转变。这意味着，建设具有国际竞争力的保险强国上升为国家意志。建设保险强国目标给中国保险业的未来发展确立了新方位，对加快发展现代保险服务业具有重大意义。

建设世界保险强国目标的首次提出是在2012年。此前召开的2011年全国保险监管工作会议指出，我国已经成为全球最重要的新兴保险大国。同年7月，保监会组织召开的保险业"十二五"规划工作会议指出，一系列数据表明，虽然我国已经是保险大国，但还不是保险强国。这两次会议强调了我国已成为世界保险大国的事实。2012年1月，全国保险监管工作会议首次提出，要"通过几年的努力，到'十二五'期末，力争使我国保险业的发展、监管和服务迈上一个新台阶，加快推进由新兴保险大国向世界保险强国转变"。在保监会提出建设保险强国目标两年后，国务院在发布的"新国十条"中郑重确认了这一点，这标志着建设世界保险强国目标正式上升为国家意志，中国由此开启了建设世界保险强国的新纪元。

关于建设世界保险强国目标，笔者曾在保险业学习贯彻落实《国务院关于加快发展现代保险服务业的若干意见》培训班上讲话时给予了说明，即"力争用20年左右的时间，实现我国保费收入世界排名上升到第2位，保险深度、保险密度等指标达到或接近发达国家的水平"。这一界定是对建设世界保险强国目标的高度概括。实质上，从更广泛的意义上看，对于我们这样一个发展中大国来说，"世界保险强国"的内涵，不仅是指国内业务规模要达到世界居前的位置，而且是指包括跨境提供、商业存在等在内的国际保险业务的规模也要达到相当的程度。正如美国著名学者迈克尔·波特所说："我们定义'国际成功'是：一国产业拥有可与世界竞争对手较劲的竞争优势。""我们选择国际竞争优势的衡量标准，是根据下列两个观念而建立的：能对多国进行实际并持续的出口贸易；和/或在母国发展资产与技术，并借以进行海外投资。全球战略既不能缺少海外投资，也不能缺少贸易，两者皆是衡量国际成功的必备条件。"[①] 对于我国来说，虽然在建设世界保险强国的征程中不能忽视国内业务的重要性，但众所周知，只有在国际舞台上占有一席之地，中国保险业才算真正具备了国际竞争力。否则，背负着巨额保险服务贸易逆差，在国际市场占有率上处于低水平，无论国内业务规模有多大，都只能说是"保险大国"，而不能说是"保险强国"。因此，在进一步拓展国内保险业务、扩大保险覆盖面和提高渗透度的同时，应将打造保险业的国际竞争力作为建设世界保险强国的"重中之重"。

（一）产业国际竞争力的理论分析架构

提高保险业国际竞争力、建设世界保险强国需要科学的理论指导。对于产业国际竞争力，国内外诸多学者进行了研究，其中以迈克尔·波特的"钻石理论"最为著名。该理论系统阐述了影响产业国际竞争力形成的主要因素，已成功指导数十个国家产业国际竞争力的实践，在全球有着最广泛、最深远的影响力。

波特的"钻石理论"以促进产业创新作为建构竞争力的出发点。与以往传

---

① 〔美〕迈克尔·波特：《国家竞争优势》，李明轩、邱如美译，华夏出版社，2002，第23页。

统思潮大多把静态的成本效益和生产因素具象化不同，波特认为，"动态与不断进化的竞争"是建构新理论的前提。由于新的产品、新的区域市场、新的生产流程出现，商业竞争的面貌不断改变。每个时间点上，快速的进步一直在取代静态的效能，因此，在真实的产业竞争中，创新与变革才是基本因素，新的国家竞争优势理论必须把"技术进步"和"创新"列为思考重点。问题就在于，一个国家如何为企业提供比竞争对手更快速创新和进步的产业环境。①

对于一个国家为什么能在某种产业的国际竞争中崭露头角，波特认为，答案必须从每个国家都有的四项关键要素来讨论。这些因素可能会加快本国企业创造国内竞争优势的速度，也可能造成企业发展停滞不前。

1. 生产要素

生产要素包括人力资源、天然资源、知识资源、资本资源和基础设施等，是任何一个产业最上游的竞争条件，各产业对它们的依赖程度随产业性质而有所不同。生产要素可以分为初级和高级、一般性和专业性生产要素。不同类型的生产要素对竞争优势的重要性也不同。在建立强大、持久的产业竞争优势过程中，高级、专业性生产要素更为重要，它们的可获得性和精致程度决定了竞争优势的质量及未来走向。高级和专业性生产要素通常非自然天成，而是人为创造出来的，因此，建立能创造生产要素的机制十分重要。在实际竞争中，丰富的资源或廉价的成本因素往往造成资源配置没有效率，不利的生产要素反而会形成刺激创新的压力，从而使企业的竞争优势升级，且更持续。

2. 需求条件

需求条件是指国内市场对产业所提供产品或服务的需求情况。国内市场的最大贡献在于其影响企业认知与诠释客户需求的能力，并促进企业改进和创新。内行而挑剔的客户是本国企业追求高质量产品和精致服务的压力来源。本国市场的提早需求会使本国企业比外国竞争对手更早行动，市场的快速成长会鼓励企业勇敢而果断地加大投资，这些都会提升企业满足市场需求的能力。国内市场的提前饱和，会给企业造成高度压力，迫使企业创新和升级。市场规模是一把"双刃剑"：既具有激励厂商投资、再投资的作用，也可能使厂商丧失

---

① 〔美〕迈克尔·波特：《国家竞争优势》，李明轩、邱如美译，华夏出版社，2002，第18～19页。

向外拓展的意愿。比起市场规模带来的短暂优势，由其他条件产生的竞争优势更具决定性。因此，从竞争优势的观点看，国内市场的质量比规模更重要。

3. 相关产业和支持产业

相关产业和支持产业的表现与能力会带动上下游产业的创新与国际化。企业和供应商形成的价值链对产生竞争优势具有重要意义。当上游产业具有国际竞争优势时，下游产业就会具备反应快速、有效率甚至低成本等优点。当企业与供应商同属一国的企业时，这种正向效应更大。不过，也无需期望国内所有供应商都具有国际水平，上游产业中很多不足的部分其实都可以在海外取得替代品。

4. 企业战略、结构和同业竞争

这一关键要素包括如何创立、组织、管理公司及竞争对手的条件如何等。在打造产业国际竞争力的过程中，只有企业能达成并维系竞争优势。因此，企业必须认识到自身在创新中的核心角色。企业的战略和结构往往随产业和国情的不同而不同。不过，管理模式并非通则。产业竞争优势的最大关联因素是国内市场的激烈竞争。市场竞争之所以重要，在于它能提供企业创新的原动力。竞争的压力会使企业产生忧患意识以及超越的欲望，并加大企业通过国际化谋求成长的压力。不过，并非竞争者越多产业竞争力就越大，若竞争手法普遍拙劣，反而会抵消本国的竞争优势。

由上述四项关键要素形成的"钻石体系"，关系到某项产业或产业环节能否在国际上获得成功。"钻石体系"是一个互动的体系，各个关键要素相互依赖，每个因素都会强化或改变其他因素的表现，任何一项的效果都是建立在其他条件的配合之上。因此，任何一项关键要素出问题都将伤及产业升级的潜力。

除以上四项关键要素外，在国家环境和产业竞争力的关系上，还有"机会"和"政府"两个变数。

"机会"通常在出现重大变革与突破时出现。可能形成"机会"的情况有以下几种：基础科技的发明创新、传统技术出现断层、生产成本突然提高、全球金融市场或汇率的重大变化、全球或区域市场需求剧增、外国政府的重大决策以及战争等。"机会"变数会影响到"钻石体系"的各个关键要素。"机会"很重要，它会打破原有状态，提供新的竞争空间，使原本的竞争优势顿

失，能满足新需求的厂商则获得发展空间。"机会"可能引致产业结构调整，提供一国产业超越另一国的机会，因此，对产业国际竞争力的影响不容小觑。

"政府"的首要任务是努力创造促进生产率提升的良好环境。这意味着，政府在有些方面（如贸易壁垒、定价等）应尽量不干预，而在另一些方面（如确保强有力的竞争、提供高质量的教育与培训）则要扮演积极角色。"政府"不应该是"钻石理论"要素的一个组成部分，但对"钻石理论"的每一个要素都会产生或多或少的影响。政府无法创造有竞争力的产业，只有企业才能办得到。政府的政策能成功，是因为它创造了一个企业能从中获得优势的环境，而非直接介入整个过程（唯一的例外是经济还处在开发阶段）。带来静态、短期成本优势的政策会不知不觉对创新造成伤害，这也是政府政策最常见的失误。政府在支持国家竞争力方面应坚持一些基本原则，如支持改变、促进竞争、激励创新等。

"钻石理论"认为，一个产业若要建立国际竞争优势，必须善用四大关键要素，加上机会和政府角色，使它们之间良性互动，相互倚重。

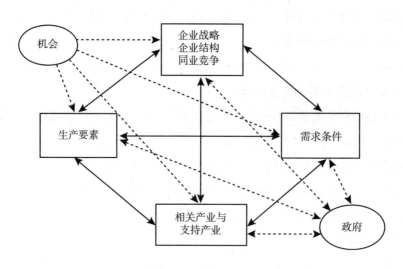

图2　完整的钻石体系

"钻石理论"为分析产业国际竞争力形成提供了基础性理论框架。该理论以激发和促进企业创新为出发点，呼应了产业竞争力形成和演进的规律，对产业竞争力的实践具有重要指导意义。但"钻石理论"也存在一些不足：一是对企业自身如何实施或推进创新着墨较少。波特在建构"钻石理论"时认识到了企业在产业国际竞争力形成中的核心地位，他写道，"由于企业是竞争优势创造过程的主角，所以在国家竞争优势理论中，绝不能不分析企业行为。"①但遗憾的是，"钻石理论"却主要侧重于对国家环境的描述，企业如何推进创新似乎成了"黑箱"。二是对"机会"变数着墨较少。随着科学技术的发展和风险社会的到来，科学技术突破和政治、经济、社会等领域发生的重大事件对产业国际竞争力的影响已经凸显，产业结构已经和正在发生着巨大变化。但"钻石理论"对"机会"可能带来的影响缺乏深度阐述，由"机会"带来的创新浪潮可能因此被忽视。三是没有将经济发展、文化特性等重要宏观因素纳入分析模型。一个国家的经济发展水平直接决定了该国产业创新的起点、路径和方式，文化特性则影响着该国产业发展及竞争优势的特色，但波特没有将这两个方面纳入"钻石模型"。四是"钻石理论"将产业创新和升级看作外在因素激发的结果。波特写道，"对公司而言，《国家竞争优势》传递了这样一个关键信息：一个公司的许多竞争优势不是由公司内部决定的，而是来源于公司之外，也即来源于公司所在的地域和产业集群，这方面的理论为公司提供了未来的行动指南。"②然而，在现实中，因企业自身做大做强而产生的创新冲动常常是引领产业变革的重要力量。就供求关系来说，需求能够引发创新，创新也会创造需求，供和求通常是一个双向互动而非单向激发的过程。因此，单纯将企业创新看作外部因素激发的结果只反映了部分现实情况。

综观波特的"钻石理论"，其精神实质就在于强调创新对产业国际竞争力形成的核心支撑作用。笔者认为，"钻石理论"有它不尽完善的地方，实际应用时可以根据实际情况拓宽分析的维度和范围。但无论如何，都必须紧扣创新这一核心。抓住了这一核心，就等于抓住了打开国际竞争力之门的"金钥匙"。

（二）影响我国保险业国际竞争力的关键要素分析

下面，根据波特的"钻石理论"，并结合我国实际，首先对影响保险业国

---

① 〔美〕迈克尔·波特：《国家竞争优势》，李明轩、邱如美译，华夏出版社，2002，第19页。
② 〔美〕迈克尔·波特：《国家竞争优势》，李明轩、邱如美译，华夏出版社，2002，再版介绍。

际竞争力的四项关键要素进行分析。

1. 生产要素

由于保险业的现代服务业特性，其生产要素主要是人力资源、知识资源、资本资源和基础设施。这些生产要素的状况和特性直接影响着保险业的创新能力。

（1）人力资源

中国是世界第一人口大国，拥有丰富的人力资源。根据2010年第六次全国人口普查主要数据，全国总人口为13.7亿人，其中在大陆31个省、自治区、直辖市和现役军人的人口中，15～59岁人口为9.4亿人，占70.14%。中国不仅是人口大国，而且已成为教育大国。根据教育部2013年教育事业发展统计公报，全国共有普通和成人高校2788所，高等教育在学总规模达到3460万人，毛入学率为34.5%。其中，培养研究生单位830个，在学研究生179.40万人。

全社会人力资源十分丰富，保险业人力资源自然十分可观。在保险人才培养方面，根据2013年《中国保险年鉴》的不完全统计（湖北省没有统计在内），2012年，全国保险专业院校及开设保险专业的院校超过120所，有在校生39701人，其中博士生232人、硕士生2436人、本科生30767人、大中专学生6266人。在保险从业人员方面，截至2012年末共有365.9万人，其中营销员275.63万人。在保险公司人员中，共有博士1006人、高级专业技术职称8608人。2013年末，保险从业人员进一步增加至377.42万人，其中营销员290.07万人。在精算师队伍方面，根据中国精算师协会的统计，截至2014年5月，全国共有中国精算师419人、中国准精算师1931人。[①]

丰富的人力资源供应，以及高素质、专业性的人才储备，为保险业推动创新升级提供了良好的人力资源条件。

（2）知识资源

保险业的知识资源主要集中在高等院校、专业智库及学会和协会。

高等院校是保险知识资源的富集地。目前，大量高校开设有金融保险专

---

① http：//www. e - caa. org. cn/training/trainingAction. do？ method = viewContent&type = 1&trainingId = 591.

业，为我国保险业创新、升级提供了强大的知识支持。特别是，一些高等院校除了开设保险院系或专业外，还设有专门的保险研究机构。如北京大学设有"中国保险与社会保障研究中心"，复旦大学设有"安盛－复旦保险研究中心"、中央财经大学设有"中国精算研究院"，南开大学设有"风险管理与精算研究中心""国际保险研究所""农业保险研究中心"，武汉大学设有"保险经济研究所""风险管理研究中心"，西南财经大学设有"风险管理与保险研究所""保险与社会保障研究中心"，等等。这些研究机构承担了大量智库性质的研究工作，对保险业健康发展具有重要促进作用。

专业智库在知识资源创造、积累过程中扮演着积极角色。我国保险业智库建设较为滞后，2014年7月第一家独立的专业保险智库——北京保险研究院成立。该院的定位是促进中国保险业发展和国际交流的政府智库、业界智囊和学术高地，主要职责是研究中国保险市场和经济社会的前瞻性、全局性和战略性问题。不过，令人不解的是，理应在智库建设中扮演核心角色的各大保险公司，特别是大型保险集团，却鲜有在行业内具有重要影响的智库和专家学者，这恐将成为制约未来保险企业竞争力提升的一个重要因素。

学会和协会是在保监会监督管理下的团体或组织。其中，中国保险学会是从事保险理论和政策研究的全国性学术团体，职责之一就是探索中国特色的保险业发展规律，开展保险理论和政策研究，服务行业创新发展。近年来，中国保险学会每年都围绕保险业改革发展实践中的前沿问题和主要矛盾资助开展数十项课题研究项目，形成一系列高水平的研究成果。中国保险行业协会是中国保险业的全国性自律组织，在承担自律、维权、服务、交流、宣传等职责的同时，还围绕保险市场存在的风险与问题积极开展调查研究，并提出意见和建议，同时组织会员单位开展相互间的业务、数据、技术和经验交流，促进资源共享和共同发展。两大组织在促进保险业创新发展方面有着不可替代的重要作用。

（3）资本资源

伴随着改革开放30多年来经济的高速增长，我国已成为世界上资本资源丰富的国家和资本输出大国。根据国家统计局发布的《国民经济和社会发展统计公报》，2013年末，全部金融机构本外币各项存款余额为107.1万亿元，

比年初增加 12.7 万亿元，其中人民币各项存款余额 104.4 万亿元，增加 12.6 万亿元。全年社会融资规模为 17.3 万亿元，按可比口径计算，比上年多 1.5 万亿元。另据国家外汇管理局的统计，截至 2013 年 12 月，我国国际投资总资产已达 19716 亿美元，其中对外直接投资 6091 亿美元、证券投资 2585 亿美元。

丰富的资本资源为保险业发展提供了强大支撑。2012 年末，保险公司净资产合计 7920.02 亿元，同比大增 42.3%。其中，产险公司为 2206.51 亿元，同比增长 42.27%；寿险公司为 4304.48 亿元，同比增长 40.54%；再保险公司为 469.85 亿元，同比增长 9.38%。2013 年末，全国保险公司净资产进一步增加至 8474.65 亿元，同比增长 7%。其中，产险公司为 2505.98 亿元、寿险公司为 4452.35 亿元、再保险公司为 497.13 亿元。

保险业发展不仅有丰富的境内资本可以倚重，而且还可以利用丰富的境外资本。自 2003 年以来，已先后有人保财险、中国人寿、中国平安等保险公司在境外上市。2012 年 12 月，人保集团在香港 H 股上市，融资规模达 35.6 亿美元。

（4）基础设施

在保险业发展倚重的基础设施中，互联网和通信设施的重要性已为人们所熟知。近年来，我国互联网的发展极为迅速。根据中国互联网络信息中心（CNNIC）发布的《中国互联网络发展状况统计报告》，从 2005 年到 2013 年，中国互联网的普及率已经从 8.5% 上升到 45.8%，网民数量从 1.11 亿人上升到 6.18 亿人。同时，移动通信获得巨大发展。根据工业与信息化部的统计，2013 年，我国移动电话用户总数达 12.29 亿户，移动电话用户普及率达 90.8 部/百人。其中，3G 移动电话用户数突破 4 亿户，在移动电话用户中的渗透率达 32.7%。互联网和移动通信的发展催生了移动互联网的迅速崛起。截至 2013 年 12 月，我国手机网民规模已达 5 亿人，网民中使用手机上网的人群比例达 81.0%。目前，我国互联网和移动通信的普及率已渐趋饱和，发展的主题正从"数量"向"质量"转化。

近年来，我国基础设施发展的另一重要事项是社交类综合平台的持续升温。2013 年，在移动端的推动下，整体即时通信的用户规模已提升至 5.32 亿人，使用率达到 86.2%。与传统即时通信工具和社交网站相比，以社交为基础的综合平台不仅拥有更为强大的通信功能，还新增信息分享等社交类应用，并为用户提供包括支付、金融等在内的综合性服务，最大限度提升了用户黏性，保证了用户规模的不断增长。

2. 需求条件

中国保险业的快速发展和崛起，肇始于30多年前的改革开放。由于起步晚、起点低，保险市场迄今仍不太成熟，相对于发达国家来说，既不存在对保险产品或服务的提早需求，也不存在提前饱和，因此，在促进保险业创新发展的需求因素中，这两种情况可以不予考虑。因此，对保险业创新发展有较大影响的主要是需求特性、内需成长和市场潜力。

（1）需求特性

在产业国际竞争力成长过程中，内行而挑剔的客户是激发产业创新和升级的重要因素。改革开放以来，保险知识在社会上的普及程度不断提高，保险在经济生活中的保障功能已被越来越多的民众所认知。然而，由于我国的社会主义市场经济脱胎于传统的计划经济体制，人们在遇到风险事故后首先想到的是政府和社会的帮助，事前通过市场寻求保障的意识仍不够强，这在很大程度上制约了保险业的发展。近十多年来，随着社会保障制度的建立和完善，广大民众再度将防范风险的希望寄托在政府身上，通过市场化手段获得风险保障的意识还处在一个较低水平。此外，由于保险合同大多为附和性合同，保险条款通常事先由保险公司拟好，客户在购买保险时没有"讨价还价"的余地，尤其是近年来保险产品结构一直较为单一，车险和分红险分别在财产险、人身险产品中占据80%以上的比重，因此客户对保险公司的投诉主要集中在销售误导、理赔和较低的分红收益上。这些都使得目前我国保险市场上"专业而挑剔"的客户相对较少，需求特性对保险创新的影响不够大，未能有效转化成企业创新的动力。

（2）内需成长

改革开放30多年来，我国经济快速发展，1979～2012年，GDP年均增速达9.8%，远高于同期世界经济2.8%的年均增速，经济总量占世界的份额由1978年的1.8%提高到2012年的11.5%。根据世界银行的统计，2012年我国人均国民总收入达5680美元，已进入上中等收入国家行列。国民经济和居民

收入的快速增长，为保险业发展提供了一个潜力巨大的国内市场，同时也为产品和服务创新提供了不断拓展的领域和舞台。

（3）市场潜力

改革开放以来，我国经济社会发展的基本面持续向好，社会财富和居民财富不断积累，为保险业发展提供了有力支撑。2013 年，全国名义 GDP 达56.88 万亿元，同比实际增长 7.7%；人均 GDP 为 41805 元（约合 6734 美元）。农村居民人均纯收入为 8896 元，同比实际增长 9.3%；城镇居民人均可支配收入为 26955 元，同比实际增长 7.0%。从国际经验看，在人均 GDP 介于5000～10000 美元期间时，保险业会经历一个快速增长时期。目前，我国恰好处在这个阶段。此外，随着社会主义市场经济体制的不断完善，以及城镇化、老龄化的深入发展，社会对保险的需求也将不断增加。巨大的市场潜力为保险业加快发展提供了有利的市场条件。但正如"钻石理论"所强调的，市场潜力是一把"双刃剑"，在提供发展机遇的同时，也使不少企业失去了创新和进军国际市场的动力，这可能会在较大程度上抑制行业国际竞争力的提升，并使我国保险业长期维持"大而不强"的局面。

3. 相关产业和支持产业

保险业向社会提供的是无形产品，因此不像制造业那样，有一些可能对企业创新造成重要影响的原材料或零部件"供应商"。从保险经营的过程看，能够对保险企业改善经营管理起重要作用的管理咨询业，对产品分销起重要作用的银行业、网络零售业，以及为保险公司技术升级提供服务的软件和信息技术服务业，应当是优先得到关注的相关产业和支持产业。

（1）管理咨询业

中国管理咨询业起步于 20 世纪 80 年代初。随着市场经济制度的逐步确立，从 1993 年开始，麦肯锡、埃森哲（原安达信）、罗兰·贝格等国际咨询公司纷纷抢滩中国，1996 年后一大批本土管理咨询公司相继成立，中国管理咨询业进入快速发展阶段。目前，全国从事管理咨询的企业有 1 万多家，专业咨询人员近 20 万人，涌现出和君创业、中华财务、北大纵横等一批规模较大、资信较好的本土管理咨询机构。咨询公司对提供保险企业的管理水平具有重要辅助作用。迄今，保险业已有不少公司得到过咨询机构的帮助，如平安曾聘请麦肯锡做战略及管理改革方面的顾问，国寿股份曾连续 6 年与开和迪公司合作开展客户服务满意度调查等。

（2）银行业

银行业是当前我国金融业的主体部分，是发展较充分的领域。经过改革开放 30 多年的发展，目前我国银行业已形成包括股份制商业银行、城市商业银行、农村金融机构（含农村商业银行、农村合作银行、农村信用社）等多种类型机构在内的银行体系。截至 2013 年末，全国共有大型商业银行 5 家（即中国工商银行、中国农业银行、中国银行、中国建设银行和交通银行）、城市商业银行 145 家、农村商业银行 468 家、农村合作银行 122 家、农村信用社 1803 家、村镇银行 987 家。银行在保险业发展中具有重要作用，不仅是保险资金运用的重要途径，更是日常资金流转的核心通道和产品销售的重要渠道，银行业的经营、管理创新对保险公司的运营、营销创新具有重要促进作用。

（3）网络零售业

近年来，伴随着互联网的崛起，网络零售业进入高速增长阶段。根据商务部的统计，2012 年，国内 B2C、C2C 与其他零售电商模式企业数已达 24875 家，网络零售市场交易规模达 1.31 万亿元，占当年社会消费品零售总额的 6.23%。同时，网络购物交易平台开放化趋势日渐明显，并向综合性平台及专注细分市场的垂直类平台两个方向演进。为应对激烈竞争，传统零售企业纷纷"触网"，不断加大线上渠道的运营力度以及对自有电子商务平台的投资。在连锁百强企业中，2012 年已有 62 家以不同方式开通了网络零售平台。2013 年，网络零售继续快速增长，交易规模达 1.85 万亿元，同比增长 40% 以上，占社会消费品零售总额的 7.8%，中国已超越美国成为全球最大的网络零售市场。此外，移动电子商务也加速发展，仅 2013 上半年，手机淘宝客户端新增激活用户数便突破 1 亿人，总用户数突破 4 亿人。网络零售业的快速发展为保险业的渠道创新提供了契机，保险公司纷纷自建平台或通过第三方平台开展电子商务，不仅使网络成为新兴销售渠道，还促成了互联网保险的诞生。

（4）软件和信息技术服务业

近年来，随着网络虚拟化技术的快速发展，我国软件和信息技术服务业经历了一个迅速扩张的过程，云计算、物联网、移动互联网、大数据等新技术、

新业态迅速兴起，商业模式、服务模式不断创新，企业加速转型，信息技术服务门类不断增多。根据工信部的统计，2012 年，我国软件产业实现业务收入2.5 万亿元，同比增长 28.5%；软件产品登记数达 35714 件，同比增长57.6%；软件著作权登记数超过 12 万件，同比增长 30% 以上。2013 年，软件产业规模超过 3.1 万亿元，同比增长 24.6%，明显高于全球 5.7% 的平均水平，占全球市场的份额进一步提高。软件和信息技术服务业的快速发展，为提高保险业的信息化水平、促进保险业的创新升级发挥了积极作用。

4. 企业战略、结构和同业竞争

近 20 多年来，在中国保险业快速发展的同时，传统粗放型发展方式始终没有得到根本改变，这反映了中国保险业在企业战略、结构和同业竞争方面存在的问题。

（1）企业战略、结构

经过十多年市场竞争的洗礼，目前一些公司已经走上改革创新的科学发展之路，行业改革创新取得令人瞩目的成绩，但更多公司仍然停留在粗放型发展阶段，不重视理论研究、产品研发和科技投入，简单抄袭模仿现象严重，技术水平低，主要依靠"跑马圈地"和"人海战术"实现扩张，在一些业务领域甚至不惜透支市场，滥用资源，致使行业形象和发展环境遭到破坏。这种现象说明，通过产品、服务、营销创新走差异化竞争之路仍然没有真正成为我国保险公司普遍采取的战略，这是提升保险业国际竞争力的最大制约因素。与此相适应，保险公司的组织结构也大多较为传统，有机、弹性、灵活的新型组织结构尚不多见。

（2）同业竞争

中国保险市场的竞争始于 20 世纪 80 年代末。经过 20 多年的快速增长，截至 2013 年末，全国已有保险公司 143 家，其中财产险公司 64 家、人身险公司 71 家、再保险公司 8 家。市场主体数量的增多促进了竞争，但尚未根本动摇市场垄断的根基。在财产险市场，虽然集中度不断下降，但排名前 3 位公司的份额（CR3）仍高达 64.8%；在人身险市场中，前 3 位公司的份额（CR3）也高达 53.67%。不仅如此，由于创新尚未成为保险公司普遍采用的战略，因此市场竞争在很大程度上仍处于同质、低效的状态。目前，中国保险市场上产品结构仍较为单一，同质化程度高，难以满足个性化、多样化的市场需求。为了提升业务规模，一些公司甚至不惜采用销售误导、变相提高手续费、长险短做、佣金返还等手段开展恶性竞争。这些现象制约了中国保险业的创新升级和国际竞争力的提升。

（三）影响我国保险业国际竞争力的两项变数分析

在波特的"钻石理论"中，除了四项关键要素外，还有"机会"和"政府"两项变数。按照波特的观点，这两项变数并非"钻石理论"要素的组成部分，但对"钻石理论"的各关键要素都有着重要影响。

1. 机会

近年来，在外部环境发生的重大变化中，对保险业创新起到巨大推动作用的"机会"之一，是"互联网金融"的出现。

现代信息和互联网技术的迅速发展，特别是云计算、大数据、搜索引擎、社交网络、移动互联网的崛起，深刻改变乃至颠覆了许多传统行业，金融业也因此成为继零售、传媒之后受影响最大的领域，许多基于互联网的金融服务模式应运而生，"互联网金融"成为社会关注的焦点。互联网金融是以互联网为资源、以大数据和云计算为技术基础的新金融模式。目前，虽然许多新型服务模式只是金融业务在互联网平台的应用，但大量依托互联网的金融运行模式和金融创新不断积累着互联网金融的变革基础，并对传统金融产生了巨大影响。

互联网金融极大地改变了传统金融的运营模式，在不改变金融核心特征（货币流通、信用、持续效用）的前提下，金融五要素（对象、方式、机构、市场及制度和调控机制）得到重塑。随着新兴互联网金融模式的不断衍生，目前发展程度较高的互联网金融模式已有 6 种，即互联网银行、网络微贷、P2P 贷款、众筹融资、互联网支付、互联网理财。互联网金融的出现将对保险业依托互联网开展模式创新造成极为深远的影响。一方面，保险业将是信息和互联网技术发展的直接受益者。信息和互联网技术应用于保险业，将对传统的产品研发、产品销售、公司运营、客户服务模式产生巨大冲击。另一方面，由于保险业与其他金融服务的密切关系，新型互联网金融模式的兴起将会大大激发和促进保险业的创新。两个方面相互结合，将改变保险业发展的商业生态，并促成"互联网保险"这一新型经营模式的产生。

2. 政府

自中国保监会成立以来，在促进行业发展方面，政府一直扮演着重要角色。特别是近年来，通过整顿市场秩序、推进市场化改革、进一步开放市场、完善市场机制等措施，政府成为保险商业生态的重要"塑造者"。

（1）整顿市场秩序

市场秩序较乱是多年来中国保险市场的常态。在财产险市场，一些公司为了攫取市场份额，不惜采取高成本甚至违规手段抢业务、冲规模，致使非理性竞争加剧，侵蚀了行业可持续发展的基础。为了整顿市场秩序，保监会曾出台多个工作方案。2012年4月，保监会再度发布《关于进一步加大力度规范财产保险市场秩序有关问题的通知》，要求各财产保险公司规范销售激励行为，严禁以不正当竞争形式扰乱市场秩序，并要求各地保监局加大现场检查力度，严肃查处违法违规行为。同时，政府还加大保险业反垄断力度。据不完全统计，近两年来，已有湖南、新疆、浙江、河南、辽宁、安徽等多地的保险行业协会因为自律公约构成垄断协议受到反垄断行政处罚和调查。销售误导是人身险市场长期存在的一个问题，严重侵害了消费者权益，是一种变相的恶性竞争行为。自2001年以来，为治理销售误导，保监会已出台一系列监管政策。2012年2月，保监会进一步下发《关于人身保险业综合治理销售误导有关工作的通知》，要求全行业认真抓好综合治理销售误导工作，提高诚信意识，改进服务质量，提高行业声誉和改善社会形象。治理和整顿市场秩序，是打击违规经营、恶性竞争的有力举措，有利于为行业发展营造一个良好的商业环境。

（2）推进费率市场化改革

近年来，围绕车险和寿险产品费率，政府大力推进市场化改革进程，逐步将产品的定价权交还给企业和市场。我国商业车险条款和费率自2006年以来实施的是行业统一制度，虽有A、B、C三套标准可选，但本质区别并不大，以致产品同质化严重，恶性竞争不断，市场缺乏生机。为了激发市场活力，2012年3月，保监会发布《关于加强机动车辆商业保险条款费率管理的通知》，提出将逐步建立市场化导向的、符合我国保险业实际的商业车险条款费率形成机制，明确在一定条件下商业车险费率可由保险公司自行制订。在寿险方面，自1999年以来一直执行2.5%的预定利率上限政策。近几年，由于投资收益率不佳，产品在金融市场竞争中几乎丧失竞争力，致使行业增长乏力，急需探索走出困局的良策，市场化改革也因此提上议程。2013年8月，经国务院批准，普通型人身保险费率改革正式启动，明确放开普通型人身保险预定利率，由保险公司按照审慎原则自行决定，不再执行2.5%的上限。新的产寿险费率政策的推出，为保险公司多元化竞争提供了条件。

（3）开放交强险市场

自2006年7月1日我国开始施行交强险制度以来，交强险业务的开办一直仅限于中资保险公司，这使得外资保险公司长期徘徊在交强险市场之外。交强险承保受限，直接影响了外资公司的业务范围和发展规模。2013年4月，国务院下发《关于修改〈机动车交通事故责任强制保险条例〉的决定》，将《机动车交通事故责任强制保险条例》第五条第一款由原来的"中资保险公司经保监会批准，可以从事机动车交通事故责任强制保险业务"修改为"保险公司经保监会批准，可以从事机动车交通事故责任强制保险业务"。条例的修改，标志着交强险市场正式向外资保险公司开放，外资公司因此获得参与市场竞争的机会。这对促进交强险市场竞争、加强产品创新、促进服务升级都将产生深远影响。

（4）建立市场退出机制

市场退出机制是市场机制的有机组成部分，对实现优胜劣汰作用重大。关于保险公司的市场退出，2001年国务院颁布的《金融机构撤销条例》、2007年起施行的《企业破产法》、2009年修订的《保险法》都做了原则性规定。但由于缺乏实施细则及国家对金融机构的"托底"政策，基于"谁投资、谁受益、谁承担风险"的市场退出机制并未真正建立起来。为了建立起真正的市场退出机制，中国保监会近两年对当前保险机构与市场的匹配程度、机构运营质量和风险状况进行了全面评估，实施了保险公司业务范围分级分类管理，适度放开了单一股东持股比例，建立了中资法人机构审核委员会制度，制定了保险公司并购管理办法，完善了市场退出和风险处置制度，并妥善处理了有关外资股权变更事宜。2014年4月，中国保监会发布《保险公司收购合并管理办法》。该管理办法的发布和施行，标志着健全保险市场退出机制工作取得阶段性成果。

三 新征程：走改革创新的崛起之路

国务院"新国十条"明确提出，加快发展现代保险服务业，必须坚持改革创新的基本原则。改革创新是国家强盛的通用法则，也是增强产业国际竞争力的基本途径。我国要实现建设世界保险强国目标，就必须摒弃粗放式发展之路，踏上改革创新的新途。波特的"钻石理论"为探讨提升保险业国际竞争力提供了理论框架。在"钻石理论"涉及的四项关键要素和两项变数中，具有较强能动性的主要是企业和政府。其中，企业是推进产业创新与升级的主体力量，政府则对"钻石理论"的各个要素都有重大影响。基于这一事实，下面，主要从企业和政府两个方面，针对如何提升我国保险业的国际竞争力、加快建设保险强国提出几点探讨性意见。

（一）企业的作为

本质上讲，任何有利于促进创新的环境最终都必须转化为企业自身的创新行动。没有企业的创新，产业国际竞争力提升就成了"无源之水"。因此，增强企业自身的创新能力，使企业与环境之间形成良性互动和无缝对接，就成了提升保险业国际竞争力的关键一环。保险的精髓在于服务，搞好服务的要旨在于创新。抓住了创新这一中心环节，就抓住了服务这一中心任务。国务院在"新国十条"中对保险企业改革创新提出了系统性要求，包括全面深化体制机制改革，引进先进经营管理理念和技术，增强保险产品、服务、管理和技术创新能力，促进差异化竞争、个性化服务等。笔者认为，当前中国保险业之所以在服务能力和国际竞争力上与发达国家还存在较大差距，最重要的原因就是我国保险企业普遍缺乏较强的创新能力。为此，打造创新型保险企业就成了实现"新国十条"提出的发展目标和建设保险强国的首要任务。

《牛津创新手册》将企业分为两类：一类是最优化型企业，一类是创新型企业。其中，最优化型企业立足于既有的技术能力和市场价格（包括投入和产出），并在此基础上寻求利润的最大化；创新型企业并不追求有限的最优化效果，而是致力于改进技术及市场条件，参与到具有"历史性变革"的资源配置模式中。最优化型企业虽然可以将某些事情做得很好，但只有成为创新型企业，才能够在残酷的国际竞争中长时间立于不败之地。从世界范围看，杰出的企业都是创新型企业。2013年8月，《福布斯》杂志公布了"2013年全球最具创新力的100强企业"榜单，世界著名公司亚马逊、谷歌、苹果等均在列。从中国国内看，著名企业也都是创新型企业。2008年7月，科技部、国资委和全国总工会三部门制定了创新型企业评价指标体系，并评选出我国首批创新型企业，其中，海尔、华为、中国航天等国内知名企业也都赫然在列。

根据我国科技部等部门出台的文件，所谓创新型企业，是指拥有自主知识产权和知名品牌、具有较强国际竞争力、依靠技术创新获取市场竞争优势和可持续发展的企业。我国评定创新型企业，依据的是"4+1"评价指标体系，即4个定量指标和1个定性考查指标。4个定量指标是研发经费投入占主营业务收入的比重、千名研究开发人员拥有的授权发明专利量、新产品（工艺、服务）销售收入占全部销售收入的比重、全员劳动生产率。1个定性考查指标是创新组织与管理，包括企业研发支撑体系建设、创新战略制定与实施、创新管理与制度建设、品牌塑造、创新文化建设以及获得重大科技奖励的情况等。笔者认为，创新组织与管理是建设创新型企业的基础。企业推进创新，首要的工作不应是从形式上开展一些所谓的创新活动，而应是切实加强创新活动的组织和管理，扎扎实实提升自身的创新能力。对于中国保险企业来说，加强创新活动组织和管理，大力提升创新能力，必须在以下几个方面下大力气。

1. 集聚有利于创新的生产要素

高等级、专业性生产要素和创新型战略、结构、文化的有机结合，是创新能力生成的一般原理。因此，企业创新能力的生成，首先需要高级、专业性生产要素的支撑。综观国内外市场上具有较强竞争力的企业，一条基本经验就是构建了创造和集聚高级、专业性生产要素的良好机制。在各种高级、专业性生产要素中，最重要的是高层次人才。目前，我国保险企业对人才的重视程度不尽相同，相较于市场化程度较高的公司，市场化程度较低的公司对人才的培

养、选用还不太重视。由于我国目前市场份额排名居前的公司多具有国有或国有控股背景，而这些公司的市场化程度相对而言普遍不高，因此，如何让这些大公司注重创造和集聚高级、专业性的生产要素，是保险业提升国际竞争力面临的一项重要任务。知识资源是现代国际竞争需要依托的另一种高级资源，企业智库建设在集聚知识资源的过程中具有重要作用。然而，绝大多数公司对企业智库的重要性仍缺乏足够认识，有的公司现有智库部门甚至退化成了一般性的事务部门，无形中严重削弱了公司的决策能力。坦白讲，一个组织"脑细胞"不发达的公司，不可能成为创新型公司，更不可能成为世界一流公司。为了提升企业决策的知识化、智慧化水平，保险企业应注重招募高水平、领军型的智库负责人，加强各项投入以建设高水平的企业智库，以此提升企业经营决策的科学化、合理化水平。

2. 实施有利于创新的竞争战略

长期以来，我国保险市场竞争的关注点主要在规模和份额。为了获得规模和份额，多数公司采取的主要手段就是在费率、佣金、手续费上做文章，这是我国保险市场低水平恶性竞争的根源。相对于波特提出的基本竞争战略而言，这种竞争不仅与差异化竞争的要求相背离，也与真正意义上的成本战略相去甚远。为了提升公司的市场竞争力，必须采取有利于促进创新的战略。在促进企业创新方面，波特提出的三大基本战略其实都有其独特的作用。例如，采取总成本领先战略，企业必须通过创新提高生产率，压低经营成本；采取差异化战略，企业必须通过创新在产品和服务的质量、特色等方面比竞争对手做得更好；采取集中化战略，企业则不仅要在市场细分上创新，还要通过创新在成本或差异化上获得优势。这就是说，无论采用哪种基本竞争战略，都可以通过创新使战略得以真正"落地"。这同时意味着，战略不明确是压制创新之"大敌"。

在我国保险市场上，并不缺乏创新的"信徒"。例如，创新是平安保险"永远的基因"。自1988年5月在改革开放的前沿阵地深圳创立以来，平安保险通过持续推进体制、机制、产品、服务及渠道创新，在短短20多年时间里获得了跨越式发展，并成为行业创新当之无愧的引领者，被誉为"中国保险业的创新符号"。近年来，平安保险的创新步伐进一步加快。继2011年在国内金融界首设"首席创新执行官"之后，2012年8月又成立了专门的创新投资机构——平安创新中心，并以自有资金下设一个规模达 10 亿元的"平安创新投资基金"。再如，中国人寿充分认识到创新对于科学发展的重大意义，在 2013 年 1 月召开的年度工作会议上正式提出，将实施创新驱动发展战略作为深入推进中国人寿科学发展的总战略，全方位谋划、全领域推进创新工作，最大限度地激发创新活力、释放发展潜能，走出一条中国人寿特色的创新发展之路。然而，正如波特所说："各国有影响力的产业通常是多家企业组成的群体，而非由两家公司独挑大梁。"① 保险业国际竞争力的提升不能仅依赖少数几家企业的创新。推动我国由保险大国向保险强国转变，还需要全体保险企业在实施创新战略上的共同努力。

3. 采用有利于创新的组织结构

战略是一种能够影响结构的变量。艾尔弗雷德·钱德勒最早研究了战略 - 结构关系，他发现，组织结构服从于组织战略，当组织改变自己的战略时，必须相应改变组织结构以支持新的战略。这一观点启示我们，中国保险企业实施有利于创新的战略，必须相应建立起有利于创新的组织结构。

组织结构是一个组织内正式的工作安排，涉及六项关键要素的决策过程，即工作专门化、部门化、指挥链、管理跨度、集权和分权、正规化。基本的组织设计主要围绕两种组织形式展开：机械式结构和有机式结构。其中，机械式结构是拥有高度的专门化、刻板的部门化、清晰的指挥链、狭窄的管理跨度、集权化和高度的正规化的组织；有机式结构是一种具有高度适应性的组织形式，主要特征是较低的正规化、较低的工作专门化、较低的集权化以及对员工较宽松的监管。不同的战略要求不同的结构设计与之相匹配。对于那些有利于促进创新的战略来说，特别需要有机式结构所具备的灵活性和信息的自由流动与之相匹配。因此，打造有机的组织结构，降低组织结构的正规化、集权化和工作专门化程度，实现部门和员工间开放、密切的沟通，就成了构建创新型企业不可缺少的重要环节。我国保险企业迄今大多采用的仍是传统的机械式组织结构，一些企业在结构变革中甚至还无意识地强化了组织结构的机械性程度，这与实施创新的战略无疑是相背离的。打造创新型企业，急需有机、柔性的组

---

① 〔美〕迈克尔·波特：《国家竞争优势》，李明轩、邱如美译，华夏出版社，2002，第 10 页。

织结构与之相适应。

4. 营造有利于创新的企业文化

企业文化是指企业在发展中逐步形成的一种为全体员工所认同并遵守的、带有本组织特点的使命、愿景、宗旨、精神、价值观和经营理念，以及这些理念在生产经营实践、管理制度、员工行为方式与企业对外形象中体现的总和。企业文化渗透在企业经营管理的各个方面，是推动企业发展的"软要素"。中国保险企业建设创新型组织，迫切需要营造一种有利于创新的企业文化。

创新型组织往往具有类似的文化，如接受模糊性、容忍奇思妙想、尽量减少外在控制、容忍风险、容忍冲突、强调结果甚于手段、强调开放系统、提供积极的反馈等。经过20多年市场竞争的洗礼，一些企业已经建立起有利于创新的企业文化。例如，平安保险在2006年根据集团综合金融的战略目标，将企业文化定位为追求"领先"的文化，要求每个机构搭建"领先"的平台，制定战略和计划时以"领先"为最核心的目标，选拔人才、配置资源时以是否有利于实现"领先"为基本原则，考核问责时以是否达到或靠拢"领先"为核心评判标准。"领先"的文化本质上就是创新的文化。平安保险之所以用短短20多年就能入选首批"全球系统重要性保险机构"，与其强大的企业文化推动是分不开的。不过，除平安保险等少数公司外，当前中国保险企业的文化建设总体上仍处在初级阶段，不少企业的文化建设还停留在口号或宣传上。推动中国由保险大国向保险强国转变，急需在广大保险企业中构建有利于创新的企业文化。

（二）政府的支持

"新国十条"将保险业务分为三类，分别采取不同的措施予以支持。对于商业化运作的保险业务，主要是营造公平竞争的市场环境，使市场在资源配置中起决定性作用；对于具有社会公益性、关系国计民生的保险业务，主要是创造低成本的政策环境，给予必要的扶持；对于在服务经济提质、增效、升级中具有积极作用但目前基础薄弱的保险业务，主要是更好地发挥政府的引导作用。在这三类业务中，商业化运作的保险业务是保险业提升国际竞争力的主要领域，其他两类则主要在服务国内经济和社会民生方面发挥作用。对于商业化运作的保险业务，"新国十条"主要是强调营造公平竞争的市场环境，其实这还不够，除此之外，政府还应着力营造激发创新的商业环境。正如2014年9月10日李克强总理在第八届夏季达沃斯论坛上致辞时所说："政府要加强事中事后监管，当好市场秩序的'裁判员'和改革创新的'守护者'。"

1. 加强高级专业人才培养

人才资源是保险行业最重要的高级、专业性生产要素，直接决定了行业的未来发展。从目前情况看，无论相对于国内的银行业、证券业，还是相对于发达国家的保险业，我国保险业的人才资源都十分欠缺，特别是具有战略思维和现代经营管理理念的企业家资源，以及具有现代金融、营销和信息技术知识的专业人才，更是极度稀缺。为了给提升行业国际竞争力提供强大的人才支撑，政府及相关部门应在高层次专业人才培养中发挥主导作用。一方面，加强普通高等教育工作，选择几所重点高校成立保险与精算学院，建设高层次、专业性人才培养基地；另一方面，建立和完善社会化培训机制，加强与发达国家的交流，实现人才培养途径和方式的多元化。

2. 加快对外开放和国际化进程

全面实施对外开放战略，加快融入世界经济体系，并倒逼国内改革，是中国经济现代化的一条基本经验。1992年以来，中国保险市场不断扩大对外开放，为保险业发展源源不断地注入了动力和活力，加快了现代化进程，行业整体竞争力明显增强，服务水平不断提高。下一步，为进一步提升行业的国际竞争力，政府及其监管部门应继续坚持对外开放战略，支持有条件的境内保险机构在境外设立营业机构，兼并收购境外保险机构，鼓励更多的中资保险公司"走出去"，到国际舞台上与西方跨国保险企业同台竞技，在国际竞争的大潮和冲击中"强筋壮骨"。与此同时，全面提高利用外资的水平，促进中外资保险公司在国内市场上的有序竞争和共同发展。

3. 深入推进费率市场化改革

费率市场化改革将定价权交给市场和企业，能够极大程度地调动市场的积极性，促进保险产品的开发和创新。在社会主义市场经济逐步完善的今天，我国保险费率市场化改革的核心，就是要建立起符合社会主义市场经济规律的保险费率形成机制。近两年来，车险和普通型人身险的费率市场化改革已取得重

要进展。下一步，要在总结前一阶段改革成效和经验的基础上，扩大费率市场化的范围，防范改革可能带来的风险。具体说来，在财产险领域，主要是深化商业车险条款费率管理制度改革，完善市场化的商业车险条款费率形成机制；在人身险领域，主要是适时启动分红险、万能险费率形成机制改革，尽快实现人身险费率形成机制的全面市场化。

4. 进一步规范保险市场秩序

当前，保险市场恶性竞争、秩序混乱等问题仍较突出，严重影响行业形象和可持续发展。因此，迫切需要进一步强化市场监管，努力打造公平竞争、规范经营的市场秩序。对于财产险公司，要严厉查处弄虚作假、拖赔少赔和无理拒赔、恶性竞争加剧等问题，加大现场检查力度，整治财务业务数据不真实、不严格执行报批报备条款费率、理赔环节利益输送等突出问题。对于人身险公司，要严厉整治银保小账和短期意外险不规范经营行为，继续整治理赔难和销售误导等问题，推进分险种核算和省级机构经营成果独立核算，并继续坚持按确定的比例和一定规则随机抽查保险公司。

5. 实施有力的反垄断政策

垄断不仅阻碍竞争，更削弱创新动力。从国际经验看，任何一个垄断性行业都无法形成强大的国际竞争力，保险业也不例外。近两年，多地保险行业协会因组织财险公司签订车险自律公约而受到反垄断行政处罚，不少人为之鸣不平，认为在当前不成熟的车险市场上，如果没有价格干预措施势必会陷入恶性价格战，并呼吁给予保险业一定的反垄断豁免权。考虑到中国车险市场的现状，这种看法和主张自有一定的合理之处。然而，在签订合作协议使原本明显的竞争关系演变成利益联盟后，保险企业也就丧失了参与竞争的动力和积极性，这如何违反了法律法规暂且不论，仅就其对行业创新的压制来说负面作用也不言而喻。中国保险市场当前最缺乏的是个性化服务和差异化竞争。广大车险消费者某种程度上不是因为缺少对优质服务的付费能力才更关注价格，而是因为难以获得优质服务才不得不聚焦于价格。车险市场竞争的至高境界，是为客户提供更多、更优质的增值服务。因此，政府反垄断政策也许有力一些更好。虽然有阵痛，但对于促进创新或许更有益处。

6. 完善市场准入退出机制

当前，我国保险市场的准入退出机制仍不健全，绝大部分新设公司都是全国性牌照，部分新公司只是对原有市场主体的简单复制，退出机制缺位，存在差而不倒、乱而不倒的现象，无法实现优胜劣汰。准入退出机制不健全，影响保险市场资源配置效率，妨碍保险市场的健康运行。为此，应统筹规划、逐步完善市场准入和退出机制，改变过去保险机构"野蛮生长""有生无死"的状况。在市场准入方面，应建立系统的分级、分类、分区域的有限牌照制度，适当限定新设保险公司的业务范围，支持设立专业性保险公司；在市场退出方面，应进一步明确市场退出的标准和程序，完善市场退出和风险处置的制度机制，切实发挥市场在资源配置中的决定性作用。

参考文献

项俊波：《从保险大国向保险强国转变》，《中国金融》2012 年第 18 期。

项俊波：《深化改革　创新发展——在保险业深化改革培训班上的讲话》，2013 年 7 月 21 日。

项俊波：《深入贯彻落实〈若干意见〉开创保险业改革发展新局面——在保险业学习贯彻落实〈国务院关于加快发展现代保险服务业的若干意见〉培训班上的讲话》，2014 年 8 月 21 日。

〔美〕迈克尔·波特：《国家竞争优势》，李明轩、邱如美译，华夏出版社，2002。

芮明杰、富立友、陈晓静：《产业国际竞争力评价理论与方法》，复旦大学出版社，2010。

陈虹、杨成玉、罗义琳、余珮等：《中国金融服务业国际竞争力研究》，武汉大学出版社，2013。

冯占军、李秀芳：《中国保险企业竞争力研究》，中国财政经济出版社，2012。

孙祁祥、郑伟等：《中国保险业发展报告（2014）》，北京大学出版社，2014。

行业篇

Reports on Industry

B.2

财产保险行业竞争力分析

魏华林 李毅 杨霞 宋平凡*

摘 要:

2012～2013 年，中国财产保险业的市场规模继续较快增长，保费实际增速高于全球非寿险市场、新兴市场的平均表现，在"金砖五国"中位列榜首。承保利润较 2011 年历史顶点的高位有一定滑落，但 ROE 仍然维持两位数以上的高回报率。市场集中度进一步降低，但市场细分的不平衡状态依然存在，表现为东部市场仍然占据大部分保费份额，机动车辆保险"一险过大"的局面没有明显改观。发展民生保险，增强财产保险的软实力，是提升财产保险业竞争力的重要途径。近年来，在多方政策的鼓励与支持下，农业保险、校方责任险、农房保险和自然灾害

---

* 魏华林，中国保险学会副会长，教授，博士生导师，武汉大学经济与管理学院保险经济研究所所长、风险管理研究中心主任；李毅，中国保险学会理事，副教授，经济学博士，湖北经济学院金融学院副院长；杨霞，经济学博士，武汉大学经济与管理学院保险与精算系副教授；宋平凡，武汉大学经济与管理学院保险与精算系博士研究生。

公众责任险等民生保险产品发展抢眼。

关键词：

保险业竞争力　财产保险市场　民生保险

2014 年 8 月，国务院发布《关于加快发展现代保险服务业的若干意见》，明确指出，到 2020 年，保险业的发展目标之一是"努力由保险大国向保险强国转变"。强大的财产保险业竞争力是保险强国梦的重要组成部分。我们继续从"硬实力"和"软实力"两个方面来刻画财产保险业的竞争力现状，"硬实力"的分析依据仍然为市场规模、市场绩效、市场结构、市场细分四维指标，"软实力"的考察更多联系了民生保险的实践及其成果。

一　2012～2013 年财产保险市场特征

（一）市场规模

2012 年，中国财产保险保费规模达到 5330.93 亿元，比 2011 年名义增长 15.44%，同比下降 3.06 个百分点；实际增长 12.84%，同比上升 0.37 个百分点。同期，财产保险赔款达到 2816.33 亿元，同比增长 28.78%；财产保险深度近 1.03%，同比增加 0.05 个百分点；财产保险密度约 393.7 元/人，同比增加 50.97 元/人。2013 年，财产保险保费收入为 6212.26 亿元，同比增长 16.53%；赔款 3439.14 亿元，同比增长 22.11%；保险深度为 1.09%，比 2012 年上升 0.06 个百分点；保险密度为 456.54 元/人，比 2012 年增加 62.84 元/人。

从全球市场看，中国财险业在 2012～2013 年的表现也十分抢眼。2012 年，中国非寿险业务的实际增速不仅远远高于全球非寿险市场 2.6% 的增速，而且同样高于新兴市场 8.6% 的平均成长率。按美元计算，中国非寿险保费规模已达 1043.42 亿美元，国际市场份额达到 5.24%，低于美国、日本、德国和英国，排名世界第 5 位。而到了 2013 年，中国的非寿险业务名义增速为 20.7%，实际增速为 15.5%，远远高于全球平均增速 2.3% 的水平，同时也高

于新兴市场 8.3% 的增速；非寿险业务占全球市场份额达到 6.19%；按美元计算，非寿险保费规模已达 1258.44 亿美元，超越日本和英国，达到世界第 3 位的排名，仅次于美国和德国。

根据有关统计数据①，2012 年新兴市场非寿险业务的实际增速下降了 0.5 个百分点，而中国实际增速上升了 3.2 个百分点，在可获得的国家和地区数据中，2012 年非寿险业务实际增速排名从 2011 年的第 13 位上升至第 6 位②，仅低于列支敦士登、中国澳门、泰国、白俄罗斯和韩国。在"金砖五国"中，2012 年中国非寿险业务的实际增长率重新回到榜首（见表 1）。2013 年，新兴市场非寿险业务的实际增速上升了 0.7 个百分点，而中国非寿险业务的实际增速上升了 1.9 个百分点，在可获得的国家和地区数据中，非寿险业务的实际增速排名从 2012 年的第 6 位上升至第 4 位③，仅落后于乌克兰（33.3%）、白俄罗斯（28.5%）和哈萨克斯坦（16.8%）。在"金砖五国"中，2013 年中国非寿险业务的实际增长率继续占据榜首（见表 1）。

表 1　部分国家和地区非寿险业务的实际增速（2011～2013 年）

单位：%

年份	中国	俄罗斯	印度	巴西	南非	新兴市场	全球
2011	10.4	11.3	13.5	7.1	3.4	9.1	1.8
2012	13.6	13.1	10.2	9.6	-1.4	8.6	2.6
2013	15.5	1.5	4.1	9.8	0.3	9.3	2.7

资料来源：Swiss Re., *Sigma*, No.3, 2011～2013。

（二）市场绩效

2012 年，中国财产保险业实现承保利润 125.61 亿元，同比减少 45.22 亿元，降幅为 26.47%，与 2011 年历史顶点的高位相比有一定滑落。2012 年的综合赔付率和综合费用率"一平一升"：综合赔付率为 61.2%，基本与上年持平；综合

---

① Swiss Re., *Sigma*, No.3, 2012～2014.
② 部分国家数据未获得，但预计对实际排名影响不会很大。
③ 根据 *Sigma* 数据整理得出，部分国家数据缺失，但预计对实际排名影响不大。

费用率为35.9%，同比上升1.8个百分点；综合成本率为97.2%，比历史低点的2011年上升1.7个百分点，其上升主要源于经营费用的增加。2012年，中国财产保险业实现净利润257.36亿元，同比增加24.9亿元，增长率为10.7%；ROE为11.68%，尽管同比下降3.18个百分点，但仍然维持两位数的高回报率。

2013年，中国财产保险业实现承保利润22亿元，同比下降82.47%，下滑幅度较大。2013年的综合赔付率和综合费用率"一升一降"：综合赔付率为64.3%，同比上升3.1个百分点；综合费用率为35.3%，同比下降0.6个百分点；综合成本率为99.6%，同比上升2.4个百分点，其上升主要源于赔付支出的增加。2013年，中国财产保险业实现净利润268.25亿元，同比增长4.23%；ROE为10.68%，同比下降1个百分点，继续保持两位数的高回报率。

综合看来，2012年，中国财产保险业的市场绩效指标仍然明显高于工业化国家财产保险市场的数据。当年，美国财产保险业的综合成本率为103.2%，承保业务继续亏损，依靠投资收益才实现了约6.9%的ROS[①]，明显低于过去24年8.9%的平均值。同期，G7各成员国[②]和澳大利亚财产保险业的整体ROE约为5%，明显低于中国11.68%的数据。2013年，中美两国的财产保险业市场绩效都发生了较大变化，中国财产保险业的综合成本率接近100%，承保利润空间大幅压缩；而美国同期的综合成本率降至95.7%，开始进入承保周期的繁荣期（见表2），当年的ROS也升至14.6%的高位。

表2　中美财产保险业承保业务绩效对比（2011～2013）

单位：%

年份	综合成本率		综合赔付率		综合费用率	
	中国	美国	中国	美国	中国	美国
2011年	95.3	108.3	61.2	79.5	34.0	28.8
2012年	97.2	103.2	61.2	74.4	35.9	28.8
2013年	99.6	95.7	64.3	67.1	35.3	28.6

注：由于四舍五入的关系，综合成本率数据与综合赔付率和综合费用率之和有略微差异；美国的综合费用率包括Dividend Ratio数据。

资料来源：中国数据来自各期《中国保险年鉴》，美国数据来自NAIC。

---

① 美国一般使用ROS（Return on Surplus，类似于ROE）衡量保险公司的获利能力。
② 包括美国、英国、法国、德国、日本、意大利和加拿大。

继续分析综合成本率的构成，我们的结论会更有意义。众所周知，保费费率一般由纯费率和附加费率构成，纯费率的主体是期望损失率，附加费率主要包括费用率、预期利润率等。如果忽略利润的因素，那么综合成本率可以看成毛费率，综合赔付率可以视作纯费率，综合费用率可以当成附加费率。考察相关数据（见表2），2011～2013年美国综合费用率分别为综合成本率的26.6%、27.9%和29.9%，而中国对应的比例分别为35.7%、36.9%和35.4%。一般来讲，财产保险的附加费率占毛费率的比例为20%～30%，美国的附加费率符合这一标准，而中国的附加费率偏高。既然附加费率占比偏高对应的是纯费率占比偏低，也就是说期望赔款的占比偏低，那么全面提升中国财产保险业市场绩效的途径显而易见。

（三）市场结构

2012年，中国财产保险市场新增两家财产保险公司，市场主体达到62家。同期，中国财产保险市场的CR1、CR4和HHI分别为0.349、0.6979和0.1772，分别比2010年下降0.0138、0.012和0.0084，市场集中度继续下降，市场竞争不断增强。

尽管接近0.7的CR4值表明排名靠前的市场主体仍然占据着较大的市场份额，但从HHI指标看，中国财产保险业的市场结构发生了重大变化。根据相关标准，0.18是运用HHI指标衡量市场结构垄断程度的关键值。HHI大于0.18，表明市场为高寡占型市场并且存在垄断；HHI小于0.18，则表明市场为竞争性市场。2012年，中国财产保险业的HHI为0.1772，30多年来第一次低于0.18，表明中国财产保险业的市场结构从高寡占型市场转变为低寡占型市场。更为重要的是，中国财产保险市场正式摆脱了垄断市场而进入竞争性市场，市场手段将在财产保险市场中更为有效，市场更容易发挥配置资源的基础性作用。我们曾经指出，中国财产保险市场结构的特殊之处在于竞争型的HHI指标与较高的CR4指标共存，非理性竞争甚至恶性竞争仍有生存的土壤[1]。这

---

[1] 罗忠敏、王力主编《中国保险业竞争力报告（2012～2013）——转型的艰难起步》，社会科学文献出版社，2013，第56页。

一结论并不因财产保险市场的 HHI 值小于 0.18 而发生改变，规范而有序的财产保险市场竞争之路注定会有波折。

2013 年，中国财产保险市场又新增两家财产保险公司，市场主体达到 64 家。以保费收入计算的中国财产保险市场的 CR1、CR4 和 HHI 分别为 0.344、0.697 和 0.174，与 2012 年相比略有下降，市场集中度进一步降低，市场竞争性进一步增强。

（四）市场细分

2012～2013 年，中国财产保险业市场细分的不平衡状态依然存在。东部市场仍然占据着财产保险市场的大部分份额，机动车辆保险"一险过大"的局面没有明显改观。

从区域细分看，2012 年东部、中部和西部的保费收入占比分别为 59.32%、19.96% 和 20.72%。与 2011 年同期相比，东部占比微降，中部和西部占比微升，仍然保持着"东 6 中 2 西 2"的市场格局。2013 年东部、中部和西部的保费收入占比分别为 58.54%、20.45% 和 21.01%，总体格局并未发生较大改变。

从产品细分看，2012 年机动车辆保险、企业财产保险、农业保险和责任保险四大市场险种的位次没有发生变化，市场份额分别为 75.13%、6.76%、4.51% 和 3.45%，机动车辆保险仍然保持着财产保险市场 3/4 以上的市场份额（见图 1）。其中，机动车辆保险和企业财产保险分别同比下降 0.76 个和 0.38 个百分点，农业保险和责任保险分别同比上升 0.74 个和 0.24 个百分点。2012 年，信用保险的市场份额达到 3.01%[①]，成为又一个超过 3% 市场份额的险种。

2013 年，机动车辆保险、企业财产保险、农业保险和责任保险依旧保持前四大市场份额的排名，市场份额分别为 75.99%、6.1%、4.94% 和 3.49%，机动车辆"一险过大"的局面进一步强化（见图 2）。其中，机动车辆保险、

---

① 事实上，如果汇总信用保险和保证保险数据，那么合并后的数据在 2010 年可以排在第 4 位，2011 和 2012 年均排在第 3 位。

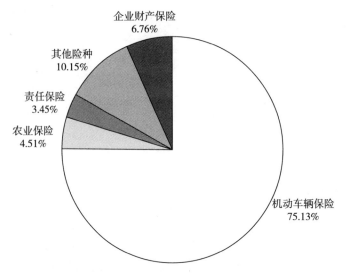

图1　2012年中国财产保险业险种细分

资料来源：《中国保险年鉴2013》。

农业保险和责任保险分别同比上升0.86个、0.43个和0.04个百分点，企业财产险同比下降0.66个百分点。此外，信用保险保费收入为155.17亿元，占比降到了2.5%，重回3%以下，发展速度放缓。

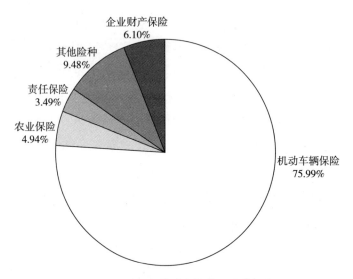

图2　2013年中国财产保险业险种细分

资料来源：《中国保险年鉴2014》。

二 财产保险业的民生保险

党的十八届三中全会指出要"发展普惠金融"，具体到保险业而言，就是要扩大保险的覆盖面，让保险的发展成果更多更公平地惠及全体人民。扩大财产保险覆盖面的一个重要途径是发展民生保险。

民生的概念有广义和狭义之分。广义的民生包括一切与人民的生计有关的事情，但范围太大。狭义的民生是指人民群众的基本生存和生活状态、基本发展机会、基本发展能力和基本权益保护等。因此，民生保险也可以有广义和狭义之分。从广义上讲，凡是为民生提供风险保障的险种都属于民生保险，它几乎涵盖财产保险业提供的所有产品和服务。从狭义上讲，民生保险是指在从产品设计到理赔的保险业务经营的全过程中都体现保障人民群众基本生存和生活状态的特定产品。目前，在财产保险中，典型的民生保险产品比较多，主要包括：责任保险类的公众责任、产品责任、医疗责任、实习安全、校园安全等责任保险险种；农业保险类的种植业保险、养殖业保险、农房保险、农机保险、农业基础设施保险、森林保险等；家庭财产类的巨灾保险；等等。

近年来，在政策的鼓励与支持下，农业保险、校方责任险、农房保险和自然灾害公众责任险等民生保险产品在保障和改善民生方面取得了较好的成绩。

（一）农业保险①

农业保险有广义和狭义之分。广义的农业保险既包括以农民财产为保险标的的保险，也包括以农民身体为保险标的的保险。狭义的农业保险②主要指保险机构根据农业保险合同，对被保险人在种植业、林业、畜牧业和渔业生产中保险标的遭受约定的自然灾害、意外事故、疫病、疾病等保险事故所造成的财产损失，承担赔偿保险金责任的保险业务。

---

① 本部分参考魏华林等《综合风险防范——中国综合自然灾害风险转移体系》，科学出版社，2011，第4~5页。

② 2013年3月1日起正式实施的《农业保险条例》对农业保险的界定也使用狭义农业保险的概念。

1. 背景与沿革

中国的农业保险起步很早，从 20 世纪 50 年代初开始至今，已有约 60 年的历史。新中国成立不久，中国人民保险公司借鉴苏联农业保险模式，开始试办农业保险。在试办过程中，农业保险由政府主导，有些地方甚至实施强制保险，虽然保险业务发展的速度很快，不到 10 年几乎渗透全国所有地方。然而，好景不长，1958 年 10 月在西安召开的全国财贸工作会议上，国家做出决定，全面停办包括农业保险在内的所有国内保险业务。

农业保险的停滞一直持续了 24 年。1979 年国家做出恢复国内保险业务的决定；3 年后国务院专文批示，提出保险工作要为八亿农民服务。中国农业保险从此开始进入一个新的发展时期。

如果说 20 世纪 50 年代农业保险起步于农村种植业，那么，新时期的农业保险则是从养殖业开始的。原因在于两者发展的历史背景不尽相同。在计划经济时代，种植业是国家农业发展关注的重点；当市场经济取代计划经济成为必然趋势时，养殖业更能引起农民的兴趣。"养得起、死不起"是当年农村养殖业普遍存在的令人头疼的一种现象。养殖业保险因为这一时期农民的特殊需要而得到快速发展。农业保险恢复当年，保费收入进账 23 万元。10 年后达到顶峰，1992 年全国由商业保险公司经营的农业保险的保费收入超过 8 亿元。

但是，改革开放后农业保险的发展并不是一帆风顺。有涨有落，时好时坏。1993～2003 年，农业保险的保费收入出现回落，部分年份呈现负增长。出现"波动阶段"的原因，主要是当时经营农业保险的主体机构——中国人民保险公司进行内部改制，由计划经济体制下形成的集商业性和政策性双重职能于一身的保险公司转型为市场经济条件下的纯商业性保险公司。发展营利性保险业务、剥离非营利性保险业务是其面临的必然选择。农业保险业务因此而下滑，规模萎缩。全国农业保险的保费收入由高峰期的 8 亿多元降至低谷时的 3.8 亿元。有些农业大省甚至停办了农业保险业务。

从 2004 年起，中央连续下发 7 个文件，将包括农业保险在内的农业经济损失保障制度列为促进农民增收、加速农业发展、保障农村稳定的重要内容。指出方向，明确任务，落实政策，使农业保险获得了稳定发展。2004 年，中国保监会开始实质性推进农业保险试点，成立和引进专业性农业保险公司；2007 年中央财政开始以财政补贴的方式直接介入农业保险，直至今日。

与 1982 年有所不同的是，这一次的农业保险试点是在保障国家粮食安全的前提下，首先从种植业开始，然后扩大到养殖业和林业。最初补贴的保险标的主要是粮食作物（小麦、水稻、玉米）、油料作物（大豆①）和棉花，试点省区选择的是具有代表性的东北的吉林、华北的内蒙古、华东的江苏、中南的湖南、西南的四川和西北的新疆等。

随着中央财政的直接介入，中国农业保险得到了长足发展，业务规模迅猛增加。2013 年，中国农业保险保费收入达 306.7 亿元，规模稳居亚洲第一位、世界第二位，主要农作物承保面积突破 10 亿亩，保险金额突破 1 万亿元，参保农户突破 2 亿户次。

2. 实践意义

2004 年至今，农业保险取得了举世瞩目的成绩。农业保险对于民生的促进作用毋庸置疑，它不仅扩大了保险在农村地区的覆盖面，而且使农民的日常生产活动享受到了现代风险保障体系的庇护。

（1）农业保险覆盖面明显扩大

从保险标的看，除了中央财政支持的 15 个品种（水稻、玉米、小麦、马铃薯、青稞 5 种粮食作物，油料作物，棉花，糖料作物，天然橡胶，森林，能繁母猪，奶牛，育肥猪，牦牛，藏系羊）外，承保的标的还包括：粮食作物中的高粱等，经济作物中的烟叶等，水果中的苹果、梨、葡萄、柑橘和香蕉等，蔬菜中的西甜瓜、辣椒等，大牲畜中的种牛、肉牛和驴等，小牲畜中的羊等，家禽中的鸡、鸭和鹅等以及海水养殖、淡水养殖和特种养殖，等等，非常丰富。

从保险产品看，产品数量从试点前的 30 多个激增到 2013 年 8 月底的 1000 多个。例如，在保监会备案的农业保险产品中，市场最大主体——人保财险的全国性产品有 35 个，而区域性产品则多达 575 个。

从承保区域看，覆盖区域迅速扩大，在全国范围内实现了农业保险的全覆

---

① 大豆既是油料作物，也是粮食作物。

盖。例如，中央财政支持的种植业保险补贴地区已从 2007 年的 6 个省区扩大到全国，符合补贴有关规定的地区都可以申请获得中央财政保费补贴的支持。

（2）风险防范效果不断显现

保险在现代风险保障体系中的作用不再局限于损失补偿，而更强调实现风险防范①的综合效果，并逐渐从传统的事后补偿拓展到参与风险管理的全过程。实行试点以来，农业保险的发展历程清晰地印证了这一变化。

农业保险从单一的损失补偿向风险防范的转变体现在保险公司的各项业务流程之中。在产品设计中，以创新理念设计气象指数保险产品；在展业过程中，发布通俗易懂的宣传资料并通过广大农业技术人员加强与农民的沟通；在防灾防损过程中，与环境监测、气象、畜牧兽医和电信等部门合作，借助农业技术人员、乡村协保员和动物防疫部门等社会兼职人员，通过短信、广播等通信手段，加强防灾防疫服务；在理赔过程中，适时提供人工增雨及防雹服务，利用无人机航拍查勘、卫星遥感及 GPS 等技术确定受灾地区农作物的受灾面积、受损程度等，达到了农业保险灾前预防、灾中救援和灾后补偿的风险防范综合效果。

（二）校方责任险

校方责任险（以下简称"校责险"）是一种特殊的责任保险，主要承保学校的疏忽或者过失造成学生人身伤亡和财产损失而依法应当承担的经济赔偿责任。校方责任险的特殊之处在于学校为投保人和被保险人，而且缴纳的保费大多来自地方财政。

1. 背景与沿革

百年大计，教育为本。教育在国家发展和民族复兴中处于重要地位。教育之所以如此重要，是因为教育的直接产出是生产力中最活跃的因素——人。传统的理念更重视教育的正常产出，而忽视了风险对正常产出过程的影响甚至中断。随着社会外部环境、校园内部环境的风险状况变化以及学生自身生理、心

---

① 风险防范的概念可参见向飞《洪水风险综合防范研究——基于保险的视角》，武汉大学博士学位论文，2010 年 5 月。

理等的发展变化，校园灾害事故带来的经济损失和社会成本逐年上升，校园风险的发展趋势日益复杂。伴随着校园风险事故赔偿额的不断上升，财政相关支出的压力不断增加，关于事故赔偿数额的争议在很大程度上影响了校园的正常教育教学秩序。

校责险作为一种带有民生性质的政策性保险，其发展始于21世纪之初。2001年，上海市正式施行《上海市中小学校学生伤害事故处理条例》，规定学校对相关涉及校方侵权行为的安全事故应当承担民事赔偿责任，提出由政府出资为全市中小学投保校责险，校责险开始在上海实施。

2002年，教育部颁布并决定实施《学生伤害事故处理办法》；2006年，教育部等十部委颁布并决定实施《中小学幼儿园安全管理办法》，两项办法都支持学校参加校责险。2008年，教育部、财政部和保监会联合颁布《关于推行校方责任保险完善校园伤害事故风险管理机制的通知》，更是明确指出"国家或社会力量举办的全日制普通中小学校（含特殊教育学校）、中等职业学校，原则上都应投保校方责任保险"。

2009年12月，全国人大常委会通过并决定于2010年7月起正式施行《中华人民共和国侵权责任法》。该法的第38、第39和第40条界定了学校应承担的学生在校学习、生活期间受到人身损害的法律责任，从而使校责险承保的保险责任所依据的"法"从部门规章上升到国家法律，校责险的运作第一次有了明确和统一的法律依据。

随着学生人身损害事故处理有关法律法规的不断完善和财政支持政策的相继出台，校责险的发展越来越受到政府和市场①的重视。2004年，北京和浙江开始要求各级教育行政部门组织当地学校参加校责险。之后，校责险的实践在江苏、湖南、江西和重庆等省市相继展开。目前，我国已经有20多个省市实施了校责险，覆盖范围不仅包括上海、北京和深圳等发达城市，而且涵盖四川、吉林等省区。

2. 实践意义

校责险十多年的实践表明，保险作为市场经济条件下风险管理的基本手

---

① 2001年成立的北京联合保险经纪有限公司自成立伊始，目标市场就定位于教育风险管理，校方责任险也是该公司推介的重要风险管理产品。

段，在维护校园稳定、促进教育发展等方面都起到了十分重要的作用。

（1）实现了校园和谐稳定

教育是有着庞大未成年人口规模的行业之一，是与整个社会联系最为直接的行业之一，也是风险最集中的行业之一。在市场经济条件下，如何才能更好地保障在学校接受教育的特殊群体的安全？保险能够发挥其应有的作用。2008年，教育部、财政部和中国保监会联合下发的《关于推行校方责任保险完善校园伤害事故风险管理机制的通知》对此给予了更好的解读："保险是市场经济条件下，进行风险管理和控制的基本手段，充分利用保险工具来处理学校发生的安全责任事故，将有利于防范和妥善地化解各类校园安全事故的责任风险，解除学校和家长的后顾之忧，将有利于推动学校实施学生素质教育，也有利于维护学校正常的教育教学秩序，有利于保障广大的在校学生的权益，避免或者减少经济纠纷，减轻学校办学的负担，维护校园的和谐稳定，促进青少年的健康成长。"

（2）保障了教育事业的发展

无论是人力资本理论还是内生增长理论，其研究成果都有一个共同的重要结论，即人力资本在经济增长中起重要作用，而教育是最有效的人力资本形成途径。尽管随着"科教兴国"基本国策的逐步落实，中央及地方各级政府都不断地加大对教育的关注力度和教育经费的投入力度，教育事业发展较快，但国家财政性教育经费支出占国民生产总值的比例仍然不高，主要依赖财政投入的学校办学费用自然十分紧张。如果将维持正常教学活动所需的经费用来弥补校园伤害事故所引发的高额赔偿，将对学校的发展和学生的教育造成不利影响。实践表明，通过购买校责险，学校用可承担的保费替代了潜在的不确定的高额赔偿，使得教育财政预算拨款的预测性更高、适用性更强，从而保障了教育事业的发展。更为重要的是，校责险缓解了事故赔偿带来的经济压力，使得学校敢于开展课外活动和实践教育，保障了学生素质教育的开展，促进了学生的全面健康发展。

（3）创新了校园风险管理模式

传统的校园风险管理模式以单一行政管理的安全管理为主，保险这一市场化风险管理手段的介入使得"安全预防、应急管理、风险转移三位一体"

的新模式开始建立。新模式通过以校责险为代表的保险产品这一载体,依托市场与政府的有机协调,通过计划、组织、协调、控制等过程,在事故发生前,避免或减少风险事故发生的机会;在事故发生中,控制风险事故的扩大和蔓延,尽可能地减少损失;在损失发生后,努力化解矛盾和尽力转移损失后果。在新模式下,校园风险的管理理念将实现由"堵"到"导"的转变,管理手段将实现由风险规避到风险规避、预防、抑制、自留和转移的多手段综合运用的转变,赔偿主体将实现由学校单一主体到以保险公司为代表的多主体的转变,从而促进了校园风险管理水平的明显提升。

(三)农房保险

农房保险是指以农村住房为保险对象,按照保险合同约定对各种自然灾害造成的房屋损失予以赔偿的保险制度。当前保险公司经营的农房保险为政策性保险,一般由政府组织推动并给予保费补贴,农民自愿参保。

1. 背景与沿革

中国是世界上自然灾害风险最为严重的国家之一,农房自然灾害几乎年年发生,类型多、频率高、损失重、影响大。然而,其风险转移效果却明显不佳,具体来讲,有以下三个方面:一是灾害损失后果重。2003~2012年的10年间,年均倒塌房屋数量超过270万间,许多农民因灾致贫、因灾返贫,农房灾害风险严重影响着农村稳定和农村发展。二是风险转移程度低。农房灾害的风险转移手段主要包括无偿的政府救助、社会捐助以及有偿的保险补偿,现阶段以政府救助为主。然而受国家财力的限制,政府救助与灾害损失的比例并不高,除个别年份外,近些年的比例一直低于3%。三是市场补偿机制弱。近10年来,全球保险补偿与灾害损失的比例在20%~40%之间,其中发达国家重大灾害的保险补偿比普遍达到50%以上,而中国重大灾害的保险补偿比最高不超过6%,最低甚至不到0.5%,远远低于国际平均水平。

2006年,浙江和福建两省开始大规模试点农房保险,以转移台风造成的重大灾害损失。经过这几年的探索,全国共有20多个省市开展了农房保险业务,2012年农房保险保费收入已经达到5.1亿元,承保农房6716万间,提供风险保障6382亿元,浙江、福建、广西、广东和西藏等省区实现或者基本实

现了全覆盖。

农房保险实践过程中，各地因地制宜，结合省级特点，形成了四种具体的农房保险经营模式，具体如下。

（1）浙江模式

浙江模式是指以浙江省为代表的政府补助推动、农户自愿参保模式，即实行财政补贴与农户投保并行、政府责任与市场运作有效结合的市场化运作模式。除浙江省外，广东等省份在浙江成功实践的基础上也实行这种财政补贴和农户自愿投保的并行模式。

2006年11月13日，浙江省政府下发《关于开展政策性农村住房保险工作的通知》，要求以提高参保农户灾后重建家园、恢复基本生活的能力为目标，按照"农户自愿参保、政府补助推动、保险公司市场运作"的原则，在全省全面开展"低保障、低保费、广覆盖"的农村住房保险。由中国人保财险浙江分公司经营，实行"单独建账、独立核算、以丰补歉、自负盈亏"。浙江模式的特色在于根据历史损失数据，将全省分为两类风险区域：一类风险区域为高风险区域，包括温州、台州、舟山①和丽水；二类风险区域为低风险区域，包括杭州、宁波、绍兴、湖州、嘉兴、衢州和金华。

（2）福建模式

福建模式是指以福建省为代表的政府补贴、全辖统保模式，即由地方政府与保险公司签订协议，完全由财政出资购买农房保险，农户不承担保费，在全省实现统一投保。

2006年3月，福建省龙岩市与人保财险龙岩分公司合作，开展政策性农房保险业务，县财政、乡财政和农户分别按40%、40%和20%的比例缴纳保费。2006年8月，福建开始在全省试点政策性农村住房保险，由政府全额承担农房保险保费。当年8月17日，福建省民政厅统一与人保财险签订《福建省农村住房保险统保协议》，为全省除厦门以外的地区共约663万农户统一投保农村住房保险，在全国开了政府全额出资、全省农房统保的先河。

---

① 根据之后两年的农房保险赔付率测算，舟山于2009年12月被调整至二类风险区域。

（3）西藏模式

西藏模式是指在西藏地区实行的财政补贴、赔付兜底的政策性农牧民住房保险模式，即地方政府和保险公司共同承担理赔风险。具体来说，是按照"政府推动、商业运作、风险共担"的原则，由政府和保险公司按照一定比例收取保费和分摊赔款，保险业务由保险公司进行专业化管理和运作的一种商业化经营模式。

西藏于 2006 年 11 月首次试点政策性农房保险，于 2008 年 12 月 28 日启动第二次试点。西藏模式的特点在于：保险经营机构在一个保险年度内赔偿最高限额为该保险年度实收保费的 100%；超过当年实收保费总额的部分，由保险公司进行勘查赔付，资金由自治区财政承担。

（4）广西模式

广西模式是指在广西实行的财政补基本、农户自提高模式。广西模式实际上是在福建模式基础上的一种创新，即在政府统一出资为全区符合条件的农村住房购买政策性保险的基础上，允许农户自愿出资购买政策性保险。

从 2007 年开始，广西连续 4 年由财政全额出资为"两属两户"统一购买保险。除了自治区财政推进的"两属两户"项目，为进一步扩大这一惠农政策的覆盖面，2011 年，广西在全区推广农房保险，由政府为 1051 万农户提供保险额度超过 1000 亿元的农村住房保险，承保面达 100%。保费由自治区和市、县（市）财政按照 8∶2 的比例分担，当农房遭受自然灾害损坏或倒塌时，将获得最高 1 万元的保险赔偿。广西是全国第四个、西部地区第一个实现全部农村住房政策性保险的省（区）。

广西模式的特点在于农户可以在基本保障的基础上自主提高保障程度。2012 年，广西规定，参保农户自愿缴纳 2 元保险费后，农房保险金额可以额外增加 3000 元。

2. 实践意义

风险转移手段有市场化手段和非市场化手段之分。非市场化风险转移手段主要是政府救助和社会捐助，市场化手段一般特指保险。2006 年之前，中国的房屋保险大多没有城乡之分，除个别县市有所尝试外，房屋保险主要以家庭财产保险的形式在城镇开展。2006 年之后，通过保险手段，农房灾害风险开

始了市场化的风险转移，取得了明显的民生效果。

（1）完善了农村风险保障体系

"学有所教、劳有所得、病有所医、老有所养、住有所居"既深刻概括了农村居民面临的子女求学、生产、健康、养老、住房五类重大风险，也给出了农村风险保障体系的终极建设目标。如果说采用新农合、新农保等社会保险手段初步解决了"医"和"养"的风险问题，运用农业保险等政策性保险手段尝试解决了"得"的风险问题，综合使用校园责任险和学平险等政策性保险和商业保险手段基本解决了"教"的风险问题，那么用农房保险解决"居"的风险问题将是完善农村风险保障体系的最后一块"拼图"。正因为农房保险在农村民生工程中的突出作用，农房保险试点受到了地方政府和农村居民的广泛欢迎，赞誉如云。

（2）提高了政府支出效率

通过农房保险这一市场化手段，可以从三方面提高政府支出的效率：一是提高了转移支付效率，农房保险既能够固定不确定的救灾支出，也能够降低管理成本，从而提高了转移支付效率；二是体现了杠杆放大效应，5.1亿元的保费支出获得了超过6300亿元的风险责任转移，放大效应超过1200倍；三是实现了科技的介入，无人机等大规模查勘技术在农房保险中的运用，有利于提升救灾效率。

（四）自然灾害公众责任险[①]

自然灾害公众责任险（以下简称"灾责险"）是政府救灾工作的一种新形式，由政府财政统一出资向保险公司投保，当自然灾害造成群众人身伤亡或失踪时，由保险公司根据其与政府签订的投保协议约定对受灾群众进行资金补偿的一种保障机制。即群众不用缴纳保险费用，但当自然灾害造成群众人身伤亡时，可以获得保险公司一定数额的资金补偿。

1. 背景与沿革

我国是一个饱受自然灾害侵袭之苦的发展中国家，日益频发的自然灾害在

---

① 本部分参考田玲、姚鹏等《自然灾害公众责任险研究报告》，民政部灾害评估与风险防范重点实验室研究报告，2013年8月。

给群众财产和生命安全造成严重损失和威胁的同时，也给政府救灾带来了巨大压力。据统计，近20年来，我国因灾直接经济损失占国内生产总值的2.5%，占世界损失的比重为22%；因灾死亡人数占世界该人数的9.9%，受灾人数占世界该人数的57%。2012年，各类自然灾害共造成2.9亿人次受灾、1338人死亡、192人失踪、1109.6万人次紧急转移安置，直接经济损失达4185.5亿元。而较低的人均收入水平导致居民仅仅依靠自身力量抵御灾害风险和实现灾后恢复重建的能力非常有限。根据世界银行网站的资料，2012年，世界人均收入为10012美元，中国的人均国民收入为5680美元，远远低于世界平均水平。在这种情况下，救灾的重任无疑在很大程度上落到了政府身上。然而，由于灾后援助和救济的对象群体数目庞大，受财力所限，政府灾害救助标准也只能维持在较低的状态，即只能为灾民提供维持生存的基本补偿和救济，往往难以让灾民恢复正常的生产生活，灾后重建工作也无法迅速展开。

灾责险最早的探索始于福建省。2006年9月，福建龙岩地区的上杭、永定和连成县政府与当地保险公司开展了灾责险的合作。该险种由当地民政或财政部门投保，在保险期间内，辖区居民由于列明的自然灾害，或经县级以上政府部门认定的抢险救灾行为而发生人身伤亡，由保险公司给付抚恤金。福建厦门随后进行了自然灾害责任险的尝试，紧接着山西、浙江等多个省份也陆续将灾责险作为惠民工程推广。2009年福建省建宁县推出了自然灾害救济救助责任险，2011年重庆的彭水、璧山、黔江也和人保财险签订了灾责险的协议；2012年甘肃正式启动新农合灾责险及其附加无责事故救助责任保险试点工作；从2013年起，北京密云县政府出资每年为全县居民免费上见义勇为救助责任险和灾责险。"两险"事故每次每人的最高赔偿金额各为10万元。

迄今为止，全国许多地方根据当地实际情形，发扬基层首创精神，开创出多种多样的灾责险模式，最具代表性的模式包括福建上杭模式、江苏苏州模式、湖北襄阳模式和甘肃模式。

（1）福建上杭模式

福建龙岩地区是自然灾害多发地区，为建立健全应对突发重大自然灾害紧急救助体系，安定受灾群众生活，当地政府联合人保财险上杭县支公司，开展自然灾害公众责任险的实践，保险合同期限为1年，覆盖范围为所属承保地区

户籍人口及由县（区）、乡两级政府统一组织的抢险救灾人员，政府根据保障对象群体，保费按每人每年2元的标准缴纳，责任范围为在承保地区发生的雷击、暴风、暴雨、洪水、台风和冰雹等不可抗力的自然灾害直接或间接造成的人身伤亡损失，人身伤亡责任赔偿最高限额为人民币6万元/人，医疗费用赔偿限额为人民币5000元/人，遭受保险责任事故而致残疾的，按残疾程度支付保险金。随后，福建龙岩其他县市也纷纷开展了类似业务。2007年9月，龙岩7个县（市、区）210万农村人口已全面办理了农村人口自然灾害公众责任统一保险。由此，在福建龙岩地区开灾责险先河之后，自然灾害公众责任险在全国十多个省（市）被广泛推广。

（2）江苏苏州模式

2012年9月，苏州市民政局和人保财险苏州分公司就三城区自然灾害民生综合保险开展合作，签订了民生险合同，保障范围为苏州市的姑苏区、工业园区和高新区的146.7万余人。该险种保险合同期限为一年，由自然灾害公众责任险和自然灾害家庭财产综合保险两部分组成，其中自然灾害公众责任险的保费，政府按每人每年1.88元缴纳；家庭财产综合保险的部分，政府按每户1.88元缴纳。自然灾害公众责任险的保障对象为姑苏区、工业园区和高新区行政区域内户籍居民及在该区域内发生的自然灾害和火灾、爆炸以及人员意外溺水事件中参与抢险救灾的人员（含非本地户籍人员）。如果自然灾害以及居家期间发生的火灾、爆炸、煤气中毒、触电和意外溺水等意外事件造成被保险人人身意外伤害、死亡或伤残，赔偿限额为10万元，医疗费赔偿限额为2万元；在自然灾害、火灾、爆炸和意外溺水事件中参加救灾的人员发生人身意外伤亡的，最高赔偿限额为20万元，医疗费最高赔偿额为4万元。该民生综合保险的保费由市政府从苏州市福利彩票公益金中支出，由市民政局统一为居民投保。自2012年12月1日起，苏州市642余万人口和213万户住户均获得"自然灾害民生综合保险"全覆盖。

（3）湖北襄阳模式

2012年12月，襄阳市政府在科学调研、反复斟酌和多方求证的基础上，制定了由政府主导、财政出资的《襄阳市"一元民生保险"实施方案》，保障的范围涵盖自然灾害和见义勇为造成的人身伤害赔偿责任，保障对象为辖区内户籍人口、暂住人口及在该区域内实施见义勇为行为的户籍、非户籍人员。当地户籍人员若在全国各地实施了见义勇为的行为，也将得到这一民生保险的保障。当地财政以辖区内户籍人口及暂住人口（以下简称被保险人）每人每年缴纳1元保费的标准集中统一投保，保险期限为一年，"一元民生保险"将"见义勇为救助责任保险"和"自然灾害公众责任险"相结合，保险责任为两个险种的保险责任范围，具体而言，见义勇为救助责任保险是指当被保险人因见义勇为而伤、残或死亡时，由保险人按照保险合同约定负责赔偿；自然灾害公众责任险是指当被保险人因灾害或抢险救灾而伤残或死亡时，由保险人按照保险合同约定负责赔偿。"一元民生保险"的死亡限额为5万元，医疗限额为5000元；因灾或见义勇为而伤残的，按伤残等级以5万元标准限额按1%～100%的比例赔付。在一个保险期限内，单个被保险人赔付限额为5.5万元，每次事故赔偿限额为500万元。

（4）甘肃模式

2012年5月，甘肃省正式启动新农合自然灾害公众责任险附加无责事故救助责任保险试点工作。该保险是新农合保障制度的有力补充，延伸了新农合医疗体系的保障范围，提高了农民基本风险保障水平。该业务在白银、庆阳、平凉和武威4个市的会宁、靖远、西峰、庆城、镇原、庄浪和民勤7个县（区）全面开展，由县政府统一组织向人保财险甘肃分公司投保。人保财险甘肃分公司作为主承保人以县为单位进行统保，保险期限为一年。保险责任包括两类：一类是参合人员发生保单所列无责事故导致人身伤亡，另一类是参合人员由于保单所列自然灾害或在自然灾害中的抢险救灾行为而发生人身伤亡。该保险的保障对象为辖区内参加了新农合保障制度的农村居民，保费由各试点县财政在新农合风险基金中列支，风险基金每年补充至当年基金总额的8%为止。

2. 实践意义

（1）提升了灾害补偿效果

就民众而言，灾责险作为一般财产保险和政府救济的补充，能够为其提供更为充足的保障，使其能在灾后迅速恢复生产和生活的正常秩序。就政府而言，灾责险可以将未来的不确定赔付支出转化为确定的、可计划的财政支出。即从精算角度来看，虽然购买灾责险并不一定使政府长年财政支出的均值减

少，但使得财政支出更为平稳，因而有效性更高。

（2）健全了灾害风险管理体系

灾责险使得自然灾害风险管理的参与方分工更加明确，合作更加有效。具体而言，在灾害发生前，依托长期的专业化风险管理经验，保险公司有能力也有动机为政府提供必要的风险预警和合理的风险对策，甚至还可以帮助政府开展防灾工作，达到防灾减损的效果。灾害发生时，保险公司能够在第一时间到达灾害现场，迅速高效地完成定损和理赔服务；政府则可以将更多的精力用于救灾、人员安置、心理抚慰等工作。这种政府与企业共同管理灾害风险的伙伴协作模式，有助于形成权责明确、监督健全、有效制衡和协调运行的现代风险管理体系。

人身保险行业竞争力分析

朱铭来　于新亮　贵哲暄*

摘　要:

我国人身保险市场保费收入规模触底回升趋势明显, 竞争程度逐步提高, 资本结构日趋多元, 但发达程度与发达国家相比差距较大, 市场集中度依然处于高位, 产品结构仍不均衡, 销售渠道有待调整。相比其他金融产品, 人身保险产品在功能、价格和收益等方面具有较强竞争力, 且随着新型城镇化、多层次社会保障体系构建和利率市场化等重大机遇, 其发展潜力巨大, 其中以商业健康保险为代表的保障型产品的推广以及对养老产业的加大投资有望成为新增长点。

关键词:

人身保险　产品竞争力　多层次社会保障　健康保险　养老产业

2012 年以来, 人身保险行业发展进入了相对困难时期, 业务发展乏力, 风险防范任务重, 行业面临信用危机。同时, 人身保险行业竞争力有所回升, 且在新型城镇化、构建多层次社会保障体系、利率市场化等多重发展机遇下有望进一步增强。当前, 人身保险业改革的内外部条件已经具备, 应通过改革和创新进一步完善营销体制、费率机制和偿付能力建设。需特别指出的是, 国务院于 2014 年 10 月 27 日印发《关于加快发展商业健康保险的若干意见》, 明确了商业健康保险的战略发展目标, 商业健康保险将成为人身保险业务新的增长点。

---

* 朱铭来, 南开大学经济学院教授、博士生导师; 于新亮, 南开大学经济学院博士研究生; 贵哲暄, 南开大学经济学院硕士毕业, 现供职于中融信托公司。

一 2012 年以来人身险市场发展的现状与特征

（一）行业增长低位"蛰伏"，触底回升趋势凸显

自 2011 年我国人身险保费收入首现负增长后，我国人身险进入了相对低迷期（见图 1），这与 21 世纪前 10 年约 27% 的年均复合增长率形成鲜明对比。2012 年人身保险累计实现保费收入 10157 亿元，仅同比增长 4.4%，主要是因为银保渠道面临较大挑战，同时人身险发展的自身竞争力不强，长期粗放发展的路径使其进入了瓶颈。

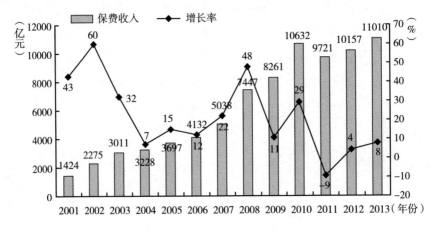

图 1 我国 2001～2013 年人身险保费收入及增长率

资料来源：保监会网站。

2013 年，受行业改革、产品创新、网络营销等方面的影响，人身险业务有了触底回升的迹象，实现保费收入 11009.98 亿元，同比增长 8.4%，虽不及市场迅速扩张时期的高增长率，但触底回暖迹象已经显现。

如表 1 所示，2012 年人身险保险金赔付支出为 1899.99 亿元，较 2011 年增长 9.04%，其中主要是寿险与人身意外伤害险赔付分别增长了 15.69% 和 18.28%，健康险的赔付则降低了 17.1%。另外，2012 年退保金额高达 1200 亿元，同比增长超过 30%，不过也出现了退保高增长的保险公司保费规模增速也较高的情况。2013 年人身险保险金赔付支出 2773.77 亿元，同比增长 45.99%，主要是由寿险支出增长 49.71% 引起的，包括定期寿险到期给付、退保金等，其中 2013 年寿险公司退保金 910 亿元，同比增长 53.2%，集中于银保渠道销售的产品。

表 1　人身险赔付支出总额及增长率

单位：亿元，%

人身险	2012 年		2013 年	
	总额	增长率	总额	增长率
寿险	1505.01	15.69	2253.13	49.71
健康险	298.17	−17.10	411.13	37.88
人身意外伤害险	96.80	18.28	109.51	13.13
合计	1899.98	9.04	2773.77	45.99

资料来源：保监会网站。

就横向比较而言，我国保险业与世界发达国家相比还有较大差距，在保险密度和保险深度方面，据 *Sigma* 统计，我国人均人身险保费 2013 年仅为 110 美元，人身险占 GDP 的比重仅为 1.6%，低于世界平均水平 366 美元、3.5%，更低于美国 1684 美元、3.2% 的水平（见表 2）。

表 2　2013 年各国寿险业的保险密度、保险深度

单位：美元/人，%

国家（地区）	保险密度	保险深度	国家（地区）	保险密度	保险深度
美 国	1684	3.2	中国香港	4445	11.7
加拿大	1488	2.9	中国台湾	3204	14.5
英 国	3474	8.8	中国内地	110	1.6
法 国	2391	5.7	印 度	41	3.1
德 国	1392	3.1	印度尼西亚	59	1.6
意大利	1895	5.5	马来西亚	341	3.2
俄罗斯	19	0.1	泰 国	214	3.8
瑞 士	4211	5.3	澳大利亚	2056	3.0
日 本	3346	8.8	埃 及	10	0.3
韩 国	1816	7.5	巴 西	246	2.2
新加坡	2388	4.4	智 利	396	2.5
—	—	—	世 界	366	3.5

资料来源：Swiss Re., *Sigma*, No.3, 2014。

　　我国保险在家庭金融资产配置中的比重也处于较低水平。如表3，2012年我国金融总资产占世界的比例为7.61%，而美国占37.91%，日本占12.58%，这个比例相对于我国作为世界第二大经济体的实力而言稍显逊色，但人均总金融资产仅为6146欧元，远低于22918欧元的世界平均水平，这说明我国金融总体发展不足。从各类金融资产占比情况来看，2012年末全球平均情况为：证券类占36%，银行存款占32%，保险及养老金资产占30%。从美国、欧元区及亚洲各国（地区）的发展水平对比来看（见表4），2012年我国保险资产占比仅为8.7%，低于美国（占29%）、欧元区（占32%）以及亚洲的新加坡（占43.9%）、马来西亚（占36.4%）等国的发展水平。

表3　2012年部分国家和地区金融资产结构情况

国　家（地区）	金融资产				人均GDP（欧元）
	占全球比重（%）	总资产（百万欧元）	人均总资产（欧元）	人均净资产（欧元）	
美　　　国	37.91	42169	132813	100711	37527
日　　　本	12.58	13991	109947	83610	32833
中 国 大 陆	7.61	8463	6146	4719	4529
英　　　国	5.04	5605	89277	58905	30309
德　　　国	4.44	4940	61437	41954	32891
法　　　国	3.80	4228	66128	44306	31790
意 大 利	3.34	3718	61062	45770	25749
加 拿 大	3.29	3655	104916	66553	39772
澳 大 利 亚	2.38	2651	114990	57401	50688
中 国 台 湾	1.59	1764	75648	65076	15705
韩　　　国	1.58	1761	35935	19181	18602
瑞　　　士	1.57	1744	218098	141895	61467
西 班 牙	1.53	1706	36485	17211	22493
巴　　　西	1.14	1272	6403	2730	8189
印　　　度	0.94	1043	843	747	1120
比 利 时	0.92	1026	92810	73523	34118
瑞　　　典	0.79	879	92462	54065	43626
新 加 坡	0.46	515	97186	66403	40373
南　　　非	0.45	501	9565	7016	5438
以 色 列	0.43	475	62160	49394	24114
俄 罗 斯	0.41	453	3164	1705	10224

续表

国　家 （地区）	金融资产				人均GDP （欧元）
	占全球比重 （％）	总资产 （百万欧元）	人均总资产 （欧元）	人均净资产 （欧元）	
挪　威	0.37	414	82842	10589	79254
马来西亚	0.37	410	14007	7803	7960
泰　国	0.28	316	4732	1459	4246
印度尼西亚	0.25	277	1123	695	2616
智　利	0.24	267	15277	10970	11902
希　腊	0.23	259	23261	10977	18078
土耳其	0.22	248	3354	1614	8255
阿根廷	0.07	76	1839	1200	7678
世　界	—	111220	22918	16241	—

资料来源：*Allianz Global Wealth Report 2013*。

表4　2012年美国、欧元区及亚洲国家（地区）的各类金融资产占比

单位：%

国家（地区）	银行存款	证券	保险	其他
美　国	14	56	28	2
欧元区	36	29	32	3
中国大陆	66	25.3	8.7	0
印　度	49.9	11.3	30.2	8.6
印度尼西亚	53.3	30	16.7	0
以色列	24.5	56.8	10.9	7.8
日　本	56	14.2	26.9	2.9
马来西亚	30.2	33.4	36.4	0
新加坡	35.9	20.2	43.9	0
韩　国	45.4	26.5	27.4	0.7
中国台湾	41.1	29.1	21.8	8
泰　国	48.4	30.5	21.1	0

资料来源：National Central Banks and Statistical Offices, Allianz SE.

（二）市场结构尚较集中，竞争格局不断演进

从市场主体而言，截至2013年末，全国共有保险集团公司10家，保险公

司 143 家,保险资产管理公司 18 家,其他公司①3 家。从保险公司资本结构属性看,中资保险公司共有 89 家,外资保险公司共有 54 家。其中,中资产险公司 43 家,中资寿险公司 43 家,中资再保险公司 3 家,外资产险公司 21 家,外资寿险公司 28 家,外资再保险公司 5 家。②

2013 年,在各寿险公司中,国寿股份、太平洋寿险、平安寿险 3 家保险公司原保费收入合计占有市场份额 52.87%,较上年同期降低 1.86 个百分点,各寿险公司保费收入规模占比如图 2 所示。

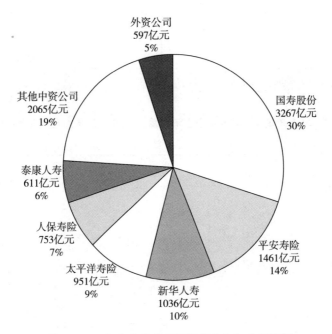

图 2 2013 年各寿险公司原保费收入与市场份额

资料来源:保监会网站。

近年来,我国人身保险市场的 CR1、CR4、HHI 等指标均呈缓慢下降趋势(见图 3),其竞争程度正逐步提高,市场份额呈走向均衡趋势但垄断特征明显。2013 年 HHI 指标降为 0.14,属于低寡占 I 型。

---

① 其他公司为阳光农业相互保险公司、慈溪市龙山镇伏龙农村保险互助社和中石油专属财产保险有限公司。
② 《中国保险年鉴 2014》。

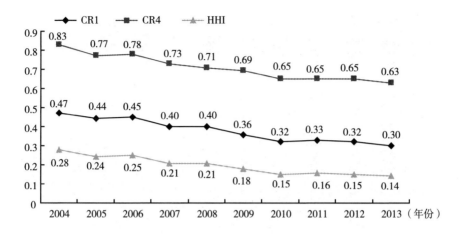

图3　我国人身险公司市场集中度

资料来源：保监会网站。

表5和图4为按市场规模统计的人身险公司数量和占比情况，近年来保费规模为1亿～10亿元的保险公司占比已经由第1位降至第2位，第1的地位由保费规模为10亿～100亿元的公司取代，这一方面是因为我国保险公司总体规模提升，另一方面是由于我国保险市场结构布局正在向均匀化方向发展。

表5　按市场规模统计的我国人身险公司数量

单位：家

年份	1亿元以下	1亿～10亿元	10亿～100亿元	100亿元以上	合计
2004	8	10	5	6	29
2005	11	17	4	7	39
2006	10	20	8	7	45
2007	15	10	21	7	53
2008	8	12	27	9	56
2009	12	14	25	8	59
2010	6	16	29	10	61
2011	7	17	27	10	61
2012	10	17	30	11	68
2013	8	17	31	12	68

资料来源：保监会网站。

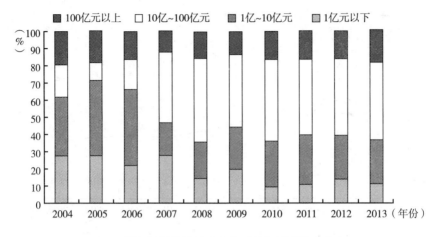

图4 按市场规模统计的人身险公司数量占比分类

资料来源：保监会网站。

（三）产品结构仍不均衡，分红、万能引领风潮

2012年，人身险业务原保险保费收入10157亿元（其中包括财产险公司经营的意外险、短期健康险原保险保费收入198.95亿元），同比增长4.48%。其中，寿险业务实现原保险保费收入8908.06亿元，同比增长2.44%，占人身险业务原保险保费收入的87.7%；健康险业务实现原保险保费收入862.76亿元，同比增长24.73%，占人身险业务原保险保费收入的8.49%；人身意外险业务实现原保险保费收入386.18亿元，同比增长15.58%，占人身险业务原保险保费收入的3.8%。2013年1月与2012年同月相比，寿险保费收入为1254.61亿元，同比下降2.47%，是近7年来寿险首次出现负增长。2013年寿险业务原保险保费收入为11009.98亿元，同比仅增长8.40%（见表6）。我国人身险市场呈现寿险虽占主体但增长乏力、健康险和意外伤害险虽份额较小但表现积极的特点。

1. 分红险一险独大，万能险不容小觑

我国寿险市场呈现分红险"一险独大"的特点（见图5），2011年达历史最高水平，在人身险保费收入中占比超过80%。近两年来增速放缓，2012年分红险业务实现原保险保费收入7854.29亿元，同比增长2.5%，占比78.88%；

表6 我国人身险保费总额及增长率

单位：亿元，%

项目	2012 年		2013 年	
	总额	增长率	总额	增长率
人身险	10157.00	4.48	11009.98	8.40
寿险	8908.06	2.44	9425.14	5.80
健康险	862.76	24.73	1123.50	30.22
人身意外伤害险	386.18	15.58	461.34	19.46
人身险与财产险合计	15487.93	8.01	17222.24	11.20

资料来源：保监会网站。

2013年分红险业务实现原保险保费收入8132.81亿元，同比增长3.55%，占比回落到75.72%。分红险的"一险独大"是长期以来积累形成的特征，我国保险市场在迅速扩张阶段片面追求保费收入，而无论是保险公司还是投保人都将收益率作为衡量保险产品吸引力的主要指标，使得我国保险市场的保费结构并不合理，在市场尚不成熟的阶段便出现了分红险拉动保费的畸形增长特征。

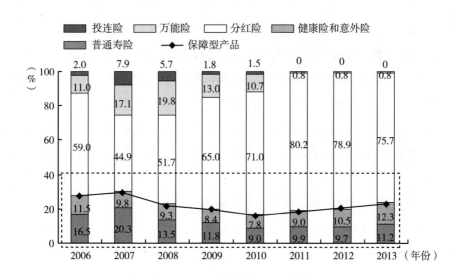

图5 2006~2013年寿险公司业务结构

资料来源：中国保监会。

值得注意的是，原本受金融危机影响的万能险因为结算利率大幅下调，从 2009 年开始逐步被市场淡化，加之新会计准则不将万能险的投资部分计入保费，其市场份额下行趋势预期明显。但 2012 年部分新保险公司和中小保险公司推出了零初始费用、零管理费用的万能险产品，伴随着网络销售模式的走红，万能险出现了"井喷"态势。新的策略是将分红险与万能险形成组合，也可以附加其他保障型产品，将万能险的投资收益摆在第一位，按月公布结算利率，通过间接提高客户收益率的方式提高产品吸引力。

虽然投资部分的万能险收入并不计入保费，但对于众多中小保险公司而言，会从公司品牌、资金流动性、投资本金方面受益，而且与万能险附加的其他保险产品也能拉动相关保费收入。以美国为代表的发达国家保险市场，其万能险在 20 世纪 80 年代出现以来一直增长较快，特别是进入 21 世纪后更是较快拉动了整体保费规模的扩张。

影响保险公司新单保费增长的主要因素是产品和渠道。2013 年个险面临多方面的压力，保险公司新单保费增长呈现分化。个险新单保费增长的主要压力来自理财产品的冲击，保险公司在个险新单销售方面的策略也呈现较大差别。部分公司迫于理财产品压力，相继推出高现值保单，这类保单虽然能够带来个险新单保费的快速增长，但是也造成较多的退保。为此，监管部门印发了《中国保监会关于规范高现金价值产品有关事项的通知》，通知规定自 2014 年 1 月 1 日起，如果保险公司销售的高现金价值产品年度保费收入在公司资本金的 2 倍以内，则遵照现行最低资本的标准；如果年度保费收入超过公司资本金的 2 倍，则最低资本为全部保险合同期末责任准备金或混合保险合同分拆后其他风险部分负债（含资本金 2 倍以内的部分）的 6%，加上风险保额部分的最低资本。

2. 意外险、健康险势头良好，增速喜人

商业健康保险在我国人身保险业务总量中仅占 8% 左右，约占整个保险市场总保费收入的 6%，特别是在 GDP 中的占比 2013 年仅为 0.2%，市场规模有限（见表 7）。但 2012 年以来，健康险和意外伤害险表现积极，保持了良好的增长势头。2012 年健康险业务实现原保险保费收入 862.76 亿元，同比增长 24.73%，为当年我国保费收入增长最快的险种，引领了整个人身保险行业的

复苏；意外伤害险保费收入为386.18亿元，增长15.58%。2013年，健康险业务原保险保费收入为1123.50亿元，同比增长30.22%，为人身保险同期保费增速最高的险种。

表7　我国2005～2013年商业健康保险经营概况

单位：亿元，%

年份	健康保险经营情况		健康保险保费占比		
	保费收入	赔付支出	占人身险保费	占总保费	占GDP
2005	312.30	107.92	8.45	6.34	0.17
2006	376.90	125.10	9.12	6.68	0.17
2007	384.17	116.86	7.63	5.46	0.14
2008	585.46	175.28	7.86	5.98	0.19
2009	573.98	217.03	6.95	5.15	0.17
2010	677.47	264.02	6.37	4.66	0.17
2011	691.72	359.67	7.12	4.82	0.15
2012	862.76	298.17	8.49	5.57	0.17
2013	1123.50	411.13	10.20	6.52	0.20

资料来源：中国保监会网站。

2012年，发改委、卫生部、保监会等六部委联合发布《关于开展城乡居民大病保险工作的指导意见》，规定未来城镇居民医保基金、新农合基金中将划出一定比例向商业保险机构购买大病保险，这将从参保人数、保费收入、客户资源等方面形成大病保险的政策红利，也将为商业健康保险公司参与社会保障体系建设、熟悉医疗市场运行体系和规则积累经验。随着我国医药卫生体制改革的深入和我国保险市场转方式、调结构的进行，健康保险和意外伤害保险的巨大潜力将得到释放。许多保险公司也从转型中发现了居民对于医疗和健康等的旺盛需求，将产品的设计集中在风险的保障方面，将为我国人身险市场产品结构的合理化创造条件。

（四）销售渠道悄然变化，转机暗藏亟须创新

1. 银邮渠道拐点出现并面临冲击，银行系险企崛起势头强劲

就目前而言，个人渠道和银邮渠道仍是寿险公司业务拓展的主要渠道，但

占比变化趋势正逐渐明显。2013 年，寿险公司银邮代理业务原保险保费收入为 3940.11 亿元，同比下降 4.6%，占寿险公司业务总量的 36.68%，占比下降 4.81 个百分点；个人代理业务原保险保费收入为 5498.90 亿元，同比增长 13.7%，占寿险公司业务总量的 51.17%，占比上升 2.61 个百分点；公司直销业务原保险保费收入为 1026.55 亿元，同比增长 38.6%，占寿险公司业务总量的 9.56%，占比上升 2.12 个百分点（见表 8）。

表 8　寿险行业营销渠道业务占比发展历程

单位：%

年份	个人代理业务	银行邮局	公司直销
2002	60.97	20.70	18.33
2003	57.20	25.92	16.88
2004	54.45	24.85	20.51
2005	53.56	24.80	20.44
2006	54.80	28.59	14.58
2007	52.46	34.31	11.92
2008	41.40	48.92	7.85
2009	43.20	47.71	6.52
2010	41.10	50.00	7.10
2011	44.64	47.88	5.64
2012	48.56	41.49	7.44
2013	51.17	36.68	9.56

资料来源：中国保监会。

究其原因，主要是银邮渠道面临日益严峻的考验，首先是受资本市场不景气的影响，许多寿险产品的收益率低于同期银行定期存款利率，并且产品同质化严重，加之银行推出了多款短期理财产品，对客户吸引力更大；其次是监管机构整顿银保渠道，2010 年《关于进一步加强商业银行代理保险业务合规销售与风险管理的通知》及 2011 年《商业银行代理保险业务监管指引》的出台规定保险公司人员不得驻点银行销售保险，也影响了银行代理保险产品的公司数量。此外，2014 年《中国保监会、中国银监会关于进一步规范商业银行代理保险业务销售行为的通知》规定，投保人填写的年收入低于当地省级统计部门公布的最近一年度城镇居民人均可支配收入或农村居民人均纯收入的，以及投保人年龄超过 65 周岁或期交产品投保人年龄超过 60 周岁的，向其销售的保险产品原则上应为保单利益确定的保险产品，且保险合同不得通过系统自动核保现场出单，而应将保单材料转至保险公司，经核保人员核保后，由保险公司出单，进一步加强了对商业银行代理保险业务销售行为的管控。尽管如此，许多新兴的中小保险公司与大型保险公司不同，还是将银保渠道作为其保费增长的重点，这在保险公司成立初期确实能在降低营销成本方面发挥一定作用，但个险渠道的建立和深耕将是未来一段时间大型保险公司销售渠道建设和改革的重点。

同时，银行系保险公司迅速崛起对传统银保渠道构成冲击。我国银行系保险公司的设立政策经历了如下历程：2008 年 1 月国务院批准《关于商业银行投资保险公司股权问题的请示文件》，原则上同意银行投资入股保险公司；2009 年 11 月银监会出台《商业银行投资保险公司股权试点管理办法》；2010 年 5 月保监会出台《保险公司股权管理办法》。目前全国共有 9 家银行系寿险公司，其中建信人寿、交银康联、中荷人寿、工银安盛、农银人寿为银行控股，且除中荷人寿由北京银行控股外，另外 4 家保险公司的控股银行属于五大国有商业银行；另外，中邮人寿、信诚人寿、光大永明、招商信诺家 4 家保险公司系金融集团控股；2012 年新成立的公司包括工银安盛和农银人寿。银行系保险公司利用其银行的网点优势、客户资源优势大力推销自身保险产品，其增速大大超过了传统的保险公司。

2. 个人渠道态势趋好仍需转型，营销员体制改革已在路上

寿险营销员体制改革并不局限于个险渠道，还涉及整个行业的经营理念。我国保险业很长一段时间是靠增加保险营销员来拉动保费，出现了保险营销员管理体制关系不顺、管理粗放、队伍不稳、素质不高等问题，不适应保险行业转变发展方式的需要，不适应经济社会协调发展的时代要求，不适应消费者多样化的保险需求。

自 2010 年保监会《关于改革完善保险营销员管理体制的意见》（保监发〔2010〕84 号）颁布以来，寿险营销员体制改革终于在 2012 年取得新的进展，

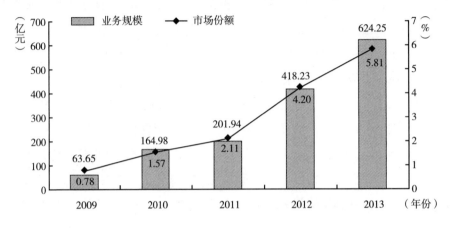

图6 银行系寿险公司业务规模及市场份额

资料来源：中国保监会。

保监会在2012年10月8日发布《关于坚定不移推进保险营销员管理体制改革的意见》（保监发〔2012〕83号），规定力争用3年左右时间，改变保险营销管理粗放、队伍不稳、素质不高的现状，保险营销队伍素质稳步提升，保险营销职业形象明显改善；用5年左右时间，使新模式、新渠道的市场比重有较大幅度提升；用更长一段时间，构建一个法律关系清晰、管理责任明确、权利义务对等、效率与公平兼顾、收入与业绩挂钩、基本保障健全、合法规范、渠道多元、充满活力的保险销售新体系，造就一支品行良好、素质较高、可持续发展的职业化保险销售队伍。

这在体制方面，是要力争促进保险营销员与保险公司之间法律关系问题的解决，实现规范营销行为与保障营销员权益并重；在经营方面，这是启示将来我国保险行业的发展，特别是个险渠道的寿险营销员，应该发挥主动性，提高服务水平，改变简单营销模式，结合不同产品的特点，更大程度地充当理财顾问的角色，能够充分分析客户的保险需求，从客户实际出发培养自身业务水平和能力。

除此以外，"83号文"还鼓励保险公司设立保险中介公司，逐步实现保险销售专业化、职业化。鼓励保险公司深化与保险中介公司的合作，建立起稳定的代理关系和销售服务外包模式。鼓励各类社会资本投资设立保险中介公司，支持保险中介公司开展寿险营销业务。鼓励保险公司拓展多元化销售渠道和方式，建立新型的保险销售体系。

在实践中，2012年寿险公司营销人员人均产能大幅增长，人均保费由12.46万元增长至18.12万元。同时，专属销售公司、试点员工制、合伙人制等公司不断出现，仅2012年便有13家保险公司投资设立了专属保险销售公司。

3. 网络营销风生水起，交叉销售助力增长

在传统渠道面临较大调整时，各家保险公司积极探索营销新渠道。中国保险行业协会公布的2014年上半年人身险网销经营数据显示。2014年上半年，已有50家人身险公司开展了网销经营业务，这些公司通过互联网渠道销售的年化规模保费达到102.11亿元。在上半年人身险行业保费总收入7671.3亿元中，网销渠道实现的保费收入占比为1.33%。其中，行业自建官网的保费收入为5.05亿元，网站流量共19813.17万人次，投保客户为39.42万人，承保件数为22.07万件；行业通过第三方渠道（如与综合购物类电商平台合作）实现的保费远高于官网销售，为97.07亿元，承保件数为6995.65万件。

以网络销售为代表的新兴渠道以互联网为平台和技术支撑，集产品筛选、投保、缴费、承保、变更和赔付等多个环节于一身，具有成本低廉、可及性强、操作简便、门槛较低的特点，因而受到众多保险公司青睐，甚至成立了包括深圳平安渠道发展咨询服务有限公司、太平洋保险在线服务公司在内的新渠道独立子公司。在监管方面，《保险代理、经纪公司互联网保险业务监管办法（试行）》于2012年1月1日开始施行，相关制度也在接下来一段时间进一步完善。当然当前网络营销的主要困难，在于诸多产品同质化条件下，客户难以区分产品特色，不能选择适合自己的产品；同时特别是健康险，出现道德风险的可能性比较大，给保险公司核保造成一定困难。接下来网络营销的进一步发展，也必须从粗放走向集约，从扩面走向优质，设计适合互联网消费群体的保险产品，重视网销售前、售中、售后的服务水准，从制度、平台、模式等方面提升自身竞争力。

自保监会放行产寿险相互代理业务后，几大保险集团纷纷尝试产寿险交叉

销售业务，相互代理，互派专员，积极建立交叉销售的营销员考核机制、培训体系，甚至扩展至银行和证券领域，充分整合各方资源，取得不错的成绩，最高增幅超过40%。交叉销售的成绩既源于寿险营销员营销水平、人均产能的提高，也源于各方代理人客户资源的整合与分享。

（五）资本结构多元多样，相互组合携手发展

从保险公司的资本结构和性质而言，目前我国保险公司表现为国有资本、民营资本、外资的交叉组合特征。最近一两年的新一轮保险公司设立以地方法人险企为主角，主要是由地方政府牵头，股东主要是地方大型国企及上市公司，也包括民营资本和外资。2012年成立的寿险公司有7家，除了由地方国企主导设立的寿险公司，还出现了由地方政府主导的地方国企和外资合办的中韩人寿、由民营资本和外资联合成立的复星保德信人寿、由六家民营资本联合成立的前海人寿。

一方面，这体现了社会各界资本对保险市场的热衷，将资金投入保险市场，既繁荣了保险市场，也有利于区域金融协同发展，建立区域金融中心，培养区域金融竞争力；另一方面，这也有避免区域保费收入流失的考虑，可能引起市场的不公平竞争。同时，如何分散区域风险而不是集中于一家保险企业，正确运用"大数法则"也是需要斟酌和权衡的问题。

在各路资本加码保险企业的同时，出于对经营策略的考虑，出现了外资撤出、转让保险市场的情况，比如2012年汇丰将其持有的15.57%的中国平安股权以727.36亿港元转让给泰国正大集团，告别了入股平安的十年历程。

从外资保险公司的市场占比和业务规模看，其在我国的发展波动比较大。2013年在人寿保险公司原保险保费收入中，中资寿险公司原保险保费收入为10144.07亿元，市场份额为94.44%；外资寿险公司原保险保费收入为596.85亿元，市场份额为5.56%，低于2010年水平但较2011年和2012年略有回升。销售渠道不占优势的外资保险公司，未来在我国的发展策略将由追逐份额转向追求利润，结合自身特点，发挥高端人群的全面财富管理优势。

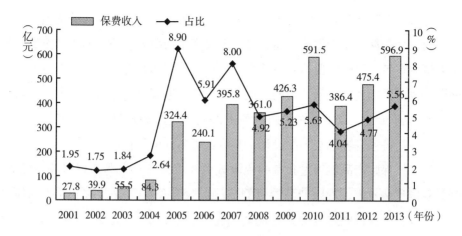

图7 外资寿险公司保费收入及占比

资料来源：中国保监会网站。

二 人身险市场发展的关键改革与竞争力评估

（一）人身保险的本质及蕴含的个性竞争力

保险最初是基于风险保障而设计，但它对资金的时间安排、空间安排使其同时具有天然的金融属性。对其金融属性、保障本质的认识存在较长时间的争议，实务的操作与理论的定位也很难完全统一，出现了"保险只保障"和"保险只理财"并存的现象。因此，尽管我国保险业取得了惊人的成绩，但经营方式十分粗放，且经常被无意误解、有意曲解，未走上一条可持续发展之路，原因还是在于人们对保险产品的本质和优势认识不清。

人身保险作为一种特殊的个人和家庭的理财工具，和银行、证券等金融机构理财产品相比，具有以下优势。

第一，保险产品是一种二元化的理财产品，可以满足不同人群的理财需求。保险产品包括传统保障型产品和新型投资型产品两种，传统保障型产品通过消除生老病死等人身风险对家庭带来的经济损失，发挥其经济保障功能，从而确保家庭财务上的稳定性；而新型投资型产品不仅为个人提供保障服务，还

可以通过个人直接参与公司管理的投资活动的方式，使个人资产的增值。

第二，长期的年金保险产品，有助于实现生命周期内财富的跨期配置，使个人消费在各个年龄阶段达到最优水平，同时可以为长寿风险提供充分的养老融资安排。国际经验显示，美国、英国等发达国家家庭金融资产中养老年金比例已经达到30%～35%，在我国目前人口老龄化形势日趋严峻的背景下，年金产品在居民家庭养老规划的设计中具有不可替代的地位。

第三，保险产品能通过独特的税收减免政策，充分发挥其理财成本优势。例如我国税法规定，寿险产品给付的身故保险金免征受益人的个人收入所得税；另外，个人税收递延型养老保险产品允许投保人在一定金额内税前列支保费，通过递延个人所得税到领取保险金时缴纳，降低了投保人一生的总体纳税负担。美国国际寿险行销与研究协会（LIMRA）在2013年《保险气象研究报告》中指出，虽然消费者购买寿险产品的首要原因仍然是支付丧葬费用和弥补身故收入损失，但是补充退休收入和享受税负优惠已经上升成为消费者的主要需求。

第四，保险产品具有融资的附属功能。对于长期寿险产品，保险合同中一般都约定了保单贷款条款，投保人或被保险人在急需资金而又不愿终止保险保障的情形下，可以以保险单向保险人申请质押贷款，以简便的程序迅速解决现金流短缺问题。通过上述分析可以得知，保险产品在个人理财规划中发挥着不可替代的作用。根据国际经验，寿险的发展，或者说是公众对寿险的需求，将随着国民经济的增长呈现规律性变化。我国目前人均GDP接近4000美元，未来5～10年将再翻一番。从寿险深度增速看，在人均GDP达到10000美元之前，寿险深度的增速会不断加快，寿险保费收入弹性的最大值可能达到1.74，意味着人均GDP每增长1%，人均寿险保费相应地增长1.74%。由此我们可以预测"十二五"期间我国寿险将进入一个新的增长期，而其实现将取决于寿险在家庭理财规划中地位的提升。

（二）寿险费率市场化预示的价格竞争力

我国寿险产品预定利率上限被设定为2.5%，这一政策已实施14年之久，其导火索是20世纪的东南亚金融危机。金融危机前，在通货膨胀、央行加息的背景下，保险行业也疯狂扩张，将保单预定利率定在高位，直至金融危机爆发。伴随中国经济的下行，央行一度将利息从10.98%的高位降至2.25%，给保险公司带来巨大的利差损，几乎危及生存。因此，在1999年6月10日央行第七次降息当日，中国保监会发出通知，普通型人身保险的预定利率，即保险公司为客户承诺的年复收益率，包括后来出现的分红险的预定利率、万能险的最低保证收益率上限，均被设定为2.5%。

基于对保险公司业务存量成本和退保风险的考量，寿险费率市场化的改革几次被搁置。但保单预定利率长期低于同期银行存款利率，给保险行业的发展形成桎梏。2008年后，同期银行理财产品从无到有，日益火爆，投资收益率节节攀高，超过了寿险产品的预定利率。到2013年6月底，平均收益率在4%～5%之间的银行理财产品存量已经达到9.85万亿元，而同期保险业全行业的总资产不足8万亿元。

2013年8月2日，保监会下发《关于普通型人身保险费率政策改革有关事项的通知》。本次费率政策改革的基本思路是放开前端、管住后端，即前端的产品预定利率由保险公司根据市场供求关系自主确定，后端的准备金评估利率由监管部门根据"一篮子资产"的收益率和长期国债到期收益率等因素综合确定，通过后端影响和调控前端合理定价。具体内容包括两个方面：一是放开普通型人身保险预定利率，将定价权交给公司和市场。普通型人身保险预定利率由保险公司按照审慎原则自行决定，不再受2.5%的上限限制，但该通知只适用于普通型人身保险，分红保险和万能保险仍坚持原有定价利率上限的规定。二是明确法定责任准备金评估利率标准，强化准备金和偿付能力监管约束，防范经营风险。改革后新签发的普通型人身保险保单，法定责任准备金评估利率不得高于保单预定利率和3.5%二者之中的小者。

同时，为保障改革的顺利实施，中国保监会出台了与之相配套的监管政策。一是对国家政策鼓励发展的养老业务实施差别化的准备金评估利率，允许养老年金等业务的准备金评估利率最高上浮15%，支持发展养老保险业务。二是适当降低长期人身保险业务中与风险保额相关的最低资本要求，鼓励和支持发展风险保障业务。预计将释放寿险行业资本占用约200亿元，释放的资本可支持发展新业务4000亿元。三是在控制费用总水平、保证消费者利益不受损害的前

提下，由保险公司自主确定佣金水平，优化费用支付结构，促进风险保障业务发展。四是进一步规范总精算师的任职和履职，明确总精算师责任，发挥精算专业力量在费率改革中的积极作用。五是加强对人身保险条款和保险费率的管理，将偿付能力状况作为保险条款和保险费率审批、备案的重要依据，并根据预定利率是否高于规定的评估利率上限，分别采取审批、备案方式进行管理。

从短期来看，寿险利率市场化新政策实施后会造成普通人身保险保障成本上升，利差减少，对新单的业务价值具有一定影响。由此也可能引致退保及用新保单替代旧保单的现象，对保险公司资产配置和现金流造成一定影响。但从长期来看，这无疑是一项必然趋势，将增强保险公司未来年金产品的价格优势，促进传统保障型保险和年金产品的发展。保障是保险行业的独特优势。参照国际经验，发达国家的保险业也是保障型产品发展到一定程度，先站稳脚跟，才进一步拓展理财型业务的。因此，普通型人身保险费率政策改革，是人身保险业的一项基础性、战略性、长远性的重大改革，是引领行业完善体制机制、转变发展方式的重要举措，对人身保险业的持续健康发展具有深远意义。

（三）拓宽险企投资渠道，打造收益竞争力

随着大资产管理市场的形成，保险公司不仅可以在其保险保障业务上大有作为，而且可以参与财富管理市场利益分配。产品设计将向两极化发展，保险业务回归传统保险保障，资产管理业务则与其他资产管理机构展开直接竞争，这对保险业的投资能力提出了新的要求。

回顾我国保险资金运用的监管历史，自 1995 年《保险法》颁布实施之后，经历了规范期（1995～2003 年）、突破期（2003～2009 年）和开放期（2009 年至今）三个阶段。1995 年颁布《保险法》，将资金运用严格限制在货币类和固定收益类产品，以银行存款、政府债券、金融债券为主，也包括风险相对较低的证券投资基金，遏制了保险机构的乱投资行为。2003 年，全国保险工作会议提出把保险资金运用与保险业务发展放到同等重要的地位上；国务院开始以特批的形式逐步尝试放宽保险投资渠道，保险资金投资收益随之提升；保监会先后批准成立多家保险资产管理公司，成为保险资金管理体制与运作机制新的突围方向。2009 年颁布新《保险法》，从法律上确认前期放宽的资

金运用渠道,标志着保险资金运用及监管进入新的发展时期。2010年中国保监会颁布《保险资金运用管理暂行办法》《保险资金投资股权暂行办法》《保险资金投资不动产暂行办法》等配套行政规章,拓宽保险资金运用渠道的政策不断丰富和完善。

2012年,中国保监会主导进一步深化保险资金运用市场化改革,保险资金运用全面开放。2012年6月初,保监会在就保险资金运用市场化改革有关问题答记者问中,明确了资产配置、委托投资、债权投资、股权及不动产、基础设施债权计划、境外投资、融资融券、衍生品、创新产品和托管产品十个方面的创新方向。2012年下半年以来,保监会陆续发布一系列投资新政。投资新政均旨在适度放松投资政策,增加投资运作空间,减少保险资金对资本市场的过度依赖,支持保险资金取得长期稳定收益。具体内容包括以下几方面。

(1)保险资金可投资理财产品等类证券化金融产品。《关于保险资金投资有关金融产品的通知》规定,保险资金可以投资理财产品等类证券化金融产品。保险资金投资理财产品、信贷资产支持证券、集合资金信托计划、专项资产管理计划和项目资产支持计划的余额,合计不高于总资产的30%。

(2)基础设施债权计划规模有望继续提高。基础设施债权项目具有期限长、收益率高、筹资额大等特点,符合保险资金的特性。此次新政放宽偿债主体和投资项目要求,保险公司可选择的投资项目更为广泛。

(3)另类投资规模或提升,资产久期更为匹配。《关于保险资金投资股权和不动产有关问题的通知》规定,保险公司在股权和不动产投资方面受到的监管限制大幅放松,保险公司具有更多的自主权。股权和不动产投资期限较长,收益稳定,符合保险资金运用的特性,可熨平保险投资收益率波动,降低整体投资风险。保险公司目前进行另类投资的比例在2%~5%,预计未来该比例将提高。

(4)无担保债放开,可更大程度赚取信用利差。《保险资金投资债券暂行办法》增加了混合债券和可转换债券,可投资品种基本覆盖现有市场公开发行的品种;同时结合市场需要,在原有公开招标方式的基础上,增加了符合规定的簿记建档方式,放松了一级市场和二级市场的投资限制。

据中国保监会统计,截至2012年底,保险资金的运用余额达到6.85万亿元,占保险行业总资产的93.2%。其中银行存款为2.3万亿元,占比为

33.58%；各类债券余额为 3.06 万亿元，占比为 44.67%；股票和基金 8080 亿元，占比 11.8%。约 80% 的资产是固定收益类。另类投资方面，长期股权投资、投资性不动产和基础设施债权计划的投资余额分别为 2151 亿元、362 亿元和 3240 亿元，分别占保险资金运用余额的 3.14%、0.53% 和 4.73%。尽管险资投资新政频出，但受资本市场不景气和政策滞后效应的影响，2012 年保险投资收益为 2085.09 亿元，投资收益率仅为 3.39%。

2013 以来，投资新政效果初步显现。2013 年，银行存款、各类债券、股票基金和其他类资产在总投资中的比例分别调整为 29.45%、43.42%、10.23% 和 16.9%。保险资金投资收益率为 5.04%，比上年提高 1.65 个百分点，是近 4 年来的最高水平。投资渠道的开放也为保险公司对寿险产品进行市场化定价提供了更大的自主空间。投资结构方面，保险资产配置呈现向另类资产配置倾斜的特征，长期股权投资、不动产、基础设施债权计划占比都有不同程度上升。

2014 年 2 月中国保监会发布《关于加强和改进保险资金运用比例监管的通知》，根据资产风险收益特征，将保险资金各种运用形式整合为流动性资产、固定收益类资产、权益类资产、不动产类资产和其他金融资产 5 个大类资产。此次调整与改革的具体原则与思路有 4 个方面：一是系统整合。监管比例大幅降低，由原 50 余项减少至 10 余项，并基本做到"一个文件管比例"。二是抓大放小。"抓大"是通过大类资产监管比例守住不发生系统性风险的底线；"放小"是取消具体品种投资总量的比例限制，实现投资自主、风险自担。三是分层监管。"分层"是指建立监管比例、监测比例及内控比例"三位一体"的比例监管体系，各类比例实行差异化监管，强化风险防范措施。四是动态调整。建立比例监管政策的动态调整机制，相关政策可以视市场发展情况灵活调整，满足市场合理需求。

新政实施将给寿险行业带来如下影响：第一，寿险资金的收益与负债将得到更为有效的匹配，二者的期限结构充分结合，长期寿险给付金负债与长期权益、债权投资资金适应，从而支持了保险公司的长远发展和经营。第二，在新政实施前被束缚的投资选择下，很大程度上保险投资收益低于五年期银行定期存款利率，而且也未达到 5.5% 的寿险产品精算假设。伴随着险资投资收益的提高，投资类保险产品的收益率将得到提高，保险产品也将具备与大金融市场理财产品的竞争能力,增强对客户的吸引力。第三,投资新政对投资渠道和比例的放开是保险进一步走向市场化的信号,保险公司自身的资金运用在迎来资本市场投资赢利机遇的同时也将面临更大的资本市场风险,保险公司必须增强自身资金运用能力,迎接金融大市场的竞争。

三 人身险市场发展的重大机遇与潜力分析

(一)新型城镇化开启了其与人身保险的良性互动机制

城镇化进程是保险行业发展的重要推动力量,保险的发展也将为城镇化的发展提供支持。城镇化水平的高低直接体现为城镇化率,即一个地区常住于城镇的人口占该地区总人口的比例。过去 30 多年,中国城市化进程以前所未有的速度推进,从 1978 年的 17.92% 提高到 2012 年的 52.57%(见表 9),平均每年提高 1 个百分点左右。

表9 我国城乡人口及占比

单位:万人,%

年 份	年末总人口数	城 镇		乡 村	
		人口数	比重	人口数	比重
1978	96259	17245	17.92	79014	82.08
1980	98705	19140	19.39	79565	80.61
1985	105851	25094	23.71	80757	76.29
1990	114333	30195	26.41	84138	73.59
1995	121121	35174	29.04	85947	70.96
2000	126743	45906	36.22	80837	63.78
2001	127627	48064	37.66	79563	62.34
2002	128453	50212	39.09	78241	60.91
2003	129227	52376	40.53	76851	59.47
2004	129988	54283	41.76	75705	58.24
2005	130756	56212	42.99	74544	57.01
2006	131448	58288	44.34	73160	55.66
2007	132129	60633	45.89	71496	54.11
2008	132802	62403	46.99	70399	53.01

续表

年　份	年末总人口数	城　镇		乡　村	
		人口数	比重	人口数	比重
2009	133450	64512	48.34	68938	51.66
2010	134091	66978	49.95	67113	50.05
2011	134735	69079	51.27	65656	48.73
2012	135404	71182	52.57	64222	47.43

资料来源:《中国统计年鉴（2012）》。

在此期间，人身险保费增速与城镇化率增速基本保持同向增长，且增速超过城镇化率增速，大约为20%（见图8）。

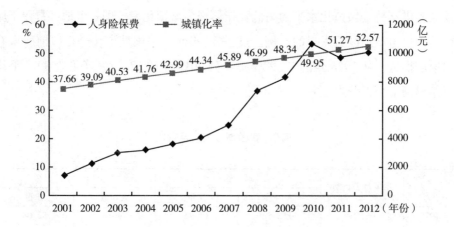

图8　人身险保费与城镇化率

资料来源:《中国统计年鉴（2012）》。

从国际经验来看，城镇化率呈现与人均GDP同向增加的特点，根据瑞士再保险公司 *Sigma* 的研究，各国人均GDP上升将带动保险深度的同向增加。从我国城市、县城的人身险购买需求来看，发达地区的人身险需求明显更高（见图9）。

新型城镇化对保险的拉动基于以下四个方面。

第一，居民经济实力。目前我国恰处于新型城镇化进程中，这作为未来一段时间的社会趋势，首先将通过继续推动经济增长、国民财富积累的方式，拉

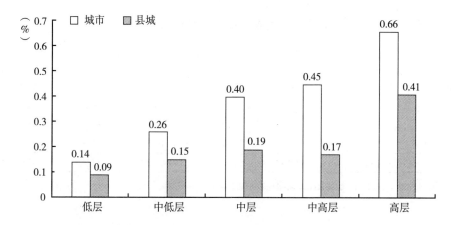

图9　城市和县域不同收入阶层的家庭商业人身保险参保率

资料来源：泰康人寿和北京大学中国保险与社会保障研究中心中国家庭寿险需求调查。

动人们对保险产品的需求和购买能力。

第二，居民风险态度。与传统的养儿防老不同，以城镇化后的家庭小型化为趋势，城镇化将极大地改变一大批子女共同赡养老人的养老风险防范方式，要求居民转变对年老风险的化解方式，进而增大保险需求。同时，居民从农村流向城市，将接触更现代的生活习惯、消费观念和金融氛围，提高对风险的理解和认知，在风险态度、理财意识各个方面发生改变。

第三，保险产品竞争力。具体体现为保险资金的运用能力得到加强。在险资投资方面，我国80%的保险资金被投资于固定收益类资产中，新型城镇化背景下一大批项目建设将为险资投资提供有价值的选择。特别是随着以城投债为代表的国内债券品种的发展和完善，险资投资收益也将得到进一步保障。2012年投资渠道放开以来，以公路、铁路、核电、风电、火电、水电、水利、煤炭等重大民生行业为代表的债权投资计划大力发展，金额超过2000亿元。

第四，政府制度建设。新型城镇化与城镇化的区别，从字面上看是"新型"，从实质上看，是具有以人为本、生态、和谐、公平、可持续等特征的城镇化，这将涉及收入分配、户籍、住房、土地流转和社会保障等多重体制改革。《2012年全国农民工监测调查报告》显示，我国农民工数量近年处于上升趋势，2012年达到26261万人（见表10）。

表10　我国近年农民工数量统计

单位：万人

项目	2008 年	2009 年	2010 年	2011 年	2012 年
外出农民工	14041	14533	15335	15863	16336
住户中外出农民工	11182	11567	12264	12584	12961
举家外出农民工	2859	2966	3071	3279	3375
本地农民工	8501	8445	8888	9415	9925
农民工总量	22542	22978	24223	25278	26261

资料来源：《2012 年全国农民工监测调查报告》。

从农民工的社会保障情况来看，2012 年，雇主或单位为农民工缴纳养老保险、工伤保险、医疗保险、失业保险和生育保险的比例分别为 14.3%、24%、16.9%、8.4% 和 6.1%，分别比上年提高 0.4 个、0.4 个、0.2 个、0.4个和 0.5 个百分点。从近 5 年调查数据看，外出农民工养老保险、医疗保险、失业保险和生育保险的参保率提高了约 4 个百分点，而"五险"中参保率相对较高的工伤保险没有明显提高（见表11）[①]。

表11　外出农民工参加社会保障的比例

单位：%

险　种	2008 年	2009 年	2010 年	2011 年	2012 年
养老保险	9.8	7.6	9.5	13.9	14.3
工伤保险	24.1	21.8	24.1	23.6	24.0
医疗保险	13.1	12.2	14.3	16.7	16.9
失业保险	3.7	3.9	4.9	8.0	8.4
生育保险	2.0	2.4	2.9	5.6	6.1

资料来源：中国统计局：《2012 年全国农民工监测调查报告》。

因此，新型城镇化对社会保障问题提出了要求，也带来了挑战和机遇，这既涉及农村社保体系与城镇社保体系的转化对接，也涉及商业保险公司在养老保险、健康保险等领域补充作用的进一步发挥。新型城镇化后，新进入城镇的

---

① 　国家统计局：《2012 年全国农民工监测调查报告》，http：//www.gov.cn/gzdt/2013 – 05/27/content_ 2411923.htm。

农村人口或流动人口将具有稳定收入来源，也将进一步参与到社会保障体系中，但即便如此，社保体系仍不足以完全保障居民未来的生活风险，这为商业养老保险和医疗保险提供了空间。

从保险对新型城镇化的有利影响来看，第一是寿险资金的长期性与城市化进程中基础设施和房地产建设的资金需求吻合。寿险资金的期限基本在5年以上，适合投资信用评级较高、现金流稳定的长期项目。基础设施类项目一般所需资金量较大，项目营运周期长，基础设施投资中的铁路、桥梁、高速公路、水利等项目无疑在期限上能够实现与保险资金的较好匹配。第二是社会稳定功能，保险的发展将有利于社会的稳定，为城镇化进程中凸显的一系列社会问题提供有效解决途径，是新型城镇化不可或缺的一部分。总之，二者是一个良性循环。

（二）多层次社会保障体系的构建为商业保险提供巨大空间

构建多层次的社会保障体系是我国社会发展完善的重要任务，这将进一步彰显我国商业保险的巨大发展潜力。

1. 商业健康保险

对比发达国家，我们发现，即使是社会医疗保险发挥主导作用的国家，商业健康保险在医疗保障体系中的作用也不容忽视。因为无论是公费医疗还是社会保险，其普惠制的特性决定了其保障水平和范围不可能涵盖公众对医疗服务需求的全部。商业健康保险通过合理的补充机制设计，能满足不同人群对医疗和健康的特殊需求。

表12列出了世界各个地域和收入水平国家分组在2000年和2010年商业健康保险在私人卫生支出和卫生总费用中的占比情况。从中我们可以发现商业健康保险在全球范围内发展水平差异较大，越是发达国家，虽然其社会保障水平一般相对较高，但商业健康保险的发展并没有受到负面影响；相反，无论在私人卫生支出中还是在卫生总费用中其占比都高于中低收入国家。在经济合作与发展组织（OECD）国家，商业健康保险的融资比简单平均计算为6.8%，而个人自付比为19.2%，商业健康保险同样能有效发挥降低个人医疗费用负担的作用。

表 12　世界各地商业健康保险在私人卫生支出和卫生总费用中的占比

单位：%

国家分组 （按地域）	商业健康保险占私人卫生支出比重		商业健康保险占卫生总费用比重	
	2000 年	2010 年	2000 年	2010 年
非洲地区	35.50	31.70	19.88	16.74
美洲地区	54.60	58.20	29.98	29.22
东南亚地区	2.40	5.40	1.65	3.53
欧洲地区	22.20	21.40	5.77	5.46
中东地区	5.40	6.30	2.84	3.24
西太平洋地区	7.20	10.20	2.61	3.66
国家分组 （按收入）	商业健康保险占私人卫生支出比重		商业健康保险占卫生总费用比重	
	2000 年	2010 年	2000 年	2010 年
低收入国家	1.40	1.40	0.88	0.86
中低收入国家	2.50	4.10	1.67	2.62
中高收入国家	15.30	16.80	7.91	7.48
高收入国家	48.90	52.00	19.80	19.86

资料来源：根据 WHO "World Health Statistics 2013" 整理。

《中国统计年鉴 2012》的数据显示，2011 年全国卫生总费用达 24268.78 亿元，人均卫生费用为 1801.22 元，卫生总费用占 GDP 的比重为 5.15%。从卫生总费用的结构变化中我们发现，个人现金卫生支出占比 2011 年为 34.0%，城镇基本医疗保险占比为 18.26%，而商业健康保险占卫生总费用的比例近年来始终保持在 2%~3%，相比较而言，商业健康保险在我国医疗保障体系中发挥的作用尚微。而我国社会保障资金审计结果显示，城镇职工基本医疗保险、城镇居民基本医疗保险和新农合在国家基本医疗保险"三个目录"政策范围内的报销比例在 2011 年分别为 77%、62% 和 70%，实际医疗费用的报销比例分别只有 64.10%、52.28% 和 49.20%。在当前基本医疗保险保障程度有限的情况下，我国商业健康保险在医疗保障体系中的作用仍有巨大的潜力。

根据瑞士再保险公司 Swiss Re 研究报告的预测，随着人口增长、经济发展和价格上涨，假设我国医疗卫生开支总额占国内生产总值的比例维持 2010 年的水平，到 2020 年我国医疗保障缺口将达到 730 亿美元，占亚太地区总缺口的37%。可见，以单一的基本医疗保障应对快速增长的医疗费用，往往不堪重负，发展商业健康保险将成为分担医疗费用的重要途径。参照中等发达国家的数据，我国商业健康保险的潜在市场需求应该是6680亿～12100亿元，是2010年健康保险保费收入的10～18倍。预计到2020年，健康保险保费将达到2500亿元以上。

2012年3月，保监会与卫生部、财政部、国务院医改办联合下发《关于商业保险机构参与新型农村合作医疗经办服务的指导意见》，2012年8月六部委联合下发《关于开展城乡居民大病保险工作的指导意见》，为商业保险参与医疗保障体系建设创造了良好的政策环境。2012年保险业参与新农合、城镇职工和城镇居民基本医疗保险、医疗救助等医疗保障项目，受托管理基金129.8亿元，保费收入为113亿元，赔付与补偿3470.3万人次，赔偿支付180亿元，对于降低基本医保运行成本、提升基本医保服务水平发挥了积极的作用。目前，大病保险试点工作已在全国范围内逐步推开。据测算，2015年大病保险总支出约为609亿元，到2020年约为1136亿元，从而将大幅提高我国商业健康保险的保费收入。随着大病保险政策和我国新医改的推进，2013年健康保险的发展环境更为优化。

2013年9月28日，国务院发布《关于促进健康服务业发展的若干意见》（国发〔2013〕40号），在发展目标中明确指出："健康保险服务进一步完善。商业健康保险产品更加丰富，参保人数大幅增加，商业健康保险支出占卫生总费用的比重大幅提高，形成较为完善的健康保险机制。"在主要任务设计中提出："积极发展健康保险。丰富商业健康保险产品……鼓励商业保险公司提供多样化、多层次、规范化的产品和服务。鼓励发展与基本医疗保险相衔接的商业健康保险，推进商业保险公司承办城乡居民大病保险，扩大人群覆盖面。积极开发长期护理商业险以及与健康管理、养老等服务相关的商业健康保险产品。建立商业保险公司与医疗、体检、护理等机构合作的机制……为参保人提供健康风险评估、健康风险干预等服务，并在此基础上探索健康管理组织等新型组织形式。鼓励以政府购买服务的方式委托具有资质的商业保险机构开展各类医疗保险经办服务。"

在政策措施建议中首次强调："企业根据国家有关政策规定为其员工支付

的补充医疗保险费，按税收政策规定在企业所得税税前扣除。借鉴国外经验并结合我国国情，健全完善健康保险有关税收政策。"

该意见要求，各地要把发展健康服务业放在重要位置，结合当地实际制定具体方案、规划或专项行动计划；各有关部门要各负其责，按照职责分工抓紧制定相关配套文件，加强沟通协调，密切协作配合，共同促进健康服务业有序快速发展。

在上述政策指引下，商业健康保险应该乘势而上，将老年长期护理保险打造成自己的品牌产品。从打造专业化护理保险的定位起步，建立专业化的经营主体、中介管理主体甚至护理服务提供主体。除此之外，基本医疗保险范围之外的病种、基本医疗保障范围之外的药物、非医疗保险范围的医疗保健与健康维护服务等，都将成为商业健康保险业务的潜在拓展对象。对于商业健康保险经营者而言，应该确立清晰的市场定位，大力发展对社会医疗保险起补充作用的产品，满足居民日益差异化、多样化的健康需求，对居民的健康和医疗需求起到"锦上添花"而非"雪中送炭"的作用，消除居民"想保而未保，有需求而无供给"的保障真空。

2. 养老保险

目前，商业保险机构主要通过承办企业年金业务和提供养老保险产品等途径参与养老保障系建设。在我国现行的"三支柱"养老保障体系中，作为"第一支柱"的基本养老保险承担着巨大的责任和压力；作为"第二支柱"的团体养老保险、企业年金及职业年金计划等，发展严重滞后，与第一支柱相比，在养老保障体制中的作用显得过于微弱；而作为"第三支柱"的个人储蓄养老保险，由于没有税收等政策上的优惠，基本上没有发展，未能形成对第一、第二支柱的有效补充。

截至2013年末，保险业已获得企业年金市场的18个资格，受托管理资产占企业年金法人受托业务的70.55%，投资管理资产占市场份额的47.33%。全年年金保险业务保费收入累计1319亿元。为强化保险业服务社会保障体系建设的功能，2012年人身保险监管积极推动延税型养老保险在上海的试点工作，取得积极进展。国际经验显示，如果我们以全球养老金市场最大的13个主要国家为考察对象，2012年养老金总资产达到297540亿美元，占其GDP的

78.3%。在澳大利亚、加拿大、日本、荷兰、瑞士、英国和美国这 7 个国家中，65% 的养老金资产由市场机构管理，35% 由政府机构管理。而从我国的情况来看，我国养老金总资产占 GDP 的比例仅为 8%，政府机构管理的养老金资产达到 85%，市场部门管理的养老金总资产占比为 15%。

《2013 年度人力资源和社会保障事业发展统计公报》显示，2013 年末城镇职工基本养老保险基金累计结存 28269 亿元，城乡居民社会养老保险基金累计结存 3006 亿元，企业年金基金累计结存 6035 亿元。《2013 年全国社会保障基金理事会基金年度报告》显示，2013 年末，全国社保基金权益为 9911.02 亿元，个人账户基金权益为 921.93 亿元。如果以基本养老保险基金累计结余、企业年金基金累计结余、社会保障基金资产和商业年金保险保费收入作为我国养老金总资产，则我国商业养老保险占我国养老金总资产的比例仅为 3%。

由于目前我国对养老金投资的严格管制，我国养老金总资产尤其是政府部门管理的养老金资产主要投资于银行存款和国债，难以长期达到保值增值的功效。随着我国人口老龄化的深入，商业养老保险存在无限的发展空间。

2013 年 9 月 13 日，国务院颁布《关于加快发展养老服务业的若干意见》，明确提出要充分发挥市场在资源配置中的基础作用，逐步使社会力量成为发展养老服务业的主体。特别强调逐步放宽限制，鼓励和支持保险资金投资养老服务领域，开展老年人住房反向抵押养老保险试点。

保险资金投资现代养老社区是寿险商业模式的重要创新，有助于延伸寿险产业链。投资养老社区可带来保费收入和投资收益率的双重提升。根据《中国高净值人群消费需求白皮书》统计，截至 2011 年末，个人资产在 600 万元以上的人口数量约为 270 万人。预计高净值人群选择高端社区养老的比例较高，假设为 10%，件均保费 200 万元，则合计将为保险公司贡献 5400 亿元的养老保费收入。同时，养老地产投资将提升总体投资收益率。养老地产的投资收益率预计在 10% 以上，保险公司投资非自用性不动产的比例最高可达总资产的 15%。以 5% 的投资比例和 10% 的投资收益率来测算，养老地产投资可提升保险资金整体投资收益率 22.5 个百分点，对应的有效业务价值和新业务价值提升 5% 以上。

国内主要寿险公司已迈出投资养老地产的步伐。养老地产的投资期长，与保险公司负债的久期契合度高。泰康人寿、新华保险、平安集团、合众人寿、中国人保、太平人寿、中国人寿等多家寿险公司已全面展开养老地产的投资和运营。其中泰康人寿率先在国内推出与养老社区相结合的保险产品"幸福有约"计划，仅 2013 年前 5 个月已销售超过 1000 单。

养老地产的利润来源主要有五个方面：最主要的收入来源是开发收入和租金收入，即通过销售或者出租的方式获得回报；此外，开发商还通过提供各类服务和输出管理获得服务收入和管理收入，通过开发并经营物业使物业本身价值得到提升。由于国外政府对养老产业提供政策优惠，国外养老地产的回报率较高，通常在 10% 以上，高于其他商业地产。

四 我国人身险市场发展策略与趋势预测

（一）"一个路径"明确人身险行业竞争布局

过去十年来，我国人身险行业的发展多伴有投资理财因素的驱动，而这些快速增长的投连险、分红险等理财产品对于资本市场的依赖程度太高，容易产生波动，且受整体宏观经济环境疲软的影响，投资收益并不理想，也误导了人们对保险本质的认识，降低了人们对保险产品的热情，削弱了保险的核心竞争力，加重了保险公司的财务负担。

发达国家的保险业是保障型产品发展到一定程度，才进一步拓展理财业务。而 2012 年我国普通型寿险保费收入为 965 亿元，只占寿险业务的 8.2%。截至 2012 年底，普通型寿险有效保单为 1.31 亿件，件均保费为 735 元，件均保额为 5.3 万元，我国普通型寿险的覆盖率只有 10% 左右。我国普通寿险覆盖率低下并不是因为缺少潜在需求，瑞士再保险公司（Swiss Re）发布的研究报告《死亡保障缺口：2011 年亚太地区》显示：12 个亚洲市场的总体死亡保障缺口由 2000 年的 16 万亿美元显著扩大至 2010 年的 41 万亿美元，年平均增长率达到 10%。同期，中国的死亡保障缺口也从 3.7 万亿美元扩大至 18.7 万亿美元。报告认为，赚钱养家者通常应当拥有相当于其年收入 10 倍的寿险保障。而按照现有的保障水平，一旦赚钱养家者不幸意外过世，其额度远不足以为其家庭提供保障。以中国为例，每100美元的保障需求，目前仅存在12美元的储蓄和保险覆盖，从而留下88美元的巨大缺口。死亡保障缺口为保险业提供了巨大商机，其潜在保费支出将达到1240亿美元。

我国保险市场的巨大潜力毋庸置疑，然而如何开发和规划则是需要思考的问题。根据人身险的特点，其产品开发、行业规划必须与客户群体和个人的财富积累状况、风险态度及承受能力相结合。如图10所示，在个人整个生命周期内，除了从父辈继承的初始财富，一个人的财富积累从青壮年逐步具备工作能力、通过工作创收开始，并一般伴随着工作年限的增多、经验的积累和职位的升迁，薪酬收入和财富积累也将得到增加，并在接近退休的年份达到峰值；随着退休的到来，其财富将会逐渐消耗，在晚年期将一生财富消费完毕，或将富余的财富继续转移给下一代或用于捐赠等其他用途。伴随着财富的起伏变化，在不同的人生阶段也会产生相应的风险变化和保障诉求。其中持续终生的风险主要是意外伤害风险，并在幼年和老年时期表现得更为突出，而中年时期的主要风险为工作能力丧失风险，该风险在老年时期将转化为生活能力丧失风险。在老年、晚年，常见的风险还包括重大疾病风险、看护照料风险、财富转移的风险。因此，结合不同时期的财富状况、风险程度和承受能力，个人及家

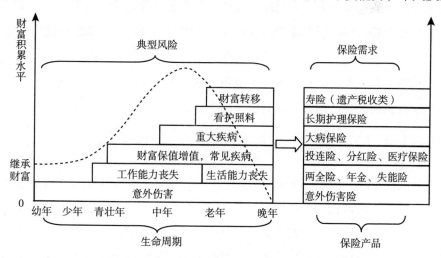

图10　人身险发展规划路径

庭的风险保障需求可以转换为保险需求，体现在保险产品方面，包括意外伤害保险、两全险、年金、失能险、投连险、分红保险，医疗保险（含大病保险）、长期护理保险和遗产类寿险。

寿险产品将不回避理财功能，且重视回归保障本质。保险业的核心竞争力恰在于其"风险分散，损失补偿"上，既不忽略保障，也不回避理财，让保险的保障本质与理财功能相互促进，实现共融发展。

（二）"两个放开"力推保险产品深入金融大市场

"两个开放"即寿险利率的开放、险资投资工具的开放。2010年以来寿险行业保费增长显著放缓，反映了我国保险产品竞争优势的不足，并与银行理财、信托、券商资管等的快速发展形成鲜明对比。保险公司的传统业务面临巨大压力，投资收益率持续低位使得具有投资性质的保费收入受到冲击，而其他资产管理产品对有投资功能的保险产品的挤出效应，影响了分红险、万能险以及投连险的新增规模。

多年来，寿险产品的预定利率比银行存款利率还低，是如今我国传统寿险产品竟然在人身险中只占8%的根源之一。普通型寿险对居民缺乏吸引力，使得相对于其他金融产品而言，寿险产品大大丧失了竞争力。随着我国大金融、大资管时代的逐步到来，人们对保险产品的要求也逐渐发生着变化。一系列改革新政出台后，保险公司在产品设计、销售渠道、客户资源和投资能力等方面的优势将得到发挥。当寿险利率放开并逐步扩展至其他人身险产品后，保险产品价格将下调，人身险将真正融入金融大市场中，保险产品的金融属性将得到增强，与其他金融产品共同成为民众的选择。

（三）"一个转变"促进保险经营步入可持续道路

"一个转变"即保险经营方式的转变。传统的保险经营方式消耗大量的资源，是粗放式的增长，亟待转变。保险业竞争力具体体现在保险产品和服务的质量、水平上，产品设计能力对于保险公司的发展日趋重要。寿险产品种类繁多，超额收益分配方式亦各有不同，保险公司创新的空间也较大。保险公司应根据客户需求有针对性地设计产品。在经营理念上，需要保险公司和其从业人员从家庭财富配置、资产管理和理财的角度来分析保险的价值，从单纯销售保险产品的个人代理，向职业理财师转变，对客户长期负责。

在销售方式方面。银保渠道将进一步改革和完善，借鉴国际上银行和保险公司的"战略伙伴"模式，通过成立专门的保险销售机构，把银行的部分员工变成保险公司的专业销售人员；随着我国大型商业银行陆续控股保险公司，银行系保险公司保费增速将显著高于同业平均水平。此外，新一轮营销平台的出现已经逐渐成为群雄争霸的焦点。互联网载体具有低成本、广覆盖、高效率的特点，网络金融、网络保险平台将成为未来保险营销的新突破点，甚至还出现保险公司与证券公司、房地产公司合作，与第三方支付平台合作的可能。

（四）"两个进程"引领保险航船驶入潜在蓝海

新型城镇化进程、多层次社会保障体系建设进程是我国未来一段时间的社会趋势，将拉动保险需求的极大提高。新型城镇化的进程与保险行业的发展存在联动的相互影响机制，从国际经验来看，城镇化率呈现与人均 GDP 同向增加的特点，而各国人均 GDP 上升将带动保险深度的同向增加。养老、医疗是我国社会保障领域的两大体系，在我国政府主导的社会基本养老保险、社会医疗保险两个体系发展完善的过程中，必然释放出巨大的商业保险参与空间，社会将向作为补充社会保障体系必备支柱的商业健康保险、商业养老保险和企业年金等发出诚挚邀请。

总之，我国将来的保险市场，定位将趋于准确，服务将趋于专业，优势将趋于明显，结构将趋于合理，市场将趋于深化，经营将趋于集约，发展将趋于持续，集中体现"市场化"的大趋势。保险，既是我国居民理财选择的必备要素，也是我国经济、社会进步发展的稳定器和助推器。

保险中介行业竞争力分析

刘冬姣　陈美桂*

摘　要：

2012年以来，国内外社会经济形势不断变化，中国保险中介行业一直处于转型变革之中，在专业中介规模化、兼业代理专业化、销售队伍职业化、中介业务规范化的目标引领之下，专业中介机构致力于改革发展，不断强化社会管理创新，兼业代理机构在疏堵结合的监管新政下逐步迈向专业化，营销员体制改革有了新的发展，保险中介行业监管进一步强化，中介市场环境趋好，保险中介行业竞争力的基础进一步夯实。但保险中介总体上仍存在市场竞争力弱、业务赢利模式单一、营销员体制改革不深入、国际化水平低等诸多问题。在保险"新国十条"确立的保险发展目标引领下，保险中介服务供求旺盛，保险中介市场发展空间巨大。当务之急是进一步完善保险产销关系，强化保险中介在产销分离中的作用，不断提升保险中介的竞争力。

关键词：

保险中介　产销分离　竞争力

2012年以来，国内外社会经济发展形势不断变化，我国经济结构调整，经济增速下滑，政策的累积效应和临界效应逐步显现，人口红利减少，信息技术和管理技术得到广泛应用。保险业的发展面临销售渠道瓶颈，资产收益状况

---

* 刘冬姣，中南财经政法大学金融学院副院长，教授，博士生导师，中国保险学会常务理事，湖北省政协常委，武汉市政府参事；陈美桂，安徽财经大学讲师，中南财经政法大学博士研究生。

堪忧，寿险营销增员困难，粗放式发展矛盾凸显。在这种背景下，中国保险中介行业处于转型变革之中，伴随着保险中介监管的不断加强，保险中介业务进一步规范，中介市场准入、退出机制不断完善，专业中介规模化及兼业代理专业化改革不断推进，营销员体制改革渐趋深入，保险中介呈现逐步向好的发展态势。

一 2012 年以来我国保险中介市场发展特征分析

2012 年以来，我国保险业呈现持续发展态势。2012 年，全国保险公司累计保费收入为 15487.93 亿元，2013 年达到 17222.24 亿元，同比增长 11.2%。2014 年上半年，全国实现保费收入 11488.72 亿元，同比增长 20.8%。2012 年以来，我国保险中介市场持续发展，实现的保费收入持续增加。2012 年，保险中介渠道实现保费收入 12757.74 亿元，同比增长 3.3%；2013 年，保险中介渠道实现保费收入 13836.83 亿元，同比增长 8.46%。但保险中介渠道实现保费收入的增幅明显低于全国总保费收入的增幅，保险中介渠道实现的保费收入占总保费收入的比例也有所下降，2012 年这一比例为 82.4%，同比减少 3.7 个百分点。2013 年这一比例为 80.34%，同比减少 2.06 个百分点。2012 年以来，我国保险中介市场发展呈现以下特征。

（一）保险专业中介机构持续发展，服务领域进一步拓展

1. 保险中介法人机构数量减少，分支机构增加，内部结构进一步优化

2012 年以来，受保险中介机构准入政策调整和专业中介机构规模化发展的影响，保险专业中介法人机构数量持续下降。2012 年，保险专业中介机构有 2529 家（见图 1），较 2011 年的 2554 家减少 25 家。其中，经纪公司 434 家、公估机构 325 家，较 2011 年分别增加 18 家、10 家；专业代理机构 1770 家，同比减少 53 家。2013 年，保险专业中介机构数量为 2525 家，延续了减少的态势。其中，除保险经纪机构较 2012 年增加 4 家外，专业代理机构和公估机构数量较 2012 年分别减少 3 家和 5 家（见图 1）。在保险中介法人机构减少的同时，2013 年伴随着保监会恢复暂停一年的对保险中介分支机构的审批，保险专业中介分支

机构数量迅速增加到6397家。其中，保险专业代理机构5280家，保险经纪机构861家，保险公估机构256家。总数较2012年增加2021家。

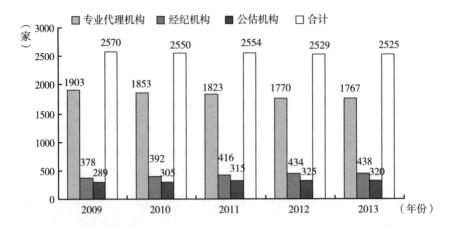

图1 2009～2013年全国保险专业中介机构数量

注：未包括保险中介集团数量。

资料来源：《中国保险中介市场报告》（2012～2013）。

　　在保险专业中介法人机构数量减少的同时，其内部结构也发生了改变。一方面表现在保险专业代理机构中，在保险专业代理机构数量持续下降的背景下，全国性保险专业代理机构数量增加，区域性保险代理机构数量减少。2012年全国性保险专业代理机构有92家，较2011年增加60家；区域性保险专业代理机构有1678家，较2011年减少113家①。2013年，全国性保险专业代理机构有143家，较2012年增加51家；区域性保险专业代理机构有1624家，较2012年减少54家。这无疑是暂停区域性保险代理机构市场准入许可的政策调整和集团化发展的结果。另一方面，保险专业中介法人机构内部结构的变化，还体现在三类保险中介机构数量占比发生了变化。2012年以来，保险专业代理机构的数量虽然仍然保持绝对优势，但占保险专业中介机构总数量的比重呈现递减趋势，由2011年的71.38%下降到2013年的69.98%，而保险经纪机构、保险公估机构的比重相对提高（见图2）。

---

① 《2012年保险专业中介机构经营情况》，保监会网站，2013年3月5日。

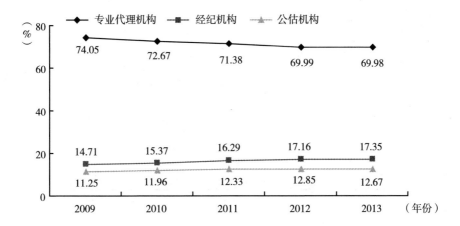

图2 2009～2013年全国保险专业中介机构数量占比

资料来源：根据《中国保险中介市场报告》（2012～2013）计算而得。

保险专业中介市场结构的变化是保险专业中介规模化发展、兼业代理专业化发展的结果，体现了专业中介机构内部结构的优化。

2. 注册资本金及总资产规模快速增长，资本实力彰显

2012年，全国保险专业中介机构注册资本总计达160.75亿元，较2011年增加45.19%；共有40家保险专业代理机构和35家保险经纪机构的注册资本达到5000万元，比2011年分别增加28家和12家。全国保险专业中介机构总资产为230.49亿元，较2011年增加34.84%[①]。截至2013年底，全国保险专业中介机构注册资本总计达223.92亿元，同比增加39.30%；总资产314.53亿元，同比增长36.46%（见图3）。

保险专业中介机构注册资本金的增长，是2012年以来保监会关于保险中介机构准入政策调整的结果。保监会《关于进一步规范保险中介市场准入的通知》规定，保险中介机构设立的最低注册资本金从1000万元提升到5000万元，且发起股东限定于汽车相关企业、银行邮政企业、保险公司三大类（保险中介服务集团除外），保险专业中介市场准入门槛得以提高。

保险专业中介机构总资产规模的增长，体现了保险专业中介机构实力的提

---

① 中国保监会中介部：《中国保险中介市场报告（2012）》，第19页。

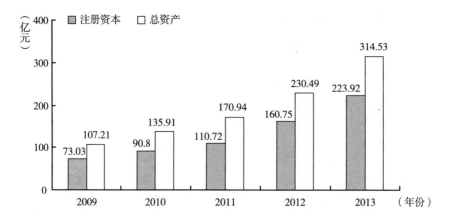

图3 2009～2013年全国保险专业中介机构注册资本及资产

资料来源：《中国保险中介市场报告》（2012～2013）。

升，是我国保险专业中介机构有效管理资产的结果。

3. 中介业务规模持续扩大，业务结构进一步调整

2012年以来，在兼业代理专业化、专业中介规模化发展背景下，保险专业中介机构实现的保费收入持续增加，2012年同比增长10.8%，2013年同比增长13.96%。2013年，全国保险专业中介机构实现保费收入1148.33亿元，较2012年增长13.96%；占全国总保费收入的6.67%，较2012年提高0.16个百分点。其中，保险专业代理机构实现的保费收入增幅达到22.40%，较保险经纪机构实现的保费收入的增幅2.19%高出20多个百分点。公估机构业务规模扩大最为明显，2013年的估损金额的增幅高达24.09%（见图4）。

从保险专业中介机构实现保费收入的构成看，呈现财产险业务持续增长、寿险业务萎缩的局面。2013年保险专业中介机构实现的财产险保费收入为1027.87亿元，较2012年增长30.32%；寿险保费收入为120.46亿元，较2012年减少40.55%。全国保险专业代理机构实现代理保费收入718.05亿元，其中财产险保费收入为641.37亿元，同比增长43.00%；寿险保费收入为76.68亿元，同比减少44.50%。全国保险经纪机构实现保费收入430.28亿元，其中财产险保费收入386.50亿元，同比增长13.60%；寿险保费收入

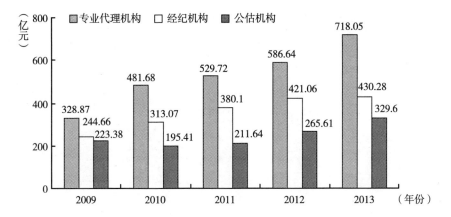

图 4　2009～2013 年全国保险专业中介机构实现保费收入（估损金额）

资料来源：《中国保险中介市场报告》（2009～2013）。

43.78 亿元，同比减少 32.64%。

4. 营业收入增长，经营效益呈现差异化

在对专业中介机构加强清理整顿，促进中介业务规范化、专业中介规模化的政策引导下，保险专业中介机构的营业收入得到增长，经营效益彰显。2012年，全国保险专业中介机构共实现营业收入 181.45 亿元，较 2011 年增长20.44%。2013 年，营业收入达到了 228.49 亿元，较 2012 年增长 25.92%。其中，保险专业代理机构的营业收入增长趋势更为明显。2012 年，全国保险专业代理机构营业收入为 102.09 亿元，较 2011 年增长 25.22%；2013 年实现营业收入 130.99 亿元，较 2012 年增长 28.31%，年均增长率超过了 25%。经纪机构实现营业收入 78.13 亿元，较 2012 年增长 22.69%。公估机构 2013 年实现营业收入 19.37 亿元，较 2012 年增长 23.53%（见图 5）。

在营业收入增长的同时，各类保险专业中介机构的经营效益也呈现较大差异。总体来看，2013 年，全国保险专业中介机构共实现净利润 10.53 亿元，较 2012 年增长 36.05%，较同一时期营业收入增长率 25.92% 高出 10.13 个百分点。其中主要是保险专业代理机构经营效益突出，2013 年保险专业代理机构实现净利润 0.26 亿元，较 2012 年增长 115.20%，较同期营业收入增长率28.31% 高出近 87 个百分点。保险经纪机构和保险公估机构的效益相对较差。2013 年保险经纪机构实现净利润 10.01 亿元，较 2012 年只增长 8.92%，低于同

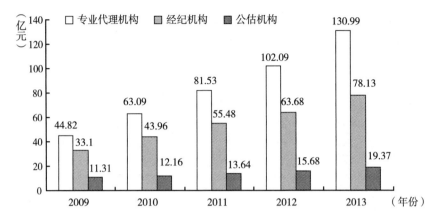

图5　2009～2013年全国保险专业中介机构营业收入

资料来源:《中国保险中介市场报告》（2009～2013）。

期营业收入增长率22.69%近14个百分点；保险公估机构实现净利润0.25亿元，较2012年减少3.85%，低于同期营业收入增长率23.53%近20个百分点。

5. 积极参与"五大领域"建设，服务范围进一步拓展

2012年以来，保险专业中介机构在变革转型中注重发挥人员、专业、技术等优势，不断拓展服务范围，积极参与"五大领域"建设，在管理特殊风险、完善社会保险体系、促进农业保险发展、推动社会管理创新等方面发挥了越来越重要的作用。

（1）积极充当风险咨询顾问，深度参与保险产品创新

2012年保监会制定了鼓励经纪公司与保险公司联合推出创新保险产品的政策，保险经纪公司积极充当风险咨询顾问，参与保险产品创新。江苏无锡于2011年实行环境污染责任保险试点，保险经纪机构承担了风险的评估、监管及事后处置协助工作，在实现经纪公司和保险公司优势互补的同时提高了工作效率。中怡经纪公司与国内保险公司联合设计了"25年期光伏组件质量及功率补偿责任保险"，降低了核保门槛。

（2）创新服务，积极参与新型养老、大病保险和农业保险模式的探索

在各地探索新型养老及大病保险和农业保险模式的过程中，一些保险经纪公司发挥其专业和信息优势，进行了多方位的参与。如恒泰保险经纪无锡分公司从2012年开始协助无锡市民政局开展"慈福"系列民生保险项目的探索，

启动无锡市自然灾害公众责任保险和养老服务机构综合责任保险。安诺保险经纪公司成为云南省2012～2014年度政策性农业保险的经纪人，长城保险经纪公司参与海南橡胶集团橡胶树风灾保险的统保项目，江泰保险经纪公司联合北京市果树产业协会组织了果农互保组织，韦莱保险经纪公司参与中国渔业互保协会大连獐子岛渔业保险项目。

（3）发挥独特的身份优势，协助政府创新社会管理

近年来，一些保险公估机构利用其特殊的"公证人"身份，参与社会矛盾纠纷调解，提高了社会管理效率。2012年，江苏方正保险公估公司作为独立第三方，参与设立"南京保险理赔工作室"，简化了人伤案理赔程序，有效化解了理赔纠纷。此外，保险经纪机构还采用不同方式，协助政府创新社会管理。如恒泰保险经纪无锡分公司通过代理政府采购商业保险业务，促进政府社会管理创新，相继启动无锡市自然灾害公众责任保险、农村住房保险、智能交通设施财产保险、干警团体人身意外伤害保险等保险的政府采购招标代理工作。江苏东吴保险经纪公司积极参与苏州市民政局各项惠民工程，参与的民生保险已扩展到三城区民生综合保险和苏州计生委的优抚对象住院护工保险等5个险种①。

（二）兼业代理在改革中艰难前行，专业化发展的步伐有待加快

1. 兼业代理机构持续增加，结构进一步调整

近年来，我国保险兼业代理机构数量持续增长，银行、邮政、车商类仍是最主要的三大支柱兼业机构（在同期兼业代理机构总量中的比重为85%左右）。2012年，全国兼业代理机构有206310家，较2011年增加10792家；2013年进一步增加到214619家，较2012年增加8309家。其中增加的主要是银邮类兼业代理机构。2012年，银邮类兼业代理机构有144973家，2013年进一步增加到161582家。汽车企业及运输类兼业代理机构受国家汽车产业政策影响，波动较大，且在汽车企业兼业代理专业化改革背景下，2012年机构总

---

① 江苏东吴保险经纪有限公司：《契合苏州社会发展需求　着力拓展民生保险——东吴保险经纪积极参与苏州民生保险的报告》，第8～9页。

量为30902家，较2011年减少1572家，2013年进一步下降到24929家，较2012年再减少5973家，减幅达到19.33%（见表1）。

表1　2009～2013年全国保险兼业代理机构数量

单位：家，%

年份	银行	邮政	车商	运输	其他	机构总数	银邮占比	车商占比
2009	85019	17543	18049	2572	25788	148971	68.85	13.84
2010	113632	24845	23859	2606	24935	189877	72.93	13.94
2011	140322		25282	7192	22722	195518	71.77	16.61
2012	116161	28812	30902		30435	206310	70.27	14.98
2013	161582		24929		28108	214619	75.29	11.62

资料来源：《中国保险中介市场报告》（2009～2013）。

2. 兼业代理业务进一步调整，市场份额降低

在我国保险中介市场上，保险兼业代理机构业务是保费收入的重要来源。近年来，兼业代理业务结构进一步调整，其中寿险公司的业务呈现下降趋势，而财产保险业务呈现上升趋势。2012年全国寿险公司通过兼业代理机构实现的保费收入为4276.19亿元，较2011年下降8.5%；2013年为4098.03亿元，较2012年下降4.17%。2012年，全国财产保险公司通过兼业代理机构实现的保费收入为1600.99亿元，较2011年增长15.8%；2013年增加到1789.44亿元，较2012年增长11.77%（见图6）。

受近年来兼业代理专业化发展的影响，2012年以来，兼业代理机构实现的保费收入占总保费的比例呈现下降的趋势。2012年全国保险兼业代理机构实现的保费收入为5877.17亿元，较2011年减少176.83亿元，占总保费的37.90%，较2011年减少4.32个百分点；2013年实现的保费收入较2012年增加10.3亿元，增幅为0.18%，但占总保费的比例进一步下降到34.19%（见图7）。

3. 兼业代理专业化改革进行中，车企、银邮的改革"热度"不同

随着《关于暂停区域性保险代理机构和部分保险兼业代理机构市场准入许可工作的通知》《关于进一步规范保险中介市场准入的通知》《关于支持汽车企业代理保险业务专业化经营有关事项的通知》等管理规定的出台，大型

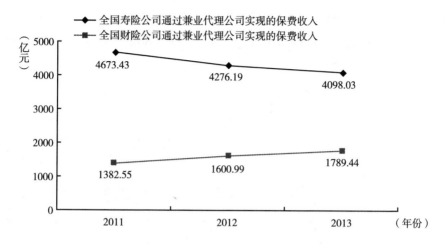

图6 2011～2013年全国寿险（财产险）公司通过兼业代理公司实现的保费收入

资料来源：《中国保险中介市场报告》（2012～2013）。

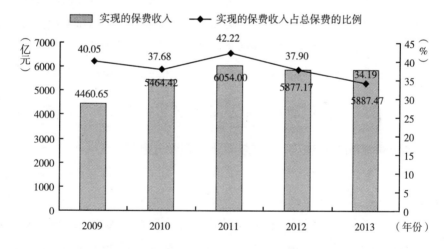

图7 2009～2013年全国保险兼业代理机构实现的保费收入数量及占比

资料来源：《中国保险中介市场报告》（2009～2013）。

汽车销售维修类企业对兼业代理专业化改革的积极性增加，众多汽车经销商开始向专业化转型。2012年全年，汽车企业投资成立的专业汽车保险代理（经纪）公司达到了62家。2013年，由汽车销售维修类企业独资或合资设立的保险专业中介公司不断涌现，如吉林省广达汽车代理公司、北京祥龙博瑞汽车保

险代理公司、陕西众锐汽车保险代理公司、浙江康桥诚安保险代理公司、湖南永通保险经纪公司、颖海保险代理公司等。车企与保险公司合作成立专业代理公司的尝试也取得了突破性进展，如江西佳和佳汽车保险销售服务有限责任公司（采取"3＋1"股权合作方式：3家车商股东和1家财险公司）。改革一年多来，车企兼业代理专业化的示范效应逐步显现。2013年，全国新设冠名"汽车"字样的保险专业中介机构就有27家，其中注册资本达5000万元的有6家①。

针对在寿险保费收入中占据重要地位的银邮兼业代理机构，保监会也提出了专业化的改革思路，但银行、邮政对此的热情远不及汽车企业。《2012年上半年保险专业中介经营情况》显示，2012年上半年，广东、内蒙古、西安、厦门、湖北等省区的保监局进行了摸底调研，部分区域性商业银行显示了较高的改革热情，积极开展可行性研究并进行试点；而全国性商业银行对此并未给予应有的重视。2012年保监会与中国邮政集团公司基本达成共识，由中国邮政集团公司出资设立保险销售公司，实现保险代理业务的专业化发展。目前山东省邮政公司已在全省推行了代理保险业务的专业化经营，通过设立专业部门、打造专业营销队伍、实施专业化的考核管理促进代理保险业务的增长。

（三）保险营销员管理体制改革不断推进，业务规模持续增加

1. 保险营销员数量减少，人均实现的保费收入增加

近年来，伴随着保险营销员管理体制改革的推进，保险营销员数量呈现负增长。2013年，全国保险营销员有3004686人，同比减少20.63%（见表2）。与保险营销员总数减少相反，保险营销员实现的保费收入持续增加。2013年通过保险营销员实现的保费收入达到6803.97亿元，较2011年增加1334.08亿元，增幅达到24.39%。

保险营销员数量的减少与实现保费收入的增加，使保险营销员实现的人均保费收入增加，产能增长。2013年，保险营销员的人均保费达到22.64万元，较2011年的16.29万元增加了6.35万元，增幅高达38.98%。

---

① 石文平：《车企代理保险专业化改革成效初显》，《中国保险报》2013年12月25日。

表2　2009～2013年全国保险营销员数量及保费收入

年份	营销员总数（人）	寿险营销员（人）	产险营销员（人）	总量增幅（％）	寿险营销员占比（％）	实现的保费收入（亿元）	人均保费收入（万元/人）
2009	2905804	2576680	329124	13.50	88.70	4126.91	14.20
2010	3297786	2879040	418746	13.50	87.30	4682.08	14.20
2011	3357037	—	—	1.80	—	5469.89	16.29
2012	3785528	—	—	12.76	—	6010.16	15.88
2013	3004686	2595278	409408	-20.63	86.40	6803.97	22.64

资料来源：《中国保险中介市场报告》（2009～2013）。

2. 保险营销员实现的保费收入中，寿险业务占绝对比重

2013年，保险营销员实现的保费收入占总保费收入的39.51％，较2012年的38.80％增加0.71个百分点（见图8）。其中，寿险公司通过保险营销员实现的保费收入持续增加。2012年，寿险公司通过保险营销员实现的保费收入为4835.08亿元，较2011年增加13.3％；2013年进一步增加到5495.90亿元，较2012年增长13.67％。2012年，财产保险公司通过保险营销员实现的保费收入为1175.08亿元，占总保费收入的7.59％；2013年实现保费收入1305.13亿元，占比与2012年持平，为7.58％。

在寿险业，营销员实现的保费收入更是接近人身险保费收入的一半，且近5年来比重有增加的趋势。在财产险市场，营销员实现的保费收入仅次于兼业渠道。尽管受监管层中介业务检查及新兴渠道业务的影响，产险公司营销员的业务收入呈减少态势，但产险公司营销员实现的保费收入在财产险保费收入中所占的比重仍达到了20％以上（见图8）。由此可见，保险营销员仍是保险中介中的重要力量。

3. 保险营销员管理体制改革的探索不断深入

2012年以来，保监会进一步加大了保险营销员管理体制改革的力度，继2010年9月发布《关于改革完善保险营销员管理体制的意见》后，2013年又发布了《关于坚定不移推进保险营销员管理体制改革的意见》，提出推进营销员体制改革的要求，包括六项主要任务和政策措施；同时鼓励各地区、各保险机构在营销队伍建设中大胆创新，选择适当时机和地区先行试点，用3年、5

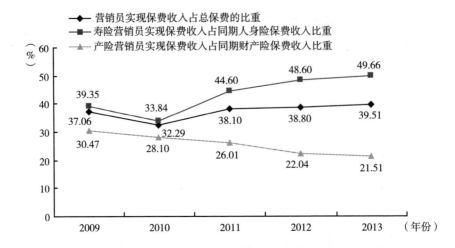

图8 2009～2013年全国保险营销员实现的保费收入占比

资料来源：《中国保险中介市场报告》（2009～2013），中国保监会网站。

年和更长时间，分别实现阶段性目标和整体目标。

在此背景下，各家保险公司加快了保险营销员管理体制改革的进程，有的保险公司成立了保险销售公司，如信泰人寿、华泰财险、紫金财险、安邦保险、阳光人寿、阳光财险、浙商财险、中国平安、大众保险等；越来越多的保险公司开始探索设立专属销售公司，保险"产销分离"进程全面提速；还有的保险公司已经开始试点员工制，如太平洋寿险、恒安标准人寿、新光海航人寿等。此外，一些保险中介机构，如泛华保险销售服务集团、大童、华康等专业保险中介也采取"双重"制度，与大部分营销员签订代理合同，与小部分营销员签订劳动合同。这种"员工制"改革是保险营销员管理体制改革中迈出的重要一步。

（四）保险中介监管持续发挥规范与引领作用，市场环境进一步改善

2012年以来，保险监管部门不断加强市场行为监管，完善监管的规章制度，深入开展保险公司中介业务检查和兼业代理市场的清理整顿工作，探索推进专业中介规模化、兼业代理专业化和保险营销员管理体制的改革，有效提高了保

险中介市场的专业化水平和综合服务能力，中介市场秩序得到进一步规范。

1. 开展保险公司中介业务检查，规范中介市场行为

2012 年以来，保监会在全国范围内继续开展保险公司中介业务检查工作，加大检查和处罚追责力度。2012 年，36 个保监局共派出 42 个检查组，投入人力 285 人次，通过对 104 家保险基层机构、80 家保险中介机构的专项检查，查实违法违规套取资金 5553.59 万元，涉及保费 2.68 亿元[①]，依法处理了保险公司各级各类管理人员 90 名、保险机构 56 家、保险中介机构 29 家[②]。2013 年，保监会加大检查力度，共投入人力 332 人次，检查保险基层机构 92 家，查出保险公司虚挂中介业务、套取费用 2900 万元，处罚保险公司 24 家，罚款 238 万元[③]。随着中介业务现场检查的不断深入，基层保险营业机构中介业务合规意识增强，中介业务违法违规行为得到了一定程度的遏制。

2. 清理整顿保险代理市场违法违规行为，优化市场环境

2012 年以来，保监会继续加强对保险中介市场的清理整顿，并将重点由专业中介机构转向保险兼业代理机构。2012 年，各保监局共重点检查 313 家保险代理机构，清理 6178 家保险兼业代理机构及 222 家保险专业代理机构。处罚保险代理机构 103 家，罚款 600 多万元；处罚各级各类管理人员 67 名，罚款 104 万元[④]。2013 年，保监会下发《关于 2013 年保险公司中介业务检查和保险兼业代理市场清理整顿工作有关事项的通知》及《2013 年保险中介监管工作要点》，深入清理整顿保险兼业代理市场，着力查处汽车企业代理保险业务中的违法违规行为。一年来，全国 36 个保监局投入人力 332 人次，共检查中介机构 522 家，对违法违规中介机构罚款 150 余万元。检查汽车企业类保险兼业代理机构 149 家，注销或不予换发许可证的保险兼业代理机构共计 3253 家[⑤]。

3. 推进兼业代理专业化、专业代理规模化和营销员管理体制改革

2012 年，保监会采取"堵疏结合、退进并举"的原则对保险代理市场

---

① 《关于 2012 年保险公司中介业务违法行为查处情况的通报》。
② 中国保监会中介部：《中国保险中介市场报告（2012）》，第 9 页。
③ 中国保监会中介部：《中国保险中介市场报告（2013）》。
④ 中国保监会中介部：《中国保险中介市场报告（2012）》，第 12 页。
⑤ 中国保监会中介部：《中国保险中介市场报告（2013）》。

进行了治理。引导汽车销售和维修企业等兼业代理机构逐步转型成为保险专业代理公司，积极探索银邮兼业代理专业化试点。此外，监管层贯彻落实《保险中介服务集团公司监管办法》，推动保险专业代理机构兼并重组、上市融资；对全国性代理（销售）公司设立分支机构，在审批过程中予以政策倾斜，引导保险代理公司规模化发展。2013 年发布了《关于坚定不移推进保险营销员管理体制改革的意见》，提出推进营销员体制改革包括六项主要任务和政策措施。通过市场改革，中介企业的综合实力得到了增强，市场竞争力、合规经营能力得到了提高，也促进了整个保险中介行业的可持续发展。

4. 加强保险中介制度建设，为行业转型提供制度保障

在已有的保险中介制度体系下，2012 年以来，为顺利推进保险中介行业转型，保监会发布了一系列有关保险中介的部门规章和规范性文件。其中，5 个是关于保险中介的部门规章，包括《保险销售从业人员监管办法》《保险经纪从业人员、保险公估从业人员监管办法》《中国保险监督管理委员会关于修改〈保险经纪机构监管规定〉的决定》《中国保险监督管理委员会关于修改〈保险专业代理机构监管规定〉的决定》《保险公估机构监管规定》；13 个是关于保险中介的规范性文件，包括《关于进一步规范保险专业中介机构激励行为的通知》《关于暂停区域性保险代理机构和部分保险兼业代理机构市场准入许可工作的通知》《关于进一步规范保险中介市场准入的通知》《关于支持汽车企业代理保险业务专业化经营有关事项的通知》《关于坚定不移推进保险营销员管理体制改革的意见》《关于规范财产保险公司电话营销业务市场秩序禁止电话营销扰民有关事项的通知》《关于实施〈保险专业代理机构基本服务标准〉〈保险经纪机构基本服务标准〉〈保险公估机构基本服务标准〉的通知》《中国保监会关于进一步发挥保险经纪公司促进保险创新作用的意见》《中国保监会办公厅关于保险销售、保险经纪、保险公估从业人员资格证书和执业证书有关事项的通知》《中国保监会关于印发〈人身保险电话销售业务管理办法〉的通知》《关于进一步明确保险专业中介机构市场准入有关问题的通知》《中国保监会关于印发保险中介市场清理整顿工作方案的通知》《中国保监会关于务必做好保险中介市场清理整顿摸清底数工作的紧急通知》。这些部

门规章和规范性文件有力地支撑了保险中介行业的转型，也完善了我国保险中介监管制度。

二　2012 年以来我国保险中介市场存在的问题及反思

2012 年以来，我国保险中介市场进一步发展，在专业代理规模化、兼业代理专业化、个人代理职业化等方面取得了明显的成效。但中介转型还未取得突破性进展，保险中介市场仍存在许多难题尚待破解。

（一）保险中介市场结构亟待调整，专业化水平未充分显现

2012 年以来，围绕保险中介市场结构的调整，我国不断推出中介市场改革的举措，如保险营销员管理体制改革、兼业代理专业化等，但效应尚未充分显现，个人代理和兼业代理仍然是中介市场的绝对主力，2013 年个人代理和兼业代理实现的保费收入在全国总保费中的占比分别达到了 39.49% 和34.19%，而代表专业化水平的保险专业中介机构的发展相对不足，虽然保险专业中介机构实现的保费收入近年来不断上升，渠道占比不断增长，但市场占有率仍然较低，2013 年只有 6.67%（见表 3）。

表 3　2013 年全国保费收入渠道占比

单位：亿元，%

类　型	保险费收入合计	渠道占比	产险业务		寿险业务	
			保险费收入	渠道占比	保险费收入	渠道占比
公司直销	3385.15	19.66	2355.67	69.59	1029.48	30.41
营销员	6801.05	39.49	1305.15	19.19	5495.90	80.81
专业中介机构	1148.33	6.67	1027.87	89.51	120.46	10.49
兼业代理	5887.47	34.19	1789.44	30.39	4098.03	69.61
合　计	17222.00	100.00	6478.13	37.62	10743.87	62.38

目前，我国保险中介市场结构严重制约了中介业务专业水平的提升，与发达国家相比，存在明显的差距。以保险中介市场最发达的英国为例，英国保险同业公会（ABI）的统计分析显示，2012 年保险专业中介机构在保险销售渠道中占有重要地位（见图 9、图 10）。

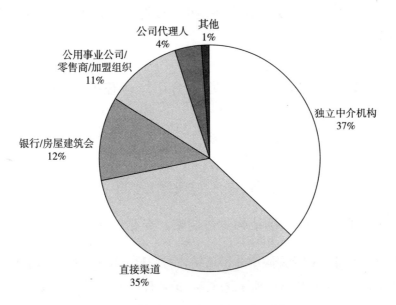

图9 2012 年英国个人非寿险销售渠道分布

资料来源："UK Insurance Key Facts 2013"，www. abi. org. uk。

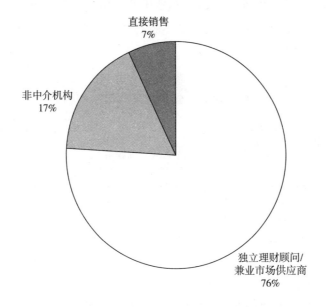

图10 2012 年英国长期储蓄和寿险销售渠道分布

资料来源："UK Insurance Key Facts 2013"，www. abi. org. uk。

（二）保险专业中介机构赢利模式和业务结构单一，发展基础有待夯实

目前，我国保险专业中介机构的赢利模式、业务来源的单一性和激烈的价格竞争，给保险中介的传统运营带来极大的赢利压力。与国外保险经纪巨头能提供最专业的风险管理方案相比，我国的保险经纪公司的业务结构单一表现得最为充分。目前我国保险经纪公司的业务收入主要来源于佣金收入，且险种主要集中于企业财产保险、人寿保险、机动车辆保险、责任保险等险种（见图11）。专业代理机构的经营险种主要集中在机动车辆保险（见图12），但由于车险条款相对单一，费用率不断攀升且透明度高，利润空间较小，大部分机构处于亏损经营的边缘。

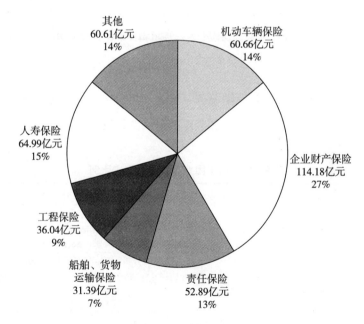

图11 2012 年我国保险经纪机构实现保费收入构成

资料来源：《中国保险中介市场报告（2012）》。

国外保险中介机构的业务结构与此形成鲜明的对比，以全球影响力大、市值排名第一的保险中介集团——美国威达信集团（Marsh & McLennan Companies）为

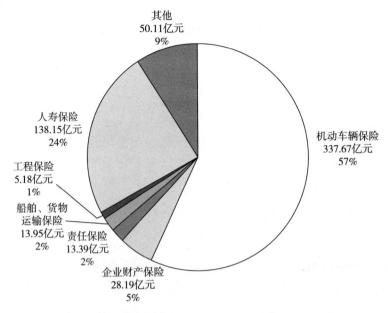

图12 2012年我国保险专业代理机构实现保费收入构成

资料来源:《中国保险中介市场报告(2012)》。

例,该集团的业务分为风险与保险服务、咨询、风险咨询与技术服务三个部分,并通过旗下五家子公司来提供相应服务。其公司业务构成情况见表4。

表4 威达信集团业务范围及构成比例

业务板块	旗下公司	业务占比(%)	营业范围
风险与 保险服务	Marsh	41	保险经纪和风险咨询;跨国公司客户服务;风险咨询;消费者业务;MM. A;Bowring Marsh;Captive Solutions;Schinnerer Group;Marsh客户端技术等
	Guy Carpenter	9	全球风险评估分析、产品与贸易信息、精算服务以及市场知识服务。此外还负责合同、理赔管理和再保险解决方案等
咨询	Oliver Wyman	12	Delta;金融及风险;领导力培育;市场营销;公司运作与技术;战略发展等
	Mercer	32	退休、风险和财务咨询;健康和福利咨询;报酬和奖励咨询;业务外包服务咨询;投资与管理咨询
风险咨询与 技术服务	Kroll	6	法律和数据支持;背景筛选;风险专业和应对

资料来源:杨文明:《从新结构经济学视角看我国保险中介集团的发展》,中国保监会网站,2013年4月23日。

保险专业中介机构的赢利模式和业务结构较单一与其发展基础密切相关。总体来看，我国保险专业中介发展历史较短，资金、人才、管理和技术仍然是制约保险专业中介机构发展的主要因素。这些因素相互关联、互为因果，导致了专业中介市场马太效应明显。具体来看，表现在以下几个方面。

一是保险中介机构注册资本金要求不高。目前，按照注册资本金的高低可把保险专业中介机构分为三类：注册资本金为200万~1000万元、注册资本金为1000万~5000万元、注册资本金为5000万元以上。这与保险公司注册资本金的最低限额人民币2亿元相差甚远。2012年，仅有40家保险专业代理公司、35家保险经纪公司的注册资本金在5000万元以上。因此，少数几家走上集团化发展之路的专业中介机构，如泛华、华康、大童、美臣等，通过早期的风险投资注入，资金实力雄厚，并以资本纽带整合资源实现了企业的进一步发展。大多数保险中介机构资本实力弱小，在资本市场不景气的背景下，很难在短时间内募集资金，因此，资本成为制约其进一步发展壮大、步入规模化和集团化进程的主要因素。

二是保险专业中介机构资产规模偏小。近年来，我国保险专业中介机构的总资产规模稳步增长，但占保险业总资产的比重仍然非常低（见图13），表明保险专业中介机构与保险公司、再保险公司等机构相比资产实力还很薄弱，其在保险业中的作用还有待进一步提升。

三是保险中介机构专门人才匮乏，管理和技术相对落后。由于前期设立保险专业中介公司的市场准入门槛比较低，许多保险专业中介机构创业者及高管人员的专业能力及管理能力难以适应企业发展的要求，保险中介业务人员缺乏，人才培训机制不尽完善。伴随着保险中介集团化发展和转型，保险中介机构的管理成为发展的重中之重，保险中介专业经营技术成为保险中介企业发展的核心竞争力。目前，许多保险中介机构的管理和技术水平难以满足未来发展的要求。与此同时，保险中介机构信息化建设还处在初级阶段，许多专业中介机构不具备自主开发和运营维护信息化系统的能力，虽然有些中介机构已经实现了业务管理系统的运行，如英大长安保险经纪有限公司、江泰保险经纪有限公司等公司，但行业数据缺乏统一的系统平台进行管理，中介信息系统难以与保险公司的数据进行对接，也无法为监管部门进行数据监测提供便利条件。

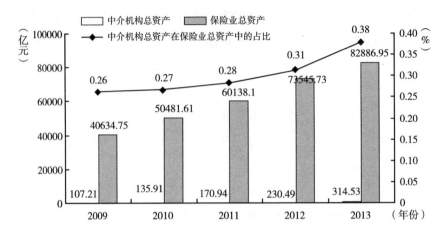

图13　2009～2013年全国保险专业中介机构总资产
及在保险业总资产中的占比

资料来源:《中国保险中介市场报告》(2009～2013),中国保监会网站。

(三)保险中介市场改革合力尚未充分显现,国际化水平低

2012年以来的保险中介市场改革的重要内容之一,就是鼓励银行、邮政、车商(统称为兼业机构)开设保险中介机构,推动兼业机构专业化。从实施情况看,兼业代理机构专业化改革的市场反应出现冷热不均的现象:从事车险代理的大型汽车商积极参与专业化改革,但小型车商仍在观望;作为在寿险保费收入中占据重要地位的银邮兼业代理机构,并未积极响应专业化改革,银行兼业代理专业化改革模式未定,邮政保险兼业代理专业化尚未启动,处于研究探索中。保险兼业代理专业化的改革尚未形成合力。

从2012年开始,保险营销员管理体制改革进一步推进。2012年9月保监会下发了《关于坚定不移推进保险营销员管理体制改革的意见》,各家公司也在积极探索,但改革保险营销员管理体制与开拓业务渠道的矛盾进一步显现。一方面,保险公司设立保险中介公司,逐步实现保险销售专业化、职业化,营销员成为保险中介公司的正式员工,面临保险中介公司发展空间的困境,保险业亟待实现产销分离;另一方面,保险营销员成为保险公司的正式员工,保险公司面临经营成本的巨大压力;此外,现有的代理佣金制,与目前的税收及激励机制有矛盾。目前热议的电

销、网销、交叉销售等销售渠道保费贡献率相对较低，替代机制尚不成熟。

此外，保险中介市场国际化水平低于保险市场的国际化水平。一是监管国际化水平低。由于我国保险中介市场发展仍处于初级阶段，保险中介监管历史短，保险中介监管实务中有许多问题仍处于探索之中。过去的保险监管理念、思路及监管实践等方面还存在与开放的经济环境不相适应的地方。二是中介机构国际化水平低。一方面，我国保险中介机构还鲜有"走出去"的经历。目前，除了泛华保险服务集团实现了在美国纳斯达克上市，招商局集团收购英国海达保险经纪开展中国香港、英国的经营保险经纪业务外，其他的保险专业中介机构都很少实现境外业务的拓展及海外融资。另一方面，"引进来"还存在诸多限制。虽然目前已有外资保险中介机构如韦莱浦东、达信（北京）、麦理伦集团等进入我国开展中介业务，但外资保险中介机构及其分支机构的设立在审批上还存在股份占比、资产、经营保险业务的年限等诸多限制。

（四）保险中介市场行为不规范，违规违法现象普遍

目前我国各类保险中介都存在较为普遍的不规范行为，如专业中介机构为追求短期利益，利用假发票、假账本、假报表、假数据为保险公司过单洗费，合谋虚挂中介业务，非法套取资金，逃避监管，甚至拒不配合监管部门的正常检查，威胁执法人员人身和财产安全，还有的公估机构丧失第三方的公正立场，在查勘定损中存在对消费者不公正的问题；兼业代理机构利用渠道优势，抬高手续费，或进行销售误导，扰乱市场秩序；个人营销员则一直存在误导消费者，以手续费返还抢客户、抢业务等问题。总体来看，销售误导是个人营销员和兼业代理最为普遍的违规行为，特别是伴随着银行保险业务的发展，银行销售人员有意混淆保险产品与储蓄存款、银行理财产品，夸大收益，隐瞒与合同有关的重要事项等，利用强制、诱导等手段捆绑售卖保险产品或诱导销售。

三 2012 年以来我国保险中介竞争力分析

（一）保险中介竞争力要素分析

根据"钻石模型"的要素构成进行分析，2012 年以来保险中介的需求要

素、生产要素（劳动产能、资本实力）、相关产业与支持环境、企业战略与同业竞争、政府监管行为等要素体现为以下特征。

1. 保险中介需求进一步扩张

社会经济的发展形成对保险的旺盛需求。保险的发展规律表明，经济越发达、社会越进步，越需要保险。保险业运用现代理念、技术和服务方式，提升服务能力，增强发展实力，对于实现稳增长、促改革、调结构、惠民生具有积极作用，2006年的保险"国十条"明确指出保险是市场经济条件下风险管理的基本手段，是社会发展的"助推器""稳定器"。2014年的保险"新国十条"进一步明确"保险是现代经济的重要产业和风险管理的基本手段，是社会文明水平、经济发达程度、社会治理能力的重要标志"。改革开放以来，我国社会经济快速发展，正处于经济转型期、民生需求释放期、社会矛盾多发期和巨灾风险上升期，迫切需要通过现代保险服务业的健康发展为经济社会提供有效的风险管理和保障，在养老、医疗等社会保障制度的完善、政府社会治理和政府改革转型、农业和巨灾风险管理、企业和居民风险与财富管理等方面形成对保险的巨大需求。

保险业的发展形成对保险中介的巨大需求。2012年以来，保险行业开始实施三方面变革。一是保险销售领域的渠道改革。这对于占全国保费收入80%份额的保险中介销售而言，无疑是空前的发展机遇。二是市场主体准入机制的变革，进一步加大了行业开放的态势，引导民营资本、外资进一步设立保险中介机构。同时，由于提高了市场准入的资金门槛，保险中介迎来资本扩张期。三是产销分离改革。2012年，保监会提出"鼓励有条件的险企成立销售公司，深化与保险中介机构的合作，建立起稳定的专属代理关系和销售服务外包模式；鼓励公司走多元化营销道路，加大对外开放，通过建立新型的保险销售体系来承接现有模式"。标志着保险业产销分离改革拉开帷幕。保险业产销分离的趋势，改变了整个中介行业的格局，激发对保险中介的旺盛需求。

保险发展对保险中介的旺盛需求，集中体现在2012年以来的中介业务发展中。2012年我国通过保险中介实现的保费收入为12757.74亿元，占全国保费收入的比例达到82.4%，2013年通过保险中介实现的保费收入为13836.83

亿元，占全国保费收入的比例达到 80.34%，显示出保险市场对保险中介服务的巨大需求。

2. 保险中介转型中的要素配置更趋完善

2012 年以来，保险中介竞争力中的人力、资本和技术要素在中介转型中呈现优化配置的趋势。

从人力资本要素看，保险中介的转型中有关中介人力资源的配置彰显了保险中介的强大生命力。近年来，存在保险行业人才向保险中介流动的态势，保险中介从业人员素质得到相对提升。同时，从保险人力资本最集中的保险营销员来看，其产能的增加标志着人力资本质量的提升。2013 年全国保险营销员数量为 3004686 人，较 2011 年减少 30 多万人，但实现的保费收入在保险中介实现的保费收入中占比高达 49.15%，占总保费收入的 39.49%，营销人员人均实现保费 22.64 万元，远超过 2011 年的 16.29 万元（见表 2）。

从资本要素看，2012 年以来，伴随着保险中介改革的推进，保险专业中介市场准入门槛提高，保险中介设立的最低注册资本金要求增加。2012 年，全国保险专业中介机构注册资本总计达 160.75 亿元，同比增加 45.19%；其中，40 家保险专业代理机构和 35 家保险经纪机构的注册资本达到 5000 万元，比 2011 年分别增加 28 家和 12 家；全国保险专业中介机构总资产为 230.49 亿元，同比增加 34.84%。截至 2013 年底，全国保险专业中介机构注册资本总计达 223.92 亿元，同比增加 39.30%；总资产达 314.53 亿元，同比增长 36.46%（见图 3）。

从技术要素看，专业中介机构的专业优势渐显。2012 年，全国保险专业中介机构着力提升技术优势，在高技术含量的业务中发挥了重要的中介作用，在企业财产保险、工程保险、责任保险、船舶及货物运输保险方面实现保费分别为 142.37 亿元、41.22 亿元、66.28 亿元、45.35 亿元，险种占比在经纪代理渠道中较为稳定，并略有上升，充分发挥了保险专业中介在高风险、高科技、重大项目等与经济社会密切相关的领域或行业方面的积极作用，特别是在发挥工程保险领域的专业优势、数据优势和人才优势方面取得了较好成绩（见图 14、图 15）。

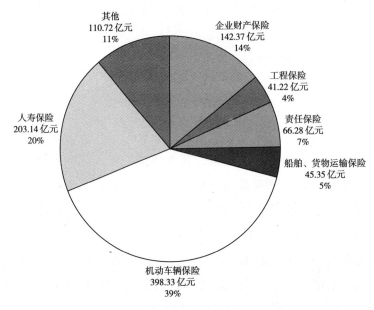

图 14　2012 年全国保险专业中介机构实现保费收入构成

资料来源:《中国保险中介市场报告（2012）》。

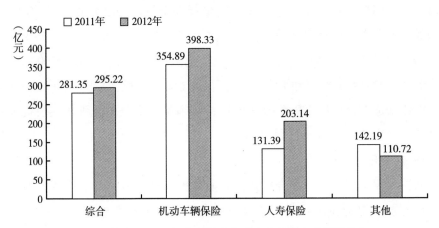

图 15　2011～2012 年全国保险专业中介机构实现保费收入

注:"综合"代表企财险、工程险、责任险、船舶及货物运输险的综合。

资料来源:《中国保险中介市场报告》,2011～2012。

3. 保险中介发展的相关产业支撑力量更为强劲

（1）保险业发展的政策支持有力

长期以来,我国重视保险业的发展。2012 年 11 月召开的党的十八大、

2013年11月召开的十八届三中全会对保险业发展提出了新的要求。2014年的政府工作报告明确提出，要加快发展保险、商务、科技等服务业。当前我国经济正处于增长速度的调整期、结构调整的阵痛期和前期刺激政策的消化期，面临的机遇前所未有，但面临的挑战也前所未有，迫切需要通过现代保险服务业为经济社会提供有效的风险管理和保障。2014年7月9日，国务院常务会议专题部署加快发展现代保险服务业。2014年8月12日国务院印发《关于加快发展现代保险服务业的若干意见》，明确指出："保险是现代经济的重要产业和风险管理的基本手段，是社会文明水平、经济发达程度、社会治理能力的重要标志。"要求立足于服务国家治理体系和治理能力现代化，把发展现代保险服务业放在经济社会工作整体布局中统筹考虑，以满足社会日益增长的多元化保险服务需求为出发点，以完善保险经济补偿机制、强化风险管理核心功能和提高保险资金配置效率为方向，改革创新，扩大开放，健全市场，优化环境，完善政策，建设有市场竞争力、富有创造力和充满活力的现代保险服务业，使现代保险服务业成为完善金融体系的支柱力量、改善民生保障的有力支撑、创新社会管理的有效机制、促进经济提质增效升级的高效引擎和转变政府职能的重要抓手。国务院常务会议指出：要建立保险监管协调机制，鼓励政府通过多种方式购买保险服务，研究完善促进现代保险服务业加快发展的税收政策，加强对养老产业和健康服务业的用地保障，完善对农业保险的财政补贴政策。这五条措施，形成了一个完整的政策支持体系。

（2）保险中介监管制度的完善和监管效率的提高

2012年，保监会针对保险中介机构的监管问题，出台了一系列法规、规范性文件，保险中介市场的监管思路逐步清晰，市场化的监管理念和监管方式逐步形成。一系列文件的发布既规范了中介机构的经营行为，促进了其加强内部控制管理，又切实促进了中介市场秩序的好转，保护了被保险人的利益。监管制度的完善和监管效率的逐步提高，为保险中介市场的发展营造了有利的监管环境。特别是保监会下发的《关于进一步发挥保险经纪公司促进保险创新作用的意见》，允许保险经纪公司独立开发产品，这将为保险中介的发展创造巨大的空间。

4. 保险中介发展战略转型

2012 年以来，我国保险中介发展战略呈现明显的转型态势。

一是保险营销员管理体制改革的力度不断加大。继 2010 年 9 月《关于改革完善保险营销员管理体制的意见》发布后，又发布了《关于坚定不移推进保险营销员管理体制改革的意见》，提出推进营销员体制改革包括六项主要任务和政策措施；同时鼓励各地区、各保险机构在营销队伍建设中大胆创新，选择适当时机和地区先行试点，用 3 年、5 年和更长时间，分别实现阶段性目标和整体目标。

二是兼业代理发展的专业化战略。针对兼业代理存在的问题，保监会提出兼业代理的专业化发展战略，引导、推动汽车销售和维修企业等兼业代理机构逐步转型成为保险专业代理公司，同时，积极探索银邮代理保险业务专业化试点。

三是专业代理规模化发展战略。保监会发布了《保险中介服务集团公司监管办法》，推动保险专业代理机构兼并重组、上市融资，提高管理水平和专业能力；对全国性代理（销售）公司设立分支机构，在审批过程中予以政策倾斜，引导保险代理公司规模化、网络化发展。

（二）保险中介竞争力指标分析

保险中介竞争力是在保险中介市场上各保险中介方通过竞争而体现出的综合能力，竞争力最终都体现为主体发展、业务增长及经营效益，结合各类保险中介的特点以及数据的可获得性，分析如下。

1. 保险代理公司服务竞争力分析

2012 年以来，保险专业代理机构数量持续减少，但实现的保费收入不断增加，2013 年较 2011 年增加了 188.33 亿元，占全国总保费的比例、占中介总保费的比例逐年提高。从公司经营情况看，保费收入、佣金收入持续增长，2012 年公司净利润承接 2011 年的下降趋势，到 2013 年迎来 116.67% 的增幅，保费收入增长率、佣金收入增长率和净利润增长率都较 2012 年有明显提高，表明 2012 年以来保险代理公司竞争力呈现提升的态势。保险代理公司的竞争力评价指标数据如表 5 所示。

表5 2009～2013年保险代理公司竞争力指标数据

指 标		2009年	2010年	2011年	2012年	2013年
机构数量(家)		1903	1853	1823	1770	1767
实现保费收入(亿元)		328.87	481.68	529.72	586.64	718.05
市场占有率	保费占中介总保费的比例(%)	3.59	4.4	4.29	4.60	5.19
	保费占全国总保费的比例(%)	2.95	3.32	3.69	3.79	4.17
佣金收入(亿元)		44.82	63.09	81.53	102.09	130.99
净利润(万元)		8499.91	19900	5711.15	1200	2600
佣金收入/保费收入		0.136	0.131	0.154	0.174	0.182
机构增长率(%)		4.45	-2.63	-1.62	-2.91	-0.17
保费收入增长率(%)		21.94	46.5	9.97	10.75	22.40
佣金收入增长率(%)		33.67	40.76	29.23	25.22	28.31
净利润增长率(%)		1989.25	134.12	-71.30	-78.99	116.67

资料来源：根据《中国保险中介市场报告》(2009～2013)整理而得。

2. 保险经纪公司竞争力分析

2012年以来，保险经纪公司的机构数量、实现保费收入稳中有升，但市场占有率稳中有降，表明经纪公司业务的发展速度跟不上保险业及其他保险中介的发展速度。从经营情况看，保险经纪公司净利润逐年上升，但保费收入增长率、净利润增长率呈现下降的态势。与保险代理公司竞争力提升相比，保险经纪公司竞争力相对下降。保险经纪公司的竞争力评价指标数据如表6所示。

表6 2009～2013年保险经纪公司竞争力指标数据

指 标		2009年	2010年	2011年	2012年	2013年
机构数量(家)		378	392	416	434	438
实现保费收入(亿元)		244.66	313.07	380.1	421.06	430.28
市场占有率	保费占中介总保费的比例(%)	2.67	2.86	3.08	3.30	3.11
	保费占总保费的比例(%)	2.2	2.15	2.65	2.72	2.50
佣金收入(亿元)		33.1	43.96	55.48	63.68	78.13
净利润(万元)		35199.11	57100	79517.32	91900	100100
佣金收入/保费收入		0.135	0.14	0.146	0.151	0.182
机构增长率(%)		8	3.7	6.12	4.33	0.92
保费收入增长率(%)		-0.27	27.96	21.41	10.78	2.19
佣金收入增长率(%)		24.91	32.81	26.21	14.78	22.69
净利润增长率(%)		64.46	62.22	39.26	15.57	8.92

资料来源：根据《中国保险中介市场报告》(2009～2013)整理而得。

3. 保险公估公司竞争力分析

2012 年以来，保险公估公司估损金额和业务收入稳定增长，但净利润呈现回落的态势。2013 年保险公估公司数量和净利润呈现负增长，其竞争力没有明显的提升。保险公估公司的竞争力评价指标数据如表 7 所示。

表7　2009～2013 年保险公估公司竞争力指标数据

指　标	2009 年	2010 年	2011 年	2012 年	2013 年
机构数量(家)	289	305	315	325	320
估损金额(亿元)	223.38	195.41	211.65	265.61	329.60
业务收入(亿元)	11.31	12.16	13.64	15.68	19.37
净利润(万元)	3800.03	4500	3479.63	2600	2500
机构增长率(%)	5.86	5.54	3.28	3.17	-1.54
估损金额增长率(%)	-15.69	-12.52	8.31	25.49	24.09
业务收入增长率(%)	-0.96	7.52	12.17	14.96	23.53
净利润增长率(%)	2.9	18.42	-22.67	-25.28	-3.85

资料来源：根据《中国保险中介市场报告》(2009～2013) 整理而得。

4. 保险营销员服务竞争力

2012 年以来，保险营销员的数量变化较大，2012 年保险营销员增长率达到 12.76%，但 2013 年则出现 20.63% 的负增长。与此同时，保险营销员所实现的保费收入持续增加，保费占中介总保费的比例和保费占全国总保费的比例稳步提高。在保险营销员管理体制改革的进程中，保险营销员服务的竞争力表现不俗。保险营销员竞争力评价指标数据如表 8 所示。

表8　2009～2013 年保险营销员竞争力指标数据

指　标		2009 年	2010 年	2011 年	2012 年	2013 年
人员数量(人)		2905804	3297786	3357037	3785528	3004686
实现保费收入(亿元)		4126.91	4682.08	5469.89	6010.16	6801.03
市场占有率	保费占中介总保费的比例(%)	45.05	42.79	44.29	47.11	49.15
	保费占全国总保费的比例(%)	37.06	32.29	38.15	38.81	39.49
人均保费收入(万元)		14.2	14.2	16.29	15.88	22.64
保险营销员增长率(%)		13.48	13.49	1.80	12.76	-20.63
保费收入增长率(%)		22.1	13.45	16.83	9.88	13.16

资料来源：根据《中国保险中介市场报告》(2009～2013 年) 整理而得。

5. 保险兼业代理机构服务竞争力分析

2012 年以来，保险兼业代理机构数量稳中有升，实现保费收入相对稳定，保费收入占全国总保费的比例和其占保险中介总保费的比例持续下降。在我国保险兼业代理体系改革中，保险兼业代理机构竞争力有待提升。保险兼业代理机构竞争力评价指标数据如表 9 所示。

表 9　2009～2013 年保险兼业代理机构竞争力指标数据

指　标		2009 年	2010 年	2011 年	2012 年	2013 年
机构数量（家）		148971	189877	195518	206310	214619
实现保费收入（亿元）		4460.65	5464.42	6054.12	5877.17	5887.47
市场占有率	保费占中介总保费比（%）	48.69	49.94	49.04	46.07	42.55
	保费占全国总保费比（%）	40.05	37.68	42.34	37.95	34.16
机构增长率（%）		9.03	27.46	2.97	5.52	4.03
保费收入增长率（%）		7.53	22.5	10.79	-2.92	0.18

资料来源：根据《中国保险中介市场报告》（2009～2013）整理而得。

四　我国保险中介市场发展前景与展望

未来几年，我国保险中介的发展环境处于不断变化之中，经济大调整、社会大变革、技术大创新、市场大竞争的新态势既为保险中介发展提供了机遇，也带来了巨大的挑战，总体来看，表现为以下几个方面。

（一）保险中介需求旺盛，发展潜力巨大

我国社会经济的发展将形成对保险的巨大需求。未来我国经济将呈现高效率、低成本、中高速发展的"新常态"，第三产业逐渐发展成为主体，城乡差距逐渐缩小，居民收入增长，市场在资源配置中起决定性作用。保险行业作为现代经济的重要产业，具有资本密集、技术密集和劳动密集的产业特征，将成为政府、企业、居民风险管理和财富管理的基本手段，成为提高保障水平和质量的重要渠道，成为政府改进公共服务、加强社会管理的有效工具。

保险业的发展将形成对保险中介的巨大需求。根据保险"新国十条",到2020年,将基本建立保障全面、功能完善、安全稳健、诚信规范,具有较强服务能力、创新能力和国际竞争力,与我国经济社会发展需求相适应的现代保险服务业,努力由保险大国向保险强国转变。可以预见,我国保险业将迎来新的春天,其巨大的发展潜力将逐步释放。实现保险大国向保险强国的转变,需要充分依靠市场配置资源的作用,走产业化发展之路。保险中介是保险产业链中的重要环节,是市场分工和专业化发展的必然结果。

与保险业发展相适应的保险中介发展潜力巨大,即将开始的保险产品专业化改革将为保险中介发展提供新契机。在未来日益激烈的市场竞争中,绝大多数保险公司势必寻求差异化的发展之路,尤其是中小保险公司,产销分离、理赔外包将成为部分公司的经营战略,由此将形成对保险中介的旺盛需求。按照"新国十条"关于2020年保险深度为5%、保险密度为3500元/人的要求,全国保费收入按照17%的增速测算,2020年全国保费总收入将达到5万亿元。按目前中介实现保费收入的占比情况,2020年通过保险中介实现的保费收入将达到4万亿元,与2013年的1.38万亿元相比,我国保险中介存在巨大的发展空间。

(二)保险中介供给活跃,内部结构进一步优化

伴随着我国保险中介市场巨大潜力的充分发挥,保险中介供给将进一步活跃,资金将伴随兼业代理的专业化发展、专业中介的集团化发展而快速扩张,高技术人才将向保险中介领域聚集,资金、技术和人才的会集将极大地增加保险中介市场的有效供给,更专业、更贴心、更周到的中介服务将在竞争的压力和动力机制的作用下逐步显现。

伴随着保险中介市场有效供给的增加,保险中介市场的结构将进一步优化。从我国现行保险中介市场结构来看,兼业代理机构和保险营销员是保险中介市场的主力军,2013年二者实现的保费占全国保险费收入的比例高达73.65%,而专业保险中介机构的市场占有率不到7%。随着保险兼业代理的专业化发展和保险营销员管理体制改革的不断深入,内部结构将进一步优化,即专业保险中介机构快速发展,其市场影响力不断增强。一方面,专业中介机

构的集团化发展将进一步提高保险中介机构的实力。按照西方发达国家保险业的发展模式，我国目前专业保险中介机构尚存在巨大的发展空间。另一方面，伴随着保险兼业代理专业化的变革，银邮保险专业化将逐步推进，银行建立专业保险代理公司或将成为现实。从发达市场经济国家以及我国台湾地区情况来看，银保合作不仅仅是商业银行和保险公司之间的渠道合作，更重要的是商业银行与保险公司之间相互渗透和融合的战略。银行保险代理专业化路径包括商业银行独资新设保险经纪代理机构、与现有比较成熟的经纪代理机构合作，以及参股或控股保险经纪代理机构。国际经验表明，保险经纪公司、专业代理公司对银行代理保险销售和服务进行集中管控，有助于解决销售误导、商业贿赂等突出问题，隔离风险的跨行业传递，使该业务真正成为银行和保险机构透明化、规模化的利润来源，也有助于提高监管的针对性和有效性，保护消费者权益。此外，车商的兼业代理专业化和邮政保险专业化也将逐步推进。车商兼业代理的专业化发展进程已经启动，并将进一步发展；中国邮政集团公司也已将保险纳入通盘考虑，准备出资设立保险销售公司，逐步推进邮政保险专业化改革。

（三）"大中介"格局将形成，其服务经济社会发展的能力进一步增强

保险兼业代理专业化、专业中介规模化后，"大中介"格局将实现，产销分离促使产业细分：保险公司专门负责产品的生产，保险经纪、代理公司主要负责产品的销售，保险公估公司负责风险的评估、查勘或核赔等。保险中介机构贴近客户，能从保障的角度为客户提供产品咨询和服务，同时还可增强保险服务经济社会发展的能力。

一方面，保险中介将成为保险业服务"三农"的新生力量。保险中介在保险产品、保险销售渠道、保险服务方式创新方面拥有独特的优势，更贴近市场和投保人，更了解各行各业及农村地区千差万别的保险需求，这使其创新目标更为具体明确。保险中介能对捕捉到的保险需求做专业性分析，与各大保险供应商保持密切联系，通过信息的及时反馈，弥补现有保险产品不足，进而为农村提供适销对路的产品和服务。

另一方面，保险中介在社会保障体系建设中也将发挥重要的作用。目前，保险中介已在社会保障体系建设中发挥了重要的作用，如苏州东吴保险经纪公司开发了苏州新型养老模式——居家养老服务，在全国首创了居家养老服务组织责任保险。恒泰经纪参与无锡市城乡居民大病保险项目，配合无锡市发改委、人社局、社保中心等政府六部门设计大病保险的招标方案。随着"大中介"格局的形成，保险中介服务经济社会的能力将得到更大的提升。

此外，保险中介的社会管理作用更加凸显。保险经纪机构作为专业的风险管理顾问，能够为社会提供专业的风险管理和顾问服务，帮助客户更好地识别、化解和防范风险，并对可保风险进行保险保障安排。保险中介在社会管理中的作用已经凸显。如北京华育、北京联合、长城保险3家保险经纪公司在贵州的分支机构积极充当地方教育部门的风险管理顾问，助推校方责任保险发展。恒泰经纪公司受无锡市环保局委托，形成了以对企业进行环境评估为工作重点的环境污染责任保险的"无锡模式"。从未来发展来看，保险中介服务经济社会发展的领域将进一步拓展。

（四）保险中介市场创新活跃，保险中介的专业性将进一步凸显

伴随着互联网的快速发展，保险中介也将以互联网为载体进行创新，将专业性和科技性进行有效对接。一是保险中介在网络与微信营销方面的创新。在保险业内部，如果说众安在线财产保险公司是作为独立的商业模式利用互联网进行创新，那么，保险中介也将利用互联网进行创新，包括网络营销、微信营销，保险中介机构通过建立自己的微信公众平台，实现与客户间的文字、图片、语音的全方位沟通、互动，提高中介服务的效率。二是随着营销员体制改革，一些保险营销员以加盟店模式开店，一些保险中介机构也在居民区开设自己的永久性门店，为客户提供及时周到、全面便捷的保险中介服务。如大童、华康、盛大、泛华、明亚、环亚社区保险超市等已经显示出其生命力。这些创新可进一步彰显保险中介的专业性，推进我国保险业的健康快速发展。伴随着大数据、云计算的广泛应用，保险中介在业务中将进一步彰显其在风险管理和中介服务方面的专业性。

（五）保险中介市场监管进一步完善，发展环境逐步优化

伴随着保险中介市场改革与创新活动的开展，保险中介监管将为保险中介的发展创造良好的外部环境：一是与保险中介改革和发展相适应的保险中介法规的完善与制度建设将逐步推进。如在兼业代理的专业化发展中，银邮保险代理的专业化规章、营销员管理体制改革中营销员法律地位与职业化发展路径设计的相关文件，网络营销、微信营销、电话营销等新型营销方式的监管办法等，都将相应出台。二是防范与化解保险中介风险将成为监管的重要工作。2014 年开展的保险中介市场清理整顿工作作为保险业全面深化改革的重要、关键一环，标志着中国保险中介监管进入新的时期：确保稳中求进，推动转型发展，促进改革创新。这些将为保险中介的发展提供良好的外部环境。三是在政府职能转变和简政放权的新形势下，保险监管与市场机制作用的关系将进一步理顺，保险中介服务标准和市场行为的规范化，将进一步增强保险中介市场机制的作用，中介服务价格的市场化将逐步实现，保险中介市场配置资源的效率将得到提升。

B.5
保险资产管理行业竞争力分析

杨志诚　潘庆华　李聪*

摘　要：

保险资产管理行业是保险业连接金融市场的重要纽带，庞大的保险资金规模已使保险公司成为资本市场最重要的机构投资者之一。保险资产管理行业竞争力的提升，不仅对保险业的持续健康发展至关重要，而且对金融市场的发展和稳定也有重要影响。本报告从保险资产管理行业的国际比较、多远化发展前景、市场化改革方向，以及大资管时代的同业竞争等多个方面入手，阐述了保险资产管理行业的特点、前景、和发展方向，为保险资产管理行业和公司的发展提供了客观、全面的参考资料。

关键词：

保险　资产管理　投资收益率　保险资金运用　大资管时代

保险资产管理行业是连接保险业与金融市场的重要纽带，是货币市场、资本市场、保险市场之间协调发展的桥梁，对促进保险业与金融市场的良性互动具有重要作用。对于保险业而言，资产管理业务产生的投资收益是其利润的重要来源。对于金融市场而言，庞大的保险资金规模已使保险公司成为资本市场最重要的机构投资者之一。保险资产管理行业竞争力的提升，不仅对保险业的持续健康发展至关重要，而且对金融市场的发展和稳定也有重要影响。

---

* 杨志诚，博士，现任中再资产管理股份有限公司权益投资部高级投资经理；潘庆华，博士，现任中再资产管理股份有限公司担任高级研究经理；李聪，现任广发证券发展研究中心总监、客户开发与维护组主管、首席分析师。

一　保险资产管理行业的国际比较

（一）中国保险资产管理行业阔步前行

1. 行业规模逐步扩大

在成熟市场的资产管理行业中，充当最终资产管理人的资产管理机构有四大类，即投资公司、养老基金、保险公司和其他机构。其中，投资公司包含为一般投资者服务的共同基金和专门为富有个人服务的对冲基金与私人银行。资产管理人由上述四种类型的机构担任并不意味着这四种类型的机构都是资产管理人。例如，一些保险公司并不进行自主投资，而是把资金交给其他的资产管理人管理，从而成为行业中受托管理资金的一个主要来源。我国资产管理行业的经营主体与国外类似，主要是信托、基金、券商资产管理、保险资产管理和银行理财机构。保险资金总资产规模从2001年起快速增长，到2013年底约达7.69亿元，增长率有所下降，为4.48%（见图1）。

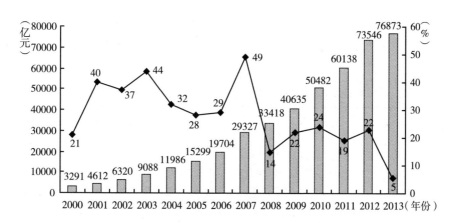

图1　2000～2012年我国保险总资产规模与增长率

资料来源：《中国保险年鉴》，Wind资讯。

2. 行业集中度有所下降，产品结构多元发展

目前，保险资产管理的行业集中度较高，由于保险新政对中小保险资产管理公司的支持，行业集中度有所下降。就产品结构而言，目前，保险资产管理

公司涉及的业务主要有六大方面，分别是第三方保险资产管理服务、企业年金服务、保险资产管理计划、基础设施不动产债券计划、投连险账户管理服务、增值平台服务，产品结构多元化发展。

（1）行业集中度高，但趋于下降

自2004年4月保监会《保险资产管理公司管理暂行规定》出台以来，保险资产管理公司得到了迅速发展。2005年底，保监会批准了第一批5家中资保险资产管理公司；紧接着，2006年又相继批准了4家专业国有保险资产管理公司和1家外资保险资产管理公司，逐步形成了由9家中资公司和1家外资公司组成的"9+1"格局。具体包括人保、人寿、平安、中再保、太保、新华、泰康、华泰、太平及友邦设立的保险资产管理中心。2009年，全国保险公司资金运用余额为37400亿元，最大的3家公司——人寿资管、平安资管和太保资管受托管理的资产分别为13733亿元、5190亿元、3383亿元，市场份额分别为37%、14%和9%。

2010年12月，生命人寿得到保监会关于筹建资产管理公司的批复，成为第一家被允许成立资产管理公司的中小险企，打破了持续多年的"9+1"格局。同时，安邦保险资产管理公司也获批成立。

截至2012年底，已获批的保险资产管理公司（包括香港）有20家（见表1）。从具体保险资产管理公司规模来看，受托资产管理规模超过1000亿元

表1　2012年底各保险资产管理公司受托管理资产规模

保险资产管理公司	获批时间	受托管理资产规模	保险资产管理公司	获批时间	受托管理资产规模
人保资产管理	2003年	4000亿元	太平资产管理	2006年	2000亿元
国寿资产管理	2003年	19200亿元	生命资产管理	2010年	—
平安资产管理	2005年	超8000亿元	光大永明资产管理	2011年	—
平安资产管理（香港）	2006年	超270亿港元	合众资产管理	2011年	—
太平洋资产管理	2006年	—	安邦资产管理	2011年	—
中再资产管理	2005年	1000亿元	安邦资产管理（香港）	2011年	—
新华资产管理	2006年	—	民生通惠资产管理	2012年	—
泰康资产管理	2002年	4600亿元	阳光资产管理	2012年	—
泰康资产管理（香港）	2007年	超50亿港元	中英益利资产管理	2012年	—
华泰资产管理	2005年	—	生命资产管理（香港）	2012年	—

资料来源：《中国保险年鉴》，中国保监会网站。

的保险资产管理公司有 6 家，其中，国寿资产管理受托管理资产规模达 2 万亿元，同业排名第一，领先优势明显。可以预见，保险资产管理公司的数量还将不断增加，保险资产管理行业的市场集中度将不断下降。

（2）产品结构多元化发展

在保险资产管理公司涉及的六大业务中，投连险账户管理服务和基础设施不动产债权计划起步较早，增值平台服务则是在近几年才逐步开展的。

传统的第三方保险资产管理服务主要是打理集团内部资产，受托管理中小险企的投资资产等。受托业务常见形式为替中小险企买股票和基金，或发行产品、债权计划供中小险企认购，但后两者占比较低。相比之下，海外保险资产管理公司的第三方保险资产管理业务占比较高，主要为养老保险基金、共同基金等管理资金。而 2012 年新政出台，第三方保险资产管理业务的范畴从传统的受托管理转向主动资产管理，包括开展公募资产管理业务、发行保险资产管理产品等。

企业年金是指在政府强制实施的公共养老金或国家养老保险政策的指导下，企业根据自身经济实力和经济状况建立的、为本企业员工提供一定程度的退休收入保障的补充性养老金制度。截至 2012 年 6 月底，企业年金基金法人受托机构管理的企业共有 43256 家，比 2011 年底增长 11.23%，受托管理金额为 2483.23 亿元，比 2011 年底增长 21.08%。

保险资产管理计划是保险资产管理机构主动发挥资产管理作用的重要突破，也是迈入大资管时代的重要里程碑。截至 2012 年底，已发行的保险资产管理产品有 6 款，有一款是货币型产品，其他均为债券型产品。其中，中国人保资产安心投资收益产品在 2012 年收益率为 6.27%，排名同业第一。

基础设施不动产债权计划是保险资产管理公司面向委托人发行的收益凭证，募集资金以债权方式投资基础设施项目，按照约定支付预期收益并兑付本金的金融产品。截至 2012 年底，从可查实的资料看，人保资产管理公司开展的债权计划有 24 项，其中国寿资管 1 项、太平洋资管 5 项、泰康资管 9 项、太平资管 9 项。长期来看，随着新政的推出以及保险机构的投资需求，债权计划会得到长足的发展。

投连险账户管理以管理投连险资金为目标。投连险是一种新形式的终身寿

险产品，它集保障和投资于一体。截至 2012 年底，获批的投连险账户近 40 只。

权益类资产包括股票、证券投资基金及长期股权投资。受股票市场疲软的影响，保险公司下调了权益类资产的规模，致使权益类资产在投资资产中的占比由 2007 年的 27.12% 下降至 2013 年的 10.23%，股票资产占比由 2007 年的 17.65% 下降至 2013 年的 5.58%。

银行存款在我国保险投资资产中的占比远超英、美、日等国。2005 年之前，我国保险资金的主要投资途径就是银行存款。2004 年，我国保险资产中银行存款占比超过 40%。随着监管政策的逐步放宽，银行存款占比逐步下降，但仍维持在 30% 左右，而英、美、日等国家银行存款在投资资产中的占比均未超过 10%。

收益确定的类银行存款的理财产品、信托产品都具有替代占比过高的银行存款的可能性。目前保险资产中银行存款占比高达 30%，已经远超流动性要求，是过去较长时间内投资工具匮乏的结果。随着投资渠道的进一步拓宽，银行存款的比例将逐步下降。

债券投资中，传统的国债及金融债相对较低的收益率很难满足保险资金对收益率的要求，保险公司将寻求具有更高收益率且相对安全的资产进行投资，提高高等级信用产品的占比将成为改善保险公司投资业绩的重要途径。

房地产投资占比持续上升。我国房地产证券市场并不发达，虽然投资性房地产在投资资产中的占比由 2007 年的 0.26% 上升至 2013 年的 0.9%，但与英美 6%~7% 的水平还有一定差距。

3. 净投资收益率处于历史低位，2013 年收益率有所回升

2001~2005 年，我国保险行业净投资收益率明显低于英美等国水平，之后逐步上升，在 2007 年达到 12.17%，受 2008 年国际金融危机的影响，净投资收益率大幅下降，2009 年有所回升，之后，连续 3 年下降。2013 年末为 5.04%，同比增加 1.69 个百分点，为 4 年来最高水平（见图 2）。从长期看，随着另类投资收益的逐步释放，保险资金的投资收益率将逐步向好。

我国上市保险公司综合投资收益率低于本报告选取的大部分英美上市保险公司。2008~2011 年，我国上市保险公司中综合投资收益率最高的为中国人寿，4 年平均综合投资收益率为 3.14%（见图 3）。在选取的英美上市保险公

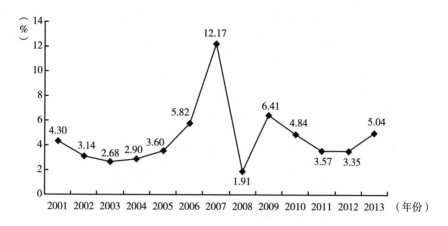

图 2　2001～2013 年我国保险行业净投资收益率

资料来源：中国保监会，《中国保险年鉴》。

司中，只有 AIG（美国国际集团）的 4 年均值低于 3.14%。中国人寿、中国太保、新华保险及中国平安在所选取的 11 家上市公司中，综合投资收益率的标准差分别名列第 3、第 6、第 7、第 8 名，综合投资收益率的波动不大。

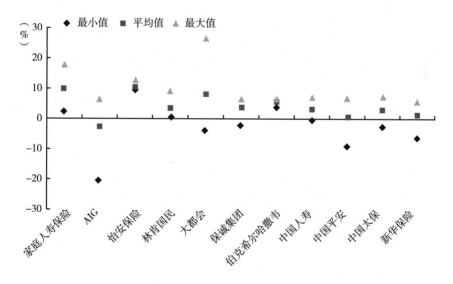

**图 3　2008～2011 年我国上市保险公司与英美上市保险公司
综合投资收益率的比较**

资料来源：Bloomberg，各公司年报。

多元化配置是未来我国保险资产调整的主要方向。新一轮的保险投资改革定位于全面提升保险机构的资产配置能力与投资管理能力，以市场化、放松管制、拓宽投资范围为基调，支持产品创新，提高整体效益。对照国际保险资产配置的实践，中国保险资产的可拓展范围十分广阔。

大型保险公司将尝试在全球范围内开展不同货币和资产的配置。我国的保费收入以收益敏感的储蓄类业务为主，对资产回报有较高的要求。目前国内保险资产收益率处于历史低位，在全球范围内优化配置、提高收益将是一个重要选择。

（二）美国保险资产管理行业多元化、均衡发展

2013年底，美国保险业总资产达5.54万亿美元，同比增长3.56%。债券和股票占美国总资产的60%~80%。

1. 美国寿险资产管理行业

美国寿险市场规模较大，总资产增长较快。截至2012年，美国寿险行业总资产为57774亿美元（见图4），其中一般账户资产为37076亿美元，独立账户为20698亿美元。以1917年总资产59.41亿美元计算，平均年增速为7.5%。2000年之后，公允价值的引入加大了美国寿险总资产的波动幅度，特别是2008年受次贷危机的影响，寿险总资产下降。在这之后，美国寿险总资产恢复增长势头。

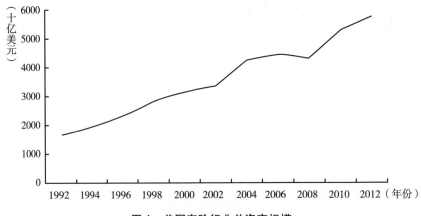

图4 美国寿险行业总资产规模

资料来源：ACLI。

美国寿险行业主要包括人寿保险、年金、健康保险业务。2012 年寿险业务总量约为 6557.88 亿美元，同比增长 3.43%。其中人寿保险业务量为 1353.92 亿美元，年金业务量为 3480.95 亿美元，健康保险业务量为 1723 亿美元。2012 年美国 GDP 为 159241 亿美元，人口为 3.07 亿人，寿险保险深度为 4.12%，寿险保险密度为 2134.64 美元/人。

美国寿险资产管理产品以债券资产为主。从总体上看，债券资产在美国寿险总资产中的占比基本保持在 50%。随着独立账户产品的发展，股票资产占比在 1993 年之后超过 20%。分账户看，一般账户和独立账户的风险偏好和资产配置有较大差异。一般账户主要对应风险保障型产品，稳定的投资收益率是首要要求，因此一般账户中债券类资产占比超过了 70%，股票资产占比自 2007 年以来从未超过 5%。而独立账户的风险由客户承担，追求较高的收益率，债券类资产在总资产中的占比仅为 15%，而股票资产一直维持在 80% 左右。

美国寿险行业资产管理净收益变化与全球经济、美国股市走势高度关联。从 2000 年开始，受全球资产回报率下降影响，寿险资产管理收益率开始走低（见图 5），投资收益增速低于投资资产增速。实践经验表明，美国寿险行业净投资收益走势与标准普尔 500 指数走势基本趋同（见图 6）。

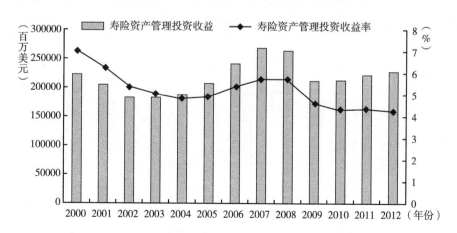

图 5　美国寿险资产管理投资收益和投资收益率

资料来源：ACLI。

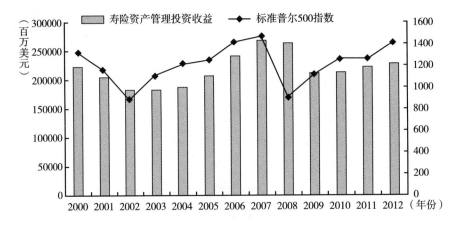

图6 美国寿险管理投资收益和标准普尔500指数

资料来源：ACLI。

2. 美国财产保险资产管理行业

美国财产保险行业债券类资产的配置比例高于寿险行业，股票资产占比高于寿险一般账户水平，但远低于寿险独立账户。美国财产保险金融资产中债券类资产占比较为稳定，均值为76.7%。虽然近年来该比重有所下降，但仍高于历史均值。2012年，债券类资产在金融资产中的占比达到了77.92%。2002～2011年，股票资产在金融资产中的占比一直稳定在10%左右。图7为2000～2009年美国财产保险的资产管理规模。

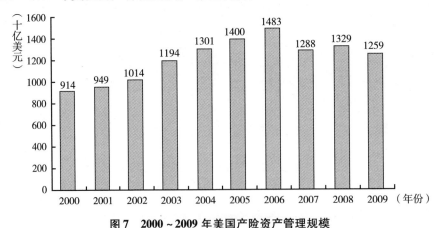

图7 2000～2009年美国产险资产管理规模

资料来源：ACLI。

2000～2009 年，美国财产保险行业资产管理投资收益率始终低于寿险行业。2004 年以前，美国财产保险资产管理投资收益率呈现阶梯式下降。2004～2007 年出现上升趋势，之后又呈现缓慢下降的趋势（见图 8）。

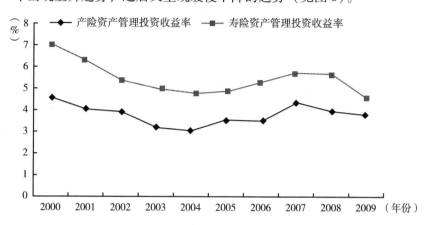

图 8　2000～2009 年美国产险和寿险资产管理投资收益率

资料来源：NAIC。

（三）日本保险资产管理行业在多重约束下的低风险偏好

日本保险行业的资产规模在亚太地区相对较大，2013 年 3 月底达 4.15 万亿美元，同比增长 5.52%。2012 年，日本寿险行业及财产保险行业资产规模分别为 335.253 万亿日元及 28.4598 万亿日元，同比分别增长 5.04% 及 1.66%（见图 9）。

寿险投资资产中，占比较高的分别是证券资产（包括本国政府债券、地方政府债券、公司债券、股票及海外证券）、贷款、房地产。其中证券资产占比为 81.1%，贷款占比为 13.6%，房地产占比为 2.1%。财产险投资资产中，占比最高的同样是证券资产、贷款、房地产。其中证券资产占比高达 76.0%，贷款占比为 7.3%，房地产占比为 4.0%。

保险企业避险情绪浓厚、高质量公司债券供给不足、低利率环境、政府对保险资金投资方向的引导等多重因素导致日本保险债券投资主要集中于政府债券。与美国的情况完全相反，日本不论是寿险行业还是财产险行业，债券投资中政府债券占比都远高于公司债券。20 世纪日本保险企业倒

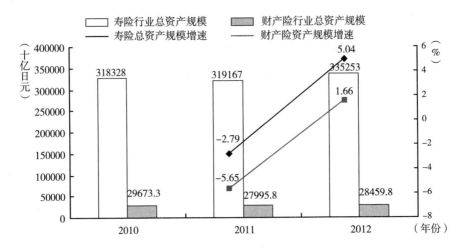

图9　日本寿险行业及财产保险行业总资产规模和增速

资料来源：LIAJ，GIAJ。

闭潮以及2008年金融危机对日本保险企业的资产造成了极大冲击，致使保险企业资产配置策略更趋保守。日本非政府债券市场上高评级债券供给不足，日本监管机构也鼓励保险资金投资相对安全的政府债券。海外投资主要集中在美国国债。日本国内的低利率环境也降低了保险资金对投资收益率的要求。2012年，寿险投资资产中政府债券占比高达86.4%，而财产险投资资产中的政府债券占比同样较高，为71.0%。从证券投资资产看，2012年，寿险证券投资中63.4%为政府证券，而财产险证券投资中31.8%为政府证券。

日本财产险投资资产中股票投资比例较高。2012年，寿险投资资产中股票资产占比为4.2%，而财产险中该占比达到了22.3%。不论是寿险还是财产险，股票资产的规模都在企稳回升。虽然从2010年到2011年，寿险、财产险的股票资产规模有所下降，但是从2011到2012年，日本寿险及财产险的股票资产规模都企稳回升，分别从134660亿日元、57242亿日元小幅上升至13920亿日元、63484亿日元。

日本财产险投资资产的收益表现较差，2009～2011年平均投资收益率仅为3.95%。2009～2011年，日本财产险行业分别实现投资收益9793亿日元、11926亿日元及10504亿日元，对应投资收益率分别为3.42%、4.33%及4.09%。

二　保险资产管理行业的多元发展

（一）商业保险参与社会保障潜力巨大

目前我国经济发展总体水平较低，社会保障水平远不能满足民众的保障需要，商业保险的发展空间巨大。未来社会保险与商业保险的市场占有率将呈现一降一升的状态。商业保险在社会保障体系建设中的作用发挥存在着三个方面的障碍：一是缺少财政、税收等政策支持，二是医疗卫生和社会保障的体制改革没有完全到位，三是保险公司在商业性养老和医疗保险业务领域的经营水平有待进一步提高。

目前我国社会保障体系的特点为广覆盖、保基本和多层次。事实上，我国计划在 2020 年实现的社会保险全覆盖是低水平的覆盖，完全意义的社会保险覆盖范围来说，与发达国家有相当大的差距。我国社会保险仍处于低水平，参加城镇医疗保险的退休职工，平均每个月只能拿到 1200～1300 元，农民每个月从新农保最低领取 55 元，而个别高的地区也只能达到 100 元；我国社会保险还呈碎片化的特点，在不同区域、不同人群中的保障水平差异较大。

作为社会保障体系的主要内容，商业保险与社会保险都是风险管理的手段，目的都在于稳定社会秩序、确保经济平稳发展，因而具有保障功能的同一性。目前我国经济发展总体水平较低，社会保障水平远不能满足民众的保障需要，商业保险的发展空间巨大。

商业保险作为社会保险的补充，可根据目前社会保障的覆盖范围、保障水平方面的欠缺来确定目标市场，为具有更高保障需求的人群提供社会保障无法提供的保障产品，主要体现在健康险和寿险上。目前在我国健康险市场，社会基本医疗保险还处于保基本阶段，保险公司在重大疾病保险方面仍然有很大的发展空间。在寿险方面，商业保险可以发展社会保险目前做不了但体现保险保障特点的、能满足更高保障需求的保险业务，如定期寿险等。此外，还可以针对有特殊需求的高端人群，设计开发终身寿险、养老保险以及两全保险。

（二）保险基金参与养老地产大势所趋，优势明显

保险资金参与养老地产是大势所趋。自 2010 年保监会颁布《保险资金运用管理暂行办法》《保险资金投资不动产暂行办法》之后，诸多的保险公司开始涉足不动产投资，中国人寿、新华保险、泰康保险、平安保险、合众人寿、太平洋保险等公司对养老地产的投资都有了实质性的动作，有的已经启动了项目的规划建设。养老地产长期可持续收益的投资特点与险资的投资要求高度匹配，保险公司对养老地产的投资是必然趋势。此外，保险公司投资养老地产也存在着资金、商业模式和营销三大优势。同时保险基金在养老地产投资中，需警惕经济增长放缓、城市化进程步伐放慢所导致的资产贬值，以及在投资、经营等方面的激进行为。

（1）资金优势：养老地产是一种资金密集型的项目，投资额比较高，保险公司的资金实力能够满足养老地产的资金要求。

（2）商业模式优势：养老地产投资巨大，又注重长期持续经营，通过长期服务获得稳定的收益。因此，设计科学合理的商业模式异常重要，如何尽可能在比较短的时间内回收投资的成本，同时能够实现长期的收益是养老地产商业模式设计的基本要求。保险公司可将养老地产与其长期寿险产品结合，在商业模式上进行创新，实现投资收益目标。

（3）营销优势：由于长期进行保险产品的营销，所以在养老地产的营销方面，保险公司的营销队伍将是天然的营销渠道，客户也是项目天然的市场资源。保险公司作为专业的风险管理机构，在项目的成本精算、风险控制方面也具备一定的优势。

（三）保险资金参与住房养老，提供社会保障新模式

我国老龄化现象加剧，养老保险亟待创新。随着人口出生率降低、医疗水平提高、社会福利增进和生活质量提高，我国人口寿命延长，社会老龄化问题日趋严峻。2011 年 4 月，国家统计局公布第六次人口普查数据，大陆 31 个省份和现役军人的人口中，0～14 岁人口占 16.60%；15～59 岁人口占 70.14%；60 岁及以上人口占 13.26%，比 2000 年人口普查时上升 2.93 个百分点，其中 65 岁及以上人口占 8.87%，比 2000 年人口普查时上升 1.91 个百分点（见图 10）。依据

联合国对人口老龄化的定义：65 岁老年人占总人口的 7% 以上。我国已迈入老龄化社会，预测从 2011 年到 2015 年，全国 60 岁以上老年人将由 1.78 亿人增加到 2.13 亿人，平均每年增加老年人 800 多万人；老年人口比重将由 13.26% 增加到 16%，平均每年递增 0.685 个百分点，养老问题日益凸显。

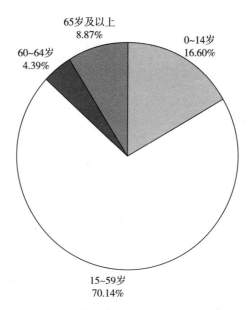

图 10　我国第六次人口普查人口年龄结构

资料来源：中国政府网站。

创新以房养老模式，有生命周期理论、两权分离理论、代际财富传递理论等理论的支持。生命周期理论认为个人在其生命周期内的消费－储蓄行为，可以划分为工作期的储蓄和退休期的反储蓄两大阶段，个人将自己一生的收入，在一生的消费生活中基于统筹安排和大致均衡的分配，求得个人效用的最大化。保险资金参与住房养老，将住房这一实物资产通过出售、出租、房屋转换抵押贷款等形式，转化为货币资产用作晚年的养老事宜。住房养老保险模式丰富并深化了生命周期理论。住房的所有权和使用权分离理论认为，住房的所有权和使用权是可以分离的，而住房养老保险本质上就是在保持使用权的基础上，投保人对房屋所有权的全部或部分让渡，相当于一种住房期货。代际财富传递理论认为，老年群体有向后代转移财富的动机，而房产是老年群体向后代转移财富

的主要载体之一。保险资金参与住房养老,形成创新性的以房养老模式,有利于树立各代人自求独立、自我养老的新理念,有利于老人的健康养老。

目前我国保险资金参与住房养老初具成效,主要有南京"以房养老"、上海"以房自助养老"、北京"养老房屋银行"和"倒按揭"等模式(见表2)。这些创新住房养老保险的推出,虽然受养儿防老、遗产继承等中国传统观念的束缚,也面临我国房价走势、房地产评估问题以及房地产业、保险业、政府部门等多个领域的复杂性的阻碍,但目前已初见成效。保险资金参与住房养老,既能增进老年投保人福利,提高老年人现期消费水平,又能减轻子女的养老负担。另外,以房养老保险能够激活房产市场,提高房产利用效率,还能拓宽保险机构业务范围,促进其可持续发展,并且有利于缓解政府的养老压力。

表2 我国住房养老保险试点情况

城市	开始时间	模式	主要内容
南京	2005 年 5 月	以房养老	拥有本市 60 平方米以上产权房,年届六旬以上的孤寡老人,自愿将其房屋抵押,经公证后入住老年公寓,终身免交一切费用,而房屋产权在老人去世后归养老院所有
上海	2007 年 10 月	以房自助养老	65 岁以上的老年人,可以将自己的房产与市公积金管理中心进行房屋产权交易,交易完成后,老人可一次性收取房款。房屋交由公积金管理中心再返租给老人,租金与市场价值等同,老人可按租期年限将租金一次性付予公积金管理中心,其他费用由公积金管理中心支付
北京	2007 年 10 月	养老房屋银行	60 岁以上的老年人可以向养老服务机构提出需求,并把产权交给房产公司免费代老人出租。租金用来抵免养老院的费用,剩余租金由老人自己处理,而老人始终拥有房屋的产权
北京	2007 年 10 月	倒按揭	62 岁以上的老人,将房产权抵押给保险公司,保险公司按月给老人支付养老金,直到老人去世,保险公司收回房屋,拥有房屋产权并对其进行销售、出租或代卖

资料来源:中国地方政府网站。

(四)保险资金参与城镇化,带来保险业发展新机遇

近年来,中国经济迅速发展。改革开放 30 多年来,我国的城镇化率由 1978 年的 17.9% 上升到 2012 年的 52.6%,城镇化水平快速提升,城镇数量大幅增

加，城镇设施和功能不断完善，城乡经济、社会结构也发生了巨大变化。随着农民的经济收入、生活水平逐渐提高，商业保险迎来了发展新机遇。国际经验表明，一国的保险发育程度与城镇化水平高度相关。就我国而言，一方面，新型城镇化将带来2亿~3亿农民进城，农民在成为市民的同时也成为保险业新的服务主体；另一方面，城镇化率的上升会促进居民财富的增长，提高保险保障的需求水平。有研究显示，城镇化率上升1%，保险密度会提高5%。目前，广东、山东、贵州、陕西、湖南、河北、江西等省提出了城镇化的中长期发展目标。如山东省提出城镇化率到2015年将达到56%以上，到2020年将达到63%以上。可以说，这些目标的实现过程，也是保险业大显身手的好机会。

保险资金参与城镇化具有明显优势。随着城镇化的发展，一些制约城镇化发展的深层次问题日益凸显，如城镇的综合承载能力不强、城乡二元结构差距拉大、社保体系碎片化、公共服务的城乡差异等。在这种背景下，国家对城镇化给予了新的定位，明确指出，新型城镇化是我国扩大内需的潜力之所在，是推进城乡一体化发展的根本途径，是推动经济结构战略调整的重要抓手。而要解决制约城镇化发展的深层次问题，不仅需要政府的行政手段，还需要通过机制和制度创新，借助社会资源，建立高效运行的市场化辅助机制。保险作为市场化的风险转移机制和社会互助机制，在统筹城乡发展、完善社保体系、提高保障水平、辅助社会管理等方面具有明显的优势，保险资金参与城镇化，可以对推进中国特色新型城镇化建设发挥独特作用。

保险资金参与城镇化，关键在于以人为本、创新机制。中国特色的新型城镇化有着鲜明的特征。从时间上看，将是一个长期渐进的过程；从形态和布局上看，未来将更加重视小城镇建设；从动力上看，将更加注重产业支撑；从内涵上看，将更加注重以人为本和通过改革推动城镇化全面协调可持续发展。因此，在进一步推进新型城镇化建设的进程中，如何在产品、服务乃至思维观念等方面进行创新，从而做到与新型城镇化的特征和规律紧密贴合，将是保险业要做的一篇大文章。总之，对保险业来说，要想在推进新型城镇化进程中有所作为，关键在于抓住机遇，把潜在的市场空间转换为实际的发展舞台。这就需要从战略角度出发，从顶层设计着手，按照新型城镇化的特征和规律，找准着力点和方向，认真总结经验教训，从而做到积小步为大步。

三 保险资产管理行业的市场化改革

（一）保险新政对保险资金运用的影响

保监会于 2013 年 9 月 30 日向各保险公司和保险资管公司下发了《关于加强和改进保险资金运用比例监管的通知（征求意见稿）》，旨在进一步推进保险资金运用市场化改革，不断扩大投资范围。与以往最大的不同就是这次征求意见稿的改革思路并不是简单地在原有的监管政策上进行增减，而是重新将保险投资资金划分为 5 大类，分别是流动性资产、固定收益类资产、权益类资产、不动产类资产和其他金融资产，然后再针对这 5 大类资产制定保险资金运用上限比例和集中度监管比例，不再对各大类资产包含的具体品种设限（见表 3）。

表 3 保监会对保险投资资金的新定义

资产类型	具体内容	比例上限
流动性资产	现金、活期存款、货币型基金、通知存款、剩余期限不超过 1 年的政府债券和准政府债券、逆回购协议等	无总量限制
固定收益类资产	普通定期存款、协议存款、具有银行保本承诺的结构性存款、剩余期限在 1 年以上的政府债券和准政府债券、金融企业（公司）债、非金融企业（公司）债、债券型基金等	
权益类资产	股票、股票型基金、混合型基金等上市权益类资产，以及未上市企业股权、股权投资基金等未上市权益类资产	不高于保险公司上季末总资产的 30%
不动产类资产	基础设施投资计划、不动产及不动产投资相关金融产品，以及房地产信托投资基金（REITs）等境外品种	不高于保险公司上季末总资产的 30%
其他金融资产	商业银行理财产品行业金融机构信贷资产支持证券、信托公司集合资金信托计划、证券公司专项资产管理计划、保险资产管理公司项目资产支持计划、没有银行保本承诺的结构性存款等	不高于保险公司上季末总资产的 20%

资料来源：中国保监会网站。

另外，偿付能力充足率低于120%的保险公司，投资上市权益类资产、非上市权益类资产的账面余额，分别不高于本公司上季末总资产的20%和10%。投资单一的固定收益类资产、权益类资产、不动产类资产、其他金融资产的账面余额不高于保险公司上季末总资产的5%，部分投资除外。其中，投资同一上市公司股票的账面余额，不高于该上市公司总股本的 10%；超过 10% 的，纳入股权投资管理，适用保险资金投资股权的规定。投资同一法人主体的余额不高于保险公司上季末总资产的 20%。

（二）13 项新政放宽投资范围和比例

从 2012 年 7 月起，保监会陆续出台了 13 个规范性文件，即"13 项新政"（见表4）。新政包括资产配置办法、委托投资办法、债券投资办法、股权及不动产投资调整通知、基础设施债权计划投资政策、境外投资细则、融资融券办法、衍生产品办法、创新产品办法以及托管办法等。

与原有规定相比，新政大幅放松对保险公司投资渠道的管制，使得保险资管公司更加市场化地参与到财富管理和资产管理的竞争中，增加了保险资管公司的收入来源（见表5）。首先，新政对已有的投资渠道减少审批和监管限制，更有利于保险公司参与到现有投资渠道，例如股权和不动产投资虽然已经获批，但限制非常多，保险公司参与非常少。其次，新政增加了保险公司的投资工具，使得保险公司在与其他金融机构竞争时不至于处于劣势地位。再次，新政增加了保险公司资管公司的收入来源，例如允许保险公司参与融资融券、保险资产管理产品的创新。保监会对保险投资资金的新旧规定对比见表5。

表4　2012 年以来出台的对保险资产投资新政（13 项新政）

时　　间	资金运用新政
2012 年 7 月	《保险资金投资债券暂行办法》
2012 年 7 月	《保险资产配置管理暂行办法》
2012 年 7 月	《关于保险资金投资股权和不动产有关问题通知》
2012 年 7 月	《保险资金委托投资管理暂行办法》
2012 年 10 月	《关于保险资产管理公司有关事项的通知》
2012 年 10 月	《保险资金投资有关金融产品的通知》
2012 年 10 月	《基础设施债权投资计划管理暂行规定》
2012 年 10 月	《保险资金境外投资管理暂行办法实施细则》
2012 年 10 月	《保险资金参与金融衍生产品交易暂行办法》
2012 年 10 月	《保险资金参与股指期货交易规定》
2013 年 2 月	《关于加强和改进保险机构投资管理能力建设的有关事项通知》
2013 年 2 月	《关于债权投资计划注册有关事项的通知》
2013 年 2 月	《关于保险资产管理公司开展资产管理产品业务试点有关问题的通知》

资料来源：中国保监会网站。

表5 保监会对保险投资资金的新旧规定对比

单位：%

投资资产类型	具体内容	旧规定	新规定
流动性资产	现金、银行活期存款、中央银行票据、货币型基金	不低于5%	维持旧政策不变
固定收益类资产	银行定期（协议）存款、国债、金融债券、企业（公司）债、短期融资券、中期票据、债券型基金、可转换债券	（1）无担保债的余额不超过20%	（1）无担保非债券的余额不超过50%（公开招标发行方式或者簿记建档发行方式）
		（2）有担保企业债券的比例自主确定	（2）有担保企业债券的比例可自主确定
权益类资产	股票	保险公司投资证券投资基金不超过15%，股票和股票型基金不超过20%，且投资证券投资基金和股票的余额合计不超过25%	维持旧政策不变
	股票型基金		
	混合型基金		
另类投资资产	基础设施债权投资计划和股权投资计划	（1）基础设施债权投资计划不超过10%	（1）投资理财产品、信贷资产支持证券、集合资金信托计划、专项资产管理计划和项目资产支持计划合计不高于30%
		（2）不动产不高于10%，投资不动产相关金融产品不高于3%；投资不动产及不动产相关金融产品合计不高于10%	（2）基础设施债权投资计划、非自用性不动产、不动产相关金融产品合计不高于20%，其中投资非自用性不动产的账面金额，不高于本公司上季末总资产的15%
	未上市企业股权	（3）投资未上市企业股权不高于5%	（3）投资未上市企业股权和相关金融产品合计不超过10%
		（4）股权投资基金等未上市企业股权相关金融产品不高于4%	（4）偿付能力充足率的基本要求调整为上季度末偿付能力充足率不低于120%
	不动产和不动产金融产品	（3）和（4）合计不超过5%	
衍生品	参与境内外远期、期货、期权、互换	保险公司不能进行衍生品交易	仅限于对冲风险，不用于投机
			持有的股指期货空头头寸不得超过其对冲标的权益类资产的账面价值；持有的买入股指期货合约价值与该账户权益类资产账面价值合计不超过该账户权益类资产的投资规模上限

资料来源：中国保监会网站。

整体来看，保险资金运用的市场化改革大幅度放松了对保险公司投资渠道的限制，使保险资管公司更好地参与财富管理和资产管理业务的竞争，增加了投资工具、增加了保险资管公司的收入来源。新政的实施进一步提高了保险资产管理行业整体的竞争力，放开了不必要的限制，对资产管理行业的长期发展和竞争力提升都有积极影响。

（三）未来能对保险资产管理行业产生正面影响的政策

我们将有利于保险资产管理的政策分为直接和间接两部分。直接的有下面几点。

（1）2013年2月份保监会发布的《关于保险资产管理公司开展资产管理产品业务试点有关问题的通知》，提出将支持保险资产管理公司开展资产管理产品业务试点，包括"向单一投资人发行的定向产品"和"向多个投资人发行的集合产品"。

（2）2013年证监会颁布的《资产管理机构开展公募证券投资基金管理业务暂行规定》，允许符合条件的证券公司、保险资产管理公司、私募证券基金管理机构三类机构直接开展公募基金管理业务。

根据这两份文件，保险资产管理公司从此可以名正言顺地发行私募和公募产品，正式进入大资产管理平台，与基金、券商等其他资产管理公司展开公平竞争了。

（3）2013年7月《关于金融支持经济结构调整和转型升级的指导意见》中第三条提到"逐步推进信贷资产证券化常规化发展"。这对于丰富保险投资产品、控制风险、提高收益有很大帮助。

（4）保监会在2013年9月29日保监会公布了《保险业八项举措支持上海自贸区建设》，其中涉及资产管理的主要有"支持保险公司在自贸区内设立分支机构，开展人民币跨境再保险业务"，以及"支持自贸区保险机构开展境外投资试点，积极研究在自贸区试点扩大保险机构境外投资范围和比例"。

（5）保监会在2013年9月30日向各保险公司和保险资管公司下发《关于加强和改进保险资金运用比例监管的通知（征求意见稿）》，旨在进一步推进保险资金运用市场化改革，不断拓宽投资范围。拟采用大类监管的方式。

间接方面则是对保险行业有正面影响的政策，保险行业快速发展，保险资产管理公司也会相应受益。

（1）保监会于 9 月 29 日公布的《保险业八项举措支持上海自贸区建设》，着力点在健康险、财险以及资金运用。

（2）国务院于 10 月 14 日印发了《国务院关于促进健康服务业发展的若干意见》，其中提到要"丰富健康保险产品，发展多样化健康保险服务"。这无疑为保险行业特别是健康险方面未来的发展提供了政策支持。

四 迎接大资管时代

（一）大资管时代加速到来，同业竞争越发激烈

近年来，随着国内机构与个人财富的迅速积累，中国的资产管理行业得以迅猛发展，急需更多元的资产管理渠道。在此背景下，自 2012 年 5 月以来，行业迎来了一轮监管放松、业务创新的浪潮。新一轮的监管放松，在扩大投资范围、降低投资门槛以及减少相关限制等方面，打破了证券公司、期货公司、公募基金管理公司、银行、保险公司、信托公司之间的竞争壁垒，使资产管理行业进入崭新的竞争、创新、混业经营的大资管时代。

从整体上看，资产管理行业发展迅猛，其中信托和券商资产管理产品飞速发展后增速逐步放缓，银行理财和保险资产稳步发展，公募基金规模保持稳定。行业间竞争更加激烈，产品种类、收益率等逐渐分化。

（1）银行理财保持稳步发展。2012 年以来，银行理财产品发行数量增长放缓，增长率保持稳定，平均每个季度保持 8% 的增长（见图 11）。2012 年银行理财产品发行规模达到 24.7 万亿元人民币，较 2011 年增长 45.44%。在证券公司、基金公司、保险公司以及期货公司资产管理业务继续放开的情况下，银行理财受到的冲击并不明显，但增长速度有所放缓。

（2）公募基金规模保持稳定，内部结构逐渐转变。2012 年以来，公募基金规模在缓慢上升之后保持波动，整体规模变化不大（见图 12）。截至 2013 年 9 月，公募基金规模较 2011 年增长 14.6%，达到 27391 亿元。从结构上来

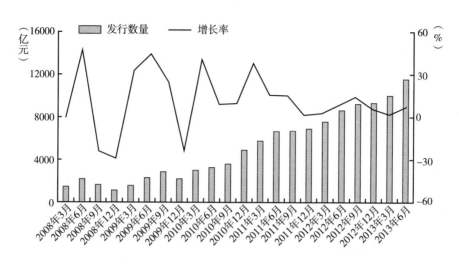

图11 2008～2013年我国银行理财产品发行数量

资料来源：中国银监会网站，Wind资讯。

看股票型基金和混合型基金占比逐渐下降，债券型基金和货币市场型基金占比快速上升，基金产品种类越发丰富，多样性和专业性逐渐提高。

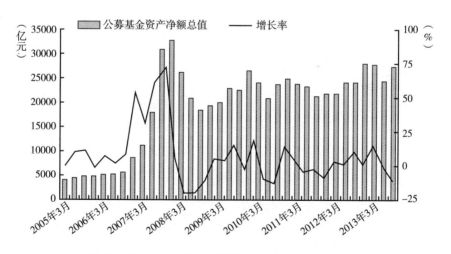

图12 2005～2013年我国公募基金资产净额变化数据

资料来源：中国证监会网站，Wind资讯。

（3）信托资产规模或超10万亿元，增长速度逐渐放缓。截至2013年二季度末，信托资产规模达到9.45万亿元，与2012年同期5.54万亿元的规模

相比，同比增长近 1 倍，但环比增速趋缓，信托产品发行数量达到 9865 只（见图13）。随着高收益基础资产的寻找日趋困难，集合信托收益率下降的趋势不可逆转。专业化程度高的信托公司会获取越来越多的机会和越来越大的市场份额，信托公司之间竞争加剧。

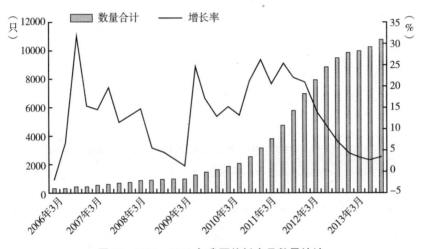

图 13　2005～2013 年我国信托产品数量统计

资料来源：中国证监会网站，Wind 资讯。

（4）券商资管新产品发行数量、发行份额在飞速增长后回落。截至 2013年三季度券商资产管理在存续期总额合计 4885.06 亿元，尽管与公募基金、银行理财、保险资产管理等相比市场份额仍然较小，但发展十分迅速，尤其是从2012 年二季度起，发行数量和发行规模均有爆炸式的增长，单季度发行数量和发行份额在 2013 年二季度均创历史新高。但在"钱荒"冲击过后，短期市场利率飞跃走高，资金面的瞬间紧张也导致资管产品发行量急速萎缩。不过从长期来看，作为证券公司利润新增长点的券商资管产品仍有巨大发展潜力。

总体来看，随着我国人均收入和个人金融资产的快速增加，资产管理行业迅速扩张，为满足市场的不同需求，金融产品不断推陈出新，除了传统的银行存款、证券投资基金、保险产品以外，银行理财产品、信托产品、私募投资基金等不断涌现，产品规模快速增长，对传统金融产品，特别是保险产品造成较大冲击。

（二）新基金法实施，资管行业市场化加速

2013 年 6 月 1 日，《证券投资基金法》（以下简称新基金法）正式实施。新基金法放开了对保险系资产管理公司、证券公司、私募证券基金管理机构 3 类机构从事公募基金管理业务的政策限制。和新基金法配套并同时实施的《证券投资基金销售管理办法》中将基金销售渠道拓展到"商业银行、证券公司、期货公司、保险机构、证券投资咨询机构、独立基金销售机构以及中国证监会认定的其他机构"，这也增加了保险机构的赢利机会。

具体来看，对保险资产管理公司，新基金法的实施既是机会又是挑战。一方面，保险资产管理风险控制能力突出，而且长期以绝对收益为收益目标，在资本市场上比其他类型的机构更具竞争力和稳定性；保险资产管理团队积累了大量的高净值客户，资产规模比传统的公募基金公司更大，更具备对大规模资产的保值增值能力；保险资产在低风险领域、养老理财等产品方面更有竞争力，更适应我国步入老龄化社会的时代背景。另一方面，长期以来保险资产管理公司作为内部资产管理者，缺少对外部资产进行管理的经验，在运营机制、内部控制、人员储备、风险控制等方面市场化程度不高。

（三）保险资产管理的市场前景

随着大资管时代的到来，在目前的竞争环境下，保险资产管理公司的市场前景如何？我们认为机遇与挑战并存，但总体趋好。我们将以 SWOT 为框架进行全面分析。

（1）保险资产管理主要有规模大、分量重、成长性高以及资金特点显著带来的差异化竞争优势等优势

第一，保险管理资产规模大，在资产管理行业中占据重要地位。目前，我国已经形成了各种金融机构共同竞争的资产管理市场。各金融机构资产管理规模增长迅猛。截至 2013 年 9 月，基金、银行、信托、保险和证券机构管理的资产规模分别为 2.53 万亿元、9.85 万亿元、9.45 万亿元、7.22 万亿元和 3649 亿元（见表6）。其中保险资产管理公司管理的资产规模十分庞大，约占总资产管理规模的 25%。

表6 各类资产管理概况比较

产品类型	收益率	规模(截至2013年9月)	客户群
信托类资产管理	5%~12%	9.45万亿元	中高端客户、机构客户
银行理财产品	3%~5%	9.85万亿元	银行、企业、个人客户
基金类资产管理	与股指相关	2.53万亿元	机构客户、个人客户
保险资产管理	稳定于5%~8%	7.22万亿元	机构、企业、个人
证券资产管理	与股指相关	3649亿元	机构、企业、高端个人客户

资料来源:中国保监会网站,中国证监会网站,中国银监会网站。

第二,保险资产管理行业成长性高。目前我国保险资产管理公司的资金主要来自集团内部保险资产,以及受托管理的中小保险企业的投资资产,第三方受托管理资金所占比重较小。保费收入是保险资金的主要来源。我国保费规模处于快速上升阶段(见图14),截至2013年9月,全行业已实现保费收入13432.61亿元,同比增长11.23%。另外,保险行业目前的赔付支出不高,截至2013年9月,累计赔付4508.77亿元,同比增长32.89%,但占总保费的比例依旧不到34%,这就导致保费收入形成浮存金不断在保险公司沉积,保险资产处于"滚雪球"阶段。所以说,整个保险行业处于一个高速发展、不断积累的阶段。相应的,保险资产管理公司也处于一个不断成长的阶段。

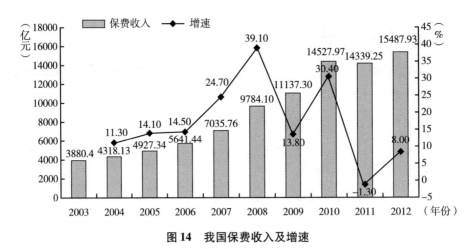

图14 我国保费收入及增速

资料来源:中国保监会、保险协会网站,《中国保险年鉴》。

另外,随着监管政策放开,特别是2013年保监会发布《关于保险资产管理公司开展资产管理产品业务试点有关问题的通知》,以及证监会颁布《资产管理机构开展公募证券投资基金管理业务暂行规定》，保险资产管理公司从此可以发行私募产品和公募产品，正式进入大资产管理平台，与基金、券商等其他资产管理公司展开公平竞争。而由此引发的改变将是保险资产管理公司从被动管理保险资金转向主动开展第三方管理资产业务，这将为保险资产管理公司的资产积累和成长提供极大的动力。

第三，配合保险资金特性，形成差异化竞争优势。目前我国的保险行业还处于高速发展阶段，保费收入大于赔付支出，资金不断流入，规模处于"滚雪球"阶段，资金积累会越来越多。同时保险资产管理公司的大部分受托资产来自寿险资金，寿险资金的主要特性是长期性、流动性和利率敏感性。这些特性使得保险资产管理公司在多年的管理保险资金的实践中形成了自己的优势，特别是在根据负债特征进行组合投资、风险管控和固定收益投资等方面积累了一定的成功经验。

（2）保险资产管理主要有保险资金委托管理市场化程度较低、受过去"封闭"发展模式制约等劣势

一方面，保险资金委托管理市场化程度较低。保险资产管理公司大多由保险集团投资设立，与保险集团天然的"血缘关系"使得保险资产管理公司直接承揽了集团的资产管理业务。过去监管部门对保险资金采取了较为严格的准入政策，不允许保险公司将资金委托给保险业以外的第三方资产管理机构运作。保险资产管理公司的"垄断"经营使之缺乏市场竞争压力与动力，同时也很难在内部建立市场化的人才队伍与分配机制。

另一方面，过去长期的"封闭"发展模式对保险资产管理公司发展形成了一定制约。21世纪以来，中国金融市场发展突飞猛进，市场主体、产品种类迅速增加，金融创新层出不穷。而与此相对照的是，保险业在各投资领域开放的步伐相对滞后，股指期货等风险管理工具也放开较晚。投资渠道狭窄、可运用的风险管理工具有限使得保险业过去几年的投资收益面临很大的压力。

（3）保险资产管理面临资产管理行业不断发展和市场规模不断增长的外部机遇

保险资产管理目前面临的外部机遇主要是两个方面，一是资产管理行业不断发展，二是市场规模不断增长。

过去的十几年里，成熟市场中资产管理业务的规模在原有基础上取得了长足的发展。资产管理机构所持有的金融资产占 GDP 的比重得到了很大的提高。而目前我国的资产管理规模虽然也在蓬勃发展，占 GDP 的比重不断上升，但是与成熟市场相比较，还是有不小的差距，可以说，我国资产管理行业的发展潜力巨大。

行业监管不断放松，将促进中国保险资产管理的发展。无论是 2012 年保监会推出的 13 条投资新政，还是 2013 年下发的征求意见稿，都极大地放宽了保险投资的限制。2013 年 2 月份推出的《关于保险资产管理公司开展资产管理产品业务试点有关问题的通知》，提出支持保险资产管理公司开展资产管理产品业务试点，这将直接促进保险资产管理的发展。

从表 7 可以看出，目前信托资产管理规模大幅上升的一个原因就是它可以横跨资本市场、货币市场和产业市场的广泛投资领域。保险资产管理公司之前在投资渠道和比例方面都受到较严格的限制，而随着保险投资新政的不断推出和落实，投资领域的拓宽无疑会为保险资产管理公司带来更多的机会。

表7　各类资产管理业务的产品线分布对比

类别	信托	银行理财	券商资产管理	基金	保险资产管理公司
证券投资类	√	部分业务	√	√	比例受限
固定收益类	√	√	√		√
货币市场类	√	√	部分业务	√	有最低比例
房地产类	√	√	部分业务	×	比例受限
私募股权	√	部分业务	部分业务	×	比例受限
贷款租赁类	√	√	部分业务	×	比例受限
境外理财类	√	√	部分业务	√	比例受限

资料来源：中国保监会网站、中国证监会网站、中国银监会网站。

（四）保险资产管理的运作方式、建议

保险资产管理的运作方式一般有两种，一种是保险公司本身不参与资金运作，而是将资金委托给第三方进行投资；另一种是保险公司自建部门或者建立专门的资产管理公司来管理自己的资金。目前，有实力的保险公司都倾向于自

建专门的资产管理公司，独立运作，走专业化资产管理路线。

随着大资管时代的到来，各家保险资产管理公司也开始在第三方资产管理业务领域发力，希望借此完成自己从被动托管保险资金到主动开展第三方资产管理业务的专业资产管理公司的转型。如今已有人保资产、泰康资产、太平资产3家公司提出了发行5只股票型、债券型、基金型产品的申请，有14家公司作为中国证券业基金协会的会员，拿到了进入公募基金领域的资格证书，正在通过机构设置和战略方向的重新规划积极筹备开展公募基金业务。近期，首家保险系基金国寿安保也已经挂牌。

对于保险资产管理公司未来的发展，结合其现状，我们认为目前应以原先母公司或业内委托的保险资金为中心，同时兼顾第三方资产管理，而不是本末倒置，舍本逐末，盲目加码第三方资产管理。

（1）市场竞争激烈，要想有所发展和突破就必须有自身的核心竞争力。保险资产管理公司经过多年管理保险资金的实践，在依据负债特征进行组合投资、风险管控和固定收益投资等方面积累了一定的经验，形成了自身所特有的优势，这种优势在保险资金管理中得到了淋漓尽致的体现和发挥。

（2）拓展第三方资产管理业务是保险资产管理公司增加资产规模和利润的新来源，同时保险资产管理公司的先资管理费无论是从数量、时效还是开发成本方面来看，都是其他新来源所无法比拟的，保险资产管理公司不应舍近求远。

（3）保险资产管理公司起步较晚，基础薄弱，人才储备不足，制度和机制不够完善，投资管理水平较低，大部分公司并不具备第三方资产管理的能力和客观条件。当务之急应先提升自身的业务水平，再逐步发展第三方资产管理业务。

企 业 篇

Reports on Enterprises

B.6

保险公司竞争力"三段式"
评价分析模型

冯占军　李秀芳*

摘　要：

> 竞争力评价分析包括竞争力绩效、竞争力状况和竞争力成因三
> 大模块。其中，绩效反映竞争力的结果，状况代表竞争力本身，
> 成因说明竞争力形成的原因。各个模块可进一步分解为评价要
> 素和指标。根据这些要素和指标，可以对企业竞争力进行"三
> 位一体"的全景式评价分析。

关键词：

> 三段式　竞争力绩效　竞争力状况　竞争力成因　评价指标

---

* 冯占军，经济学博士后，中国人寿保险股份有限公司战略与市场部副研究员；李秀芳，中国精
算师协会常务理事，中国保险学会理事，南开大学经济学院教授、博士生导师，南开大学风险
管理与精算研究中心主任、经济实验教学中心（国家级）主任。

迄今为止，关于企业竞争力评价分析的方法已有不少。由于评价者的知识结构、所形成的理论框架以及开展评价的目的等往往不尽相同，评价分析的思路、方法和指标体系也因此有所差异。本报告着眼于全景式评价分析目标，采用保险企业竞争力"三段式"评价分析模型，对保险公司的竞争力进行评价分析。

一 保险公司竞争力"三段式"评价分析的主要思路

综观现有企业竞争力评价的基本思路，大体可归结为两类：一类是"一步式"，即设计一个包含多层级、多因素的评价指标体系，然后计算得出一个综合得分并依此进行评价分析；另一类是"两分法"，即将评价指标分为结果性指标和成因性指标，然后分别建立指标体系进行评价分析。从竞争力的逻辑看，从"一步式"到"两分法"是一种进步。然而，我们认为，企业竞争力实质包括绩效、状况及成因三个方面，开展企业竞争力评价分析，应从这三个方面分别予以评价分析，并通过因果关系寻找它们之间的内在关联。根据这一判断，我们在"两分法"的基础上设计出一种保险企业竞争力"三段式"评价分析模型（见图1）。

在"三段式"模型中，竞争力评价分析"三位一体"，包含了竞争力绩效、竞争力状况和竞争力成因三大模块。其中，竞争力绩效反映了竞争力的结果，竞争力状况代表了竞争力本身，竞争力成因说明了竞争力形成的原因。在三大模块中，每个模块都包括一些评价要素，每个评价要素又都体现为若干评价指标，根据这些要素和指标，可以有针对性地对企业竞争力进行评价分析。为了进行更深入的评价分析，还可以开展以下工作：在分析竞争力成因的基础上，对企业的战略性资源与核心能力进行识别和评价；在评价分析竞争力状况的基础上，对企业的核心竞争力进行识别和评价；在评价竞争力绩效的基础上，对各家企业的竞争力进行综合排名或单项排名[1]。

---

[1] 冯占军、李秀芳：《中国保险企业竞争力研究》，中国财政经济出版社，2012，第133~135页。此处对各模块内容略有调整。

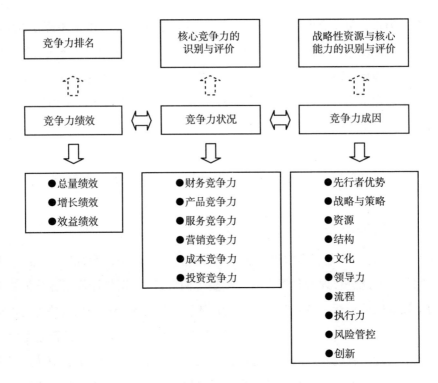

图1 保险企业竞争力"三段式"评价分析模型

二 保险公司竞争力评价分析的指标体系

根据企业竞争力的实质内涵，针对竞争力绩效、竞争力状况、竞争力成因三大模块，我们分别拟订了相应的评价分析指标。在具体评价分析时，遵循"少而精"的原则，仅选用其中的关键性指标，指标数据及评价分析所采用的依据则全部来自公开出版、发表或披露的文献。

（一）竞争力绩效评价分析的主要指标

通常，保险公司参与竞争的主要目的是获得更高的收入和盈利。据此，本书以营业收入和净利润为基础，从总量、增长和效益三个方面对绩效指标进行设计。

1. 总量绩效指标

（1）营业收入

营业收入是指保险公司在开展保险业务、运用保险资金及提供管理和代理服务等日常活动中形成的经济利益的总流入，具体包括销售保险产品取得的保费收入和分保费收入、运用保险资金取得的利息收入和投资收益、提供管理和代理等相关服务取得的管理费或劳务收入等。

（2）净利润

净利润是指保险公司获得的总利润扣除所得税后所得到的金额。保险公司利润的实现具有滞后性，责任准备金提取在利润的度量中起着举足轻重的作用，年度保险业务利润的度量因此也包含了较多的精算成分。

2. 增长绩效指标

（1）营业收入增长率

营业收入增长率反映保险公司本年度的营业收入相对上年度的增长情况。

营业收入增长率 =（本年度营业收入 − 上年度营业收入）÷ 上年度营业收入 × 100%

（2）净利润增长率

净利润增长率反映保险公司本年度的净利润相对上年度的增长情况。

净利润增长率 =（本年度净利润 − 上年度净利润）÷ 上年度净利润 × 100%

由于我国大多数保险公司成立的时间不长，因而迄今不少公司仍未摆脱亏损状态。通常，在统计分析时，当时间序列中的观测值出现零或负数时，是不宜计算增长率的，因为对这一序列计算增长率，要么不符合数学公理，要么无法解释其实际含义，故应主要采用绝对数进行分析。然而，考虑到分析净利润增长率的必要性，本书仍对其进行了计算。为了使计算结果具有更合理的含义，在计算时对公式进行了修正，即当上年度净利润为负值时，分母中的指标数据取其绝对值。在这种情况下，"净利润增长率"的含义已发生变化，不再单单指"净利润增长率"，而是包含了"亏损额下降速度"的成分。

3. 效益绩效指标

（1）利润率

利润率反映保险公司每单位营业收入所能产生的净利润。

$$利润率 = 净利润 \div 营业收入 \times 100\%$$

营业收入不仅包括已赚保费，而且包括投资收益、公允价值变动收益、汇兑收益、其他业务收入，因此，该指标体现的是保险公司用获得的全部收入创造利润的能力和水平。

（2）资产利润率

资产利润率也称总资产收益率，反映保险公司运用全部资产创造利润的能力。

$$资产利润率 = 净利润 \div 平均资产总额 \times 100\%$$

式中，平均资产总额是指年初资产总额与年末资产总额的平均值。

保险公司的资产是通过投资者投入和举债形成的，净利润的多少与公司资产的规模、结构及运营状况关系密切。

（二）竞争力状况评价分析的主要指标

竞争力绩效是竞争力发挥作用的结果。在略去外部环境因素和孤立性事件等随机因素的情况下，竞争力绩效主要取决于企业的竞争力状况。各种竞争力的评价指标如下。

1. 财务竞争力

财务竞争力是指保险公司在财务方面的相对实力，具体包括资产规模、资产质量和偿付能力等。本书评价财务竞争力，只包含资产规模和偿付能力两个方面。

（1）资产规模

资产是保险公司从事经营活动的物质基础，衡量指标主要是总资产和净资产。由于资产在竞争力中的基础属性，利用其衡量保险公司在某年度的财务竞争力，应采用年初或全年平均的资产规模。本书的评价分析采用年初的数据。

（2）偿付能力

偿付能力反映了保险公司的财务基础和应对风险的能力，衡量指标主要是偿付能力充足率。

$$偿付能力充足率 = 实际资本 \div 最低资本 \times 100\%$$

式中，实际资本是指认可资产与认可负债的差额；最低资本是指保险公司为应对资产风险、承保风险等对偿付能力的不利影响，依据保监会的规定而应具有的资本数额。

与资产规模相同，评价年度保险公司的偿付能力，应采用年初或全年平均的数据，而不应是年末的数据。本书在评价分析时，采用年初的数据。

2. 产品竞争力

产品竞争力体现了保险公司在产品上为客户提供差别价值的相对水平。保险产品是具有特定功能和价值的金融类产品。这些产品虽然是无形的，但却凝聚了客户特定的价值期望和需求。评价产品竞争力的指标主要是产品吸引力和产品结构。其中，衡量产品吸引力的指标有保障程度、收益水平、费率高低等；衡量产品结构的指标有前5位产品的保费收入占比、前5位产品的集中度等。鉴于衡量产品吸引力十分具体、繁杂，故本书只对产品结构进行分析。

3. 服务竞争力

服务竞争力体现了保险公司在服务上为客户提供差别价值的相对水平。保险业属于现代服务业，保险公司提供服务的水平如何，直接影响着公司的整体竞争力。评价服务竞争力的主要指标是客户满意度。由于客户满意度往往同时涵盖客户对产品等方面的评价，因此也可看作衡量一家公司产品和服务竞争力的综合性指标。由于目前尚缺权威的关于保险公司客户满意度指标的调查统计数据[①]，故暂用保监会公布的"亿元保费信访数量"等指标来替代。

4. 营销竞争力

营销竞争力是指企业在市场营销方面的相对水平，评价指标包括品牌价值、渠道结构、分销网络、人均产能等。其中，渠道结构是指保险公司产品销售渠道的构成及保费收入占比，分销网络包括公司各级分支机构的数量、覆盖的区域范围、销售人员数量等，人均产能是指销售人员人均新单保费和人均出单件数。考虑到数据的可获得性，本书仅对品牌价值和分销网络两个指标进行简要分析。

5. 成本竞争力

成本竞争力是指保险公司在成本控制方面的相对水平，主要评价指标包括

---

① 2013年9月2日中国保监会下发了《人身保险公司服务评价管理办法》，决定构建人身险行业客户满意度指数（ICSI），作为衡量客户服务质量的关键指标。

综合赔付率（财产险公司）、综合费用率、退保率（人身险公司）等。

（1）综合赔付率（财产险公司）

综合赔付率反映财产险公司的综合赔付状况。

$$综合赔付率 = （赔付支出 - 摊回赔付支出 + 提取未决赔款准备金$$
$$- 摊回未决赔款准备金）÷ 已赚保费 × 100\%$$

（2）综合费用率

综合费用率反映财产险和人身险公司的综合费用支出状况。

$$综合费用率 = （业务及管理费用 + 手续费和佣金支出 + 营业税金及附加$$
$$+ 分保费用 - 摊回分保费用）÷ 已赚保费 × 100\%$$

（3）退保率（人身险公司）

退保率反映人身险公司寿险业务和长期健康险业务的退保状况。

$$退保率 = 退保金 ÷ [（年初寿险、长期健康险责任准备金余额$$
$$+ 年末寿险、长期健康险责任准备金余额）/2] × 100\%$$

6. 投资竞争力

投资竞争力反映保险公司通过保险资金运用获取收益的相对水平，评价分析的主要指标是投资收益率。

$$投资收益率 = （投资收益 + 公允价值变动收益 - 投资类资产的资产减值损失）$$
$$÷ [（年初投资类资产 + 年末投资类资产）/2] × 100\%①$$

式中，投资类资产 = 交易性金融资产 + 衍生金融资产 + 买入返售金融资产 + 定期存款 + 可供出售金融资产 + 持有至到期投资 + 长期股权投资 + 投资性房地产 + 拆出资金 + 贷款。

---

① 中国保监会发布的行业标准《保险公司统计分析指标体系规范》（JR/T 0047 - 2009）在"资金运用类指标"中将收益率指标分为财务收益率和综合收益率。其中，前者是指投资类资产在报告期内产生的财务口径收益与投资类资产平均资金占用的比率，后者是指投资类资产在报告期内产生的总收益与投资类资产平均资金占用的比率。两者的区别只有一点，即在计算式的分子中，"综合收益率"多加了一个"可供出售类金融资产的公允价值变动额"。由于难以获得相关数据，因此本书的"投资收益率"采用的是"财务收益率"的计算方法。此外，由于同样的原因，在计算时，用总的"资产减值损失"替代"投资类资产的资产减值损失"（差异一般很小）。

（三）竞争力成因评价分析的主要指标

竞争力成因模块旨在揭示企业竞争力强弱的原因，虽然分析时也会运用一些定量数据，但主要是进行定性分析，事前没有指定的定量指标，所用定量数据大多是根据分析的需要选择使用。

1. 先行者优势

先行者优势，也即先发优势，是指企业由于较早进入一个市场而获得的对实际和潜在对手的竞争优势。先行者优势通常源于三个方面：一是技术上的领先，二是抢先获取战略有价资产，三是创造顾客转换成本。由于这三个方面的原因，先行者优势成了较早进入市场的企业拥有某些竞争优势的重要原因。

2. 战略与策略

战略是对企业发展的长期性和全局性的谋划，包括确定企业的宗旨和目标，并拟定行动方案、分配资源以实现确定的目标。策略是指企业为达到某种目的或获取某种竞争优势而拟定的方式、方法。战略和策略是竞争的先导，企业竞争力培育的方向和效果很大程度上受制于战略和策略。战略和策略既是公司高瞻远瞩、长远谋划的结果，也是企业随环境变化而实施权变的产物。

3. 资源

资源有广义和狭义之分。从广义上讲，可以作为企业选择和实施其战略的基础的东西都可称为资源；从狭义角度看，则主要指静止的资产、项目、属性和存在。战略性资源是竞争力的主要来源。衡量一项资源是不是战略性资源的标准有4个，即价值性、稀缺性、难以模仿性和不可替代性。企业资源有多种，如资本资源、人力资源、知识资源、技术资源、信息资源、社会资源等，其中人力资源、知识资源最容易成为战略性资源。

4. 结构

结构包括治理结构和组织结构。治理结构是关于股东会、董事会、监事会及经理层之间的责任、权利及利益关系的一系列制度安排，决定了企业决策与执行的组织分工模式，是公司规范运作的基本保证；组织结构是一个组织内的正式工作安排，其中既包括组织架构这一"体制"性概念，也包括集权与分权、沟通与控制、激励与约束等"机制"性内容，决定企业内部的分工协作

关系，是公司高效运作的核心支撑。

5. 文化

文化是指企业在经营和发展过程中逐步形成的，为全体员工所认同并遵守的、带有本组织特点的使命、愿景、宗旨、精神、价值观和经营理念，以及这些理念在生产经营实践、管理制度、员工行为方式及企业对外形象等方面的体现的总和。文化是企业的"灵魂"，具有重要的导向、规范、凝聚、激励和约束功能，决定了员工的精神状态和行为方式，是企业竞争制胜的重要法宝。

6. 领导力

领导力是指给组织带来愿景并带领组织实现愿景的能力。它要求为了集体的需要形成共同目标，做出承诺，并带领大家团结合作，共同完成目标。在实际工作中，领导力有不同的表现形式，这取决于组织所采用的领导力模型和追随的领导力流派。但是，无论哪种领导力定义，都包括以下3个要素：领导力本质上是影响他人的一种社会过程、领导者的性格决定其领导风格、情境是领导力发挥作用的前提。

7. 流程

流程是指在特定组织架构下完成一项任务、一件事情或一项活动的全过程。这一过程由一系列工作环节或步骤所组成，相互之间有一定的秩序和指向。流程体现了企业能力产生的基本过程，也体现了企业经营行为实现的基本过程，它与体制、机制一起共同构成了企业经营管理的"硬件"，很大程度上决定了企业的工作方式和效率。

8. 执行力

执行力是指保质保量完成任务、实现目标的能力。执行是实现企业愿景、战略的终极行动，是目标与结果之间的桥梁。如果不能得到有效执行和落实，企业的愿景、战略都只能流于空谈。然而，执行并非简单地照章行事，它是一套系统化的实践行为，包括对形势、环境的跟踪和研判，对目标、方法的讨论和质疑，对资源、能力的动态评估，对任务、责任的具体落实，对过程、行为的严格控制等。因此，只有具备了足够的知识含量，执行力才会成为竞争力的现实保障。

9. 风险管控

风险管控是指保险公司对各种风险进行识别、评估和控制的能力。保险公司面临的风险主要包括保险风险、市场风险、信用风险和操作风险等，这些风险直接影响着企业的成本和费用，影响着企业的生死存亡。加强风险管控体系建设，提高风险管控能力，是企业维护自身竞争力的一项基础性工作。

10. 创新

创新是将创意应用于实践的过程。在实际经营中，企业应用创新的知识和新技术、新工艺，采用新的生产方式和经营管理模式，提高产品质量，开发生产新的产品，提供新的服务，占据市场并实现价值。在知识经济时代，创新已成为企业在竞争性市场上永葆生机的终极源泉，它往往能使企业找到获取新的竞争优势的突破点，并可使这种竞争优势长期难以被其他企业所赶超。

三　竞争力评价分析的数据处理方法

本报告与现有的许多竞争力文献不同，在我们看来，结果是最好的说明，竞争力绩效全面反映了保险公司当期或即期竞争力（并非持续竞争力）的现实水平，因而，对企业的年度竞争力进行评分排序，无需对竞争力状况指标进行复杂的设计和计算，而仅运用竞争力绩效指标进行评分、排序即可。由于评价竞争力绩效的因素和指标很少，因此，本报告在对保险公司竞争力进行评分排序时，直接采用中国社科院金碚研究员及其团队在《中国企业竞争力报告（2003）》中所使用的数据处理方法。主要步骤如下①。

首先，将被评价企业的每一个指标进行标准化处理。指标的原始数据经过标准化处理后称为指标标准值。各指标标准值与指标权重相乘后直接相加，得出因素或子因素的标准值。因素的标准值与因素的权重相乘后直接相加得到竞争力标准值。这样，就可以直接依据各因素、子因素及指标的标准值对企业进行排序。具体方式如下。

---

① 金碚：《中国企业竞争力报告（2003）》，社会科学文献出版社，2003，第34~36页。

（1）计算某一行业（假设为 A 行业）的监测企业数（设 A 行业共有 N 个企业）

（2）计算 A 行业所有监测企业某一指标（以净利润为例）的平均值，设为：

$$\bar{Q} = \frac{\sum_{i=1}^{N} Q_i}{N};$$

（3）计算 A 行业所有监测企业净利润的标准差：

$$S = \sqrt{\frac{\sum_{i=1}^{N} (Q_i - \bar{Q})^2}{N}};$$

（4）计算 A 行业某一监测企业（假设为企业 X）净利润的标准值：

$$D_i = \frac{Q_i - \bar{Q}}{S};$$

（5）重复（2）至（4）步计算 A 行业所有监测企业净利润的标准值；

（6）重复（2）至（5）步计算 A 行业所有监测企业其他指标的标准值；

（7）将企业各指标的标准值乘以该指标的权重后相加，得到每个企业的竞争力基数数据的标准值；

（8）按上述（2）至（7）的方法计算其他子因素或因素的标准值；

（9）将各因素的标准值乘以其权重后相加，得到每个企业竞争力的标准值。

从上述计算步骤可以发现，由于任何指标的标准差永远大于零（不考虑等于零的极端情况），企业的某一指标（如净利润）大于行业的平均值，则该企业净利润的标准值大于零；净利润小于行业的平均值，则该企业净利润的标准值小于零，进而某一企业的竞争力的基数数据得分可能为正也可能为负（也有可能为零，但概率较小）。同样，企业的竞争力标准值得分可能为正也可能为负。企业的竞争力标准值大于零，表明该企业在该行业中的竞争力处于较高水平，数值越大，相对竞争优势越明显；企业的竞争力标准值小于零，表明该企业在该行业中的竞争力处于较低水平，数值越小，相对竞争劣势越明显。

为了便于理解，可以对竞争力指数进行技术处理，使之分布于一定的数字区间之内。在此设定的企业竞争力指数的区间为 0～1000，计算方法如下。

假设竞争力标准值为 X_1，X_2，X_3，…，X_i，其中最大值为 Max，最小值为 Min；变换后对应的竞争力指数为 Y_1，Y_2，Y_3，…，Y_i，则有：

$$Y_1 = \frac{X_1 - Min}{Max - Min} \times 1000$$

$$Y_2 = \frac{X_2 - Min}{Max - Min} \times 1000$$

$$Y_i = \frac{X_i - Min}{Max - Min} \times 1000$$

上述数据处理步骤可以用流程图表示（见图 2）。

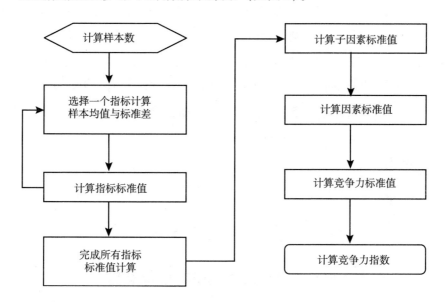

图 2 数据处理流程

在利用上述方法对保险公司的竞争力数据进行处理的过程中，无论是计算单项竞争力绩效，还是计算竞争力综合绩效，都会遇到指标权重的问题。为简明起见，本报告对权重设置采用等权处理的方法，即对每项指标都赋予相同的权重。如此设计，不仅平衡了各项指标的重要性，还可使各项指标的变化对综合后的数据造成的影响变得同样明显和易于观察。

B.7

2012~2013年财产险公司
竞争力评价分析

冯占军　李秀芳*

摘　要：

2012~2013年，财产险公司数量持续增加，产品竞争、服务竞争、营销竞争更显激烈。在参与评价的15家财产险公司中，2012年综合竞争力绩效居前3位的是人保财险、安邦财险和天安2013年居前3位的是安邦财险、人保财险和平安产险。在竞争力成长过程中，不同公司的做法不尽相同，中华财险和安邦财险持续增资，人保财险注重组织健康，国寿财险坚持差异化竞争，平安财险则大力推进创新。

关键词：

财产险公司　竞争动向　竞争力绩效　竞争力　竞争力成因

一　财产险市场竞争的总体态势

（一）市场份额的基本格局

2012~2013年，财产险公司数量持续增加。根据中国保监会发布的2012年财产保险公司原保险保费收入情况表，2012年列入统计的财产险公司共计

---

* 冯占军，经济学博士后，中国人寿保险股份有限公司战略与市场部副研究员；李秀芳，中国精算师协会常务理事，中国保险学会理事，南开大学经济学院教授、博士生导师，南开大学风险管理与精算研究中心主任、经济实验教学中心（国家级）主任。

62 家，比上年度多出 3 家，分别是诚泰财险、鑫安车险和华信财产。在 62 家财产险公司中，从资本结构看，有中资公司 41 家、外资公司 21 家；从经营范围看，有综合性公司 54 家、专业性公司 7 家（含农业险公司 4 家、汽车险公司 2 家、责任险公司 1 家）、政策性公司 1 家。2013 年，列入原保险保费收入情况表的财产险公司共计 64 家，比上年度增加 2 家，即北部湾保险和众安保险。其中，众安保险是国内首家互联网保险公司。另外，因成立不久的华信财险于 2013 年 9 月更名为富德产险，故保监会在 2013 年保费收入情况表中用"富德财产"替换了"华信财产"。

2012 年，我国财产险公司原保险保费收入共计 5530.10 亿元，同比增长 15.67%，增幅已连续两年下降（见图 1）。在 62 家财产险公司中，前 3 家公司的市场份额（CR3）为 65.35%，同比下降 1.26 个百分点。其中，人保财险为 34.90%，同比下降 1.38 个百分点；平安产险为 17.86%，同比上升 0.42 个百分点；太保产险为 12.58%，同比下降 0.31 个百分点。前 5 家公司的市场份额（CR5）为 74.04%，同比下降 0.38 个百分点。其中，中华财险、国寿财险的市场份额分别为 4.44%、4.26%，同比上升 0.06 个和 0.83 个百分点。前 10 家公司的市场份额（CR10）为 85.39%，同比下降 0.49 个百分点。其中，大地、阳光财险、天安分别为 3.24%、2.65% 和 1.47%，同比下降 0.16 个、0.14 个和 0.17 个百分点；出口信用、太平保险分别为 2.58%、1.40%，同

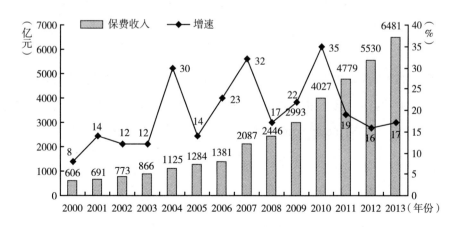

图 1　2000～2013 年财产险公司的保费收入和增速

比上升 0.44 个和 0.19 个百分点。前 15 家公司的市场份额（CR15）为 90.89%，同比减少 0.59 个百分点。其中，安邦财险、永安、永诚分别为 1.28%、1.27% 和 1.00%，同比下降 0.22 个、0.08 个和 0.1 个百分点；华安、华泰财险分别为 1.04% 和 1.01%，同比上升 0.02 个和 0.01 个百分点（见图 2）。

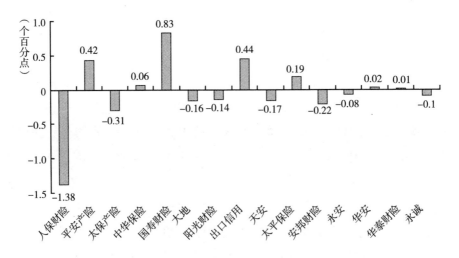

图 2　2012 年保费收入前 15 家财产险公司市场份额增幅

2013 年，财产险公司原保险保费收入共计 6481.16 亿元，同比增长 17.2%，增幅出现小幅回升。在 64 家财产险公司中，前 3 家、前 10 家、前 15 家公司的市场份额（即 CR3、CR10、CR15）分别为 64.8%、85.28%、90.47%，同比减少 0.55 个、0.11 个、0.52 个百分点；前 5 家公司的市场份额（即 CR5）为 74.29%，同比增加 0.25 个百分点。前 5 家公司的市场份额之所以有所增加，主要是由于国寿财险、中华财险两家公司的市场份额上升。相较于 2012 年，这两家公司的市场份额分别微升 0.65 个和 0.14 个百分点。此外，太保产险的市场份额也较上年度微升 0.01 个百分点（见图 3）。

从中外资公司对比情况看，2012 年、2013 年中资公司保费收入合计分别为 5462.73 亿元、6398.15 亿元，在财产险公司原保险保费收入中分别占 98.79% 和 98.72%，同比下降 0.12 个、0.07 个百分点（见表 1）；外资公司原保险保费收入合计分别为 67.15 亿元、83.01 亿元，在财产险公司原保险保

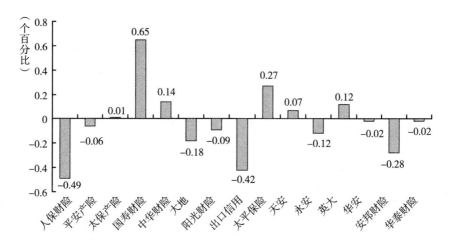

图3 2013年保费收入前15家财产险公司市场份额增幅

费收入中分别占1.21%和1.28%，所占份额相应有所上升（见表2）。外资财产险公司的规模都不大，2012年保费收入最多的是美亚，仅排在62家公司的第32位；2013年保费收入最多的是安盟，在64家公司中同样排在第32位。

表1 2012～2013年中资财产保险公司原保险保费收入情况

单位：万元，%

公 司	2012年		2013年		市场份额变化
	原保险保费收入	市场份额	原保险保费收入	市场份额	
人保财险	19301796.44	34.90	22300500.46	34.41	－0.49
平安产险	9878620.39	17.86	11536500.97	17.80	－0.06
太保产险	6955028.23	12.58	8161322.97	12.59	0.01
国寿财险	2354179.71	4.26	3184854.46	4.91	0.65
中华财险	2455580.68	4.44	2971153.86	4.58	0.14
大 地	1790222.28	3.24	1984601.32	3.06	－0.18
阳光财险	1465958.45	2.65	1659796.15	2.56	－0.09
出口信用	1426007.21	2.58	1403116.87	2.16	－0.42
太平保险	776814.67	1.40	1079980.30	1.67	0.27
天 安	812691.22	1.47	995097.59	1.54	0.07
永 安	702533.26	1.27	747888.36	1.15	－0.12
英 大	501498.56	0.91	667662.67	1.03	0.12
华 安	574078.05	1.04	658576.74	1.02	－0.02
安邦财险	706370.97	1.28	650011.35	1.00	－0.28

续表

公司	2012 年		2013 年		市场 份额变化
	原保险保费收入	市场份额	原保险保费收入	市场份额	
华泰财险	559151.95	1.01	644784.99	0.99	−0.02
永　诚	555684.29	1.00	549570.01	0.85	−0.15
中银保险	414529.95	0.75	509893.68	0.79	0.04
天平保险	464619.53	0.84	500560.68	0.77	−0.07
都　邦	309649.59	0.56	337395.14	0.52	−0.04
浙商财险	229333.12	0.41	306189.42	0.47	0.06
信达财险	242236.35	0.44	304295.13	0.47	0.03
紫金财险	231343.44	0.42	303138.65	0.47	0.05
阳光农业	225810.15	0.41	275386.86	0.42	0.01
安华农业	236081.85	0.43	272339.41	0.42	−0.01
民　安	212988.52	0.39	260330.64	0.40	0.01
国元农业	198382.30	0.36	230707.08	0.36	0
长安责任	178861.38	0.32	224145.96	0.35	0.03
安　诚	137580.83	0.25	201989.13	0.31	0.06
鼎和财险	147433.34	0.27	194265.73	0.30	0.03
渤　海	152757.36	0.28	180438.76	0.28	0
大　众	158498.17	0.29	147458.31	0.23	−0.06
安信农业	81117.36	0.15	93615.56	0.14	−0.01
泰山财险	38484.19	0.07	85787.66	0.13	0.06
锦泰财险	49196.84	0.09	84376.58	0.13	0.04
众诚保险	25755.48	0.05	62251.98	0.10	0.05
中煤财产	21817.55	0.04	47653.16	0.07	0.03
华　农	36315.14	0.07	44819.38	0.07	0
北部湾财产	—	—	32697.20	0.05	0.05
长江财险	11082.66	0.02	28035.36	0.04	0.02
诚泰财险	4155.86	0.01	21768.74	0.03	0.02
鑫安汽车	2479.63	0.00	19559.59	0.03	0.03
富德财产	602.22	0.00	15683.54	0.02	0.02
众安财产	—	—	1274.67	0.00	0
合　　计	54627329.15	98.79	63981477.10	98.72	−0.07

资料来源：中国保监会。

表 2   2012～2013 年外资财产保险公司原保险保费收入情况

单位：万元，%

公　司	2012 年		2013 年		市场份额变化
	原保险保费收入	市场份额	原保险保费收入	市场份额	
安　盟	70640.82	0.13	143034.18	0.22	0.09
美　亚	110282.59	0.20	114890.87	0.18	-0.02
利宝互助	71556.61	0.13	84701.20	0.13	0
安　联	57540.56	0.10	65597.78	0.10	0
三　星	51487.73	0.09	61172.87	0.09	0
国泰财险	26257.48	0.05	51874.19	0.08	0.03
三井住友	45971.79	0.08	46939.17	0.07	-0.01
东京海上	47159.85	0.09	46929.63	0.07	-0.02
苏黎世	34676.57	0.06	39493.94	0.06	0
富邦财险	16183.78	0.03	35722.01	0.06	0.03
日本财险	29455.86	0.05	29670.02	0.05	0
丰　泰	26187.96	0.05	25694.60	0.04	-0.01
中意财险	22826.21	0.04	20054.43	0.03	-0.01
太阳联合	15918.10	0.03	16957.41	0.03	0
丘博保险	13987.70	0.03	13114.96	0.02	-0.01
现代财险	9308.04	0.02	10473.19	0.02	0
乐爱金	8682.37	0.02	9803.74	0.02	0
日本兴亚	4409.41	0.01	5383.23	0.01	0
爱和谊	4815.43	0.01	4966.31	0.01	0
信利保险	4094.73	0.01	3588.79	0.01	0
劳合社	44.29	0.00	79.59	0.00	0
合　计	671487.86	1.21	830142.12	1.28	0.07

资料来源：中国保监会。

（二）市场竞争的主要动向

1. 产品竞争

（1）动向之一："新兴业务"发展迅速

近年来，随着财产险市场竞争日趋激烈，许多公司在做大传统业务的同时，积极发展责任保险、信用保险、保证保险、农业保险、健康险和短期意外

保险等新兴业务，促进了这些业务的快速增长。例如，平安产险近年来大力发展信用保证保险，2012 年、2013 年该险种保费收入（不含分保费收入）分别达 79.74 亿元、96.05 亿元，同比增长 68.5%、20.5%，成为该公司仅次于机动车辆险的第二大险种；中华财险在做精做强车险的同时，努力做大做优非车险，推动效益型业务快速发展，2011 年农业险、责任险、意外险的保费收入分别同比增长 40.1%、22.4% 和 18.5%，远高于总保费 8.4% 的增长速度，2012 年农业险、意外险和健康险等新兴业务分别同比增长 40.5%、35.6%，仍远高于车险的增长速度，公司业务结构持续优化。据统计，2012 年，在财产险的各类新兴业务中，发展最快的保证保险保费收入增速达到了 65%，发展最慢的责任险保费增速也超过 24%。至于其他新兴业务，快者达 60% 以上，慢者接近 40%。2013 年，新兴业务发展大致延续了上年的态势，仅信用保证保险保费增长出现逆转。以人保财险为例，责任险保费收入同比增长 14.7%，达 85.04 亿元，其中尤以雇主责任险、医疗责任险、公众责任险保费收入增速较快；意外伤害及健康险保费收入同比增长了 53.2%，达 99.34 亿元，其中尤以建筑工程、借款人、学幼及机动车驾乘意外伤害险保费收入增速较快。

与新兴业务形成反差的是，近两年财产险公司的传统业务保费增速普遍不高。例如，2012 年度，增长最快的机动车辆险保费收入只有 14% 多一点，最慢的货运险保费收入不到 4%，企财险则位居二者之间，为 9.26%；2013 年机动车辆险保费收入增长虽然有所加快，但仍低于大多数新兴业务，且企财险、货运险保费收入增速进一步下降。之所以出现这种情况，与多种因素有关。以机动车辆险为例，虽说该险种是各家公司的"看家"业务，但近两年受保源不足、"高手续费"现象回潮等多种因素影响，业务拓展难度加大，致使不少公司车险业务增长滞缓。在财产险"老三家"公司中，2012 年人保财险的机动车辆险保费收入（含交强险）仅增长 10.72%，比财产险公司保费收入的平均增速低了 3 个多百分点；太平洋产险的机动车辆险保费收入增速为 14.60%，仅比财产险公司保费收入平均增速略高。不过，平安产险的机动车辆险保费收入同比增长达 16.9%，2013 年进一步提升至 18%，高于财产险公司保费收入的平均增速。究其原因，主要是因为该公司依托专业化渠道经营不断加大业务推动力度，来自交叉销售和电话销售渠道的保费收入增加较快。

表3 2012～2013 年财产险公司分险种保费收入情况

险　种		2012 年			2013 年		
		保费收入（亿元）	同比增长（％）	占比（％）	保费收入（亿元）	同比增长（％）	占比（％）
传统业务	机动车辆保险	4005.17	14.28	72.43	4720.79	17.87	72.84
	企业财产险	360.36	9.26	6.52	378.8	5.12	5.84
	货运险	101.71	3.97	1.84	102.94	1.21	1.59
新兴业务	责任险	183.77	24.16	3.32	216.63	17.88	3.34
	农业险	240.60	38.25	4.35	306.59	27.43	4.73
	信用险	160.57	39.07	2.90	155.17	-3.37	2.39
	保证险	93.46	65.40	1.69	120.37	28.79	1.86
	意外险和短期健康险	198.95	63.56	3.60	268.9	35.16	4.15
全　部		5530.10	15.67	100	6481.16	17.20	100

（2）动向之二：农业保险持续快速发展

自 2004 年中央一号文件首次提出加快建立政策性农业保险制度，特别是 2007 年中央财政试点农业险保费补贴以来，我国农业保险实现了跨越式发展。据统计，2007～2013 年，承保主要农作物从 2.3 亿亩增加到 11.06 亿亩，保费收入从 51.8 亿元增加到 306.7 亿元，成为继美国之后的世界第二大农业保险市场。目前，农业保险开办的区域已覆盖所有省份，承保农作物品种达 90 多个，基本覆盖农、林、牧、渔各个领域。2013 年，农业保险保费增速达 27.4%，并实现了"四个突破"：一是主要农作物承保面积突破 10 亿亩，达到 11.06 亿亩；二是保险金额突破 1 万亿元，达到 1.39 万亿元；三是参保农户突破 2 亿户次，达到 2.14 亿户次；四是保险赔款突破 200 亿元，达到 208.6 亿元。

农业保险的快速发展吸引了不少财产险公司涉足，市场上的经营主体不断增加。2004 年中央提出加快建立政策性农业保险制度后，保监会相继批复 3 家专业农业保险公司（即 2004 年 9 月成立的安信农保、2004 年 12 月成立的安华农险、2005 年成立的阳光农业），但当时涉足农业险的公司数量总体不多。此后，开展农业险业务的公司迅速增加。其中，2008 年 1 月，第 4 家专业农业保险公司——国元农险正式成立。截至 2013 年，经营农业保险业务的财产险公司达到了 23 家，在绝大多数省份均有 2 家以上的经办机构，农业险市场"适度竞争"的格局初步形成。在 23 家经营农业保险的财产险公司中，主要

经营主体有 6 家，即安信农保、安华农险、国元农险和阳光农业 4 家专业农业险公司，以及人保财险、中华联合 2 家综合性产险公司，其余 10 多家公司虽然已涉足农业险，但业务规模不大，发挥的作用有待进一步提升。

人保财险作为"国字号"大型企业，是我国开展农业险时间最早、规模最大的财产险公司。自 2004 年中央把发展农业险列入一号文件以来，公司就把发展农业险业务作为义不容辞的责任。2007 年国家实行保费补贴政策后，进一步将农业险业务作为服务"三农"的突破口，大力推进产品、服务和人员"三下乡"。近年来，公司不断扩大农业保险的覆盖面和渗透度，先后牵头承担了水稻、玉米、小麦等 17 个关系国计民生和粮食安全的大宗农畜产品保险的发展任务。截至 2013 年底，开办的农业险品种已达 80 个，全国性和区域性农业险产品近 600 个，涵盖农、林、牧、渔多个领域；累计承保各类农作物 20.53 亿亩、森林面积 17.15 亿亩、生猪及能繁母猪 2.83 亿头次，承保农户 1.3 亿户次。承担的保险责任从初期的单一风险，逐步扩大到包括干旱、洪水、病虫害等大灾在内的多种风险，承担农业风险责任累计达 7404.1 亿元。

2012 年 11 月，国务院颁布《农业保险条例》，明确了农业保险的法律定位、经营主体、经营原则、经营模式、政策支持和监督管理等，填补了我国农业保险领域的法律空白。该条例从 2013 年 3 月 1 日起正式施行，农业保险由此进入一个规范、有序、健康、快速发展的新阶段。

（3）动向之三：外资公司加入交强险竞争

2012 年 4 月 30 日，国务院发布《关于修改〈机动车交通事故责任强制保险条例〉的决定》，将第五条第一款由原来的"中资保险公司经保监会批准，可以从事机动车交通事故责任强制保险业务"修改为"保险公司经保监会批准，可以从事机动车交通事故责任强制保险业务"。交强险条例的修改意味着交强险市场正式向外资公司开放。回溯过去，我国在加入 WTO 之初并未承诺允许外资公司经营强制险业务，因此外资公司一直未能涉足交强险，这一限制影响了外资公司的车险业务，使其业务规模一直无法快速扩大。2012 年交强险限制放开后，外资公司纷纷"摩拳擦掌"，立即行动，力图在交强险市场"分得一杯羹"。据统计，2012 年 7 ~ 10 月，就有美亚保险、利宝保险、中意财险、安联保险、国泰产险、现代财险等多家外资公司先后获准经营交强险业务。10 月 10 日，利宝保险浙江分公司签发第一张交强险保单，这也是我国外资公司签发的第一张交强险保单。

外资公司进军交强险市场，主要目的并非指望通过交强险赢利，而是希望借此促进机动车辆险的大力发展。同时，经营交强险还有助于提升公司知名度，为公司业务发展提供更多机会。其实，在交强险对外资公司开放后的一年多时间里，外资公司已经从中尝到了"甜头"。根据各公司公布的年度披露数据，除美亚保险外，中航安盟、利宝保险、安联保险、三星财险、富邦财险、国泰财险等已经开售交强险的外资公司，交强险和机动车辆险保费收入大都获得快速增长。例如，中航安盟 2013 年经营交强险使机动车辆险保费收入同比增长 346.79%，占总保费的比重由 2012 年的 38% 迅速提升至 53%；利宝保险的交强险保费收入由 2012 年的 1688.49 万元上升至 2013 年的 10848.75 万元，同比增长 542.51%，并拉动机动车辆险保费收入同比增长 32.87%；三星财险 2013 年实现交强险保费收入 2065.77 万元，并拉动机动车辆险实现保费收入 9917.96 万元，在险种保费收入中的排名由上年的居前 5 位之后上升到第 3 位；富邦财险交强险保费收入由 2012 年的 3216.12 万元上升至 2013 年的 55063.60 万元，同比增长 1612.11%，并拉动机动车辆险同比增长 161.01%。

经营交强险虽能在一定程度上拉动机动车辆险业务的增长，但由于外资公司的网点数量普遍较少，因而短期尚不至于对市场格局造成较大冲击。然而，从长远看，由于外资公司的"长驱直入"，车险市场的竞争将更趋白热化，并从主要倚重价格竞争演变成价格、服务和营销等方面的全方位竞争。

（4）动向之四："另类保险"走红网络

2013 年 8 月 26 日，安联保险与阿里小微金融服务集团（筹）旗下淘宝保险合作，共同推出一款"中秋赏月险"（报备名称是"赏月不便险"），产品价格分为两档：第一档为 20 元，若被保险人在 3 个赏月城市（上海、广州或深圳）由于天气原因看不到月亮（即阴天或雨天），可获 50 元赔付；第二档为 99 元，赏月城市从 3 个增加到 41 个，如果被保险人在这些城市因天气原因看不到月亮，可获 188 元赔付。该产品是安联保险通过分析国内多个城市 20 多年的气象数据，建立风险模型后推出的国内首款既与节日相关又与天气相关的保险产品。2013 年 9 月下旬，安联保险发布公告称，9 月 19 日 20 点到 9 月

20 日凌晨 2 点，共有西安、哈尔滨、海口等 9 个城市出现阴雨天气，被保险人可以获得赏月险赔付，其余 32 个城市则均因晴天或多云天气无缘赏月险赔付。该产品推出后，引起了网民和舆论的广泛关注。之后公布的淘宝数据显示，共有 5154 名投保人购买了赏月险，获得理赔的人数占总购买人数的 9%。

与此类似，平安产险在 2013 年 11 月 11 日"光棍节"针对单身人群推出了一款"脱光险"。根据约定，购买这一产品的客户，不仅可以获得百合网提供的交友会员服务，而且如果在 2014 年 11 月 1～11 日登记结婚，还可以获得摆脱"光棍"的"蜜月礼金"。与安联保险推出的"赏月险"一样，平安产险的"脱光险"推出后也在社会上引起较大反响，各种声音和议论不绝于耳。

其实，无论是"中秋赏月险"还是"脱光险"，其主险实质上都是意外险，只不过保险公司做了一些趣味包装，附加了一些吸引眼球的元素。例如，"中秋赏月险"的主险责任是被保险人在中秋节当日遭受意外伤害事故而导致身故、残疾或烧烫伤，保险人将支付最高 10 万元的保险赔付，被保险人因天气原因无法赏月而获赔只是附加责任。至于"脱光险"，其实质也不过是一款附加了婚恋网站服务的意外险，主要保险责任仍是 1 年期的 60 万元意外伤害保障。近年来，保险网销已成趋势，越来越多的消费者被吸引到网络渠道上，网络渠道由此成为保险公司发展业务的新战场，"中秋赏月险""脱光险"以及其他诸如"雾霾险""人在囧途险""春晚收视率保险""世界杯遗憾险"等噱头十足的另类保险随之纷纷登场，在网络上引起一阵阵波澜。保险公司以"赏月不便津贴""蜜月礼金"等作为附加保障或赠送服务，并给产品赋予一个"另类"的名称，主要目的是引起广大网民的注意，博得更多的人气和提高关注度。然而，这种"包装"或附加成分也引起了不少质疑，有观点认为这并非创新，而是一种变相赌博，偏离了保险保障的本质，应当进行制止①。

---

① 针对此类现象，中国保监会已于 2014 年 6 月 26 日下发《关于规范财产保险公司保险产品开发销售有关问题的紧急通知》，要求财产险公司产品开发应符合保险原理，被保险人对保险标的必须有法律上承认的利益，严禁开发带有赌博或博彩性质的保险产品。此外，开发的保险产品应尊重社会公德，产品命名应清晰明了，与保险责任紧密关联，不得以博取消费者眼球为目的，进行恶意炒作。

2. 服务竞争

（1）动向之一：着力解决"理赔难"问题

近年来，保险公司的理赔服务一直为消费者所诟病。在中国质量协会和全国用户委员会开展的 2012 年、2013 年度全国财产保险行业用户满意度调查中，用户对保险行业评价最低的服务环节均为理赔。为了改善在消费者心目中的这种不良形象，财产险公司纷纷围绕"理赔"服务做出各种承诺，大力提升服务水平，努力增强在理赔服务上的竞争优势。

永安保险近年来不断加强对理赔服务的集中管理，大力提升理赔服务的专业化程度。2012 年底以来，公司对理赔及客服条线管理职责进行调整，实行了垂直化管理。同时，多次下发通知，对各省级理赔服务中心的职责、组织架构、行为准则、绩效考核进行了明确，对各分支机构理赔服务分中心的结案率、预估偏差率、案件重开率、多次出险率等指标进行了检查。此外，在各分公司、中心支公司及支公司还设立了检查监督岗，对理赔全流程实施监控。2013 年，永安保险共完成赔付案件 724417 起，支付赔款 42.74 亿元。其中，在 4 月 16 日"隆纳高速'4·14'特大交通事故"发生后，永安保险立即开通绿色理赔通道，当日即把第一笔预付赔款 32.2 万元支付到事故处理专用账户中；7 月，陕西延长石油（集团）有限责任公司炼化公司下属生产单位因强降雨灾害受损，永安保险掌握受损情况后，立即预付赔款 300 万元；11 月 18 日，河南职工国际旅行社组织的巴厘岛境外游团在印尼著名旅游景点巴厘岛情人崖附近发生翻车事故，4 名中国游客不幸遇难，多人受伤，永安保险获悉取证后，第一时间理赔了 60 多万元。

阳光产险多年来不断优化车险的理赔服务流程，尽最大可能给客户提供方便，也得到了广大客户的认可。2012 年以来，公司"闪赔"服务标准完成从"1.0 版"、"2.0 版"到"3.0 版"的三级跳：享受"闪赔"标准服务的人群持续扩大；承诺 24 小时倒计时赔付的金额提高到 10000 元；案件类型从单一的"单车损案件"，细分为"非人伤案件"及"人伤案件"。与此同时，车险自助理赔系统成功上线，"闪赔通"手机 APP 客户端正式投入使用，客户可通过自行上传照片等资料，实现自助理赔，减少在事故现场等待的时间。此外，"远距离、不限次"的非事故道路救援等人性化服务，也深受车主与行业好

评。据统计，截至2013年6月30日，阳光产险"闪赔"案件平均处理周期仅为0.82天，最快已实现报案后3.45小时赔款到账。自"闪赔"实施以来，阳光产险共处理完毕"闪赔"案件2723801件，"闪赔"平台案件的结案率达100%。

（2）动向之二：全方位提升保险服务品质

2012～2013年，财产险公司不仅注重改善理赔服务，而且在此基础上全面提升保险服务品质。

太保产险为了切实保护消费者权益，在推进以客户需求为导向的战略转型过程中，全面优化销售、承保、理赔、回访、投诉、增值服务等业务环节，并在2012年7月做出覆盖全流程的"优享360"服务承诺，即通过新技术、新流程和新体验"3"项服务创新，围绕道路救援、医疗救援、简单理赔、限时赔付、VIP专属服务、车险直通车"6"重客户价值，为客户提供360°全方位服务，确保客户无论处在投保、出险、理赔、沟通的哪一环节，均可实现"0"担忧。服务承诺代表了一种诚信精神。公司把"优享360"服务承诺内化为工作规范和标准，以优质的服务覆盖每一个客户接触点，大大提升了服务方面的竞争优势。

人保财险秉承"以人为本、诚信服务、价值至上、永续经营"的理念，在2012年针对车险和非车险理赔分别推出10项、4项服务承诺后，2013年再度面向广大客户推出6项主题活动，具体包括"多快好省"理赔服务、"倾听心声　绿动中国"活动、4001234567电话车险"真情回馈　心系车主"活动、"保险e体验"24小时不打烊活动、"人保在行动"公益系列活动、"十一"黄金周客户自驾游服务活动。其中，在"多快好省"理赔服务中，"多"代表服务网点多、索赔渠道多、维修企业多；"快"代表理赔速度快；"好"代表服务界面好、服务态度好、维修质量好、响应客户需求好；"省"代表让出险客户省心、省时、省力。在"倾听心声　绿动中国"活动中，广泛约请客户和民众为公司把脉，针对公司经营和服务的各个方面提出意见和建议，并邀请客户参加免费认捐10万棵树活动，携手公司种下千亩防护林。

（3）动向之三：健全消费者投诉处理机制

保险消费投诉是广大保险消费者反映问题，请求解决与保险公司、保险中介有关争议的主要方式。投诉处理工作是否规范高效，既关系到广大保险消费者的切身利益，也直接反映了保险服务的质量和有效性。为此，近两年一些财产险公司在提升服务品质的同时，还通过建立、完善消费者投诉处理机制，加强对消费者权益的保护。

平安产险于 2012 年 3 月在业内首先成立保险消费者权益维护中心和各地分中心，负责统筹与保险消费者权益相关的服务承诺、健全完善服务通道、投诉受理反馈及分析、开展客户回访等工作，通过调解、督促、协调和监督等方式发挥维护保险消费者权益的作用。此外，在下属吉林分公司保险门店试点设立了仲裁受理处，邀请仲裁机构和仲裁员常驻门店现场办公，主动为消费者提供专业的调解服务；在深圳分公司成立了国内首家保险消费者服务站，建立了"首问负责制"（即首次受理客户咨询、投诉的人员作为首问责任人，负责处理或督促相关部门解决客户提出的各类问题，并跟踪至问题解决）和"总经理接待日"（由总经理室领导在服务站现场办公，受理客户咨询和投诉，充分了解客户诉求），积极化解各种投诉和纠纷，保护消费者的合法权益。

人保财险在总公司及省、分公司均设有投诉管理和投诉受理的机构，在地市级分公司也设立了客户投诉管理和处理的机构，部分县级支公司也有投诉相关岗位的设置。此外，下辖的二级机构新疆分公司在 2012 年 8 月成立了跨部门合作、多部门"一把手"担任调解专家的客户投诉处理专家委员会，要求对一些特殊情况可提请召开专家委员会会议，经多部门共同协商后再形成处置意见；下辖的三级机构浙江省金华市分公司于 2013 年 4 月设立了保险消费者事务工作委员会，按照客户投诉协调管理部门、主办部门与协办部门分类对客户投诉管理各相关职能部门的工作进行分工，并要求充分发挥各部门职能职责，切实协调解决各类投诉问题，做好重大疑难投诉案件的处理工作。

为切实提高保险消费投诉处理工作的质量和水平，2013 年 7 月，中国保监会发布《保险消费投诉处理管理办法》，明确要求保险公司设立或指定本单位保险消费投诉处理工作的管理部门和工作岗位，配备工作人员，并加强对分支机构保险消费投诉处理工作的管理、指导和考核，协调和支持分支机构妥善处理各类保险消费投诉。该办法下发后，有许多财产险公司采取措施，着手建立和健全消费者投诉处理机制。

3. 营销竞争

（1）动向之一：互联网保险"风生水起"

互联网保险是一种新的保险经营模式。在这种模式下，保险企业通过互联网为客户提供信息，开展网上投保、承保、核保、保全和理赔等业务，并实现相关费用的电子支付。近十几年来，我国互联网保险从最初主要提供相关信息，到实现产品在线销售，再到完成产品开发、销售、核保、理赔、电子支付、保全、客服等全过程，经历了一个萌芽、兴起和不断发展的过程。

我国保险公司开通的网站最早出现在 2000 年。2000 年 8 月，太平洋保险和平安保险几乎同时开通了自己的网站。随后，由保险公司、网络公司等机构和保险从业人员开通的保险网站纷纷涌现。经过十几年的不断升级和发展，这些网站的功能日渐丰富和强大，已经成为能够提供全方位保险服务的经营通道。尤其是 2012 以来，在互联网金融爆炸式发展的促动下，一些保险公司加大了对网站的升级改造力度。例如，太平洋保险于 2012 年 7 月推出新一代金融保险电子商务平台——太平洋保险在线商城，将原官网产寿险频道的产品销售和服务功能进行聚合，顺利实现了官网、商网的分离，并以"一个登录平台、一个保险超市、一套服务流程"，实现了产寿险在线展示、销售与服务"一个界面"的统一。为配合电子商务的开展，当年 11 月 21 日太保产险在上海签出保险行业"电子签名"第一单，标志着"电子签名"这一创新模式在保险行业首次成功应用。2012 年 11 月人保财险再度改版 e-PICC 网站并上线，推出了一键续保、站内搜索、车险套餐对比、实时保费计算、非车险暂存、网点地图查询和各地区个性化营销七大新功能，同时还开通了文化产业保险"e-Culture"电子商务平台。将电话号码和网址进行整合，实现网销、电销两大新兴渠道的有机融合，是近两年出现的新现象。2012 年 6 月 1 日，平安产险推出产险业第一个"一个号码，既是电话也是网址"的车险整合直销平台；大地财险则于 2012 年 11 月 14 日一揽子购入 4009666666. com、4009666666. cn和 4009666666. com. cn 三个域名，面向全国推出了电话即网址的 4009666666车险官网直销平台，实现了网销、电销的一体化。

近年来，越来越多的保险公司布局电子商务战略，从单个项目的探索到互联网官方旗舰店正式上线，再到全新官网商城的运行，不断探索大数据时代下互联网保险的运营模式。在这一过程中，除传统的"官方网站模式"外，还出现了"第三方电子商务平台""网络兼业代理""互联网保险公司"等多种模式。例如，2010年有保险公司在淘宝网上开设店铺，由此催生了淘宝保险平台，车险、意外险、旅游险、健康险等保险产品陆续出现在网购平台上。经过三年的发展，淘宝保险已颇具规模，国内知名保险公司几乎都已进驻该平台，淘宝保险的日均投保量已超200万笔。再如，2013年11月6日，马明哲、马化腾、马云"三马同槽"，合作谋划的首家互联网保险公司——众安在线财产保险有限公司开业，标志着我国第一家纯互联网保险公司正式诞生。这家公司的定位是"服务互联网"，目标客户包括所有互联网经济的参与方，公司不仅通过互联网销售保险产品，而且为目标客户提供一系列整体解决方案，为互联网行业的顺畅、安全、高效运行提供风险保障和管控服务。

（2）动向之二：积极开展相互代理

自2001年中国保监会批准太保集团产寿险公司开展试点以来，我国保险公司之间的相互代理（在同一集团内也称"互动业务""交叉销售"）取得长足发展。尤其是2010年3月保监会发布通知允许非同一集团的产寿险公司通过签订协议开展相互代理以来，相互代理在财产险市场呈迅速扩大的态势。

平安保险是相互代理的"探路者"。早在2001年，平安保险就开始对子公司的销售渠道进行综合开拓。2005年1月，在寿险公司设立综合开拓部，负责集团内多产品交叉销售制度体系的建立和交叉销售后援支持平台的搭建。2007年，平安保险获得交叉销售资格，交叉销售业务获得快速发展。据统计，2007～2011年，平安产险通过交叉销售获得的保费收入从28.34亿元增长到119.4亿元，年均递增39.28%。2012年，随着综合金融进程的加快，交叉销售和远程销售管理平台进一步完善，协同效应持续增强。平安产险通过交叉销售渠道获取的销售收入同比增长23.7%，交叉销售对公司的渠道贡献率达到15%，其中车险有55%的保费收入来自交叉销售和电话销售渠道。2013年7月，平安开始在深圳、上海、福建等地开展交叉销售运营架构调整试点。在之前的交叉销售中，产险、养老险、健康险等子公司会派专员进驻寿险公司的综合开拓部。而在这次启动的试点中，为在集团各分公司之间进一步整合资源，从而实现"一个客户，一个账户，多个产品，一站式服务"的综合金融体验，产

险、养老险和健康险 3 个子公司的专员实现合并，且归寿险公司的综合开拓部直接管理，负责财产、养老、健康三大条线的综合拓展。2013 年，平安产险有超过 51% 的保费来自交叉销售和新兴渠道，其中车险保费收入的 54.6% 来自交叉销售和电话销售渠道，交叉销售和新兴渠道拉动了平安产险整体保费的增长。

中国人寿是相互代理的有力推动者之一。2008 年 11 月，国寿财险与国寿股份签订《相互代理保险销售业务框架协议（寿代产业务部分）》，前者委托后者在授权区域内代理销售财产保险公司指定的保险产品。自签订协议以来，两家公司的互动业务从无到有、从弱到强、从小到大逐步发展起来，为国寿财险充分利用集团整体优势、实现异军突起立下了汗马功劳。2012 年，中国人寿寿代产互动业务实现保费 61.50 亿元，同比增长 42%，占旗下财险公司总保费的 26.12%。与此同时，互动业务机制建设出现"质"的变化：启动寿代产业务纳入营销员基本考核项目；将互动业务作为 KPI 指标纳入集团预算管理体系；集团内部全面形成保险业务多元交叉销售格局。2013 年，中国人寿大力实施"创新驱动发展战略"，明确提出重点实施的六大创新举措，其中就包括大力发展互动业务，推进资源整合与渠道创新，不断提高协同作战能力。在创新驱动战略的推动下，该年度中国人寿实现寿代产业务保费收入 72.3 亿元，同比增长 17.6%，占旗下财险公司总保费的 22.8%。

（3）动向之三：品牌建设向产品、服务层面延伸

近年来，随着市场竞争的白热化，财产险公司比以往更加注重公司的品牌建设。其间，财产险公司不仅注重打造公司品牌，同时将品牌建设向产品、服务层面进一步延伸。

平安产险近年来努力打造车险"快易免"品牌，使之成为家喻户晓的服务品牌。2009 年，公司提出"快易免"的理赔服务承诺，此后不断升级服务标准。2012 年，经由 4 次升级后的服务承诺为："快"，聚焦案件从报案到赔付所需时间，启动"简单快赔"流程，提出"先赔付，再修车。万元以下，报案到赔款，3 天到账"的服务理念；"易"，针对人伤案件和纯车损案件，分别推出"贴心在线，省心调解，安心理赔"的"三心"人伤案件服务和"足不出户，赔款到家"的上门代收理赔资料的服务；"免"，将为其所有车险客户提供"7×24 小时百公里"免费道路救援。2012 年 10 月 18 日，在《21 世

纪经济报道》与全球综合性品牌咨询公司 Interbrand 联合举办的第八届"中国最佳品牌建设案例"颁奖典礼上，平安产险的"快易免"品牌提升计划荣获建设案例奖。另外，2012 年 7 月，平安产险还在直销车险平台重磅推出"蜜蜂服务标准"，发布了一个以"蜜蜂"为主体的品牌形象，意指公司车险团队将基于"专业、便捷、实惠"三大核心优势，结合平安产险的服务承诺，像蜜蜂一样勤劳、高效，为广大客户奉上甜蜜的服务，打造车险市场新的服务标杆。

国寿财险 2012 年全面推广车险服务品牌"一路行"，努力构建新的差异化识别优势。"一路行"是基于 GPS 研发的移动调度定损项目，旨在为客户提供一路畅行保障的同时，更专注于与客户建立紧密相随、一路相伴的伙伴关系。该项目推出后，后台人员可以根据实时定位系统确定查勘人员的具体位置，让距离事故地点最近的查勘员迅速到达现场，从而缩短车险理赔的时间和周期。据报道，该项目在 2009 年正式上线，上线后查勘人员到达第一事故现场的时间缩短了 0.54 小时，10 分钟内回复客户的数量增加了 12%。2012 年 8 月，该项目经过稳定运行开始向全系统推广。"一路行"品牌为客户提供的不仅仅是简单的理赔服务，而且还包含一套完整的理赔解决方案。例如，随着新的自助服务项目的上线，"一路行"将为客户提供界面友好、易操作的手机多平台客户端程序，客户出险后可通过文字、语音接受保险公司自助理赔专项服务人员的全流程指导，通过自助理赔客户端一次性完成全部操作。其间，在报案后 10 分钟内，查勘人员还主动与客户联系，如客户要求现场查勘，查勘人员会及时赶到事故第一现场，事故车辆可享受专业道路救援服务。经测试，在客户提供单证齐全的情况下，简易赔案 20 分钟就可以完成查勘、定损、核损、核赔全部理赔环节。2013 年 9 月 2 日和 6 日，中央电视台财经频道（CCTV2）经济半小时栏目播出的《指尖上的商机（一）：商机无限》和《指尖上的商机（五）：数据时代》对国寿财险创新应用移动互联网技术和大数据的领先成果"一路行"做了专题报道。

二 财产险公司竞争力绩效评价

与首本保险蓝皮书一样，列入 2012～2013 年度评价范围的仍为营业收

入居前 15 位的商业财产险公司。2012 年依次是人保财险、平安产险、太保产险、中华财险、国寿财险、大地、阳光财险、天安、永安、太平保险、华安、安邦财险、华泰财险、永诚和天平保险；2013 年依次是人保财险、平安产险、太保产险、国寿财险、中华财险、大地、阳光财险、安邦财险、天安、太平保险、永安、华安、英大泰和、华泰财险和天平保险。与 2012 年相比较，2013 年少了永诚，多了英大泰和，此外，营业收入排序也发生一些微小变化。

（一）财产险公司竞争力绩效分类评价

根据本书确定的评价体系，竞争力绩效评价分为总量绩效、增长绩效、效益绩效及将三者整合后的综合绩效四个方面。

1. 总量绩效评价

总量绩效指标包括营业收入、净利润及将两者经标准化处理并转换成得分后得出的总量绩效指数。

表 4 列出了衡量 2012 年 15 家财产险公司总量绩效的 3 项指标数据。从 3 项指标的对比情况看，15 家公司的总量绩效指数排名与营业收入、净利润的排名大致相同，尤其是前 4 家公司、第 6 名公司和最后 1 家公司，3 项指标的排名完全相同。在 15 家公司中，人保财险、平安产险、太保产险的总量绩效指数名列前 3 位。这 3 家公司的营业收入和净利润均明显领先于其他公司，是我国财产险市场上名副其实的"铁三角"。中华财险、大地、安邦财险、国寿财险、阳光财险的总量绩效指数分别名列第 4 到第 8 位。这 5 家公司的营业收入大多超过 100 亿元，净利润超过 5 亿元。其中，安邦财险的营业收入虽然仅为 50 多亿元，但其净利润却达到 13.36 亿元；国寿财险的净利润虽然不及 5 亿元，但其营业收入却接近 200 亿元。天安、永安、华泰财险、太平保险、华安、永诚、天平保险的总量绩效指数分别位居第 9 到第 15 位。在这 7 家公司中，有一个较为突出的现象，即营业收入与净利润严重"不同步"：天安在营业收入上仅比永安略多，但净利润却是后者的 2.66 倍；华泰财险的营业收入只有太平保险的 77%，但净利润却是后者的近 1.5 倍；华安的营业收入相当于永诚的 131%，但净利润却只有后者的 88%。

表4 2012 年 15 家财产险公司的总量绩效及排名

公 司	总量绩效指数	排名	营业收入（百万元）	排名	净利润（百万元）	排名
人保财险	1000.00	1	164939.37	1	10439.40	1
平安产险	461.58	2	82491.50	2	4635.04	2
太保产险	290.92	3	58541.17	3	2659.12	3
中华财险	156.33	4	22277.13	4	2183.97	4
大　地	65.22	5	16244.61	6	708.13	6
安邦财险	62.11	6	5153.84	12	1336.21	5
国寿财险	60.21	7	19951.84	5	375.31	9
阳光财险	58.05	8	14392.01	7	677.89	7
天　安	27.03	9	7395.78	8	483.57	8
永　安	11.11	10	7045.73	9	181.69	12
华泰财险	9.31	11	4748.42	13	288.33	10
太平保险	8.95	12	6129.96	10	194.82	11
华　安	6.55	13	6040.55	11	151.66	14
永　诚	3.19	14	4617.16	14	172.11	13
天平保险	0.00	15	4006.82	15	145.33	15

表 5 列出了衡量 2013 年 15 家财产险公司的总量绩效指标数据。从 3 项指标的排序情况看，该年度的分布格局与上年度相比没有大的改变，一些小的变化包括：其一，永诚"告别"营业收入前 15 名的行列，没能列入 2013 年度的评价范围，取而代之"入围"的是英大泰和。英大泰和曾在 2011 年度名列评价的范围之内，2012 年度未能列入，2013 年度再次"入列"，也可看作一种"回归"。其二，安邦财险表现十分"抢眼"，不仅营业收入大幅超过 100 亿元，净利润更是将太保产险抛在了后面。其三，相较于 2012 年，安邦财险、国寿财险、华安、太平保险 4 家公司的总量绩效指数排名均有前移，中华财险、大地、永安 3 家公司的排名则相应后移，不过移动的幅度都不大，基本属于正常波动或微调。此外，2012 年度 15 家公司在营业收入上呈现"前 7 后 8"的现象，2013 年度则是"前 8 后 7"，即前 8 家公司的营业收入均在 160 亿元以上，后 7 家都在 100 亿元以下，15 家公司的分化较为明显。

2. 增长绩效评价

增长绩效指标包括营业收入增长率、净利润增长率以及两者经标准化处理并转换成得分后得出的增长绩效指数。

表5　2013年15家财产险公司的总量绩效及排名

公　　司	总量绩效指数	排名	营业收入（百万元）	排名	净利润（百万元）	排名
人保财险	1000.00	1	194220.02	1	10544.53	1
平安产险	520.17	2	97142.76	2	5841.20	2
太保产险	295.71	3	69609.92	3	2621.63	4
安邦财险	189.31	4	15432.26	8	3440.34	3
中华财险	110.61	5	26349.02	5	1138.70	5
国寿财险	86.89	6	28053.69	4	535.47	6
大　　地	45.93	7	17933.75	6	238.34	11
阳光财险	43.38	8	16023.67	7	292.89	9
天　　安	28.90	9	9173.99	9	374.51	7
太平保险	22.50	10	8556.39	10	273.21	10
华泰财险	15.80	11	5568.46	14	300.51	8
华　　安	14.43	12	6701.13	12	206.74	13
英大泰和	12.92	13	5627.56	13	235.76	12
永　　安	11.07	14	7674.85	11	79.57	14
天平保险	0.00	15	4808.67	15	6.74	15

　　表6列出了衡量2012年15家财产险公司增长绩效的3项指标数据[①]。从表中可以看出，天安、安邦财险在15家公司中表现十分"抢眼"，不仅营业收入增长率处于较高水平，净利润增长率更是超过200%。由于在两项指标上都有极佳表现，因此总量绩效指数排在了15家公司的前2位。不过，这两家公司的优异表现各有"隐情"：天安的净利润增长率非完全意义上的"增长率"，由于2011年亏损4.36亿元，本年度赢利4.84亿元，故所谓的"净利润增长"实质上包含亏损减少和利润增长两部分；安邦财险用于计算的2011年的指标数据并非财务报表中的原数据，而是笔者对原数据进行了"年化"处

---

① 在营业收入位居前15位的公司中，安邦财险和华泰财险都是2011年成立的公司，其中安邦财险成立于2011年12月31日（其前身安邦产险成立于2004年9月），华泰财险成立于2011年7月29日。由于在2011年的经营时间均不超过一年，其中安邦财险只有1天，华泰财险有156天，如果采用公司损益表中列出的2011年的数据，则2012年的同比增速会出现畸高的现象，如安邦财险营业收入和净利润的增长速度分别高达46829.86%和113330.31%，华泰财险的营业收入和净利润增长速度分别高达184.01%和448.94%。如此不仅影响比较的公平性，也不符合两家公司的竞争力实际。为了规避这一现象，本书采用"年化"的方法，即将两家公司2011年度的营业收入和净利润都等比例折合成一年的数据。如此，也并非完全符合两家公司的竞争力实际，但就公司间的比较来说，显然更为合理。

理，这种处理虽然使公司间的比较更趋合理，但未免有"虚构"的成分。除这两家公司外，其余 13 家公司的增长绩效指数分列第 3 到第 15 位。从营业收入增长率和净利润增长率的情况看，这 13 家公司大致可以分为两类：一类是两项指标同时实现了正增长，有华泰财险、太平保险、阳光财险、人保财险、永诚 5 家公司；另一类是营业收入正增长、净利润负增长，有国寿财险、平安、华安产险、太保产险、天平保险、永安、大地、中华财险 8 家公司。在第一类公司中，华泰财险表现突出，不仅营业收入增长率超过 20%，净利润增长率更是超过 130%。在第二类公司中，华安的反差最大，营业收入正增长26.11%，净利润则负增长 43.45%。

表 6　2012 年 15 家财产险公司的增长绩效及排名

公　　司	增长绩效指数	排名	营业收入增长率(%)	排名	净利润增长率(%)	排名
天　　安	1000.00	1	30.25	2	210.82	1
安邦财险	963.64	2	28.57	3	210.77	2
国寿财险	937.65	3	51.09	1	-10.91	10
华泰财险	631.02	4	21.38	7	134.61	3
太平保险	396.00	5	20.86	8	38.17	5
阳光财险	360.98	6	22.26	6	9.98	7
平安产险	351.28	7	23.68	5	-7.49	9
人保财险	321.11	8	18.28	12	30.05	6
华　　安	320.43	9	26.11	4	-43.45	15
永　　诚	273.10	10	14.57	14	44.03	4
太保产险	212.22	11	19.62	11	-29.42	11
天平保险	205.57	12	20.70	9	-42.45	14
永　　安	204.94	13	19.99	10	-36.08	12
大　　地	196.77	14	16.22	13	-4.32	8
中华财险	0.00	15	11.04	15	-40.68	13

表 7 列出了 2013 年 15 家财产险公司的增长绩效指标数据。从表中可以看出，与 2012 年度相比，增长绩效有两个明显变化：第一，国寿财险、平安产险和华安在继续保持营业收入较快增长的同时，净利润均由负增长转变为正增长，而且增长幅度还比较大；第二，与上述 3 家公司相反，华泰财险、天安和阳光财险则在营业收入继续保持正增长的同时，净利润增长率由正变负，其中阳光财险负增长的幅度最大。除了上述 6 家公司外，其余公司则变化不大，其

中值得肯定的公司有3家：安邦财险、太平保险和英大泰和。其中，安邦财险延续了2012年度快速增长的态势，营业收入增长率和净利润增长率均大幅领先于其他公司，增长绩效指数在15家公司中占据明显优势；太平保险也维持了2012年度较快增长的良好态势，在营业收入增长率和净利润增长率上都有优良表现，并最终使增长绩效指数排在了15家公司的第3位；英大泰和在2012年度"隐身"的情况下实现了迅速上位，凭借高居第2的营业收入增长率，最终使增长绩效指数排列在15家财产险公司的第4位。

表7　2013年15家财产险公司的增长绩效及排名

公　司	增长绩效指数	排名	营业收入增长率（%）	排名	净利润增长率（%）	排名
安邦财险	1000.00	1	199.11	1	214.72	1
国寿财险	289.64	2	40.61	3	42.68	2
太平保险	282.79	3	39.58	4	40.24	3
英大泰和	234.81	4	43.92	2	5.43	6
平安产险	201.15	5	17.76	9	26.02	5
华　安	200.75	6	10.94	3	36.31	4
人保财险	158.45	7	17.75	10	1.01	7
太保产险	157.37	8	18.91	7	−1.41	8
华泰财险	148.26	9	17.27	11	−4.22	9
天　安	134.81	10	24.04	5	−22.55	10
中华财险	76.47	11	18.28	8	−47.86	11
阳光财险	43.16	12	11.34	12	−56.69	13
永　安	37.67	13	8.93	15	−56.20	12
大　地	24.22	14	10.40	14	−66.34	14
天平保险	0.00	15	20.01	6	−95.36	15

3. 效益绩效评价

效益绩效指标包括利润率、资产利润率以及两者经标准化处理并转换成得分后得出的效益绩效指数。

表8列出了衡量2012年15家财产险公司效益绩效的3项指标数据。从表中可以看出，15家公司3项指标排名的对应性相对较好，利润率高的，资产利润率相对也较高，效益绩效指数得分也较靠前；利润率较低的，则基本与上述情况相反。在15家公司中，利润率为5%以上的共有6家，依次是安邦财险、中华财险、天安、人保财险、华泰财险和平安产险。其中，安邦财险高达

25.93%，超出位居第 2 名的中华财险约 16 个百分点，但资产利润率只有 2.82%，致使其效益绩效指数落后于中华财险；中华财险的利润率和资产利润率都很高，分别位居 15 家公司的第 2 和第 1 名。如此极佳表现最终使得其在效益绩效指数上夺得"桂冠"。其他 9 家公司在效益指标上的表现都缺乏"亮色"：利润率都在 5% 以下，资产利润率大都在 3% 以下。其中，阳光财险、太保产险、大地的利润率超过了 4%，天平保险、永诚、太平保险、永安、华安的利润率都只有 2%~3%，国寿股份的利润率甚至不到 2%，与此相应，资产利润率和效益绩效指数排名也都比较靠后。

表 8 2012 年 15 家财产险公司的效益绩效及排名

公　　司	效益绩效 指数	排名	利润率 （%）	排名	资产利润率 （%）	排名
中华财险	1000.00	1	9.80	2	8.69	1
安邦财险	899.02	2	25.93	1	2.82	8
天　　安	440.59	3	6.54	3	4.27	2
人保财险	380.54	4	6.33	4	3.75	4
平安产险	363.62	5	5.62	6	3.81	3
阳光财险	286.91	6	4.71	7	3.34	5
太保产险	251.98	7	4.54	8	3.05	6
大　　地	238.15	8	4.36	9	2.98	7
华泰财险	234.53	9	6.07	5	2.42	9
天平保险	153.34	10	3.63	11	2.38	10
永　　诚	143.75	11	3.73	10	2.25	11
太平保险	104.39	12	3.18	12	2.04	12
永　　安	59.81	13	2.58	13	1.79	13
华　　安	12.02	14	2.51	14	1.35	15
国寿财险	0.00	15	1.88	15	1.43	14

表 9 列出了衡量 2013 年 15 家财产险公司效益绩效的指标数据。从表中可以看出，15 家公司的利润率和资产利润率大都明显不如 2012 年。在利润率方面，除平安产险、国寿财险有所提高外，其他公司均呈下降态势，其中中华财险、安邦财险、天平保险分别下降 5.48 个、3.64 个、3.49 个百分点，为下降幅度最大的 3 家公司。与利润率相对应，15 家公司中除安邦财险、平安产险、华安、国寿财险外，其他公司的资产利润率也都有不同程度的下降。虽然在利润率和资产利润率指标上表现欠佳，但与 2012 年相比，2013 年 15 家公司效益绩效的总体排

名没有太大变化：上年度利润率排名靠前的 6 家公司，即安邦财险、平安产险、人保财险、中华财险、天安和华泰财险，本年度的利润率依然排在最前面，并均达到 4%以上；列入上年度评价的其他公司的利润率则都在 4%以下，也大致重复了上年度的排名。不过，本年度列入评价的英大泰和则达到了 4.19%，跻身于"高利润率"公司的行列。与利润率的排名相对应，各家公司的资产利润率、效益绩效指数排名也与上年度高度类似，没有"奇迹"发生。

表 9　2013 年 15 家财产险公司的效益绩效及排名

公　　司	效益绩效指数	排名	利润率（%）	排名	资产利润率（%）	排名
安邦财险	1000.00	1	22.29	1	3.19	4
平安产险	654.12	2	6.01	2	3.97	1
人保财险	572.26	3	5.43	3	3.46	2
中华财险	511.93	4	4.32	5	3.22	3
英大泰和	491.06	5	4.19	6	3.07	5
天　　安	446.09	6	4.08	7	2.76	7
太保产险	439.92	7	3.77	8	2.78	6
华泰财险	423.93	8	5.40	4	2.30	8
太平保险	339.18	9	3.19	9	2.11	9
华　　安	294.91	10	3.09	10	1.78	10
国寿财险	237.35	11	1.91	11	1.58	11
阳光财险	197.74	12	1.83	12	1.29	12
大　　地	140.27	13	1.33	13	0.95	13
永　　安	109.98	14	1.04	14	0.77	14
天平保险	0.00	15	0.14	15	0.10	15

4. 竞争力综合绩效评价

竞争力综合绩效指数是对三类单项绩效指数进行加总而得出的。为了便于观察各项指标数据变化对综合绩效的影响，在计算综合绩效指数时采用了等权加总的方法。根据蓝皮书确定的评价思路，竞争力综合绩效指数全面反映了公司年度竞争力的实际水平，因而综合绩效指数排名即代表了各家公司的综合竞争力排名。

表 10 列出了 2012 年 15 家财产险公司的竞争力综合绩效指数得分。从表中可以看出，排在前 3 位的依次是人保财险、安邦财险和天安。这 3 家公司之所以排在最前面，是因为各有优势。人保财险靠的主要是总量绩效（第 1）和效益绩效（第

4），安邦财险和天安靠的主要是增长绩效（天安第1、安邦第2）和效益绩效（安邦第2、天安第3）。排在第4到第10位的依次是平安产险、中华财险、国寿财产、太保产险、华泰财险、阳光财险和大地。在这7家公司中，平安产险和中华财险的优势相对突出，其中平安产险的总量绩效排名第2、增长绩效排名第8、效益绩效排名第5；中华财险的总量绩效排名第4、效益绩效排名第1。排在第11到第15位的依次是太平保险、永诚、天平保险、华安和永安。这5家公司虽然综合绩效指数排名靠后，但个别公司在一些指标上仍然有不俗的表现，如太平保险就凭借较高的营业收入增长率和净利润增长率使增长绩效排在了15家公司的第5位。

表10　2012年15家财产险公司综合竞争力排名

公　司	竞争力综合绩效指数（并重型）	综合竞争力排名	公　司	竞争力综合绩效指数（并重型）	综合竞争力排名
人保财险	1000.00	1	阳光财险	244.67	9
安邦财险	904.08	2	大　地	137.94	10
天　安	637.29	3	太平保险	122.07	11
平安产险	592.71	4	永　诚	76.44	12
中华财险	536.16	5	天平保险	44.56	13
国寿财险	382.01	6	华　安	29.13	14
太保产险	326.97	7	永　安	0.00	15
华泰财险	317.04	8			

　　表11列出了2013年15家财产险公司的竞争力综合绩效指数得分。从表中可以看出，与上年度相比，各家公司的排名出现了一些新的变化，主要体现在：第一，在前3位公司中，安邦财险凭借极高的增长绩效和效益绩效替代人保财险成为第1，人保财险则暂退居第2；平安产险凭借更好的效益绩效替代天安，由上年度的第4晋升为第3，天安则因增长绩效下滑而退至第9。第二，在排名第4到第10的公司中，除上面提到的天安外，阳光财险因增长绩效和效益绩效均不佳由第9下滑至第12，大地主要因效益绩效不佳由第10下滑至第13，英大泰和则凭借良好的增长绩效和效益绩效仅次于太保产险而排在第5位。第三，在排名第11到第15的公司中，除上面提到的阳光财险和大地外，其他3家公司相比上年度也有微调，主要是华安由第13升至第11，永安与天平保险相互调换了名次，分别由上年度的第15、第14变成了本年度的第14和第15。

表11　2013年15家财产险公司综合竞争力排名

公　　司	竞争力综合绩效指数(并重型)	综合竞争力排名	公　　司	竞争力综合绩效指数(并重型)	综合竞争力排名
安邦财险	1000.00	1	天　安	269.04	9
人保财险	763.96	2	华泰财险	260.38	10
平安产险	607.54	3	华　安	230.47	11
太保产险	395.47	4	阳光财险	124.65	12
英大泰和	330.13	5	大　地	91.99	13
中华财险	304.68	6	永　安	70.24	14
太平保险	293.11	7	天平保险	0.00	15
国寿财险	281.52	8			

（二）主要财产险公司竞争力绩效分析

对主要公司的竞争力绩效进行独立分析是绩效评价的重要内容。为了更加简明、直观，在具体分析时采用了雷达图分析法。限于篇幅，仅选择营业收入排名前6位的财产险公司，根据其绩效指标的标准值绘制出竞争力绩效雷达图，并将15家公司各项指标标准值的最高值、平均值和最低值一并标出，以便进行比较。

1. 人保财险

人保财险是我国最大的财产险公司。从2012年的竞争力绩效雷达图可以看出（见图4），人保财险在营业收入、净利润指标上均代表了15家公司的最高水平；但营业收入增长率表现不佳，明显低于15家公司的平均值；净利润增长率和利润率则几近平均水平；资产利润率相对较高，位于平均水平之上。与2012年相比较，2013年的情况大致类似，主要变化是资产利润率已接近15家公司中的最高值。

2. 平安产险

平安产险是我国第二大财产险公司。从2012年的竞争力绩效雷达图可以看出（见图5），平安产险的营业收入和净利润虽与最高值还有一定距离，但都明显位于平均值之上；营业收入增长率、净利润增长率和利润率3项指标都在平均值附近，其中净利润增长率略低于平均值；资产利润率在平均值之上，但优势似乎并不明显。与2012年相比较，2013年的情况大致相同，主要变化是资产利润率成了15家公司的最高值，净利润增长率也超过了平均水平。

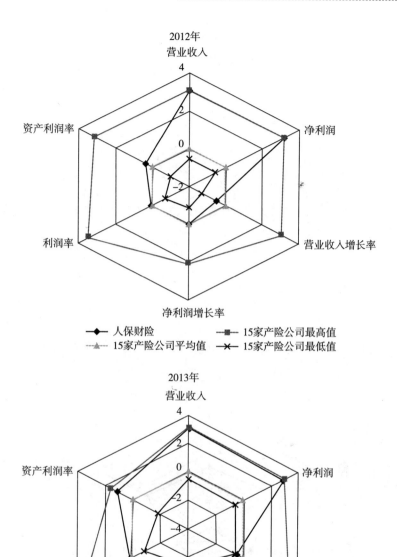

图4 人保财险竞争力绩效雷达图

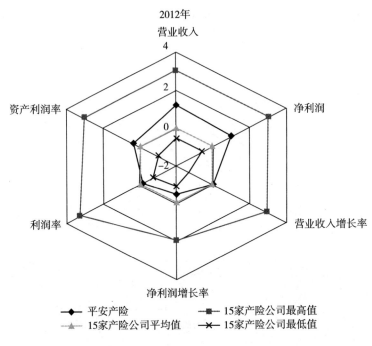

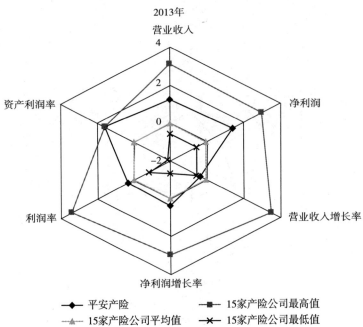

图5 平安产险竞争力绩效雷达图

3. 太保产险

太保产险是我国第三大财产险公司。从 2012 年的竞争力绩效雷达图可以看出（见图 6），太保产险的营业收入、净利润两项指标都位于平均值之上，但与平均值较为接近；营业收入增长率、净利润增长率和利润率 3 项指标均在平均值之下，其中净利润增长率已接近最低值；资产利润率则位于平均值附近，与平均值基本相当。与 2012 年的情况相比较，2013 年净利润增长率、利润率、资产利润率都有所提升，其中资产利润率已经位于平均水平之上。

4. 中华财险

中华财险曾是我国第四大产险公司，但 2013 年已被国寿财险超过。从 2012 年的雷达图（见图 7）可以看出，中华财险的营业收入和净利润都与平均水平相当，但营业收入增长率和净利润增长率则都代表了 15 家公司的最低值；利润率高于平均水平，只是优势不太明显；资产利润率则一改增长指标的"颓势"，成为 15 家公司的最高值。与 2012 年的情况相比较，2013 年的变化主要体现在两个方面：一是两个增长指标（营业收入增长率、净利润增长率）都有所改善，但仍在平均水平之下；二是资产利润率从上年度的最高位跌落，不过仍高于平均水平。营业收入和净利润两项指标则变化不大。

5. 国寿财险

国寿财险近年来发展迅猛，营业收入已位居财产险公司的第 4 位。从 2012 年的雷达图可以看出（见图 8），国寿财险在该年度除营业收入增长率处于最高水平外，其他 5 项指标均位于平均值之下，净利润、利润率和资产利润率甚至已接近最低水平。与 2012 年的情况相比较，2013 年营业收入增长率"风光不再"，已接近平均水平；净利润增长率超出了平均水平，其他 4 项指标则仍徘徊在平均水平之下。

6. 大地保险

大地保险在 2012 年、2013 年度的竞争力绩效表现均属中等偏下。从两个年度的雷达图可以看出（见图 9），大地保险 6 项绩效指标的标准值都位于 15 家公司的平均值附近及偏下位置，没有一项有较突出的表现，有的指标甚至已接近 15 家公司的最低值。这些情况说明，在 15 家公司内部进行比较，大地保险的竞争力绩效在两个年度均缺乏"亮色"。

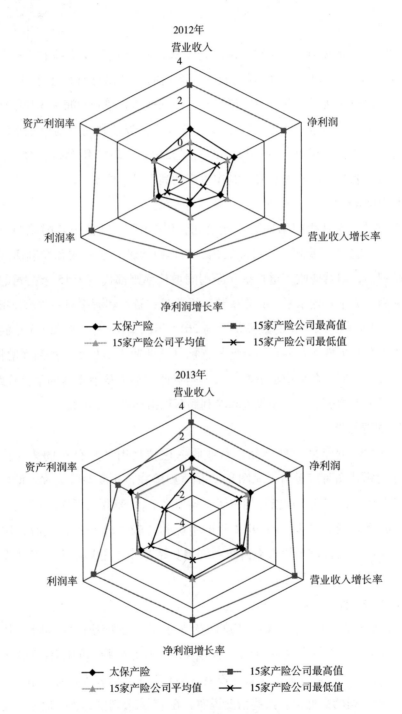

图6 太保产险竞争力绩效雷达图

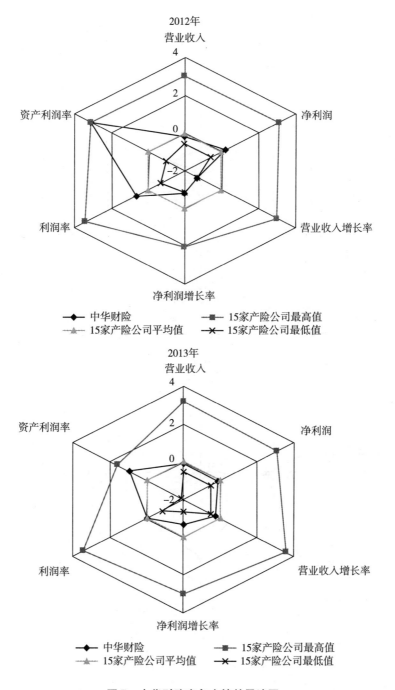

图 7　中华财险竞争力绩效雷达图

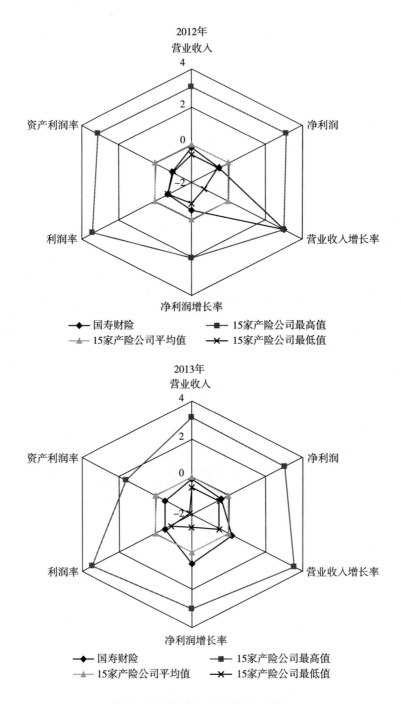

图8 国寿财险竞争力绩效雷达图

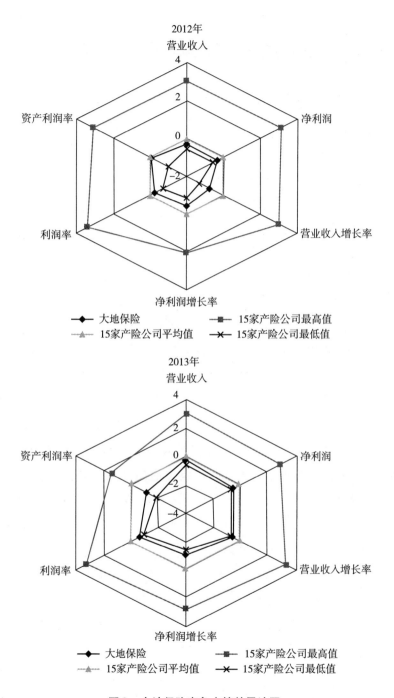

图9 大地保险竞争力绩效雷达图

三　财产险公司竞争力状况分析

保险公司竞争力是一个由多要素构成的体系，包括财务竞争力、产品竞争力、服务竞争力、营销竞争力、成本竞争力、投资竞争力等。下面，围绕这几个方面对 2012～2013 年度 15 家财产险公司的竞争力状况进行评价分析。

（一）财务竞争力

1. 资产规模

总资产和净资产从财务规模角度反映了财产险公司的财务竞争力，直接影响着公司在市场竞争中的总量绩效。其中，总资产反映了公司可利用的金融资源的多少，净资产则制约着可以开展的承保业务的最大规模。

表 12 列出了 2012 年、2013 两个年度初 15 家财产险公司的总资产和净资产。从表中可以看出，2012 年初，人保财险、平安产险、太保产险 3 家公司，无论是总资产还是净资产，都排在 15 家公司的前 3 位，并遥遥领先于其他公司。资产规模方面这种不可比拟的优势给 3 家公司表现优异的总量绩效奠定了坚实基础。大地、国寿财险、阳光财险、中华财险的总资产排在第 4 到第 7 位，净资产则分别排在第 4、第 5、第 7 和第 15 位。其中，中华财险的总资产虽排在第 7，但在净资产方面是唯一一家负值的公司。华安、华泰财险、天安、永安、太平保险、永诚、天平保险、安邦财险的总资产排在第 8 到第 15 位，净资产则依照不同的次序排在第 6 到第 14 位。其中，安邦财险在这 8 家公司中总资产最少，净资产却最多。

2013 年初，15 家公司在资产规模上的排序格局与 2012 年初大致相同，变化主要体现在：其一，安邦财险的总资产、净资产分别从 2012 年初的第 15 和第 6 迅速上升至第 3 和第 4，且总资产已超越传统的第三大产险公司——太保产险；其二，中华财险的总资产规模从第 7 升至第 5，净资产则从第 15 升至第 6；其三，天安的总资产、净资产位次都有提升，但总资产仅提升 1 位，净资产则大幅提升 4 位；其四，华安净资产的位次略降 1 位，总资产却从第 8 位下降至第 11 位。

表 12　2012～2013 年 15 家财产险公司的总资产和净资产

公 司	2012 年				2013 年			
	年初总资产（百万元）	排名	年初净资产（百万元）	排名	年初总资产（百万元）	排名	年初净资产（百万元）	排名
人保财险	265707.033	1	35223.100	1	290521.63	1	45547.72	1
平安产险	108648.338	2	22020.874	3	134933.72	2	26838.03	2
太保产险	85258.668	3	23695.397	2	88925.78	4	24107.02	3
大　地	22717.231	4	5287.499	5	24886.48	7	6804.61	7
国寿财险	22416.422	5	6490.457	4	30263.48	6	7379.31	5
阳光财险	19262.602	6	4107.887	7	21316.69	8	4539.73	8
中华财险	17499.105	7	-8327.662	15	32774.66	5	6989.53	6
华　安	11323.471	8	4060.950	8	11146.73	11	4134.89	9
华泰财险	11146.029	9	1552.787	11	12684.29	10	2370.93	13
天　安	10143.792	10	799.480	14	12501.76	9	3257.18	10
永　安	10031.855	11	2250.243	9	10253.09	13	2737.04	11
太平保险	8548.845	12	1020.015	13	10547.16	12	1733.17	14
永　诚	7188.785	13	1688.099	10	—		—	
天平保险	5801.629	14	1452.663	12	6424.55	15	1616.18	15
英大泰和	—		—		7155.46	14	2474.95	12
安邦财险	5193.394	15	5101.178	6	90749.57	3	10091.77	4

2. 偿付能力

偿付能力充足率从偿债能力角度反映了财产险公司的财务竞争力。根据中国保监会发布的《保险公司偿付能力管理规定》，保险公司应当具有与其风险和业务规模相适应的资本，确保偿付能力充足率不低于 100%。

表 13 列出了 2012 年、2013 两个年度初 15 家财产险公司的偿付能力充足率。从表中可以看出，2012 年初，共有 13 家公司的偿付能力充足率超过了 100%。其中，偿付能力充足率最高的为安邦财险，达 67819.68%。华安、国寿财险、永诚、太保产险 4 家公司的偿付能力充足率都在 200% 以上，大大超过 150% 的充足Ⅱ类标准。此外，超过充足Ⅱ类标准的还有人保财险、阳光财险、永安、平安产险、大地、华泰财险、天平财险、太平保险 8 家公司。这些公司良好的偿付能力为其拓展业务提供了有力支撑。在 15 家公司中，有 2 家公司的偿付能力低于 100%：一是中华财险，为 -346%；二是天安，为 52%。根据监管规定，这

两家公司的经营活动在 2012 年应受到一定限制。不过，由于两家公司随后都及时进行了增资，使偿付能力得到迅速回升，对业务发展应未造成太大影响①。

表 13　2012～2013 年 15 家财产险公司的偿付能力充足率

公　　司	2012 年初		2013 年初		偿付能力充足率变化
	偿付能力充足率(%)	排名	偿付能力充足率(%)	排名	（个百分点）
安邦财险	67819.68	1	1199.00	1	−66620.68
华　　安	478.00	2	378.08	2	−99.92
英大泰和	482.71	—	288.18	3	−194.53
国寿财险	238.00	3	231.00	5	−7.00
永　　诚	236.07	4	—	—	—
太保产险	233.00	5	188.00	10	−45.00
人保财险	184.00	6	175.00	12	−9.00
阳光财险	172.00	7	204.00	7	32.00
永　　安	167.00	8	189.00	9	22.00
平安产险	166.00	9	178.00	11	12.00
大　　地	154.00	10	192.00	8	38.00
华泰财险	152.50	11	220.83	6	68.33
天平保险	151.70	12	152.09	15	0.39
太平保险	151.00	13	164.00	14	13.00
天　　安	52.00	14	244.69	4	192.69
中华财险	−346.00	15	167.03	13	513.03

　　2013 年初，多数财产险公司的偿付能力充足率有明显改善。从表 13 中可以看出，15 家公司中有 9 家偿付能力充足率都有不同程度的提升，虽然也有 6 家公司的偿付能力充足率比上年初有所下降，但绝对数仍都高于 150% 的充足Ⅱ类标准。从整体情况看，与上年初尚有两家偿付能力充足率低于 100% 不同的是，2013 年初不仅没有一家公司低于 100%，而且都在 150% 的充足Ⅱ类标准以上。这意味着，2013 年初 15 家公司的偿付能力都比较强，倘若大规模拓展业务，也不会有偿付能力不足之虞。

---

①　中华财险 2012 年度注资重组工作取得重大进展，股东增资 130 亿元，经营形势因此发生根本性好转，偿付能力充足率由年初的 −346% 升至 167%，达到充足Ⅱ类水平。天安也通过增资和投资收益使 2012 年末的偿付能力充足率快速回升至 244.69%。其中，股东增资 19.55 亿元，投资业务实现综合收益 1.75 亿元。

（二）产品竞争力

根据保监会的要求，各家保险公司都在年度信息披露报告中披露了保费收入居前5位的险种及其保费收入、保险金额等信息。根据这些信息，可以从产品结构角度评价分析各家公司的产品竞争力。

表14列出了2012～2013年15家财产险公司前五大险种的情况。从表中可以看出，中华财险（2012年）、华泰财险、太保产险、阳光财险（2012年）、太平财险、永安（2012年）、安邦财险（2012年）的前五位险种均为机动车辆险、企业财产险、责任险、意外伤害险（中华财险、永安为意外伤害及健康险）、货运险。在人保财险的前五大险种中，健康险替代了意外伤害险。其他公司前五大险种中均包含了机动车辆险、企业财产险、责任险和意外伤害险，但都另有一个险种与其他公司不尽相同。其中，平安产险、阳光财险（2013年）是保证保险进入前5位，大地和天安是健康保险进入前5位，中华财险（2013年）、华安、国寿财险、永诚（2012年）、安邦财险（2013年）、英大泰和（2013年）是工程保险进入前5，天平保险是家财险进入前5。前5大险种的分布情况反映了财产险公司既定的产品策略，同时也反映了各家公司在不同险种细分市场上所具有的竞争力。

前五大险种的保费收入之和占全部保费的比重反映了财产险公司险种的集中度。表14同时列示了2012～2013年度15家财产险公司前五大险种保费收入占全部保费的比重。从表中可以看出，两个年度占比均较低的是中华财险，分别只有83.37%、82.19%；华泰财险2012年为90.13%，2013年则降至81.20%，为当年15家财产险公司之最低；人保财险两个年度的占比均为87%多一点，也不高。前五大险种占比不高，说明险种的发展较为多元化。除上述公司外，其他公司前五大险种保费收入在全部保费中的占比均超过了90%。其中，天平保险在两个年度均为100%，永诚（2012年）、华安、英大泰和（2013年）、安邦财险（2012年）也都超过99%。前五大险种占比较高，说明其他险种的发展还不太充分。产品结构是产品竞争力的重要方面。一般说来，前五大险种占比越低，险种结构就越丰富，产品的整体竞争力就越强。

表14 2012~2013年15家财产险公司的产品结构指标

公 司	前五大商业险种	2013年		2012年	
		前五大商业险种保费收入占比（％）	前五大商业险种的集中度	前五大商业险种保费收入占比（％）	前五大商业险种的集中度
华泰财险	机动车辆险、企业财产险、责任险、货运险、意外伤害险	81.20	0.4762	90.13	0.4886
中华财险	机动车辆险、意外伤害及健康险、企业财产险、责任险、货运险（2012）、工程险（2013）	82.19	0.7032	83.37	0.7265
人保财险	机动车辆险、企业财产险、责任险、货运险、健康险	87.03	0.7150	87.19	0.7174
太保产险	机动车辆险、企业财产险、责任险、意外伤害险、货运险	93.56	0.7075	93.59	0.7054
大地	机动车辆险、企业财产险、责任险、意外伤害险、短期健康险	93.90	0.7146	93.95	0.6980
阳光财险	机动车辆险、企业财产险、责任险、意外伤害险、货运险（2012）、保证保险（2013）	94.98	0.7893	96.13	0.8105
平安产险	机动车辆险、保证保险、企业财产险、责任险、意外伤害险	95.15	0.6826	94.79	0.6728
天 安	机动车辆险、企业财产险、意外伤害险、责任险、健康险	95.32	0.7144	97.68	0.8086
永 安	机动车辆险、企业财产险、意外伤害及健康险、责任险、货运险	95.32	0.7144	98.30	0.7422
安邦财险	机动车辆险、企业财产险、责任险、意外伤害险（2012）、货运险、工程保险（2013）	96.74	0.5160	99.17	0.9271

续表

公　　司	前五大商业险种	2013 年		2012 年	
		前五大商业险种 保费收入占比 （％）	前五大商业 险种的 集中度	前五大商业险种 保费收入占比 （％）	前五大商业 险种的 集中度
太平财险	机动车辆险、企业财产险、意外伤害险、责任险、货运险	97.48	0.7213	96.89	0.7050
国寿财险	机动车辆险、企业财产险、责任险、意外伤害险、工程保险	97.74	0.7915	97.85	0.7989
永　　诚	机动车辆险、企业财产险、意外伤害险、责任险、工程保险	—	—	99.07	0.5714
华　　安	机动车辆险、意外伤害险、企业财产险、责任险、工程保险	99.31	0.8068	99.57	0.8160
英大泰和	机动车辆险、企业财产险、责任险、意外伤害险、工程保险	99.35	0.4216	—	—
天平保险	机动车辆险、意外伤害险、责任险、企业财产险、家庭财产险	100.00	0.9880	100.00	0.9740

前五大险种的集中度是指前五大险种内各险种所占份额的平方和，可以用来衡量前五大险种内部各产品的离散程度。该指标借鉴了衡量产业集中度的综合指数——赫芬达尔指数（HHI）的计算方法，指标值越大，说明前五大险种内部的集中度越高。表 14 同时列示了 2012～2013 年 15 家财产险公司前五大险种的集中度。从表中可以看出，英大泰和（2013 年）前五大险种的集中度最低，仅为0.4216；华泰财险前五大险种的集中度也很低，2012、2013 年度分别只有 0.4886、0.4762；永诚（2012 年）也不高，仅为 0.5714。天平保险两个年度前五大险种的集中度均为最高，分别达 0.9740、0.9880；安邦财险（2012 年）次之，为 0.9271；阳光财险（2012 年）、天安（2012 年）和华安也都超过了 0.8。除上述公司外，其余公司前 5 大险种的集中度则都在 0.6～0.8 之间。前 5 大商业险种的集中度低，意味着前 5 大险种的发展相对均衡，进而说明产品的整体竞争力相对较强。

（三）服务竞争力

衡量服务竞争力最重要的指标是客户满意度。中国质量协会、全国用户委员会自 2012 年起已连续两年开展全国财产保险行业的用户满意度调查。调查采用随机拨号的电话调查方式，以北京、上海、广东等 12 个样本城市各家保险公司的个人客户为主要访问对象，以投保过程、日常服务、理赔服务以及保险公司品牌形象的总体满意度为主要调查内容，涉及的险种以车险为主，同时包括企财险、货运险、责任险、农业险、意健险等，测评对象为业务规模和市场份额较大的 20 家财产险公司。2012 年、2013 年的测评结果见表 15，从中可以看出部分家财产险公司的服务水平和质量。

表 15　2012 ~ 2013 年财产保险公司用户满意度

排名	2012 年		2013 年	
	公司	满意指数	公司	满意指数
1	人保财险	82.4	永安保险	82.0
2	中华财险	82.2	人保财险	80.8
3	永安财险	82.0	阳光保险	80.6
4	太平财险	81.2	大　地	80.6
5	华　安	80.1	天　安	80.2
6	太保产险	78.7	中华财险	78.7
7	阳光保险	78.4	太保产险	78.4
8	天安保险	78.0	天平保险	77.4
9	平安财险	77.9	国寿财险	76.1
10	华泰财险	77.8	太平财险	75.9
11	国寿财险	77.6	华　安	75.1
12	天平保险	76.9	平安产险	74.9
13	大　地	76.8	华泰财险	71.7
14	安邦财险	75.9	安邦财险	71.1
15	都　邦	75.6		
16	永　诚	69.4		

资料来源：中国质量协会、全国用户委员会。

除中国质量协会、全国用户委员会组织开展的用户满意度调查外，中国保监会在关于保险消费者投诉情况的通报中也发布了"涉及保险消费者权益投诉情况统计表"，其中列出的亿元保费投诉量在一定程度上可以间接、逆向反映出公司的客户满意度。

表 16 列出了 15 家财产险公司 2012 年、2013 年的亿元保费投诉量。从表中可以看出，2012 年按该指标从低到高排名，人保财险最低，亿元保费投诉量只有 0.98 件，不仅在 15 家财产险公司中最少，在"统计表"列出的 42 家财产险公司中也属较少的公司之列。中华财险、太保产险、大地、国寿财险、平安产险也不高，均不超过 1.5 件，在 15 家公司中分居第 2 到第 6 位。天平保险、阳光财险、安邦财险 3 家公司相对较多，分别高达 4.09 件、3.83 件和 3.40 件，在 15 家公司中分居第 15、第 14 和第 13 位，在"统计表"列出的 42 家产险公司中也属较多之列。

表 16　2012～2013 年 15 家财产险公司亿元保费投诉量

公　司	2012 年		2013 年		投诉量变化（件/亿元保费）
	投诉量（件/亿元保费）	排名	投诉量（件/亿元保费）	排名	
人保财险	0.98	1	0.87	1	-0.11
中华财险	1.08	2	0.91	2	-0.17
太保产险	1.15	3	1.44	5	0.29
大　地	1.22	4	1.39	4	0.17
国寿财险	1.39	5	1.26	3	-0.13
平安产险	1.40	6	1.53	6（并）	0.13
英大泰和	0.70	—	1.53	6（并）	0.83
华泰财险	1.57	7	2.81	11（并）	1.24
太平财险	1.63	8	2.19	9	0.56
天　安	2.02	9	1.86	8	-0.16
永　诚	2.16	10	—	—	—
永　安	2.22	11	3.65	14	1.43
华　安	2.63	12	2.85	13	0.22
安邦财险	3.40	13	2.23	10	-1.17
阳光财险	3.83	14	2.81	11（并）	-1.02
天平保险	4.09	15	4.81	15	0.72

资料来源：《中国保监会办公厅关于 2012 年保险消费者投诉情况的通报》（保监厅函〔2013〕27 号）、《中国保监会关于 2013 年保险消费者投诉情况的通报》（保监消保〔2014〕2 号）。

2013 年，15 家公司亿元保费投诉量的排序格局没有大的改变，人保财险、中华财险、太保产险、大地、国寿财险、平安产险 6 家公司依然是 15 家公司中最低的，天平保险依然是 15 家公司中最多的，同时亿元保费投诉量的具体数值也没有明显变化。不过，在保持基本稳定的同时也发生了一些小的变化：其一，有 6 家公司的亿元保费投诉量出现下降，其中下降最多的是安邦财险和阳光财险，下降幅度分别达 1.17 件和 1.02 件；其二，有 9 家公司的亿元保费投诉量出现上升，其中上升最多的是永安和华泰财险，上升幅度分别达 1.43 件和 1.24 件，在 15 家公司中的排名也分别由第 10 和第 7 下降到第 14 和并列第 11。投诉量出现下降，说明服务竞争力有所提升；投诉量出现上升，说明服务竞争力有所降低。

（四）营销竞争力

1. 品牌价值

品牌是保险公司最重要的无形资产，品牌价值越高，市场影响力越强。从近几年的情况看，具有集团背景的财产险公司通常具有较高的品牌价值，不具有集团背景的财产险公司品牌价值则相对低一些。

世界品牌实验室（World Brand Lab）近年来连续发布最具价值的品牌排行榜。在 2013 年（第十届）"中国 500 最具价值品牌排行榜"中（见表 17），有 5 家经营有财产险业务的保险公司（包括集团公司）的品牌上榜，分别是：中国人寿，品牌价值 1558.76 亿元，位居第 5 位（与上年相同）；中国平安，品牌价值 269.67 亿元，位居第 57 位（与上年相同）；太平洋保险，品牌价值 213.98 亿元，位居第 79 位（同比上升 8 位）；阳光保险，品牌价值 74.59 亿元，位居第 256 位（同比上升 65 位）；中华财险，品牌价值 70.86 亿元，位居第 275 位（同比下降 46 位）。其中，中国人寿、中国平安已迈进世界级品牌阵营，在世界品牌实验室评选出的 2013 年"世界品牌 500 强"中分居第 237 位和第 342 位。

中国品牌力指数（C-BPI）调查是中国企业品牌研究中心发起和实施的一项消费者最信任的品牌评价制度。从 2012 年 10 月到 2013 年 1 月，该研究中心组织开展了 2013 年度（第 3 届）中国品牌力指数（China Brand Index；C-BPI）研究和调查，并在 2013 年 3 月 25 日发布调查结果。根据调查结果，在财产险行

表 17　2012～2013 年入选"中国 500 最具价值品牌排行榜"的产险品牌

品牌名称	品牌拥有机构	2013 年		2012 年	
		品牌价值（亿元）	排名	品牌价值（亿元）	排名
中国人寿	中国人寿保险（集团）公司	1558.76	5	1261.55	5
中国平安	中国平安保险（集团）股份有限公司	269.67	57	201.58	57
太平洋保险	中国太平洋保险（集团）股份有限公司	213.98	79	152.65	87
阳光保险	阳光保险集团股份有限公司	74.59	256	41.12	321
中华保险	中华财险财产保险股份有限公司	70.86	275	60.91	229
天安保险	天安保险股份有限公司	—	—	25.81	411

资料来源：世界品牌实验室。

业中，获得第一、第二和第三品牌的分别是：中国平安，C-BPI 得分为 701.8；中国太平洋，C-BPI 得分为 455.3；中国人保，C-BPI 得分为 344.1（见表 18）。其中，中国平安在 2012 年也位列第一品牌。在汽车险行业中，获得第一、第二和第三品牌的分别是：平安保险，C-BPI 得分为 635.1；太平洋保险，C-BPI 得分为 479.6；中国人保，C-BPI 得分为 357.6。其中，平安保险在 2012 年也位列第一品牌。

表 18　2013 年度（第 3 届）中国品牌力指数（C-BPI）产险行业调查结果

行业名称	第一品牌	第二品牌	第三品牌	2012 年第一品牌
财产险	中国平安（701.8）	中国太平洋（455.3）	中国人保（344.1）	中国平安（562.9）
汽车险	平安保险（635.1）	太平洋保险（479.6）	中国人保（357.6）	平安保险（475.2）

资料来源：中国企业品牌研究中心。

2. 分销网络

分销网络是体现保险公司营销竞争力的另一重要指标。从近年来财产险公司的整体情况看，成立时间较长、规模较大的公司，经营范围大多已覆盖全国各省、自治区和直辖市，三级、四级分支机构和营销服务部也相对较多。其中，人保财险拥有遍布全国的机构网点，包括 4500 多个分支机构，324 个地市级承保、理赔、财务中心，形成了强大的销售和服务网络，为全国范围的"通保通赔"与"异地出险、就地理赔"等保险增值服务提供着强大支持。人

保财险不仅在城市地区拥有网络优势，还在农村地区拥有更为突出的网络优势。截至2012年底，人保财险已在全国农村地区各乡镇新建或整合三农保险营销服务部5792个、"三农"保险服务站2.05万个，服务网点覆盖全国近82%的乡镇；建立村级"三农"保险服务点超过25万个，从事农业保险基层服务的人员近31万人。平安产险作为全国第二大财产险公司，分销网络的优势也十分突出，目前在国内各省、自治区、直辖市设有41家分公司、2100多个营业网点，分销途径包括内部销售代表、各子公司间交叉销售、各级保险代理人、经纪人及电话销售等渠道。此外，还在世界150个国家和地区的近400个城市设立了查勘代理网点。第三大财产险公司太保产险也已全面完成在全国各省级行政区域的机构布局，现拥有41家分公司，2100余家中心支公司、支公司、营业部和营销服务部，以及包括万余名销售代表在内的直销团队。

相较而言，成立时间较短、规模较小的保险公司，分支机构的数量普遍较少，经营范围大多尚未在全国实现全覆盖。但其中一些公司机构增长快，有效支撑了业务的高速增长。例如，阳光财险成立于2005年7月，成立以来连续多年刷新国内新设保险公司年度保费规模的历史纪录，实现了又好又快的发展。目前已有36家分公司开业运营，三级、四级分支机构达1000余家，服务网络实现全国覆盖。又如，安邦财险自2011年底在安邦产险基础上成立以来，凭借一流的企业文化和创新机制，发展十分迅速，已经成为全国分支机构最全的财产险公司之一，在全国所有省、自治区、直辖市都设立了分支机构，拥有37家分公司，400多家中心支公司，1000多家县、区级机构。

（五）成本竞争力

财产险公司的成本竞争力直接体现在综合成本率指标上，包含综合赔付率、综合费用率两个子指标。综合成本率越低，说明成本竞争力越强。

表19列出了2012~2013年15家财产险公司的3项成本指标数据。从表中可以看出，2012年，在15家财产险公司中，综合成本率最低的是中华财险，只有91.17%。之所以如此，主要与该公司在提速发展的同时高度重视稳定效益有关。人保财险、平安产险和太保产险3家大公司的综合成本率分居第2到第4位，分别只有95.29%、95.43%和95.70%。这3家大公司普遍注重集约化经营、

精细化管理，虽然综合赔付率在 15 家公司中属于较高的，但综合费用率都是较低的。安邦财险、大地、天安的综合成本率分别位于第 5 到第 7 位，虽然高于96%，但都低于99%。在综合赔付率和综合费用率方面，这 3 家公司的情况与前 3 家有点类似，都是综合赔付率偏高，而综合费用率偏低。华泰财险、永安、国寿财险、阳光财险①、天平保险、太平保险的综合成本率分居第 7 到第 13 位。这 5 家公司的综合赔付率皆大于99%、小于100%，且与前 6 家公司相反的是，皆为综合赔付率偏低，但综合费用率偏高。华安、永诚两家公司的综合成本率分别位居第 14 和第 15 位，都超过了 100% 的盈亏平衡点。综合成本率超过 100%，意味着这两家公司的承保业务在 2012 年度皆为亏损。在综合赔付率和综合费用率方面，这两家公司都是综合赔付率偏低，但综合费用率偏高。

表19 2012～2013 年 15 家财产险公司的成本竞争力

公　司	2012 年				2013 年			
	综合成本率(%)	排名	综合赔付率(%)	综合费用率(%)	综合成本率(%)	排名	综合赔付率(%)	综合费用率(%)
中华财险	91.17	1	56.12	35.05	99.33	4	63.63	35.71
人保财险	95.29	2	63.57	31.72	96.97	2	66.23	30.74
平安产险	95.43	3	59.43	36.01	97.08	3	60.44	36.63
英大泰和	—	—	—	—	99.51	5	57.28	42.23
太保产险	95.70	4	61.20	34.51	99.66	6	66.04	33.63
安邦财险	96.37	5	63.56	32.81	94.42	1	63.25	31.17
大　地	98.41	6	60.17	38.24	103.10	12	64.62	38.48
天　安	98.57	7	59.11	39.46	102.47	10	59.20	43.27
华泰财险	99.14	8	55.15	43.98	100.26	8	61.62	38.65
永　安	99.171	9	58.13	41.04	106.66	15	64.47	42.19
国寿财险	99.172	10	58.96	40.21	101.53	9	64.34	37.18
阳光财险	99.66	11	58.65	41.01	103.20	13	62.06	41.14
天平保险	99.68	12	59.53	40.15	105.89	14	59.70	46.19
太平保险	99.89	13	52.17	47.72	100.05	7	52.84	47.22
华　安	100.39	14	55.07	45.32	103.00	11	56.31	46.69
永　诚	100.84	15	56.59	44.25	—	—	—	—

---

① 阳光财险 2011 年度的综合成本率应为 99.02%。在第一本保险蓝皮书《中国保险业竞争力报告（2012～2013）》中，因采集原始数据时发生小差错，致使计算结果变为 105.77%，特此更正并说明。

与上年度相比，2013 年财产险公司的综合成本率大多明显上升。在 15 家公司中，综合成本率低于 100% 的公司只有安邦财险、人保财险、平安产险、中华财险、英大泰和、太保产险 6 家，其他 9 家公司均在 100% 以上，天平保险和永安更超过 105%。不少公司的综合成本率超过 100% 的原因各不相同。其中，华泰财险、国寿财险、大地、阳光财险是综合赔付率上升导致的，太平保险、天安、天平保险是综合费用率上升导致的，华安、永安则是赔付率和费用率同时上升导致。综合成本率明显上升，意味着公司的承保利润大幅减少甚至亏损，因此，要使企业维持既有赢利水平，就必须通过提高投资收益来弥补，否则净利润的大幅下滑将难以避免。实际上，由于投资收益未能很好弥补承保亏损，15 家公司中半数以上净利润都是负增长。

（六）投资竞争力

投资业务是保险公司利润的重要来源。对于财产险公司来说，随着承保业务综合成本的不断提升，投资收益在利润来源中的地位愈发突出，努力提高投资收益水平，成为各家公司努力的方向。

表 20 列示了 2012~2013 年 15 家财产险公司的投资收益率。从表中可以看出，2012 年，天安的投资收益率居 15 家公司之首，高达 10.91%。较高的投资收益率与良好的承保赢利相得益彰，使得天安在净利润增长率和效益绩效上都有较好表现。安邦财险、华泰财险、永诚 3 家公司的投资收益率都超过 6%，在 15 家公司中分别居于第 2 到第 4 位。其中，永诚较高的投资收益水平弥补了高综合成本率，使公司经营总体仍处于赢利状态。阳光财险的投资收益率超过 5%，居第 5 位。阳光保险高度重视资金运用，投资收益连续多年居行业前列。2012 年 1 月 6 日，在《每日经济新闻》主办的"2012 年中国投资年会"上，阳光保险第二次获得"金鼎奖"高端保险类大奖"最佳投资团队"奖。太平保险、大地、天平保险 3 家公司的投资收益率处于中等偏下水平，均在 4%~5% 之间。人保财险、平安产险、华安、太保产险、国寿财险、永安、中华财险等公司的投资收益率则都在 4% 以下，其中尤其以中华财险为最低，只有 2.09%，在 15 家公司中处于末位。

2013 年，各家产险公司的投资收益率较上年均有明显上升。其中，安邦财险上升最多，相当于上年度的 2 倍多，并以 14.9% 的高值列 15 家公司的第 1 位；华泰财险超过了 7%，永安虽未达到 7%，但已十分接近；其他 11 家公司则大多超过了 5%，仅人保财险一家公司在 5% 以下。

表20　2012~2013 年 15 家财产险公司的投资竞争力

公　　司	2012 年		2013 年	
	投资收益率(%)	排名	投资收益率(%)	排名
天　　安	10.91	1	6.19	2
安邦财险	7.32	2	14.90	1
华泰财险	6.53	3	7.11	3
永　　诚	6.19	4	—	—
阳光财险	5.09	5	5.75	8
太平保险	4.48	6	5.49	9
大　　地	4.29	7	5.04	14
天平保险	4.26	8	5.94	6
人保财险	3.86	9	4.53	15
平安产险	3.68	10	5.98	5
华　　安	3.26	11	5.48	10
太保产险	2.37	13	5.41	11
国寿财险	2.34	12	5.86	7
永　　安	2.15	14	6.78	4
中华财险	2.09	15	5.24	13
英大泰和	—	—	5.41	12

四　财产险公司竞争力成因分析

企业竞争力是一系列因素综合驱动的结果，如先行者优势、资源禀赋、战略与策略、体制机制和流程、企业文化、领导力、执行力、变革与创新等。由于篇幅所限，下面择其部分，有选择性地对 2012~2013 年财产险公司竞争力的成因进行分析。

（一）通过注资增资增强财务竞争力

净资产是公司生存和持续发展的基础，规模大小直接体现公司的财务竞争

力。公司净资产的来源主要有两个方面：一是股东注资增资；二是从净利润中提取。从表 21 可以看出，2012 年 15 家公司中净资产增加最多的是中华财险、人保财险、安邦财险、平安产险和天安 5 家公司，2013 年除天安净资产增加额后移至第 8 位外，其他 4 家公司仍在增加最多的前 5 家公司之列。在这 5 家公司中，人保财险、平安产险是大公司，净资产增加通常主要靠从净利润中提取，中华财险、安邦财险、天安则在从净利润中提取的同时，还通过股东注资增资，增强其在财务方面的竞争力。

表 21　2012～2013 年 15 家财产险公司的净资产变动额

公　　司	2012 年		2013 年	
	变动额(百万元)	排名	变动额(百万元)	排名
中华财险	15317.196	1	961.79	5
人保财险	10324.624	2	12035.112	1
安邦财险	5232.985	3	2826.992	3
平安产险	4817.159	4	3692.772	2
天　　安	2457.701	5	301.308	8
大　　地	1517.111	6	-60.926	15
永　　诚	967.911	7	—	—
国寿财险	888.851	8	787.992	6
华泰财险	818.138	9	257.299	10
太平保险	713.153	10	1746.892	4
阳光财险	638.649	11	133.147	11
永　　安	486.834	12	15.757	13
太保产险	411.626	13	728.194	7
天平保险	163.515	14	0.174	14
华　　安	73.942	15	292.615	9
英大泰和	—	—	131.084	12

中华财险始创于 1986 年 7 月，时称"新疆生产建设兵团农牧业生产保险公司"（此后分别于 1992 年 2 月和 2000 年 7 月更名为"新疆兵团保险公司""新疆兵团财产保险公司"），是我国第二家国有保险公司。2004 年 9 月 20 日，公司股份制改革方案获批，实行"一改三"整体改制，成立控股公司，并下设产险和寿险两家子公司。2006 年 9 月 6 日，"中华联合财产保险股份有限公司"开业。此后，公司发展经历了一段艰难的历程。2007 年，在粗放式经营模式下，由于机构扩张过快、经营成本居高不下等原因，在上年亏损 7.96 亿

元的基础上再度出现 63.87 亿元的巨亏，偿付能力出现严重缺口，公司发展陷入困境。2009 年 3 月，中国保监会向公司派驻"加强内控工作组"，开始对该公司进行全面风险处置。2010 年，公司经营扭亏为盈（净利润为 8.5 亿元），综合成本率降至 97.3%，内控工作组于当年 8 月撤出，随之公司成立了新董事会，组建了新经营班子，并提出"二次创业三步走"的战略目标，计划用 10 年时间将公司建成一家创新型、多元化的保险集团。为了实现这一目标，公司开始寻求注资增资，增强公司财务实力。2012 年 3 月，保监会核准保险保障基金公司以 60 亿元资金向中华控股注资，并下发《关于中华联合财产保险股份有限公司变更注册资本的批复》，公司股本由 15 亿元增至 75 亿元。2012 年 8 月，中华控股与东方资产签署战略合作协议，东方资产将通过债转股形式向中华联合注资 78.1 亿元。由于当时尚未获得保监会批复，故暂采取变通之策，通过向东方资产发行定向"特种债券"的方式先注资，待监管程序走完后再通过增发实现"债转股"。2012 年 11 月 21 日，保监会下发《关于中华联合保险控股股份有限公司变更注册资本金的批复》，批准东方资产将持有的中华联合全部特种债券以 1 元/股的价格转换为 78.1 亿股股份，中华联合注册资本变更为 153.1 亿元，东方资产以 51.01% 的控股比例成为控股股东，保险保障基金为第二大股东，持股比例为 44.82%。通过两次注资，中华控股和中华财险的注册资本金大幅增加，中华财险的偿付能力充足率由 2011 年末的 - 346% 骤升至 2012 年末的 167%，达到偿付能力充足Ⅱ类标准。2013 年末，中华财险的总股本达到 146.4 亿元，列所有财产险公司第 4 位，偿付能力充足率为 166.86%。由于之前偿付能力曾严重不足，故从 2008 年开始公司未能再设机构，2009 年以来一些机构也实行了关停并转，对公司竞争力构成制约。2012 年 11 月 23 日，保监会下发《关于全面解除对中华联合财产保险股份有限公司监管措施的批复》，解除了对中华财险实施的限制业务规模、不得设立新的分支机构、不得提升原有分支机构层级、不得向股东分红、禁止购置房地产、禁止购置大额固定资产等监管措施。监管措施的全面解除，标志着公司经营恢复正常。

　　与中华财险类似，天安近几年的发展也受净资本对偿付能力的制约。2009年末，公司偿付能力充足率为 - 144.7%。2010 年四季度，增资扩股获批，增资 21.72 亿元，注册资本增加 1 倍，达到 43.45 亿元，对偿付能力起到了根本

改善作用，年末偿付能力充足率达到108.47%。2011年，公司发生4.36亿元的严重亏损，净资产大幅下降，偿付能力下降到54%。2012年7月17日，经保监会批准，天安再次增资扩股，新增股本19.55亿元，注册资本上升到56.48亿元，资本实力大为增强。在不到两年的时间里，公司股东连续增资达40多亿元，在行业内也实属罕见。增资扩股完成后，公司偿付能力充足率在当年末达到244.69%，不仅解决了多年来困扰发展的偿付能力不足问题，也为公司持续赢利提供了保障。

与上述两家公司不同，安邦财险虽然并未经历偿付能力不足的"劫难"，但为了增强公司财务实力，自成立以来也不断进行大规模注资增资。安邦财险最早成立于2004年9月，由上汽集团联合数家央企设立，注册资本为5亿元。成立后的第2年，公司成功引进中石化作为股东，注册资本增加到16.9亿元。2006年6月，公司再次增资扩股，注册资本提高到37.9亿元。2008年，公司又一次增资，注册资本提高到51亿元。2011年12月31日，经保监会批准，安邦保险集团投入45.9亿元并联合江苏名德投资集团、联通租赁集团、标基投资集团、浙江中路基础设施投资集团等共同出资成立安邦财险，注册资本为51亿元，其中安邦保险集团占90%。2012年12月，各家股东在保持原持股比例不变的情况下共同增资39亿元，注册资本变更为90亿元，位列全国所有财产险公司第5位。不断增资大大增强了安邦财险的财务实力，2012年末偿付能力充足率已达1199%，2013年末进一步增至1536%，为公司业务快速扩张奠定了坚实基础。值得关注的是，即便偿付能力充足率远高于监管要求，但安邦财险仍未停止大幅增资的步伐。2014年3月4日，安邦财险第一次临时股东大会决议，申请增加注册资本100亿元，保监会5月4日发布的关于安邦财险变更注册资本的批复公告显示，安邦财险的注册资本已达190亿元，超过人保财险的136亿元和平安产险的170亿元，成为国内注册资本最大的财产险公司。资本金极其雄厚但保险业务尚未得到相应发展，使得安邦财险的偿付能力处于超强状态，给下一步实现业务的快速发展提供了强大支撑。

（二）同时关注业绩增长和组织健康

企业竞争力是一个由绩效、状况和成因构成的逻辑体系，三者前后贯通、密不可分。根据竞争力运行的机理，提升企业竞争力，首先应关注的不是绩效，而是成因，抓住了成因这一源头，就等于抓住了绩效这一结果。所以，优秀的公司往往会在关注绩效的同时关注成因。麦肯锡曾在 2010 年结合公司转型做过一个调查。结果显示，同时关注业绩和健康的公司的成功率是只关注业绩的公司的 3 倍。这里的组织健康，实质上强调的就是竞争力的成因。注重业绩，无论是利润提升还是业务增长都没有错，但是如果对短期结果过度聚焦，则往往会忽视企业机体的健康并严重影响未来发展。经过 30 多年市场风雨的洗礼，在我国上百家保险公司中，同时关注业绩增长和组织健康并以此促进可持续发展的企业已不在少数，其中人保财险就是比较典型的一个。

2012 年 6 月 25 日，全球著名财经媒体《福布斯》发布"2012 年中国最佳 CEO"榜单，人保财险总裁王银成凭借公司优秀的经营业绩入选。2013 年 7 月 3 日，《福布斯》推出"2013 年中国最佳 CEO"榜单，王银成再次入选，成为唯一一位连续两年获此殊荣的中国金融企业领导人。王银成连续两年当选"中国最佳 CEO"，应当说既是对他个人的肯定，也是对人保财险整个公司的赞誉。自 2008 年发生国际金融危机以来，世界经济金融形势复杂多变，国内经济运行不确定因素增多，但人保财险上下同心，攻坚克难，交出了一份满意的答卷：保费收入从 2007 年的 886.12 亿元增加到 2013 年的 2230.05 亿元，净增 1.52 倍；净利润从 2007 年的 23.92 亿元增加到 2013 年的 105.45 亿元，净增 3.41 倍；综合成本率自 2010 年起连续 4 年保持在 100% 以下，处于行业领先水平。

能够取得如此佳绩，不仅与全体员工的共同打拼有关，更是公司高度关注组织健康的结果。王银成在 2008 年 8 月至 2013 年 10 月担任人保财险总裁期间，首先明确了公司经营的指导思想，即坚持公司的未来发展应聚焦到社会价值上，以市场为导向、以客户为中心，始终践行"人民保险、服务人民"的历史使命，"风雨同行、至爱至诚"，"做人民满意的保险公司"，哪怕因此丢掉一些市场份额。在此基础上，确定了公司的发展目标，即坚持将 AIG 等国际保险巨头视为目标对象，在 2020 年之前把公司打造成全球领先的财产险公司。根据这一指导思想和发展目标，公司将促进和维护组织健康作为重中之重，并确定了四大标准，即战略领先、文化先进、机制科学、队伍一流。围绕组织健康，近年来公司采取了以下举措。第一，坚持战略引领，理清经营逻辑。根据"做人民满意的保险公司"的共同愿景,制定了"十二五"发展战略,建立起从理念到目标、从路径到举措的一整套经营管理体系。第二,坚持改革转型,转变发展方式。实施信息技术大集中、理赔垂直管理、财务共享中心建设、内控合规体系完善"四大工程"建设;构建区域、产品线、渠道"三位一体"的营销管理模式。第三,坚持开拓创新,优化管理工具。在定价环节,推进赔付率 R 系统应用,实现价格刚性管控;在销售环节,开发运用市场地图系统和手机远程销售系统;在理赔环节,应用全险种保单及理赔查询系统。第四,坚持以人为本,激发组织活力。践行"专家治司、技能制胜"的发展方略,在总裁室和分公司领导班子中推广"团队学习实验室",在全系统推行"总裁共享课堂",坚持不懈,持续提升各级领导干部的经营管理水平;坚持"树正气、用能人、明赏罚",建立起科学的领导班子和领导干部综合考核评价体系,确保整个管理队伍的素质和活力。第五,坚持依法合规,强化风险管理。推进实施内部控制评价与改进项目,推进流程标准化建设,持续推进风险管理 e 化和智能化建设。

实践证明,一家优秀的企业必有一套成熟的经营管理理念和一支优秀的经营管理队伍。人保财险作为新中国保险业的"长子",虽然历经 60 多年的风雨洗礼,但仍充满着蓬勃生机,究其原因,除了公司具有的先发优势、雄厚的资本实力、广大员工的共同努力等因素外,高度关注组织健康起到了至关重要的支撑作用。

2008~2013 年人保财险的主要经营指标见表 22。

表 22　2008~2013 年人保财险的主要经营指标

年份	保费收入 (百万元)	保费增长率 (%)	市场份额 (%)	综合成本率 (%)	净利润 (百万元)	利润增长率 (%)
2007	88611.87	—	42.46	102.10	2391.66	—
2008	101656.07	14.72	41.56	103.10	108.96	-95.44
2009	119464.12	17.52	39.82	102.20	1783.29	1536.65
2010	153930.02	28.85	38.23	97.80	5288.23	196.54
2011	173553.52	12.75	36.28	94.18	8027.13	51.79
2012	193017.97	11.22	34.90	95.29	10439.40	30.05
2013	223005.00	15.54	34.41	96.97	10544.53	1.01

资料来源:2011~2013 年综合成本率系本书统一计算,其他数据引自《中国保险年鉴》以及吴焰主编《中国非寿险市场发展研究报告》,中国经济出版社,2007。

（三）把握关键经营要素，着力实施差异化竞争

保险业是一个高度同质化的行业，要在竞争中占据优势，除了不断推进产品创新外，还必须谋求在营销、服务等方面的差异化优势。由于这一原因，各家公司无不对保险服务格外重视，力图通过这一关键经营要素实施差异化竞争。

2012～2013 年，国寿财险在增长绩效上取得了不俗的业绩。2012 年，营业收入增长 51.09%，居 15 家公司第 1 位；2013 年，营业收入增长 40.61%，居 15 家公司第 3 位，净利润增长 42.68%，居 15 家公司第 2 位。能够取得如此佳绩，除了产品、渠道和投资优势外，还与该公司秉持"用心、专业、快捷、便利"的服务理念、着力构建服务文化、实施特色服务的策略有关。

2012 年，国寿财险打响客户服务能力建设"三大战役"——服务文化建设先起步、服务能力再提升、客户感受再反馈，以此打破经营瓶颈，以细节彰显"用心服务"的理念。其中，在服务文化建设方面，在建立以"用心服务"为核心的服务文化体系的基础上，进一步丰富客户服务训导词、服务文化宣导手册、典型服务案例汇编等服务文化内容，重点开展传播推广工作，促进文化"软实力"的发挥；在服务能力再提升方面，推出《窗口服务人员标准化系列指引》，与前期推出的《客户服务规范》《窗口岗位服务标准执行手册》及客户服务标准化物料等共同构成服务标准化体系，并在各级机构以多种形式进行有针对性的强化培训，通过培训促进服务能力的大幅提升；在客户感受再反馈方面，注重从细节入手全方位关注客户，通过开展"服务流程穿越"等活动，使注重细节逐步成为公司的核心竞争力。

2013 年，公司进一步采取三项措施提升服务竞争力。一是以细节感动客户。新推出的系列查勘服务标准从个人非车险常用产品入手，通过案件调度、查勘预约、查勘准备、赶赴现场、现场查勘、理赔指导、查勘结束 7 个环节，明确了具体的操作标准与服务规范。为持续打造专业、高标准的查勘服务，公司在 2013 年 6 月推出《车险现场查勘常用服务标准口袋书》，通过图文并茂的形式，以现场查勘岗位中服务规范和实务标准为基础，用最简洁的语言提炼出车险现场查勘服务的常用标准化要求。二是用"差异化"赢得客户。2013 年头 5 个月，公司在江苏、浙江、山东、广东、陕西、深圳的 6 家分公司开展

"全心全易"差异化服务试点，允许各家分公司在固化、优化全系统"怡享通道""服务有信""爱车管家""尊享无忧"四大板块、18项服务项目的同时，根据区域特色开设形式多样、贴心便民的服务项目。三是以新技术提升体验。2013年6月23日，中国人寿微信公众账号正式上线。通过该平台，客户可以直接投保意外险、车险，享受终端移动化带来的便捷，还可以进行激活卡激活、保单查询、业务咨询等相关操作。除上述三项措施外，公司在成立之初就意识到移动互联在车险移动理赔服务中不可替代的优势，经过几年研发建成了行业内首个全国集中的车险移动业管客服技术平台，运用移动终端实现了车险赔案全流程的快速处理，为客户提供了一种全新的服务体验。目前，公司最快的一起案件从接到客户电话到支付赔款完成仅需花费7分钟。

服务竞争力的提升为国寿财险的快速发展提供了强大支持。公司自2006年12月30日成立后，在短短7年时间内，市场份额不断上升，已经从一个"蹒跚学步"的"孩童"，迅速崛起为市场份额位居全国第4、净资产高达80亿元的大型财产险公司。

2007~2013年国寿财险的市场份额见图10。

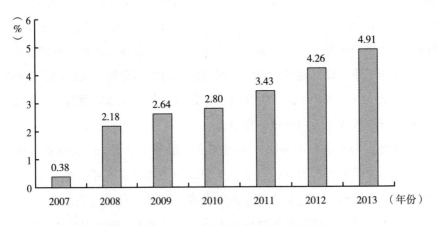

图10　2007~2013年国寿财险的市场份额

（四）大力推进创新，抢占未来发展先机

近年来，随着同质化趋势和竞争的加剧，越来越多的财产险公司通过创新

来获得和维持竞争优势。其中，平安产险就是较具代表性的一个。

创新是中国平安健康快速发展的基石，公司的"领先文化"就建立在创新的基础之上。自 1988 年公司成立以来，平安始终坚持"在竞争中求生存，在创新中求发展"的理念，遵循"人无我有，人有我专，人专我新，人新我恒"的思路，以开阔的视野和胸怀，不断吸收不同行业优秀企业的管理经验，不断引进最先进的科学技术，一直走在中国金融企业改革创新的最前沿。集团公司董事长马明哲在一次演讲中曾形象地讲道："作为一艘扬帆起航的小船，我们要赶超已经遥遥领先的大船，就必须先行一步进行创新，不断尝试新的航线、新的动力来源、新的操控方法，配备经验更丰富的船员，唯有如此才可能超速前进，后来居上。"由于不断的创新，平安已经在中国金融保险企业中创造了许多个第一：第一家建立员工持股计划；第一家引进外资股东；第一家聘请国际会计师进行审计；第一家大规模引进海外专业人才；第一家进行投资连结保险产品的开发；第一家走综合金融经营的道路；第一家进行海外股权投资；第一家设立"首席创新执行官"；等等。研究中国平安的发展历程，不难发现，创新已经成为平安内在的"基因"。近年来，作为集团核心成员的平安产险秉承"专业，让生活更简单"的品牌理念，以改善和提高客户体验为核心，积极致力于产品、服务及渠道的各种创新，提高服务的效率和品质，赢得了客户及市场的认可与赞誉。

在产品创新方面，2012 年，面向经营时间为 1 年以上、在当地工商局和税务局注册登记、年销售额在 200 万元以上的小微企业，在业内首先推出"小微型企业贷款保证保险"。2013 年，在移动互联网等领域不断挖掘创新商业模式，推出了个人账户资金损失保险、机票预订取消保险、酒店预订取消保险等多个创新险种，保障了消费者在电子商务交易中的安全需求；针对备孕人群，推出了一款新产品——"怀孕险"，同时为已孕准妈妈和胎儿也开发出一种特色保障型险种——"平安孕妇健康保险"；针对广大业主装修漏水困扰，在业内首推"装修综合保险"，因装修漏水而发生的重装费用、家居损失及邻居家宅财产损失都将一一赔付。在《中国保险报》举办的"2013 年度保险产品"评选活动中，平安产险卓越的产品创新能力赢得广泛认可，家居综合保障计划、"畅游天下"特色游保险产品、安全支付责任保险以及移动即时服务创新项目分别获得"年度综合保障计划""年度意外保险产品""年度责任保

险产品""年度机动车辆保险产品及服务"四项大奖。

在服务创新方面，近年来平安产险从客户体验角度出发，连续 5 年升级服务标准，并以科技实力为后盾，通过大数据挖掘客户需求，5 年内提出 8 项业界领先的服务创新承诺。2012 年，公司推出"快易免"服务方程式，建立了业内首个将投保、查勘、理赔、服务等全流程融为一体的创新服务体系。该体系致力于通过高科技为客户提供简单、便捷的服务体验，搭载了外网理赔平台、损失询价系统、iPad 急速查勘、车险理赔 APP 等新科技手段，引领了中国保险服务新风尚，让理赔服务变得更方便、更简单，大大提高了平安产险的服务竞争力。2013 年，平安产险连续 5 年升级服务承诺，推出赔款即时到账、零查勘简易理赔等四项创新性服务，并首先提出"心服务"理念，逐步建立起行业领先的服务标准和训练、监测体系。其中，车险的"简单快赔"服务承诺达成率达 95.87%，"结案支付即时到账"服务交易成功率达 94.10%，"省心调解"服务有效调解率达 94.48%。

在渠道创新方面，2007 年平安产险首家获准进行电销经营，5 年来电销渠道保费持续领先，从 2007 年的 6.7 亿元跃升至 2012 年的 285.3 亿元，业务占比从 3.2% 提高到近 30%，5 年提升了近 10 倍，彻底"颠覆"了传统销售方式和购买习惯。同时，作为电销行业的先行者和领导者，平安产险始终坚持在经营模式、运营管理、客户服务等方面寻求创新与突破。2012 年 6 月，平安产险启用域名 4008000000.com，首家推出车险整合直销平台。同年 7 月，在新渠道发布"蜜蜂服务标准"，基于"专业、便捷、实惠"三大核心优势，为车主提供一整套标准化的车险服务保障。

（五）通过权益投资和另类投资提升投资收益

权益投资是指为获取其他企业的权益或净资产所进行的投资，投资品种包括股票和股票型基金等。权益投资具有收益高、波动大等特点。我国保险企业自2003 年开展基金、股票投资以来，累计投资收益为 2797 亿元，年均收益率为7.92%，其中 2006 年、2007 年、2009 年投资收益率分别高达 29.46%、46.18%、22.71%，但近年来国内外资本市场动荡加剧，保险资金权益投资又连续出现较大亏损。权益投资在资本市场红火时能够给公司带来丰厚收益，但投资收益的波动性也容易引致公司利润的大幅波动，进而危及偿付能力。为此，在保监会出台"投资新政"鼓励保险机构拓宽资金运用渠道和加强另类投资创新的刺激下，保险公司开始积极开展另类投资。另类投资是指区别于传统债券、股票、期货等公开交易品种的投资类别，投资范围主要包括不动产、基础设施项目和私募股权等。与权益投资相比，另类投资的投资收益可能更高，且波动性小，具有改善资产配置结构、有效降低系统性风险的特殊功能，因而受到各家保险公司的青睐。

2012 年以来，在权益投资和另类投资方面，安邦财险可谓奇招频出，"赚足了眼球"。在权益投资方面，2013 年一季度，安邦财险替代安邦集团获得金地集团 4.9% 的股份，成为其第三大股东，随后又在 2013 年 12 月 3 日大笔买入金地集团 454.39 万股股份（成交均价为 6.09 元/股），累计持股规模达 22357.55 万股，达到 5% 的举牌线。2013 年 12 月 10 日，安邦财险在 A 股市场增持招商银行 11.33 亿股，增持后共持有招商银行 12.61 亿股，占其总股本的 5%。在另类投资方面，2012 年 12 月，安邦财险出资 56 亿元购入联营公司成都农村商业银行股份（这一交易在 2011 年 9 月由安邦保险集团先行完成），持股比例为 35%。此外，安邦财险还开展了大量房地产投资。安邦财险近两年的资产负债表显示，2012 年长期股权投资比上年增加 69.42 亿元，2013 年长期股权投资再度增加 101.8 亿元，同时投资性房地产大幅增加 157.32 亿元。安邦财险进行大规模权益投资和另类投资的意图可能有多种，但获取高额收益无疑是其基本目的。例如，招商银行 2013 年度现金分红每 10 股派息 6.2 元，股息率达 6.06%，依此计算，安邦财险将会获得不菲的现金收益。投资收益对公司赢利贡献良多。2013 年安邦财险净利润达 34.4 亿元，同比增长 210.77%。如此高的增长率一方面与承保业务有关，但另一方面又得益于投资业务。安邦财险该年度的投资收益达 45.25 亿元，同比增长 152.41%，相当于上年度的 2.52 倍。其中，"按权益法享有的联营企业净损益的份额"为 15.8 亿元，占全部投资收益的 1/3。此外，在公允价值变动收益中，投资性房地产收益为 84.32 亿元，不仅弥补了交易性金融资产 22.64 亿元的损失，还贡献了该年度 61.68 亿元公允价值变动收益的全部。这些数据说明，强化权益投资和另类投资为安邦财险带来了不菲的利润贡献。

在权益投资和另类投资上有较大斩获的并非只有安邦财险。在 2012 年的投

资竞争力排行榜上，天安保险以 10.91% 的高投资收益率位居第 1，这其实也是与该公司的权益投资和另类投资分不开的。2012 年度，天安保险一改之前的巨额亏损，实现赢利 4.8 亿元，虽然综合成本率由上年度的 105.52% 下降为 98.57%，使承保业务产生利润，但承保业务的赢利空间并不大，净利润的产生仍主要得益于投资业务。根据该公司披露的年度财务信息，公司 2012 年共获得投资收益 4.83 亿元、公允价值变动收益 2.91 亿元。其中，在投资收益中，长期股权投资收益为 1.72 亿元，占 35.61%；在公允价值变动收益中，权益工具投资为 2.87 亿元，占 98.63%。需着重说明的是，该年度 1.72 亿元的长期股权投资收益主要来源于对天安人寿股权的转让。2012 年 12 月，保监会批准天安财险将所持有的 1 亿股天安人寿股份转让给大连桥都实业有限公司，交易完成后天安财险不再持有天安人寿的股份，这项交易为天安财险提供了 1.75 亿元的综合收益。由此可见，天安财险在 2012 年度极好的增长绩效主要得益于这一股权转让收益。

2012～2013 年 15 家财产险公司"另类投资"资产净增加额见表 23。

表 23　2012～2013 年 15 家财产险公司"另类投资"资产净增加额

单位：百万元

公　司	2013 年净增加额		2012 年净增加额	
	长期股权投资	投资性房地产	长期股权投资	投资性房地产
人保财险	1418.252	32.952	1040.591	140.072
平安产险	0	80.659	0	528.468
太保产险	10.097	0	-0.653	0
国寿财险	0	0	0	0
中华财险	0	0	0	0
大　　地	0	0	0	0
阳光财险	13.50	0	1725.99	0
安邦财险	10180.160	15732.030	6942.224	0
天　　安	0	0	-66.698	0
太平保险	64.208	0	0	0
永　　安	0	0	20	0
华　　安	-7.547	303.178	-6.385	0
英大泰和	0	0	—	—
永　　诚	—	—	0	0
华泰财险	0	0	0	0
天平保险	0.712	5.719	2.763	0.205

B.8
BLUE BOOK

2012~2013 年人身险公司
竞争力评价分析

冯占军　李秀芳*

摘　要：

2012~2013 年，人身险公司数量继续增加，产品竞争、服务竞争、营销竞争更显激烈。在列入评价的 15 家人身险公司中，2012 年、2013 年综合竞争力绩效居前 3 位的分别是国寿股份、平安人寿、平安养老和国寿股份、平安人寿、友邦中国。在竞争力形成的各种原因中，国寿股份的品牌优势、友邦中国的产品定位、平安人寿的渠道策略等表现突出。

关键词：

人身险公司　竞争动向　竞争力绩效　竞争力　竞争力成因

一　人身险市场竞争的总体态势

（一）市场份额的基本格局

2012 年，我国人身险公司的数量大幅增加。根据保监会发布的《2012 年人身险公司原保险保费收入情况表》，列入统计的人身险公司共计 68 家，比上年度多出 8 家，分别是前海人寿、华汇人寿、东吴人寿、吉祥人寿、珠江人

---

* 冯占军，经济学博士后，中国人寿保险股份有限公司战略与市场部副研究员；李秀芳，中国精算师协会常务理事，中国保险学会理事，南开大学经济学院教授、博士生导师，南开大学风险管理与精算研究中心主任、经济实验教学中心（国家级）主任。

寿、弘康人寿、北大方正人寿和复星保德信人寿。在 68 家人身险公司中，从资本结构看，有中资公司 42 家、外资公司 26 家；从经营范围看，有综合性公司 59 家、专业性公司 9 家（包括养老险公司 5 家、健康险公司 4 家）。2013年，列入保费收入情况表的人身险公司上升到 70 家，比上年度增加 2 家，即中韩人寿和德华安顾人寿，均为综合性的外资公司。

2012 年，人身险公司扭转上年度保费收入下降颓势，实现保费收入 9958亿元，同比增长 4%（见图 1）。其中，新单保费为 4843 亿元，同比下降9.71%，下降幅度较大；续期保费为 5115 亿元，同比增长 21.9%，成为拉动总保费增长的主要因素。在 68 家人身险公司中，前 3 家的市场份额（CR3）为 55.15%，同比下降 0.5 个百分点。其中，国寿股份为 32.41%，同比下降0.88 个百分点；平安人寿为 12.93%，同比上升 0.49 个百分点；新华保险为9.81%，同比下降 0.11 个百分点。前 5 家的市场份额（CR5）为 70.97%，同比下降 1.79 个百分点。其中，太保寿险为 9.36%，同比下降 0.36 个百分点；人保寿险为 6.43%，同比下降 0.93 个百分点。前 10 家的市场份额（CR10）为 86.31%，同比下降 1.8 个百分点。其中，泰康人寿、阳光人寿分别为6.18% 和 1.58%，同比下降 0.93 个和 0.09 个百分点；太平人寿、生命人寿和中邮人寿分别为 3.66%、2.46% 和 1.46%，同比上升 0.37 个、0.02 个和0.62 个百分点。前 15 家的市场份额（CR15）为 90.68%，同比下降 1.97 个

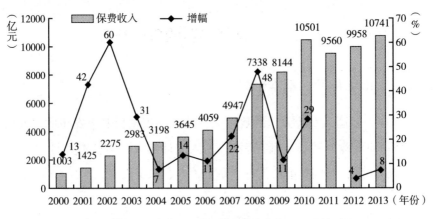

图 1　2000～2013 年人身险公司的保费收入和增幅对比

注：2011 年的增幅因会计准则发生变化而未能计算列出。

百分点。其中，国寿存续、民生人寿、合众人寿分别为 1.32%、0.89% 和 0.81%，同比下降 0.14 个、0.13 个和 0.23 个百分点；人保健康、华夏人寿分别为 0.76%、0.59%，同比上升 0.28 个、0.05 个百分点（见图 2）。

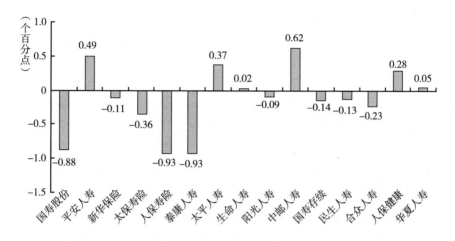

图 2　2012 年保费收入前 15 家人身险公司的市场份额增幅

2013 年，人身险公司原保险保费收入共计 10741 亿元，同比增长 8%；保户投资款新增缴费、投连险独立账户新增缴费合计分别为 3212.32 亿元、83.18 亿元。在全部 70 家人身险公司中，前 3 家、前 5 家、前 10 家、前 15 家的市场份额（即 CR3、CR5、CR10、CR15）依次为 53.67%、69.53%、85.73%、89.65%，分别同比减少 1.48 个、1.44 个、0.58 个、1.03 个百分点。在前 5 家公司中，国寿股份的市场份额下降最大，降幅接近 2 个百分点；新华保险、太保寿险的市场份额也有所下降，但降幅不大；平安人寿、人保寿险的市场份额则均有所上升，其中平安人寿提升 0.67 个百分点，人保寿险提升 0.58 个百分点（见图 3）。

从中资、外资公司的对比看，2012 年、2013 年中资公司的原保险保费收入合计分别为 9482.53 亿元、10144.07 亿元，在人身险公司保费收入中的占比分别为 95.23%、94.44%，分别同比下降 0.73 个、0.79 个百分点（见表 1）；外资公司的原保险保费收入合计分别为 475.35 亿元、596.85 亿元，在人身险公司保费收入中的占比分别为 4.77%、5.56%，同比均有所上升（见表 2）。与财产险公司类似，外资人身险公司的规模都不大，2012 年在保费收入排前 15 位的公司中，只有友邦一家是外资公司，工银安盛、

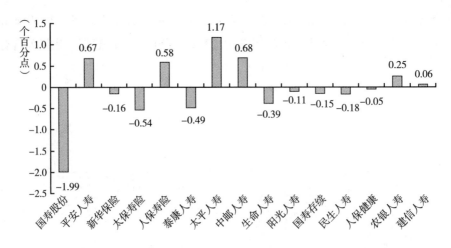

图 3　2013 年保费收入前 15 家人身险公司的市场份额增幅

中美联泰和中意则分别排在第 19、第 20、第 21 位，信诚、中英人寿分别排在第 24、第 25 位，其余外资公司的排名更加靠后；2013 年在保费收入排前 15 位的公司中，外资公司增加到 2 家，即工银安盛和友邦，分别排在第 13、第 14 位，其他外资公司的保费收入则都排在第 20 位之后。

表 1　2012～2013 年中资人身险公司原保险保费收入情况

公　司	2012 年		2013 年		市场份额变动（个百分点）
	原保险保费收入（万元）	市场份额（%）	原保险保费收入（万元）	市场份额（%）	
国寿股份	32274080.63	32.41	32671989.03	30.42	-1.99
平安人寿	12877117.27	12.93	14609092.52	13.60	0.67
新华保险	9771851.97	9.81	10363979.12	9.65	-0.16
太保寿险	9346080.14	9.39	9510121.59	8.85	-0.54
人保寿险	6403030.20	6.43	7527343.74	7.01	0.58
泰康人寿	6157763.88	6.18	6112387.55	5.69	-0.49
太平人寿	3645549.83	3.66	5185274.83	4.83	1.17
中邮人寿	1454639.72	1.46	2303716.76	2.14	0.68
生命人寿	2449026.23	2.46	2224283.97	2.07	-0.39
阳光人寿	1571962.95	1.58	1575583.66	1.47	-0.11
国寿存续	1317466.85	1.32	1259717.22	1.17	-0.15
民生人寿	890204.64	0.89	767489.95	0.71	-0.18
人保健康	759972.86	0.76	763996.38	0.71	-0.05
农银人寿	414578.17	0.42	723082.46	0.67	0.25

续表

公　司	2012 年		2013 年		市场份额变动（个百分点）
	原保险保费收入（万元）	市场份额（%）	原保险保费收入（万元）	市场份额（%）	
建信人寿	586757.13	0.59	701156.98	0.65	0.06
平安养老	586921.64	0.59	697710.28	0.65	0.06
合众人寿	808466.99	0.81	691841.03	0.64	-0.17
百年人寿	353227.66	0.35	468101.38	0.44	0.09
幸福人寿	570705.89	0.57	411525.34	0.38	-0.19
中融人寿	73659.01	0.07	382164.84	0.36	0.29
华夏人寿	587292.06	0.59	376404.15	0.35	-0.24
光大永明	399047.18	0.40	301925.42	0.28	-0.12
信　泰	204248.65	0.21	286213.37	0.27	0.06
长　城	279610.64	0.28	268176.22	0.25	-0.03
国　华	317495.96	0.32	232425.64	0.22	-0.10
天安人寿	144983.01	0.15	203057.74	0.19	0.04
利安人寿	129619.16	0.13	161222.72	0.15	0.02
安邦人寿	124551.41	0.13	136817.47	0.13	0
太平养老	92460.61	0.09	132750.66	0.12	0.03
英大人寿	121251.76	0.12	112336.43	0.10	-0.02
弘康人寿	15.52	0	95817.70	0.09	0.09
昆仑健康	32947.59	0.03	41629.33	0.04	0.01
前海人寿	27232.17	0.03	39346.12	0.04	0.01
东吴人寿	4284.41	0	29017.16	0.03	0.03
华汇人寿	14684.68	0.01	25534.22	0.02	0.01
吉祥人寿	2617.85	0	14312.56	0.01	0.01
和谐健康	10929.68	0.01	13191.98	0.01	0
正德人寿	18481.76	0.02	11663.80	0.01	-0.01
泰康养老	—	—	5940.62	0.01	0.01
珠江人寿	508.11	0	2399.13	0	0
国寿养老	—	—	—	—	—
长江养老	—	—	—	—	—
小　计	94825325.85	95.23	101440741.08	94.44	-0.79

资料来源：中国保监会。

表2　2012～2013年外资人身险公司原保险保费收入情况

公　　司	2012 年		2013 年		市场份额变动（个百分点）
	原保险保费收入（万元）	市场份额（%）	原保险保费收入（万元）	市场份额（%）	
工银安盛	475070.87	0.48	1028719.47	0.96	0.48
友　邦	869115.23	0.87	940776.61	0.88	0.01
中美联泰	466161.91	0.47	567006.01	0.53	0.06
中　意	431388.23	0.43	478893.80	0.45	0.02
招商信诺	242153.71	0.24	424027.30	0.39	0.15
信　诚	362360.38	0.36	413329.16	0.38	0.02
中英人寿	360104.56	0.36	353060.47	0.33	-0.03
中宏人寿	273195.63	0.27	298744.39	0.28	0.01
华泰人寿	285686.34	0.29	289186.71	0.27	-0.02
中荷人寿	175573.36	0.18	212159.52	0.20	0.02
中德安联	137784.76	0.14	179386.81	0.17	0.03
海康人寿	137715.30	0.14	144866.44	0.13	-0.01
交银康联	72103.07	0.07	134403.32	0.13	0.06
恒安标准	146856.76	0.15	117989.74	0.11	-0.04
汇丰人寿	52876.78	0.05	75937.75	0.07	0.02
北大方正人寿	50056.32	0.05	61739.02	0.06	0.01
国泰人寿	44568.86	0.04	47602.76	0.04	0
新光海航	31290.29	0.03	34790.92	0.03	0
中航三星	27527.30	0.03	33648.49	0.03	0
平安健康	21074.57	0.02	30848.36	0.03	0.01
长生人寿	33148.12	0.03	27117.52	0.03	0
中新大东方	29627.24	0.03	25966.35	0.02	-0.01
君龙人寿	14874.52	0.01	22214.01	0.02	0.01
瑞泰人寿	9656.72	0.01	14253.87	0.01	0
中韩人寿	—	—	8930.08	0.01	0.01
复星保德信	140.23	0	1648.36	0	0
中法人寿	3426.20	0	1056.10	0	0
德华安顾	—	—	214.21	0	0
小　　计	4753537.28	4.77	5968517.56	5.56	0.79

资料来源：中国保监会。

（二）市场竞争的主要动向

1. 产品竞争

（1）动向之一：分红险市场"硝烟"依旧

2008 年以来，随着新会计准则的实施以及保监会提出重点发展保障型和长期储蓄型产品，寿险公司的产品结构出现较大调整，分红险在保费收入中的占比迅速增大，万能险和投连险的占比明显下降，并很快形成分红险"一险独大"的局面。2011 年，分红险保费收入在人身险中的占比从上年度的70.99% 陡升至80.15%。2012~2013 年，分红险占比虽逐步下降至78.88% 和75.72%，但依然是寿险公司产品竞争的主战场。在中国平安的寿险业务中，2012 年分红险的规模保费达982.29 亿元，同比增长6.34%，占全部寿险业务规模保费的49.2%，2013 年分红险规模保费进一步增至1082.39 亿元，同比增长10.19%，在全部寿险业务规模保费中的占比提升到49.4%（见表3）；新华保险2012 年分红险的保费收入为893.18 亿元，同比增长1.57%，在寿险业务中的占比达91.40%，2013 年业务发展的焦点有所分散，致使分红险在整体保险业务收入中的占比有所下降，但仍达77.55%（见表4）；太保寿险2012 年分红险业务收入为719.92 亿元，同比增长 -1.2%，占全部寿险业务收入的77.03%，2013 年分红险业务收入同比增长0.9%，在全部寿险业务中占比为76.37%，与上年度基本持平（见表5）。

表3　2008~2013 年中国平安寿险业务规模保费险种结构

单位：%

产　　品	2008 年	2009 年	2010 年	2011 年	2012 年	2013 年
分红险	36.6	37.0	42.4	49.3	49.2	49.4
万能险	33.1	42.9	40.3	34.6	34.0	32.5
投资连结保险	7.0	3.4	2.9	2.0	1.5	1.2
传统寿险	4.8	3.7	3.3	3.5	4.1	4.9
健康险和意外险	13.5	10.9	9.6	9.5	10.3	11.3
年金	5.0	2.1	1.5	1.1	0.9	0.7

资料来源：《中国平安年报》。

表4　2008～2013年新华保险的险种结构

单位：%

产　品	2008 年	2009 年	2010 年	2011 年	2012 年	2013 年
传统型保险	1.3	1.0	0.7	0.74	0.87	13.85
分红型保险	91.7	92.6	93.8	92.77	91.40	77.55
万能型保险	0	0	0	0.04	0.04	0.03
健康险及意外险	6.9	6.5	5.5	6.46	7.69	8.56

资料来源：《新华保险首次公开发行股票（A 股）招股说明书》《新华保险年报》。

表5　2011～2013年太平洋保险的寿险业务收入及同比增长情况

单位：百万元，%

指　标	2011 年		2012 年		2013 年	
	业务收入	同比增长	业务收入	同比增长	业务收入	同比增长
保险业务收入	93203	6.1	93461	0.3	95101	1.8
其中：传统型保险	15636	2.5	16457	5.3	16773	1.9
分红型保险	72873	6.5	71992	−1.2	72627	0.9
万能型保险	81	4.7	62	−23.5	54	−12.9
意外险和健康险	4613	12.3	4950	7.3	5647	14.1

资料来源：《太平洋保险年报》。

为了增强产品吸引力，近两年各家公司推出的分红险产品可谓百花齐放，有的捆绑万能险销售，有的与养老社区挂钩，更为普遍的则仍是附加重疾险、住院医疗险、意外险等产品使组合功能更全面。以分红险捆绑万能险销售为例，自生命人寿在 2010 年推出集保额分红和万能理财于一体的"富贵全能"保障理财计划后，不少人身险公司纷纷将分红险与万能险搭配，推出了这种组合式产品计划。例如，光大永明于 2011 年 11 月推出"富贵双全保险理财计划"，其中包含"富贵双全年金保险（分红型）"及必选附加险"附加富贵双全两全保险（万能型）"；泰康人寿于 2012 年 4 月推出"财富通宝保险计划"，同时采用分红险、万能险两种增值模式；国寿股份于 2012 年 5 月在原有"福禄双喜两全保险（分红型）"的基础上推出"福禄双喜至尊版"，其中包括"福禄双喜分红险"与"瑞盈万能险"两个部分；华泰人寿于 2012 年 12 月推出"财富金账户"保障计划，由新开发的万能型"财富金账户年金保险"与在售的分红险两个主险组合构成。与传统的分红险相比，分红险与万能险组合的优势在于，客户可以方便地将分红险中不领取的生存金及红利转入万能险保单账户，参与万能险账户的投资运作，并享有万能险最低保证利率和支取灵活等优势特色。与传统的万能险相比，该组合不仅免除了转入生存金的初始费用，还免收针对客户的账户管理费。分红险与万能险组合的这些优势，使产品上市后普遍受到市场的热捧。不过，由于这类组合计划仍较注重保费投入后的资金保值增值功能，因而产品的保障功能相对来说仍然较弱。

（2）动向之二：加快推进产品转型

近两年，分红险的发展对人身险公司来说可谓"五味杂陈"。一方面，投资收益率不高导致分红险销售困难。2012 年，资本市场继续低迷，行业投资收益率不高，只有 3.39%，同比下降 1.8 个百分点（国寿股份为 2.79%，同比下降 0.72 个百分点；平安人寿为 2.8%，同比下降 1.3 个百分点；新华保险为 3.2%，同比下降 0.6 个百分点；太平洋保险为 3.2%，同比下降 0.5 个百分点），与 2007 年高达 12.17% 的收益率相比，更不足其收益率的 1/3。面对其他金融产品的竞争，分红险销售因投资收益率低、分红水平不高而出现很大困难。2013 年，虽然分红险投资收益率升至 5.04%（见图 4），达到 4 年来的最高水平，但广大消费者似乎仍"心有余悸"，对分红险收益水平的信心依然不足、购买欲望依然不强。另一方面，因 2008 年、2009 年发售的 5 年期产品到期而遭遇满期给付压力。2008 年，在超高投资收益率的刺激下，分红险呈现爆发式增长，全国人身险保费收入同比增长达到惊人的 48.25%。然而，当时保费大幅增长的"风光"并未给公司现今的经营带来多少"福气"，反而因分红水平低于 5 年期定期存款而引发广大客户的强烈不满和大规模退保（2012年人身险公司退保金额达 1198 亿元，同比增长 25.1%；退保率为 2.76%，同比提升 0.19 个百分点），并给行业声誉造成不小的负面影响，这使得 2008 年行业分红险保费的高速增长最终演变成为一种"带来后遗症"的增长。

严峻的经营形势和巨大的发展压力倒逼人身险公司加快转型，积极开发保障成分较高的新产品，大力发展期交业务和长期业务。例如，国寿股份 2012 年加快发展传统保障型业务，累计推出"新康宁"等 19 款以保障为主的升级产品或新产品，传统寿险、意外险及健康险首年保费占公司首年保费

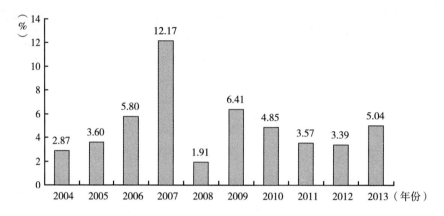

图4　2004～2013年中国保险业资金运用收益率

的比重为17.2%，同比提高4.9个百分点。与此同时，大力发展中长期期交业务，首年期交保费占首年保费的比重由上年的32.56%提升至36.11%，10年期及以上首年保费占首年期交保费的比重由上年的39.75%提升至41.35%。又如，友邦大力倡导"保险回归保障本源"的理念，从推广保障观念、优化产品结构及提升服务质量等多角度着手推动实践，近两年所销产品大多是真正意义上的保障型产品，2012年、2013年保费收入居前5位的产品中有3种为健康类产品。再如，中德安联启动"健康'全'计划"，着重在健康险产品体系、产品特色和销售网络上打造"全"的特色，并同步推出"安康至臻全球团体医疗保险"和"安康福瑞综合保障计划"两款健康险新产品。

2013年，产品转型的另一个重要动向是普通型产品保费收入的快速增长。8月1日，保监会下发《关于普通型人身保险费率政策改革有关事项的通知》，率先对普通型人身险费率政策进行改革。改革的基本思路是"放开前端、管住后端"，具体内容包括两个方面：一是普通型人身保险预定利率由保险公司按照审慎原则自行决定，不再执行2.5%的上限限制；二是明确法定责任准备金评估利率标准，强化准备金和偿付能力监管约束，防范经营风险。这次费率政策改革是中国保险业具有里程碑意义的一次改革，标志着人身险行业将初步建立费率形成的市场机制，对保险公司来说则意味着普通型人身险产品的竞争力将得到提升，产品对消费者将更具吸引力。费率改革正式启动后，人身险公司迅速做出反应，纷纷聚焦普通型人身险业务，尤其是建信人寿、农银人寿、中英人寿、中德安联等中小公司率先"发声"，很快推出费率改革后的新产品，新华保险、平安人寿等大公司也相继推出费改新产品，如新华保险在费率市场化政策颁布后一个多月推出了第一款费率市场化改革新产品——"惠福宝两全保险"，年底又推出另一款期交年金产品"惠鑫宝年金保险"。据统计，自 2013 年 8 月寿险费率市场化改革启动后，普通型人身险新单保费同比增长 520%，增速创十多年来新高。普通型人身险新单保费的高速增长，带动新单业务结束之前连续两年的负增长，人身保险业出现以产品转型促行业发展的良好局面。

（3）动向之三：积极承办大病保险

"大病保险"是为进一步提高城乡居民医疗保障水平，在基本医疗保障的基础上，对城乡居民患大病发生的高额医疗费用给予进一步保障的制度性安排。采用的方法是，政府从城镇居民基本医疗保险基金、新型农村合作医疗基金或城乡居民基本医疗保险基金中划出一定的比例或额度，通过招投标方式向具备相应资质的保险公司购买大病保险。2012 年 8 月 30 日，国家六部委联合下发《关于开展城乡居民大病保险工作的指导意见》（以下简称《指导意见》），对开展城乡居民大病保险进行了部署。

《指导意见》下发后，各家公司敏锐地捕捉到这一业务可能带来的机遇，纷纷"备战"，力图在大病保险领域占有"一席之地"。然而，并非任何一家公司都能够承办大病保险业务。2013 年 3 月，中国保监会下发《保险公司城乡居民大病保险业务管理暂行办法》，对开展大病保险业务的保险公司总公司应具备的基本条件提出了明确要求。其中包括：除专业健康保险公司外，开办大病保险的险企注册资本不低于 20 亿元或近三年内净资产均不低于 50 亿元；专业健康保险公司上一年度末和最近季度末的偿付能力不低于 100%，其他保险公司上一年度末和最近季度末的偿付能力不低于 150%；在中国境内连续经营健康险业务 5 年以上，具有丰富的经营管理经验；等等。在明确开展大病保险业务的基本条件后，保监会经审核公示了保险总公司大病保险经营资质名单，获得认可的保险总公司共有 34 家，其中既有人身险公司，也有财产险公司，两类公司各有 17 家，具体名单见表 6。

表6 34家获得大病保险经营资质的保险公司

人身险公司	财产险公司
中国人民健康保险股份有限公司	中国人民财产保险股份有限公司
中国人寿保险股份有限公司	中国人寿财产保险股份有限公司
太平人寿保险有限公司	太平财产保险有限公司
民生人寿保险股份有限公司	民安保险(中国)有限公司
中国平安人寿保险股份有限公司	中国大地财产保险股份有限公司
平安养老保险股份有限公司	中国平安财产保险股份有限公司
中国太平洋人寿保险股份有限公司	中国太平洋财产保险股份有限公司
阳光人寿保险股份有限公司	中华联合财产保险股份有限公司
泰康人寿保险股份有限公司	阳光财产保险股份有限公司
新华人寿保险股份有限公司	华泰财产保险股份有限公司
英大泰和人寿保险股份有限公司	天安保险股份有限公司
生命人寿保险股份有限公司	永安财产保险股份有限公司
农银人寿保险股份有限公司	华安财产保险股份有限公司
和谐健康保险股份有限公司	永诚财产保险股份有限公司
华夏人寿保险股份有限公司	中银保险有限公司
国华人寿保险股份有限公司	都邦财产保险股份有限公司
光大永明人寿保险有限公司	安诚财产保险股份有限公司

大病保险是一种政策性业务，规模效应明显，因而有着经办政府业务丰富经验的大型保险公司对该项业务都十分看重。其中，国寿股份、人保健康、太保寿险等公司因前期已深度参与新农合经办和大病补充保险，并形成了著名的洛阳模式（中国人寿）、江阴模式（太保寿险）、湛江模式（人保健康）和太仓模式（人保健康）等，品牌影响较大，积累经验较多，所以在《指导意见》下发后备显踊跃。如国寿股份组成了专门的协调小组，由总裁室牵头，健康险、业务管理、产品开发、精算、销售、客服、财务、人力资源和品牌宣传等相关部门参与其中，并在健康保险部下设大病保险管理处。与此同时，对大病保险工作进行周密部署，建立相关的工作流程和运作机制，并加紧研发相关产品，大病保险系统获得保险行业创新奖。2013年，随着部分省市推行大病保险试点工作，国寿股份共在辽宁、吉林等省市中标了76个城乡居民大病保险业务项目，保险业务收入达25.14亿元。人保集团也充分发挥在大病保险领域的先发优势，把握大病保险试点政策机遇，2013年中标大病保险项目超过80

个，总保费规模超过 30 亿元，参保人数超过 1.7 亿人，涉及广东、江苏、山东、湖北、重庆等 22 个省份、95 个地市。其下辖子公司人保健康则充分发挥公司在广东湛江、江苏太仓等政府委托业务项目中积累的专业优势，进一步完善运营模式，加强风险管控，提高大病保险的运行效率和服务水平，以此配合政府推动大病保险健康有序发展。

不过，相对于大型公司积极抢占市场，中小保险公司则相对谨慎。究其缘由，大病保险业务投入过大而收益不确定是中小公司不敢轻易涉足的主要原因。大病保险业务不同于普通寿险业务，保监会明确规定，保险公司经营大病保险，应遵循收支平衡、保本微利原则，合理定价，与投保人协商合理确定大病保险赔付率、费用加利润率。开展城乡居民大病保险业务，量大面广，需要完善的分销网络、完备的信息系统及强大的承保技术做支撑，大型公司借助先行者优势早已具备这些条件，中小公司由于大多经营时间不长面临成本过高的风险。其实，不仅对于中小公司来说如此，即便是大型公司，开展这一业务的收益也依然不确定。如国寿股份 2013 年大病保险业务收入 25.14 亿元，在提取 1.39 亿元未到期责任准备金、13.4 亿元保险责任准备金和扣除 11.57 亿元赔付支出、1.3 亿元业务及管理费后，实际净利润为 -2.47 亿元。具有规模效应的大公司尚且如此，小公司面临的困难显然会更大。

2. 服务竞争

（1）动向之一：继续治理销售误导

销售误导是近年来困扰人身险公司发展的"顽疾"，突出表现在隐瞒或刻意回避免责条款、夸大保单利益、有意将保险与其他金融产品概念相混淆等方面。2012 年，保监会将治理销售误导作为保险监管的三项重点工作之一，先是于 2 月印发《关于人身保险业综合治理销售误导有关工作的通知》，后又在 9 月、10 月、11 月先后印发《人身保险销售误导行为认定指引》《人身保险公司销售误导责任追究指导意见》《人身保险业综合治理销售误导评价办法（试行）》，明确要求各人身保险公司强化管理，承担起治理销售误导的主体责任。销售误导虽然发生在销售领域，但与功能性的销售行为相比，销售误导则属于服务性的销售行为，主要与保险公司为客户提供的销售服务有关。近年来，在理赔纠纷和销售误导增多、保险公司形象遭受重创的情况下，各家公司都将有

效遏制销售误导、切实提升服务质量作为竞争的重要手段，以期通过采取这些措施增强自身的竞争优势。

国寿股份近年来高度重视销售误导治理工作，持续开展"诚信我为先"主题教育活动，推动销售人员诚信品质建设，加大违规行为惩戒力度。2012年，公司成立了综合治理销售误导工作领导小组，提出了销售误导治理工作五项指导原则。四级管理机构及基层销售服务部全面动员、全员参与，建立健全保险销售服务体系和责任追究机制。与此同时，全面开展自查自纠，认真梳理、排查可能产生误导风险的售前、售中、售后流程，从销售资格、培训、宣传、销售、客户回访、销售品质、客户投诉7个方面彻查销售风险，努力提升客户服务满意度，树立行业诚信形象。

泰康人寿于2012年2月专门召开全系统落实人身保险业综合治理销售误导工作宣导暨启动会，详细安排和部署全面综合治理销售误导工作的具体举措：一是总公司成立总裁挂帅的领导小组，分公司成立以总经理为组长的工作小组；二是总公司、分公司启动治理销售误导工作，形成具体的工作方案与落地措施；三是高度关注重点渠道、重点环节及重点行为，加强内控体系建设；四是对排查工作及时总结，有针对性地进行检查与抽查；五是对相关制度进行梳理，建立完善长效机制。其下辖的北京分公司则根据总公司的要求，建立"严把三道关，紧扣四抓手"的合规长效机制，深入开展防治销售误导工作。其中，"严把三道关"是指：在前端培训关口，明确培训要求，防治源头性误导；在销售行为关口，严格规范代理人展业工具，下发统一印制宣传材料，严禁私印宣传品，重点加强风险提示和如实告知合同重要事项的监督规范；在售后服务关口，坚持对新契约进行回访制度。"紧扣四抓手"是指：以组织机构为抓手，保障治理工作常抓不懈；以基层销售队伍为抓手，开展自查自纠工作；以规范销售材料为抓手，紧抓治理重点；以加强宣传教育为抓手，培养代理人自律意识。

（2）动向之二：提升理赔服务质量

保险理赔是保险客户的核心诉求。在保监会公布的"2013年涉及保险消费者权益投诉情况统计表"中，因"理赔/给付纠纷"而发生的投诉在所有投诉事项中的占比高达37.61%。由于这一原因，近两年来，各家人身险公司都以理赔服务为抓手，大力提升服务质量，以期提升在消费者心目中的形象。

华泰人寿针对理赔在2012年推出最惠理赔、绿色通道、报案回访等新举措。其中，最惠理赔措施明确规定在三种情况下将按照最有利于客户的赔付方式进行理赔。首先，在客户因同一保险事故可以根据多个保险条款同时理赔的情况下，将按照合计赔付金额最高的计算顺序进行赔付。其次，当客户异地就诊时，如就诊地与出单地的医保自费标准不同，将按照最少的医保自费扣除标准对客户进行赔付。最后，在2007年8月1日前投保重大疾病险的客户若发生理赔，将以《重大疾病保险的疾病定义使用规范》为标准进行赔付。除了最惠理赔服务，华泰人寿还针对老年人、怀孕妇女、残疾人三类人群提供优先受理、代填申请书的绿色通道服务，并要求理赔人员提供专业、细致、全面的报案回访服务，指导客户轻松便捷地索赔。

针对备受诟病的"理赔难"问题，太平人寿在2013年下半年推出适用于简易理赔案件的"先赔后审"服务模式，大大提升了理赔时效。客户对传统的"先审再赔"模式的体验不是很好，对于一些金额较小、案件情况比较简单的理赔，传统理赔模式过程烦琐，客户等待时间长，甚至会产生"理赔难"的误解。为此，太平人寿大胆突破传统做法，针对简易的理赔案件，推出"先赔后审"服务新模式，即先行给付理赔款，后审核理赔材料，让客户获得更加快捷的服务体验。在"先赔后审"模式下，保险代理人可以利用iPad登录"太平自助理赔服务系统"，完成理赔案件信息的录入，在提交相关内容的同时，后台的"自动化理赔系统"会自动处理理赔信息，完成预审核。此后，系统可在第一时间内实现实时转账，将理赔款划入客户的银行账户中。"先赔后审"新模式将理赔时效提到了最高级，几乎实现了理赔的"零距离"和"零等待"。不仅如此，将"先赔后审"模式中的操作权限放开给代理人，让代理人参与理赔过程，面对面地为客户提供服务，这在业内是一个创举，太平人寿由此成为第一家真正对代理人进行理赔授权的保险公司。不过，为切实保证服务质量，并进行有效的风险管控，在明确"先赔后审"适用案件标准的基础上，该模式仅对业务品质较高的保险代理人开放权限。

（3）动向之三：全面提升保险服务品质

保险服务是公司与客户接触的重要"界面"，是体现公司形象的"窗口"。

在保险业发展已进入高度关注消费者体验的时代，如何提供周到、细致的高品质服务，成为各家公司竞争制胜的重要命题。

新华保险自 2011 年全面启动"以客户为中心"的经营战略以来，通过重新理解、认识和构建与客户的关系，着力推动从"产品驱动""渠道驱动"到"客户需求驱动"的全方面转型。客户服务是"以客户为中心"的经营战略的核心，围绕这一核心，新华保险从四个方面全面优化服务体系：一是服务的流程，要求必须贯穿售前、售中、售后的全流程和各环节；二是服务的标准，针对客户的不同类别和实际消费水平制定差异化的服务标准；三是服务的主体，各级干部和员工都对应和服务于相应的客户群体，形成人人服务、服务人人的大氛围；四是服务的硬件，立足领先，舍得投入，善于创新，打造一流的硬件。2012 年，新华保险围绕"以客户为中心"的经营战略，全面提升服务品质：对外，通过参加"中国质量万里行"优秀会员单位评选、完善服务质量监督体系、开展消费者权益保护公益活动等，强化和树立诚信服务形象；对内，通过夯实服务基础、提升理赔时效等工作，确保合规经营，提升客户满意度。2013 年，结合内外部新形势，新华保险制定发布了十大服务承诺。这些承诺有三大特点：第一，贯穿从销售、售后服务到理赔的全流程；第二，充分考虑客户的需求和感受，围绕强化诚信服务的理念，细化服务内容，完善服务环节，明确服务时效，切实提升整体服务品质；第三，着眼服务细节，确保专业合规，体现规范务实的精神。

太保寿险于 2012 年按照各业务环节的服务特点，重新界定服务流程和时效标准，对原有服务承诺进行修订和完善，以此为客户带来更好的服务体验。最新服务承诺包括七大类、25 个项目，覆盖各个业务环节。其中，在销售方面，对展业行为做了严格规定，明确不得有虚假或误导性说明，不夸大投资收益，不做简单比较；在承保方面，明确承保时效，公开承保流程，使客户在投保个人长期险后，可通过短信或公司网站查询相关信息；在理赔方面，通过理赔流程透明化，让客户知晓理赔进展，接受客户监督和评价；在保全方面，对处理时效做出明确规定。公司要求各分支机构切实履行服务承诺，让客户切身感受到公司提供的优质寿险服务，使对外服务承诺贯穿业务经营和客户服务的全过程。

3. 营销竞争

保险业是营销导向型产业，营销在市场竞争中的地位重要而特殊。2012～2013 年，人身险公司以渠道创新为核心，不断加强营销创新，一些动向趋势明显。

（1）动向之一：加强个险渠道建设

2012～2013 年，受"银保新政"影响及银行理财产品的挤压，人身险公司银邮渠道保费收入分别同比下降 9.73% 和 4.6%，占业务总量的比重降为 41.49% 和 36.7%。在这一背景下，不少公司努力消解个人营销渠道增员困难、人员流动性大等障碍，加大个险渠道建设，个险渠道保费收入分别同比增长 13.32% 和 13.7%，占业务总量的比重先后升至 48.56% 和 51.2%。

友邦中国是国内个险渠道的先行者。1992 年，友邦中国将"保险营销员制度"引入中国大陆，培育了中国第一代专业保险营销员。2010 年，为响应集团"卓越营销员"（Premier Agent）长期策略，友邦中国推出"营销员 2.0 计划"。通过对"改变意愿""岗位职责职能""薪酬及考核体系""管理、销售流程和工具""技能培养"等制度进行全面诊断和重新定位，致力于打造兼具职业化、标准化、专业化和信息化的"四化"精英营销员，并改善营销员的收入水平，提高产能。2012 年，友邦中国持续推进"营销员 2.0 计划"，为吸引高端人才加盟，不仅提高了营销员的学历门槛，开出具有吸引力的工资，而且加大了培训力度，使营销员的专业能力显著提升，MDRT 达标人数同比增长 19%。个险渠道的改革与创新使公司在大的经营环境持续低迷的背景下仍交出一份满意的答卷：新业务价值增长率达 22%，总保费增长 10%，税后利润增长 27%。在满意答卷的背后，营销员的贡献率达到了 90%，作为回报，营销员的平均收入也因之大幅增长 32%。2013 年，友邦中国在营销员队伍建设方面又做了两件事：第一，提升营销队伍质量，通过 Premier Agent、MDRT 等分级认证体系，细分化管理，培养优秀营销员；第二，革新营销员招募制度，推出全新招募及培训体系，吸纳优秀人才，打造"四化"营销员。与此同时，投入上千万元重金打造了一个以 iPad 为销售终端、以全面提升工作效率并规范销售流程为导向的"一站式"互动销售系统平台——AIA Touch 2.0。该平台将人员招募、团队管理、产品销售及签单整合在一起，可以协助营销员

在 20 分钟内完成从需求分析、产品推荐、合同签订到付款的一系列流程，不仅可以大大节省客户时间，提高沟通效率，而且使保险销售服务更加标准化，大大提升营销员产能。

太保寿险近年来遵循转变发展方式的思路，不断加强营销渠道建设，夯实提升营销渠道销售能力的基础。2010 年，公司全面推动营销业务改革发展，在营销渠道实施了"以营销团队的发展和建设为主线，加快组织发展，持续优化队伍结构；夯实基础管理，不断提升营销模式，加强系统、专业的后援支持和运作"的策略，并围绕该策略重点推动提升营销渠道销售能力的六项工作：一是完善营销组织体制和绩效评价机制；二是深入推动新"基本法"和基础管理工作；三是加强营销渠道后援专业队伍建设；四是加强产品体系规划和宣传推广；五是落实培训标准及加强督导力度；六是推广营销信息管理系统的应用。2011 年，公司围绕"推动和实现可持续价值增长"的经营理念，开始实施"聚焦营销、聚焦期交"的经营策略，队伍建设紧密围绕"人力健康发展"的工作策略展开，努力优化队伍结构、改善队伍素质。2012 年，公司注重营销渠道人力的健康发展和产能的不断提升，通过严格考核、差勤管理、有效培训等基础管理措施，结合产品推动，提升各层级队伍的销售能力，同时积极建设与推动绩优组织，努力提升绩优营销员的占比，使营销员的月人均产能同比增长 11.7%，营销渠道业务收入占比从 2011 年的 45.9% 提升至54.6%，同比提升 8.7 个百分点。2013 年，公司继续坚持人力健康发展和产能持续提升的策略，通过优化营销员考核方式促进营销团队健康发展和留存，通过主动增募选才提高新人质量，从存量和增量两个方面不断推动人力健康发展。与此同时，通过产品推动、绩优推动及客户经营等持续推动产能提升，并不断夯实培训、出勤管理、活动量管理等基础管理工作，使营销员的月人均产能达到 3795 元，同比增长 6.2%，营销渠道业务收入同比增长 13.6%，在寿险业务收入中的占比达到 60.9%。

（2）动向之二：加快推进银保转型

自 2006 年以来，人身险公司的银保业务高速增长，成为支撑行业保费增长的最主要驱动力。然而，银保业务给人身险公司带来的不仅仅是增长，还有一系列的"烦恼"：产品多为 5 年期及以下的短期理财产品，功能定位偏离保险保障，没有充分体现保险行业的价值和特色；当投资收益率降低时，产品竞争力明显不及其他金融理财产品，甚至不及同期限的银行定期存款；粗放式发展带来销售误导、违规经营等诸多问题，不仅严重影响保险公司和银行的声誉，也导致退保金额的大幅攀升；保险公司在与银行的合作博弈中占据下风，支付的代理费较高，降低了渠道业务的赢利潜力。然而，银保渠道毕竟是保险公司开展产品营销并获得优质客户资源和现金流的重要渠道，因此，如何加快渠道发展转型、合理开发利用银保渠道成为近年来人身险公司关注的焦点。尤其是自 2010 年保监会、银监会联合下发《关于加强银行代理寿险业务结构调整促进银行代理寿险业务健康发展的通知》以及银监会发布《关于进一步加强商业银行合规销售与风险管理的通知》（俗称"90 号文"）后，银保业务遭遇"寒流"，加快银保转型已是"不得已"的战略选择。

2006~2013 年人身险公司三大渠道业务发展对比见表 7。

表 7　2006~2013 年人身险公司三大渠道业务发展对比

单位：亿元，%

年份	个人代理			银邮代理			直销		
	保费收入	同比增长	业务占比	保费收入	同比增长	业务占比	保费收入	同比增长	业务占比
2006	2225. 86	12. 66	54. 84	1180. 61	30. 12	29. 09	602. 24	-15. 44	14. 84
2007	2600. 35	16. 83	52. 58	1691. 48	43. 27	34. 20	588. 52	-2. 28	11. 90
2008	3082. 93	18. 75	42. 01	3589. 89	111. 41	48. 92	584. 60	-0. 87	7. 97
2009	3569. 32	15. 77	43. 82	3885. 87	8. 24	47. 71	539. 02	-7. 80	6. 62
2010	4314. 85	20. 89	41. 09	5245. 35	34. 99	49. 95	749. 49	39. 05	7. 14
2011	4266. 72	—	44. 63	4576. 84	—	47. 87	539. 18	—	5. 64
2012	4835. 08	13. 32	48. 56	4131. 47	-9. 73	41. 49	740. 47	37. 33	7. 44
2013	5495. 90	13. 67	51. 17	3940. 11	-4. 63	36. 68	1026. 55	38. 63	9. 56

注：自 2010 年 12 月起人身险公司全面实施《企业会计准则解释第 2 号》，寿险业务、健康险业务、意外险业务保费口径发生变化。2011 年人身险行业数据与 2010 年不具有可比性。

资料来源：相关年份《中国保险年鉴》。

太保寿险自 2011 年以来积极推动以期交业务为核心的银保渠道转型，通过稳定与主要银保渠道的战略合作关系，构建银保合作新模式。同时，加快开发银保专属产品和新型期交产品，满足客户多层次的保险需求，着力提升银保渠道价值贡献。由于长期以来对银保渠道"冲规模"的角色定位，实现银保

渠道业务转型不可能一蹴而就、"马到成功"，必须能够容忍一定时间内渠道业务的低增长甚至负增长。2012 年，太保寿险银保渠道的新保业务收入同比下降 40.2%，在"容忍"保费收入大幅下降的同时，公司实现新保期交业务收入 36.24 亿元，其中缴费期 5 年及以上的业务收入达 29.26 亿元，占新保期交的比例比上年提升 19.6 个百分点，推出的高价值期交产品实现保险业务收入 10.06 亿元，同比增长 204.8%。2013 年，公司银保渠道的新保业务收入继续以 -15.7% 的速度下降，但公司以既定的转型思路推动业务前行，高价值新型期交新保收入达 15.44 亿元，同比增长 32.8%，在银保渠道新业务价值中占比 77%。得益于近两年新型期交业务的持续增长，公司银保渠道的业务结构得以有效改善，新业务价值实现正增长。

　　2010 年银监会的"90 号文"对新华保险的银保业务也造成了影响，2011 年新华保险银保渠道实现保险业务收入 566.92 亿元，同比下降 8.1%，其中首年保费收入同比下降 30.1%。在这种情况下，公司开始调整银代业务发展模式。2012 年，公司一方面积极主动地进行结构调整，提升价值，推动长期期交产品及高价值产品的销售；另一方面强化合规经营理念，在产品推广、联合营销、专项培训等领域加强与银行的合作，提升市场综合竞争能力。同时，公司推出一系列新的银行代理销售模式，在实现银、保双方联合共管的基础上，通过制度制定、辅导培训、会议管理、方案支持、督导追踪等形式，为银行人员的独立销售提供全面支持。公司全年银保渠道实现首年保费收入 215.69 亿元，较上年同期下降 30.4%，但 5 年期及以上期交产品在首年期交保费收入中的占比由上年的 72% 上升至 90%，结构调整取得明显成效。然而，渠道转型是一种战略行为，既需要事前周密的整体战略安排，也需要转型中有足够的战略定力。2013 年一季度，由于公司个险增长乏力和银保业务大幅下滑，总保费收入同比下滑 9.87%。在这种情况下，公司二季度在银保新渠道适时推出资产导向型产品，实现了规模的迅速止跌和强势回升，并使银保渠道全年实现保险业务收入 533.95 亿元，同比增长 2.4%，但业务结构出现反向变化：趸交保费在首年保费中的占比由上年的 76.48% 上升到 87.22%，期交保费占比则从 23.53% 下降到 12.78%。

　　(3) 动向之三：网络销售方兴未艾

　　近年来，受互联网渠道快速崛起及银保渠道出现收缩等因素的影响，人身险公司纷纷进军和拓展电子商务，或自建电子商务公司，或借助第三方平台，促进了网络销售的高速发展，渠道趋于多元化和均衡化。2013 年，我国开展网络销售业务的保险公司已经超过 60 家，较 2009 年几乎翻了一番，保险公司进军电子商务成为当今时代的一个大趋势。

泰康人寿是我国网络销售的先驱之一。2000 年 8 月 22 日，公司的综合性网络平台——泰康在线投入运营，9 月 22 日诞生了第一张电子保单。随后，泰康人寿完成了保险电子商务核心业务平台的搭建，梳理出整体保险网络营销体系，包括电子保单、电子批单、在线健康告知、支付平台等，形成了一整套完善的业务模型，率先实现了从投保、缴费、实时承保、发送电子保单到后续自助服务的一站式服务体验。2008 年 6 月，泰康在线开始事业部运作，并确立了网上销售、品牌传播、客户服务三位一体的网站定位，成为公司重要的业务渠道和发展支撑平台。2010 年，泰康在线在之前主要的销售旅行险、交通意外险、综合意外险等短期意外险的基础上，正式建立了 e 爱家长期寿险、e 顺短期意外险和 e 理财投资理财产品三大产品体系，保费收入由 2009 年的 1.11 亿元迅速上升到 2010 年、2011 年的 8.15 亿元、8.39 亿元。2012 年，泰康在线进行了网上业务架构调整，形成前台、中台、后台紧密结合的新业务经营模式，有效地提升了业务发展速度。其中，前台通过市场推广和渠道合作，旨在获取海量客户；中台通过客户经营、产品创新，提高客户黏性及价值贡献；后台通过网站体验优化和销售支持，提升客户的购买转化率。与此同时，正式开通网上保险服务专线 4000095522，与公司客户服务热线 95522 深度结合，建立起了全新的 95522.cn 平台。此外，继携手携程网、淘宝网之后，又在 2012 年 12 月登录京东商城新近开通的保险频道，在线推出综合意外险、旅游意外险、交通意外险、母婴险等近 10 款保险产品。新举措的不断推出，为今后进一步开展网销业务提供了良好的条件。据统计，2012 年、2013 年，泰康人寿的网络销售保费虽然比前两年有所下降，但仍分别达 3.97 亿元和 6 亿元。

国华人寿是一家中小型股份制民营保险公司，自 2007 年 11 月成立以来，为在激烈的市场竞争中求得生存和发展，公司始终坚持效益渠道与效益险种的渠道经营原则，在发挥银行代理主渠道的基础上，差异化开展个、银、团、经代、电话销售渠道，实现了渠道开拓与业务发展稳步增长。2011 年以来，公

司以网络销售为突破口，结合自身投资收益率在同行业处于领先水平、理财型产品在客户中有一定口碑的特点，启动了开拓互联网保险市场的工作。2012年12月，国华人寿通过淘宝聚划算网络销售平台开展"聚划算123"和"双十二"活动，推出3款万能险产品，成为保险业利用网络平台团购模式销售保险产品的第一家公司。经统计，在"聚划算123"活动期间，使用开团提醒的客户超过7500人，累计承保保费1.6亿元，累计售出保单5006件。2013年被称为我国的互联网金融元年，保险网络销售在这一年也取得了跨越式发展，以万能险为代表的理财型保险引爆第三方电子商务平台市场。2013年"双十一"当天，寿险产品的总销售额超过6亿元，其中国华人寿的万能险产品"华瑞2号"在10分钟内卖出1亿元。经过一年多的积极探索，国华人寿在官网及淘宝、网易、搜狐、铜板街、数米网、微信等多个平台开通了在线投保功能。截至2013年11月，所有网络销售渠道的承保保费为17.65亿元，其中淘宝渠道为16.22亿元，占所有网络销售渠道的91.9%。

二　人身险公司竞争力绩效评价

与2011年相同，对2012年和2013年人身险公司的竞争力评价分析仍仅选择营业收入居前15位的商业人身险公司。2012年依次是国寿股份、平安人寿、新华保险、太保寿险、人保寿险、泰康人寿、太平人寿、生命人寿、阳光人寿、中邮人寿、民生人寿、友邦中国、合众人寿、人保健康、平安养老。2013年依次是国寿股份、平安人寿、新华保险、太保寿险、人保寿险、泰康人寿、太平人寿、生命人寿、中邮人寿、阳光人寿、友邦中国、工银安盛、民生人寿、合众人寿、建信人寿。与2012年相比，列入2013年评价的公司少了人保健康、平安养老，多了工银安盛、建信人寿。

（一）人身险公司竞争力绩效分类评价

1. 总量绩效评价

总量绩效指标包括营业收入、净利润及将两者经标准化处理并转换成得分后得出的总量绩效指数。

表 8 列出了衡量 2012 年 15 家人身险公司总量绩效的 3 项指标数据。从营业收入数据看，首先，15 家公司大体可分为"前 7 后 8"两大"阵营"，前 7 家公司的营业收入均在 400 亿元以上，后 8 家公司的营业收入则都在 300 亿元以下，两大阵营的营业收入明显差一个"量级"。其次，前 7 家、后 8 家公司又都可进一步分为两个"小集团"。其中，前 7 家是"前 4 后 3"，即国寿股份、平安人寿、新华保险、太保寿险排在前 4 位，营业收入都在 1000 亿元以上，人保寿险、泰康人寿、太平人寿排在第 5 到第 7 位，营业收入为 400 亿～800 亿元；后 8 家是"前 5 后 3"，即生命人寿、阳光人寿、中邮人寿、民生人寿、友邦中国排在第 8 到第 12 位，营业收入均在 100 亿元以上，合众人寿、人保健康、平安养老排在第 13 到第 15 位，营业收入均在 100 亿元以下。与营业收入的分布格局类似，15 家公司在净利润上也呈现大致相同的位序，一些明显的不同是：友邦中国、平安养老净利润的排名明显高于营业收入的排名；阳光人寿净利润的排名则明显不及营业收入的排名。受营业收入和净利润的双重影响，15 家公司的总量绩效指数也呈现明显的"前 7 后 8"格局：前 7 家公司的指数得分均在 100 以上，后 8 家公司则大都在 80 以下。除了总体格局以外，从表中还可以看出，2012 年仍有中邮人寿、合众人寿、阳光人寿和人保健康 4 家公司处于

表 8　2012 年 15 家人身险公司的总量绩效及排名

公　司	总量绩效指数	排名	营业收入（百万元）	排名	净利润（百万元）	排名
国寿股份	1000	1	404843.00	1	11074.00	1
平安人寿	538.99	2	160752.03	2	7548.89	2
新华保险	294.32	3	116912.00	3	2953.00	3
太保寿险	268.70	4	111603.14	4	2494.68	4
泰康人寿	195.81	5	75113.81	6	1870.32	5
人保寿险	154.08	6	77899.26	5	760.16	6
太平人寿	105.00	7	41935.28	7	702.07	7
生命人寿	76.96	8	29101.76	8	423.69	8
友邦中国	47.67	9	10502.51	12	298.21	9
平安养老	42.12	10	6490.74	15	289.71	10
民生人寿	37.79	11	10678.48	11	50.54	11
中邮人寿	34.35	12	15505.84	10	-187.09	12
合众人寿	25.46	13	9150.75	13	-202.75	13
阳光人寿	22.53	14	18835.25	9	-582.33	14
人保健康	0	15	6553.22	14	-743.34	15

亏损状态，亏损额度分别为 1.87 亿元、2.03 亿元、5.82 亿元和 7.43 亿元。

表 9 列出了衡量 2013 年 15 家人身险公司总量绩效的 3 项指标数据。从 3 项指标的排序情况看，该年度与上年度没有太大改变，呈现的依然是"前 7 后 8"总体格局。小的变化主要有：其一，平安养老、人保健康"告别"营业收入前 15 位的行列，没能列入本年度的评价范围，代之"入围"的是工银安盛和建信人寿；其二，在前 7 家公司中，由于太保寿险虽然在营业收入上略低于新华保险，但净利润大大高于后者，故在总量绩效得分上由第 4 位升至第 3 位，两家公司的排名易序。此外，在后 8 家公司中，合众人寿因在营业收入和净利润两个指标上均表现不佳，故总量绩效指数由上年度的第 13 位降至最末位。

表 9 2013 年 15 家人身险公司的总量绩效及排名

公　　司	总量绩效指数	排名	营业收入（百万元）	排名	净利润（百万元）	排名
国寿股份	1000	1	423000.00	1	24703.00	1
平安人寿	493.46	2	193627.36	2	13287.35	2
太保寿险	265.90	3	121785.22	4	6219.02	3
新华保险	243.15	4	129632.00	3	4578.00	4
泰康人寿	158.34	5	82956.84	6	3180.31	5
人保寿险	125.13	6	93766.53	5	825.53	8
太平人寿	87.27	7	59550.24	7	1033.56	6
生命人寿	42.79	8	29336.66	8	657.35	9
友邦中国	28.40	9	12296.24	11	987.08	7
阳光人寿	22.30	10	19786.33	10	212.37	10
中邮人寿	20.06	11	24065.77	9	−167.10	14
工银安盛	7.60	12	10895.83	12	20.31	13
民生人寿	7.23	13	9514.42	13	87.12	12
建信人寿	5.62	14	7968.26	15	101.49	11
合众人寿	0	15	8334.03	14	−205.89	15

2. 增长绩效评价

增长绩效指标包括营业收入增长率、净利润增长率及将两者经标准化处理并转换成得分后得出的增长绩效指数。

表 10 列出了衡量 2012 年 15 家人身险公司增长绩效的 3 项指标数据。从表中可以看出，民生人寿、人保健康的增长绩效指数分别排在 15 家公司的第 1 和第 2 位。这两家公司的指数得分非常接近，不过营业收入和净利润的增长

情况完全相反：民生人寿的营业收入减少1.37%，但净利润增长338.79%；人保健康的营业收入增长74.60%，亏损额却上升54.08%。生命人寿、平安养老的增长绩效指数分别排在15家公司的第3和第4位。这两家公司净利润的增长速度都比营业收入的增长速度更快，而生命人寿的表现更为明显。中邮人寿的增长绩效指数排在第5位。该公司营业收入和净利润的增长走向了两个极端：营业收入增速高达86.37%，排在15家公司的第1位；但净利润增速为－294.49%，排在15家公司的最末位。太平人寿的增长绩效指数排在第6位。之所以如此，主要是因为营业收入增长较快。泰康人寿、合众人寿的增长绩效指数分别排在第7和第8位。这两家公司的净利润增长率也都高于营业收入增长率，但与泰康人寿为净利润增加不同的是，合众人寿是亏损额减少了85.20%。新华保险、人保寿险、平安人寿、太保寿险、国寿股份、友邦中国的增长绩效指数分别排在第9到第14位。这6家公司的营业收入和净利润增长的情况不尽相同：新华保险的营业收入和净利润都获得了正增长；人保寿险的营业收入为负增长，但净利润实现了正增长；平安人寿、太保寿险、国寿股份、友邦中国则均是营业收入为正增长，净利润却是负增长。阳光人寿的增长

表10　2012年15家人身险公司的增长绩效及排名

公　司	增长绩效指数	排名	营业收入增长率(%)	排名	净利润增长率(%)	排名
民生人寿	1000	1	－1.37	13	338.79	1
人保健康	984.57	2	74.60	2	－54.08	13
生命人寿	810.69	3	12.86	5	183.78	2
平安养老	637.67	4	25.27	3	45.09	5
中邮人寿	571.31	5	86.37	1	－294.49	15
太平人寿	435.78	6	16.05	4	3.78	8
泰康人寿	409.56	7	－8.42	15	116.67	3
合众人寿	388.93	8	－4.00	14	85.20	4
新华保险	336.71	9	7.06	6	6.18	7
人保寿险	297.76	10	－0.56	12	38.05	6
平安人寿	250.51	11	6.72	7	－29.78	10
太保寿险	242.97	12	4.43	10	－21.44	9
国寿股份	208.44	13	5.13	9	－40.08	11
友邦中国	193.80	14	5.55	8	－48.61	12
阳光人寿	0	15	2.96	11	－120.12	14

绩效指数排在 15 家公司的最后一位。该公司的营业收入增长不快，亏损额又在大幅增加，以至于拖累了整体增长绩效。

表 11 列出了衡量 2013 年 15 家人身险公司增长绩效的 3 项指标数据。从表中可以看出，该年度增长绩效的整体分布情况与上年度有较大差别。具体体现在三个方面。第一，上年度排在第 14 位的友邦中国和第 15 位的阳光人寿分别跃升到了第 2 和第 4 位，上年度排在第 1 位的民生人寿倒退到了第 12 位。其中，友邦中国和阳光人寿靠的是净利润快速增长的拉抬，民生人寿则是营业收入大幅下滑和净利润增幅明显落后所致。第二，本年度新列入评价的工银安盛和建信人寿都获得了不俗的增长业绩。其中，工银安盛凭借极高的营业收入增长率而使增长绩效指数排在了第 1 位，建信人寿则因营业收入和净利润的双重高增长使增长绩效指数排在了第 5 位。第三，太保寿险、国寿股份、平安人寿 3 家大公司一改上年度净利润负增长的局面，全部实现净利润的大幅增长，并使增长绩效指数排名大幅提升，提升幅度分别达到 9 个、7 个和 4 个位次。其他公司的增长格局虽然也有变化，但变化幅度均不及上述三个方面涉及的公司明显。

表 11　2013 年 15 家人身险公司的增长绩效及排名

公　司	增长绩效指数	排名	营业收入增长率（%）	排名	净利润增长率（%）	排名
工银安盛	1000	1	201.09	1	118.82	2
友邦中国	705.83	2	17.08	7	231.00	1
太保寿险	461.64	3	9.12	10	149.29	3
阳光人寿	414.20	4	5.05	11	136.47	4
建信人寿	394.03	5	25.31	4	104.46	6
国寿股份	376.55	6	4.48	12	123.07	5
平安人寿	302.27	7	20.45	5	76.02	7
太平人寿	294.85	8	42.01	3	47.22	12
泰康人寿	250.61	9	10.42	9	68.81	9
中邮人寿	239.78	10	55.20	2	10.68	13
新华保险	215.24	11	10.88	8	55.03	11
民生人寿	191.29	12	-10.90	15	72.37	8
生命人寿	183.04	13	0.81	13	55.15	10
人保寿险	121.73	14	20.37	6	8.60	14
合众人寿	0	15	-8.93	14	-1.55	15

3. 效益绩效评价

衡量效益绩效的主要指标是利润率和资产利润率，以及将两者经标准化处理和转换成得分后得出的效益绩效指数。

表 12 列出了衡量 2012 年 15 家人身险公司效益绩效的 3 项指标数据。从表中可以看出,平安养老在效益绩效指数上"拔得头筹",不仅资产利润率排在第 1 位,利润率也排在了第 2 位。平安人寿的效益绩效指数排在第 2 位,虽然其资产利润率屈居第 2 位,但利润率排在第 1 位,并最终与平安养老携手分享了所有 3 项指标的前 2 位。国寿股份、新华保险、友邦中国、泰康人寿、太保寿险、太平人寿、生命人寿、人保寿险、民生人寿的效益绩效指数分别排在第 3 到第 11 位。在这 9 家公司中,国寿股份的利润率和资产利润率均排在第 4 位,但效益绩效指数排在了第 3 位;新华保险和友邦中国的利润率和资产利润率各有一项排在第 3 位,但又都有一项排在了第 5 位,以至于效益绩效指数均排在了国寿股份的后面;泰康人寿的利润率和资产利润率均排在第 6 位,并使效益绩效指数也排在了相同位次;太保寿险、太平人寿的资产利润率排名虽然比利润率排名都后移 1 位,但似乎并没有影响效益绩效指数的最终排名;人保寿险和民生人寿则与泰康人寿一样,实现了 3 项指标排名的完全吻合。合众人寿、中邮人寿、阳光人寿、人保健康的效益绩效指数分别排在第 12 到第 15 位。与前 11 家公司不同的是,这 4 家公司由于净利润均为负数,所以利润率和资产利润率也都为负数。

表 12　2012 年 15 家人身险公司的效益绩效及排名

公　　司	效益绩效指数	排名	利润率（％）	排名	资产利润率（％）	排名
平安养老	1000	1	4.46	2	2.01	1
平安人寿	876.34	2	4.70	1	0.80	2
国寿股份	799.01	3	2.74	4	0.64	4
新华保险	796.41	4	2.53	5	0.67	3
友邦中国	789.15	5	2.84	3	0.52	5
泰康人寿	775.87	6	2.49	6	0.4919	6
太保寿险	767.96	7	2.24	7	0.4898	8
太平人寿	748.42	8	1.67	8	0.46	9
生命人寿	744.66	9	1.46	9	0.4917	7
人保寿险	703.89	10	0.98	10	0.25	10
民生人寿	676.78	11	0.47	11	0.14	11
合众人寿	516.92	12	-2.22	13	-0.59	12
中邮人寿	505.94	13	-1.21	12	-0.97	13
阳光人寿	436.94	14	-3.09	14	-1.08	14
人保健康	0	15	-11.34	15	-2.81	15

表 13 列出了衡量 2013 年 15 家人身险公司效益绩效的 3 项指标数据。从表中可以看出，本年度效益绩效指数得分的分布格局与上年度十分类似：平安人寿、国寿股份、太保寿险、新华保险、泰康人寿等大公司依然凭借较高的利润率和资产利润率获得较高的效益绩效指数得分；阳光人寿、人保寿险、民生人寿、中邮人寿、合众人寿则依然因较低的利润率和资产利润率使效益绩效指数得分排在了比较靠后的位置。不过，15 家公司中也有变化较大的情况，如友邦中国的效益绩效指数得分就从上年度的第 5 位跃升至第 1 位。但整体看来，变化都不大，基本都是"微调"。

表 13　2013 年 15 家人身险公司的效益绩效及排名

公　司	效益绩效指数	排名	利润率（%）	排名	资产利润率（%）	排名
友邦中国	1000	1	8.03	1	1.50	1
平安人寿	873.74	2	6.86	2	1.21	3
国寿股份	839.27	3	5.84	3	1.28	2
太保寿险	756.58	4	5.11	4	1.08	4
新华保险	626.11	5	3.53	6	0.86	5
泰康人寿	613.92	6	3.83	5	0.75	6
太平人寿	462.20	7	1.74	8	0.55	7
生命人寿	461.81	8	2.24	7	0.45	9
建信人寿	417.83	9	1.27	9	0.46	8
阳光人寿	371.70	10	1.07	10	0.31	10
人保寿险	343.82	11	0.88	12	0.23	11
民生人寿	339.23	12	0.92	11	0.21	12
工银安盛	283.26	13	0.19	13	0.13	13
中邮人寿	105.90	14	-0.69	14	-0.43	14
合众人寿	0	15	-2.47	15	-0.51	15

4. 竞争力综合绩效评价

竞争力综合绩效指数是将三类单项绩效的标准值等权加总再转化为综合得分后形成的。

表 14 列出了 2012 年度 15 家人身险公司的竞争力综合绩效指数得分。从表中可以看出，国寿股份排在第 1 位，且以较大优势领先于其他公司。平安人

寿、平安养老分别排在第 2 和第 3 位。这两家公司都隶属于平安集团，其中平安养老虽然在总量绩效上不占上风，但在增长绩效和效益绩效上均有上乘表现，特别是效益绩效，还排在 15 家公司的第 1 位。新华保险、生命人寿、泰康人寿、太保寿险、民生人寿分别排在第 4 到第 8 位。在这 5 家公司中，新华保险、泰康人寿、太保寿险主要得益于总量绩效上的较好表现；生命人寿、民生人寿则主要得益于增长绩效上的优良成绩。太平人寿、人保寿险和友邦中国的竞争力综合绩效指数分别排在第 9 到第 11 位。其中，太平人寿、人保寿险的总量绩效及友邦中国的效益绩效得分都不低，但其他绩效指数得分不高影响了总体得分。中邮人寿、合众人寿、阳光人寿、人保健康分别排在第 12 到第 15 位。这 4 家公司得分靠后，主要是净利润为负数所致。净利润为负数，使得总量绩效和效益绩效得分都不高，以至于影响了最后的竞争力综合绩效指数得分。

表 14　2012 年 15 家人身险公司综合竞争力排名

公　司	竞争力综合绩效指数(并重型)	综合竞争力排名	公　司	竞争力综合绩效指数(并重型)	综合竞争力排名
国寿股份	1000	1	太平人寿	456.32	9
平安人寿	773.99	2	人保寿险	419.09	10
平安养老	649.69	3	友邦中国	385.03	11
新华保险	584.49	4	中邮人寿	274.05	12
生命人寿	535.07	5	合众人寿	227.99	13
泰康人寿	526.60	6	阳光人寿	66.03	14
太保寿险	523.09	7	人保健康	0	15
民生人寿	511.81	8			

　　表 15 列出了 2013 年度 15 家人身险公司的竞争力综合绩效指数得分。从表中可以看出，国寿股份依然"当仁不让"，排在第 1 位，并仍以较大优势领先。平安人寿、友邦中国、太保寿险、工银安盛、新华保险分列第 2 到第 6 位。在这 5 家公司中，友邦中国凭借其优异的增长绩效和效益绩效、工银安盛凭借其出色的增长绩效获得较高排名，其他公司则主要靠总量绩效和效益绩效获得较高排名。泰康人寿、太平人寿、建信人寿、阳光人寿分列第 7 到第 10 位。在这 4 家公司中，建信人寿虽然在总量绩效和效益绩效上均不占上风，但在增长绩效上表现出色，以至于竞争力综合绩效指数得分排在了前 10 的位置。

生命人寿、人保寿险、民生人寿、中邮人寿、合众人寿分别排在第11到第15位。这几家公司在三大分类绩效上都表现平平，以至于最终没能拉抬竞争力综合绩效指数的得分。

表15　2013年15家人身险公司综合竞争力排名

公　司	竞争力综合绩效指数（并重型）	综合竞争力排名	公　司	竞争力综合绩效指数（并重型）	综合竞争力排名
国寿股份	1000	1	建信人寿	343.57	9
平安人寿	745.36	2	阳光人寿	338.60	10
友邦中国	737.28	3	生命人寿	299.13	11
太保寿险	646.15	4	人保寿险	261.49	12
工银安盛	519.27	5	民生人寿	230.27	13
新华保险	480.97	6	中邮人寿	150.28	14
泰康人寿	448.81	7	合众人寿	0	15
太平人寿	363.91	8			

（二）主要人身险公司竞争力绩效分析

为了更好地了解一些主要公司的竞争力绩效，下面利用6项绩效指标的标准值，借助雷达图这一工具，对营业收入居前6位的人身险公司进行分析。

1. 国寿股份

国寿股份是我国最大的人身险公司。从2012年的雷达图可以看出，该公司的营业收入和净利润均代表了15家公司的最高水平，利润率、资产利润率也都在平均值之上，但是营业收入增长率、净利润增长率都在平均水平之下。与2012年相比较，2013年营业收入和净利润的地位没有改变，营业收入增长率仍在平均水平之下，但净利润增长率已略高于平均水平，资产利润率、利润率皆明显向最高水平靠拢。这些情况说明，相较于15家人身险公司，该公司在总量绩效上表现最优，在效益绩效上的表现优于平均水平，但在增长绩效上的表现仍然欠佳（见图5）。

2. 平安人寿

平安人寿是我国第二大人身险公司。从2012年的雷达图可以看出，该公司的利润率代表了15家公司的最高水平，营业收入和净利润明显在平均值之

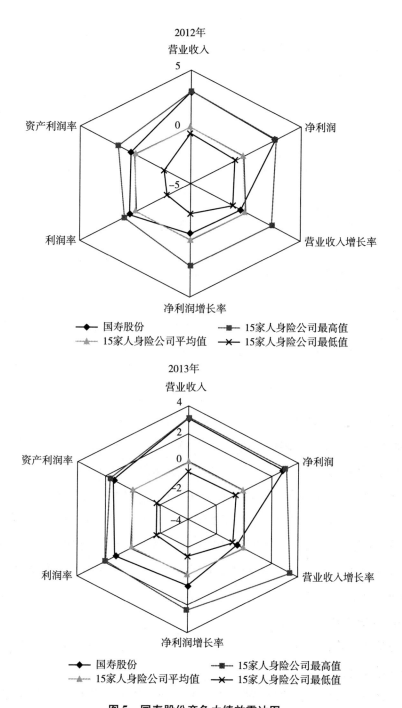

图 5 国寿股份竞争力绩效雷达图

上，其他 3 项指标则都在平均值上下，其中资产利润率在平均值之上，净利润增长率、营业收入增长率则比平均水平略低。与 2012 年相比，2013 年利润率不再是最好水平，但仍接近于最好水平，营业收入和净利润的优势地位没有变化，资产利润率明显改善，已接近 15 家公司的最高值，但净利润增长率、营业收入增长率仍没什么太大变化。这些情况说明，相较于 15 家人身险公司，该公司在总量绩效、效益绩效上的表现明显占优，但在增长绩效上的表现一般（见图 6）。

3. 新华保险

新华保险近年来已发展成业务规模居人身险行业第 3 位的大公司。从 2012 年、2013 年的竞争力绩效雷达图可以看出，各项绩效指标都在 15 家公司的平均值附近徘徊。其中，2 项总量指标和 2 项效益指标均高于平均值，2 项增长率指标则都略低于平均值（见图 7）。

4. 太保寿险

太保寿险是我国人身险市场上的"老三家"之一，但近年来业务规模已被新华保险超过。从竞争力绩效雷达图可以看出，太保寿险的情况与新华保险较为类似，各项竞争力绩效指标数值都在 15 家公司平均值附近。其中，2012 年 6 项指标与平均值都非常接近，2013 年除营业收入增长率低于平均值外，其他指标则都明显比平均值要高（见图 8）。

5. 人保寿险

人保寿险的竞争力绩效指标在 2012 年和 2013 年发生了较大变化。从竞争力绩效雷达图可以看出，2012 年除营业收入增长率略低于平均值外，其他 5 项指标都与平均值相当。2013 年，情况发生一些逆转，6 项指标中有 4 项低于平均值，且差距较大，唯有营业收入及其增长率仍在平均值上下（见图 9）。

6. 泰康人寿

泰康人寿在两个年度的表现差异也较大。从竞争力绩效雷达图可以看出，2012 年营业收入增长率为 15 家公司的最低水平，其他 5 项指标则均比平均值略高。2013 年营业收入增长率虽已不再是最低水平，但仍在平均水平之下，净利润增长率则转为位于平均值之下，其他指标没有明显变化（见图 10）。

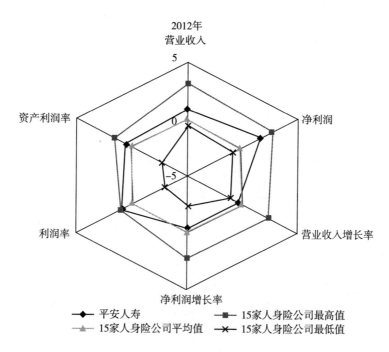

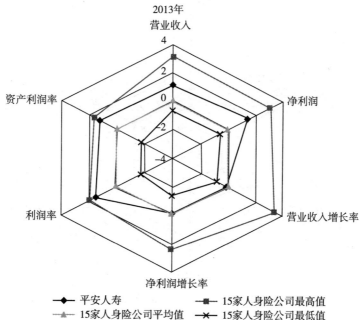

图6　平安人寿竞争力绩效雷达图

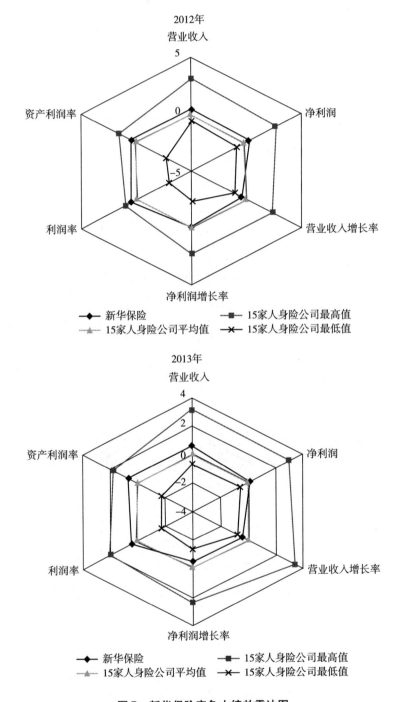

图7　新华保险竞争力绩效雷达图

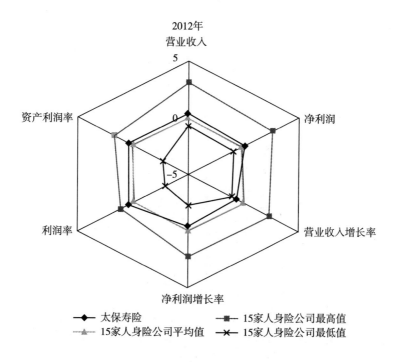

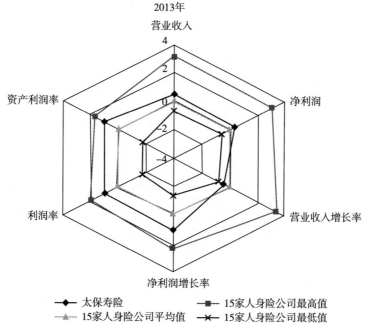

图8　太保寿险竞争力绩效雷达图

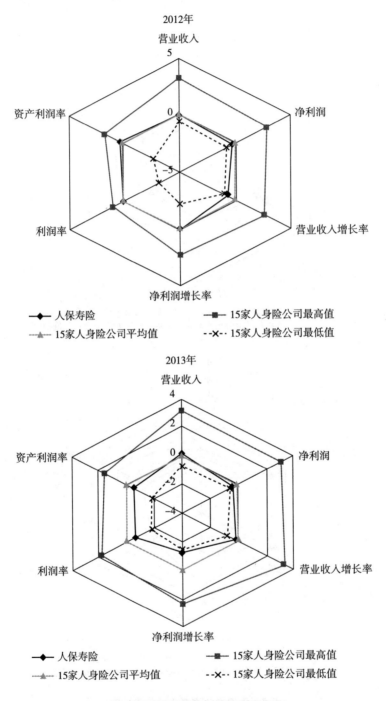

图9 人保寿险竞争力绩效雷达图

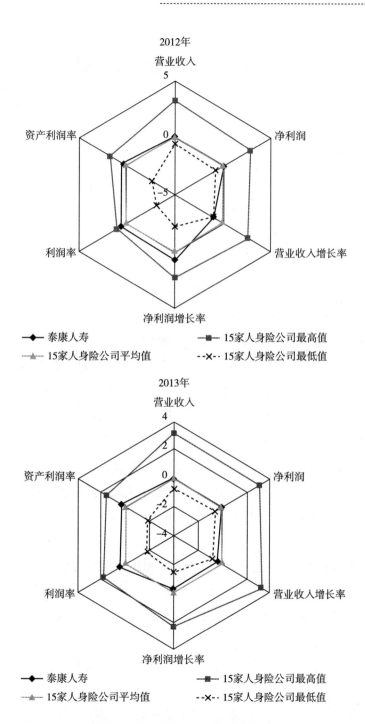

图 10　泰康人寿竞争力绩效雷达图

三 人身险公司竞争力状况分析

与财产险公司一样，下面主要从财务竞争力、产品竞争力、服务竞争力、营销竞争力、成本竞争力、投资竞争力六个方面，对 2012～2013 年 15 家人身险公司的竞争力状况进行评价分析。

（一）财务竞争力

1. 资产规模

资产是保险公司经营的重要基础。虽然对人身险公司来说，《保险法》并没有结合净资产给出具体的业务规模限定，但根据《保险公司偿付能力管理规定》，保险公司必须具有与其风险和业务规模相适应的资本。因此，人身险公司业务经营的规模也受其资本的影响和制约。

表 16 列出了 2012～2013 年 15 家人身险公司年初的总资产和净资产。从表中可以看出，2012 年初，无论是总资产还是净资产，国寿股份都具有明显的领先优势：总资产为平安人寿的 1.87 倍，几乎与其他 13 家公司之和相当；净资产为平安人寿的 5.08 倍、其他 13 家公司之和的 1.57 倍。资产规模上的遥遥领先是其竞争力绩效排名居第 1 位的重要原因。平安人寿的总资产相对于其他 13 家公司具有明显优势，但净资产规模与太保寿险相比优势并不明显。太保寿险、新华保险的资产规模分列第 3 和第 4 位。这两家公司无论是总资产还是净资产都相当接近。泰康人寿、人保寿险的总资产分别排在第 5 和第 6 位，净资产的排名则出现置换。此外，与新华保险相比，泰康人寿在总资产上相差无几，但净资产却只有前者的 1/3。太平人寿、生命人寿的总资产分别排在第 7 和第 8 位。其中，生命人寿的总资产虽不及太平人寿的一半，但净资产却与后者相差不大。友邦中国、阳光人寿、合众人寿、民生人寿、人保健康、平安养老、中邮人寿的总资产分别排在第 9 到第 15 位。在这 7 家公司中，阳光人寿、民生人寿、平安养老、中邮人寿 4 家公司的净资产排名要比总资产排名相对靠前，友邦中国、合众人寿、人保健康的净资产排名则比总资产排名要相对靠后。

从表 16 中还可以看出，2013 年初大多数公司的总资产、净资产及其位次状况高度重复了 2012 年初的格局，明显的变化主要有：泰康人寿的净资产大幅增加，由 2012 年初仅相当于新华保险的 1/3 变为超过 1/2；与其他公司的净资产均有不同程度增加不同的是，合众人寿、阳光人寿、中邮人寿的净资产出现减少现象，从而使资产规模对业务的支撑作用变小。

表 16　2012～2013 年 15 家人身险公司年初的总资产和净资产

公　司	2012 年				2013 年			
	年初总资产（百万元）	排名	年初净资产（百万元）	排名	年初总资产（百万元）	排名	年初净资产（百万元）	排名
国寿股份	1581705.00	1	191486.00	1	1896403.00	1	220998.00	1
平安人寿	845131.16	2	37724.33	2	1031862.08	2	49120.18	2
太保寿险	460629.44	3	32086.13	3	558077.24	3	40821.28	3
新华保险	386595.00	4	31230.00	4	493564.00	4	35814.00	4
泰康人寿	348806.48	5	10592.93	6	411674.73	5	18834.49	5
人保寿险	273094.04	6	12439.21	5	335849.05	6	17610.01	6
太平人寿	132601.84	7	7895.99	8	168901.42	7	10100.42	8
生命人寿	63005.43	8	7078.88	9	109349.54	8	10690.27	7
友邦中国	52655.81	9	2202.19	12	62678.96	9	3582.80	12
阳光人寿	49022.04	10	8173.83	7	58962.96	10	7832.81	9
合众人寿	32492.64	11	1009.97	14	36760.72	12	899.07	15
民生人寿	30023.86	12	3821.33	10	42389.69	11	7160.50	10
人保健康	23976.20	13	814.99	15	—	—	—	—
平安养老	13623.64	14	2532.78	11	—	—	—	—
中邮人寿	11699.14	15	1910.62	13	27007.98	13	1690.54	14
建信人寿	—	—	—	—	17768.92	14	7052.67	11
工银安盛	—	—	—	—	10950.75	15	2690.54	13

2. 偿付能力

表 17 列出了 2012～2013 年 15 家人身险公司年初的偿付能力充足率。从表中可以看出，2012 年初，15 家公司的偿付能力充足率都在 100% 以上。其中，偿付能力充足率最高的是生命人寿、阳光人寿，分别高达 279% 和 254%，远高于 150% 的充足Ⅱ类标准；其次是平安养老、太保寿险、太平人寿、国寿股份、平安人寿、新华保险、民生人寿、泰康人寿，偿付能力充足率都在 150% 以上，属于充足Ⅱ类公司。友邦中国、人保寿险、人保健康、合众人寿、中邮人寿的偿付能力充足率都大于 100% 而低于 150%，属于充足Ⅰ类公司。2011 年，由于投资收益不理想及业务发展增速放缓等原因，人身险公司的偿

债能力普遍下降。从总体看，2011 年初，在营业收入居前 15 位的公司中，偿付能力充足率超过 200% 的有 7 家，到 2012 年初却只剩下 2 家；从各家公司看，国寿股份下降了 42 个百分点，平安人寿下降了 24 个百分点，太保寿险下降了 54 个百分点，泰康人寿下降了 24 个百分点，中邮人寿则从 541%"过山车式"地跌到了 101%，已触及充足 Ⅰ 类公司的下限。

表17　2012～2013 年 15 家人身险公司年初的偿付能力充足率

公　　司	2012 年		2013 年		偿付能力充足率递减(个百分点)
	年初偿付能力充足率(%)	排名	年初偿付能力充足率(%)	排名	
生命人寿	279.00	1	198.00	8	-81
阳光人寿	254.00	2	287.00	3	33
平安养老	190.00	3	—	—	—
太保寿险	187.00	4	211.00	6	24
太平人寿	177.00	5	167.00	13	-10
国寿股份	170.00	6	236.00	5	66
平安人寿	156.10	7	190.60	10	34.5
新华保险	155.95	8	192.56	9	36.61
民生人寿	152.29	9	251.00	4	98.71
泰康人寿	151.00	10	188.00	11	37
友邦中国	142.01	11	203.67	7	61.66
人保寿险	132.00	12	130.00	14	-2
人保健康	107.15	13	—	—	—
合众人寿	105.97	14	123.59	15	17.62
中邮人寿	101.00	15	169.00	12	68
建信人寿	—	—	1291.70	1	1062.76
工银安盛	—	—	534.00	2	279

虽然年初偿付能力大都有不同程度的下降，但在 2012 年，各家公司通过多种途径补充偿付能力，使 2013 年初的偿付能力充足率得以大幅回升。从表 17 还可以看出，在 15 家人身险公司中，2013 年初只有生命人寿、太平人寿、人保寿险 3 家公司的偿付能力充足率有一定下降，其他 12 家公司则都有不同程度的上升。在 15 家公司中，仅人保寿险、合众人寿 2 家公司年初的偿付能力充足率没有达到充足 Ⅱ 类标准，其他 13 家公司则都在充足 Ⅱ 类标准之上，其中建信人寿的偿付能力充足率甚至达到了 1291.7%，工银安盛达到了 534%，阳光人寿、民生人寿、国寿股份、太保寿险、友邦中国等公司也都在

200% 之上。各家公司在 2013 年初较高的偿付能力充足率为在该年度顺利拓展业务奠定了坚实基础。

（二）产品竞争力

表 18 列出了 2012～2013 年 15 家人身险公司保费收入居前 5 位的产品及其保费占比和集中度。从表中可以看出，2012 年，分红型两全保险仍是主流，15 家公司中有 9 家公司的前 5 位产品皆为分红型产品，分别是平安人寿、新华保险、人保寿险、泰康人寿、太平人寿、生命人寿、阳光人寿、民生人寿、合众人寿。在其余 6 家公司中，国寿股份、太保寿险、中邮人寿的前 5 位产品中也有 4 款是分红型产品，另有 1 款是传统的终身险或意外险；友邦中国、人保健康的前 5 位产品中分别只有 2 款、1 款为分红型产品，其余皆为健康险和意外险；平安养老则前 5 位产品均为传统的保障型产品，没有一款是分红型产品。2013 年，各家公司保费收入居前 5 位产品的格局没有明显变化，分红型产品仍占绝对主导地位，些许调整主要是一些公司在产品内容、名称上的变化。

前 5 位产品保费收入占总保费的比重在一定程度上揭示了产品发展的多元化程度。通常，产品发展的多元化程度越高，整体市场竞争力越强。从表 18 可以看出，2012 年，前 5 位产品保费占比最低的是友邦中国，仅为 25.58%；其次为平安人寿，为 38.84%；再次为太保寿险、国寿股份、合众人寿、太平人寿 4 家公司，前 5 位产品保费占比均在 50% 以下。在其他公司中，新华保险、平安养老、民生人寿、泰康人寿、生命人寿 5 家公司前 5 位产品保费占比均为 50%～60%，属于中等偏上的情况。前 5 位产品保费占比最高的是中邮人寿，达到了 99.97%，几近 100%；其次是人保健康，为 80.21%，也处在较高水平；人保寿险、阳光人寿前 5 位产品保费占比也都超过 70%。2013 年，在与上年同时列入评价的 13 家公司中，大多数公司保费收入居前 5 位产品的保费占比都有一定程度下降，略有提升的只有友邦中国、太平人寿、新华保险、人保寿险 4 家公司。而在下降的 9 家公司中，泰康人寿、阳光人寿下降最多，分别降低 14.54 个和 10.41 个百分点；民生人寿、合众人寿其次，分别下降 9.43 个和 7.2 个百分点。至于新列入评价的 2 家公司，建信人寿前 5 位产品保费占比相对较低，为 64.07%，工银安盛则较高，达 86.12%。

表 18　2012～2013 年 15 家人身险公司的产品集中度

公司	前 5 位保险产品	2012 年		2013 年	
		前 5 位产品保费占比（%）	前 5 位产品的集中度	前 5 位产品保费占比（%）	前 5 位产品的集中度
友邦中国	全佑一生"六合一"疾病保险 守御神重大疾病保险计划 金喜年年年金保险计划（分红型）（2012） 金福年金保险（分红型） 全佑一生"五合一"疾病保险 金喜年年年金保险计划（2013）	25.58	0.2095	26.06	0.2158
平安人寿	金裕人生两全保险（分红型） 富贵人生两全保险（分红型） 鑫利两全保险（分红型） 吉星送宝少儿两全保险（分红型） 鸿利两全保险（分红型）（2012） 世纪天使少儿两全保险（分红型）（2013）	38.84	0.2565	35.97	0.2640
太保寿险	红福宝两全保险（分红型）10 年期 红利发两全保险（分红型）5 年期（2012） 鸿鑫人生两全保险（分红型） 太平盛世－长泰安康 B 款（传统型） 金享人生终身寿险（分红型）（2012） 红利盈（A 款）两全保险（分红型）（2013） 鸿发年年全能定投年金（分红型）（2013）	44.58	0.2563	38.63	0.2311
国寿股份	鸿盈两全保险（分红型） 新鸿泰两全保险（分红型）（2012） 福禄双喜两全保险（分红型） 鑫丰两全保险（分红型）（2013） 康宁终身保险 * 美满一生年金保险（分红型）**	46.29	0.2278	41.09	0.2059
合众人寿	福满长红两全保险（分红型） 养老定投年金保险（分红型） 幸福人生终身寿险（分红型） 喜洋洋年金保险（分红型）（2012） 至瑞长红两全保险（分红型）（2013） 财富年年年金保险（分红型）（A 款）（2013）	49.05	0.3145	41.85	0.2085

续表

公司	前 5 位保险产品	2012 年		2013 年	
		前 5 位产品保费占比（%）	前 5 位产品的集中度	前 5 位产品保费占比（%）	前 5 位产品的集中度
太平人寿	盈盛两全保险 C 款（分红型） 财富红赢一号两全保险（分红型）（2012） 福寿连连两全保险（分红型） 财富定投两全保险（分红型） 如意三号两全保险（分红型）（2012） 稳得赢两全保险（分红型）（2013） 恒赢两全保险（分红型）（2013）	49.38	0.2315	49.89	0.2963
新华保险	红双喜新 C 款两全保险（分红型） 尊享人生年金保险（分红型） 红双喜盈宝利两全保险（分红型）（2012） 红双喜金钱柜年金保险（分红型） 吉星高照 A 款两全保险（分红型）（2012） 惠福宝两全保险（2013） 红双喜盈宝瑞两全保险（分红型）（2013）	50.36	0.3124	50.43	0.2613
平安养老	团体意外伤害保险 住院团体医疗保险 补充住院团体医疗保险 一年期团体定期寿险 附加意外伤害团体医疗保险	50.97	0.2508	—	—
民生人寿	金玉满堂两全保险 D 款（分红型） 金镶玉两全保险（分红型） 年年红两全保险（分红型） 富贵年年两全保险（分红型） 富贵齐添两全保险（分红型）（2012） 如意相伴两全保险（2013）	58.57	0.2250	49.14	0.2145
泰康人寿	金满仓两全保险（分红型） 金满仓 B 款年金保险（分红型） 财富人生 C 款终身年金保险（分红型） 金满仓 D 款两全保险（分红型） 财富人生终身年金保险（分红型）（2012） 金满仓 E 款两全保险（分红型）（2013）	64.02	0.2955	49.48	0.2594

续表

公司	前5位保险产品	2012 年		2013 年	
		前5位产品 保费占比 （%）	前5位产品 的集中度	前5位产品 保费占比 （%）	前5位产品 的集中度
生命 人寿	伙伴金惠两全保险（分红型） 红上红 E 款两全保险（分红型） 红上红 F 款两全保险（分红型） 红上红 C 款两全保险（分红型） 鼎利丰两全保险（分红型）(2012) 富贵花年金保险（分红型）(2013)	67.98	0.2091	63.95	0.2168
阳光 人寿	阳光普照两全保险 F 款（分红型） 阳光普照两全保险 D 款（分红型） 阳光十年两全保险（分红型） 阳光普照两全保险 E 款（分红型）(2012) 阳光财富两全保险（分红型）(2012) 年年红两全保险 E 款（分红型）(2013) 阳光财富年金两全保险 B 款（分红型）(2013)	76.58	0.2910	66.17	0.3649
人保 寿险	金鼎富贵两全保险（分红型）（E 款） 金鼎富贵两全保险（分红型） 盛世富贵两全保险（分红型）（A 款） 金鼎富贵两全保险（分红型）（B 款）(2012) 福鑫两全保险（分红型）(2012) 金鼎富贵两全保险（分红型）（C 款）(2013) 惠民理财两全保险（分红型）（A 款）(2013)	77.61	0.3783	80.93	0.2959
人保 健康	康利人生两全保险（分红型） 和谐盛世城镇职工大额补充团体医疗保险 守护专家社保补充团体医疗保险 和谐盛世城镇居民大额补充团体医疗保险 福佑专家人身意外团体意外伤害保险	80.21	0.3223	—	—
工银 安盛	如意宝两全保险（分红型） 盛世丰年年金保险（分红型） 金品全方位两全保险（分红型） 全方位二代两全保险（分红型） 财富宝 – 江苏壹号两全保险（分红型）	—	—	86.12	0.6907
中邮 人寿	富富余 1 号两全保险（分红型） 富富余 3 号两全保险（分红型） 富富余 2 号两全保险（分红型） 绵绵寿 2 号年金保险（分红型）(2012) 贷贷喜 2 号小额贷款意外伤害保险(2012) 年年好 A 款两全保险（分红型）(2013) 年年好重疾保障计划(2013)	99.97	0.7316	99.78	0.4160

续表

公司	前5位保险产品	2012年		2013年	
		前5位产品保费占比（%）	前5位产品的集中度	前5位产品保费占比（%）	前5位产品的集中度
建信人寿	金富利两全保险（分红型） 金富裕两全保险（分红型） 金富人生两全保险（分红型） 金富鸿两全保险 金富腾两全保险（分红型）	—	—	64.07	0.2565

注：＊康宁终身保险已于2008年停售，保费收入均为续期保费。该公司于2009年开始销售国寿康宁终身重大疾病保险。

＊＊2012年、2013年该公司未销售美满一生年金保险（分红型），保费收入均为续期保费。

前5位产品的集中度是度量前5位产品离散程度的指标。指标数值越高，表明前5位产品作为一个整体，其内部各产品的集中度就越高；反之，则越低。通常说来，前5位产品的发展越均衡，产品的整体竞争力就越强。从表18可以看出，2012年，在15家人身险公司中，前5位产品的集中度最低的是生命人寿和友邦中国，分别为0.2091和0.2095；最高的是中邮人寿，为0.7316。其余12家公司前5位产品的集中度为0.22～0.38。2013年，在与上年同时列入评价的13家公司中，前5位产品的集中度有升有降：上升的有友邦中国、平安人寿、太平人寿、生命人寿、阳光人寿5家公司，提升幅度分别为0.0063、0.0075、0.0648、0.0077和0.0739；下降的有太保寿险、国寿股份、合众人寿、新华保险、民生人寿、泰康人寿、人保寿险、中邮人寿8家公司，下降幅度分别为0.0252、0.0219、0.1060、0.0511、0.0105、0.0361、0.0824和0.3156。在新列入评价的2家公司中，建信人寿前5位产品的集中度相对较低，为0.2565，工银安盛则较高，达0.6907。

（三）服务竞争力

对于人身险行业，中国质量协会、全国用户委员会迄今尚未开展独立的全国性用户满意度调查，因此，对于15家人身险公司的客户满意度，此处仍仅采用保监会关于保险消费者投诉情况的通报中所列出的"亿元保费投诉量"

做近似分析。

表 19 列出了 2012～2013 年 15 家人身险公司亿元保费投诉量数据。从表中可以看出，2012 年，按亿元保费投诉量由低到高排名，最低的是中邮人寿，亿元保费投诉量只有 0.06 个，不仅在本书评价的 15 家公司中最低，在保监会统计列出的所有 55 家公司中也在最低行列。人保寿险、友邦中国、国寿股份、太保寿险也不高，分别为 0.50 个、0.60 个、0.71 个、0.93 个，在 15 家公司中分列第 2 到第 5 位。亿元保费投诉量最高的是人保健康，为 2.40 个，在 15 家公司中排第 15 位；其次是合众人寿、生命人寿，分别为 2.02 个、1.83 个，排在第 14 和第 13 位。亿元保费投诉量可以在一定程度上反向折射出人身险公司的客户满意度，进而反映人身险公司在服务方面的竞争力。亿元保费投诉量属"逆向指标"，投诉量越大，说明服务竞争力越低，反之则越高。

表 19　2012～2013 年 15 家人身险公司亿元保费投诉量

公　　司	2012 年		2013 年	
	投诉量 （个/亿元保费）	排名	投诉量 （个/亿元保费）	排名
中邮人寿	0.06	1	0.04	1
建信人寿	—	—	0.43	2
人保寿险	0.50	2	0.47	3
友邦中国	0.60	3	0.51	5
工银安盛	—	—	0.62	6
国寿股份	0.71	4	1.00	7
太保寿险	0.93	5	1.04	8
太平人寿	0.97	6	0.74	4
平安人寿	1.11	7（并列）	1.09	9
新华保险	1.11	7（并列）	1.30	10
平安养老	1.33	9	—	—
泰康人寿	1.38	10	2.02	12
阳光人寿	1.48	11	1.79	11
民生人寿	1.80	12	2.11	13
生命人寿	1.83	13	2.56	15
合众人寿	2.02	14	2.53	14
人保健康	2.40	15	—	—

　　资料来源：《中国保监会办公厅关于 2012 年保险消费者投诉情况的通报》（保监厅函〔2013〕27号）；《中国保监会关于 2013 年保险消费者投诉情况的通报》（保监消保〔2014〕2 号）。

2013 年，按亿元保费投诉量排名，最低的依然是中邮人寿，投诉量比上年略有下降。排在第 2 到第 6 位的依次是建信人寿、人保寿险、太平人寿、友邦中国和工银安盛，亿元保费投诉量均在 1 个以下。亿元保费投诉量最高的是生命人寿，自上年的 1.83 个快速上升到 2.56 个；其次是合众人寿、民生人寿和泰康人寿，亿元保费投诉量都在 2 个以上。在同时列入两个年度评价的 13 个公司中，亿元保费投诉量增加较多的有生命人寿、泰康人寿、合众人寿，分别增加 0.73 个、0.64 个、0.51 个；亿元保费投诉量下降幅度最大的则为友邦中国，净减少 0.09 个。

（四）营销竞争力

1. 品牌价值

品牌价值的高低与公司成立的时间有很大关系，价值最大的公司大都是成立时间较长、规模较大的公司，特别是那些具有集团背景的公司。另外，一些公司虽然成立较晚，但也凭借良好的服务和市场表现获得了认可，因而品牌价值上升很快。关于这方面的情况，可以从一些知名的品牌评价中得到说明。

在世界品牌实验室（World Brand Lab）发布的 2012 年（第九届）"中国 500 最具价值品牌"排行榜中，中国人寿、中国平安、太平洋保险、新华保险、阳光保险 5 家经营寿险业务的公司品牌上榜。其中，中国人寿、中国平安、太平洋保险已经迈入世界级品牌阵营。在 2013 年（第十届）"中国 500 最具价值品牌"排行榜中，泰康人寿又成功入选，并超过阳光保险，排在第 180 位（见表 20）。

表 20 　2012～2013 年入选"中国 500 最具价值品牌"排行榜的人身险品牌

品牌名称	品牌拥有机构	2013 年		2012 年	
		品牌价值	排名	品牌价值	排名
中国人寿	中国人寿保险(集团)公司	1558.76	5	1261.55	5
中国平安	中国平安保险(集团)股份有限公司	269.67	57	201.58	57
太平洋保险	中国太平洋保险(集团)股份有限公司	213.98	79	152.65	87
新华保险	新华人寿保险股份有限公司	187.95	93	132.85	98
泰康人寿	泰康人寿保险股份有限公司	111.82	180	—	—
阳光保险	阳光保险集团股份有限公司	74.59	256	41.12	321

资料来源：世界品牌实验室。

中国企业品牌研究中心于 2012 年 2 月发布了第二届中国品牌力指数调查结果，在人寿保险行业，获得中国品牌力指数（China Brand Power Index，C-BPI）调查结果第 1、第 2 和第 3 位的品牌依次是：中国人寿，C-BPI 得分为 535.8；平安人寿，C-BPI 得分为 512.6；太平洋人寿，C-BPI 得分为 420.4。2013 年 3 月，中国企业品牌研究中心又发布了第三届中国品牌力指数调查结果，虽然 C-BPI 的得分都有所改变，但 3 个品牌的排序没有变化，具体见表 21。

表 21　2013 年度第三届中国品牌力指数（C-BPI）寿险行业调查结果

行业名称	第一品牌	第二品牌	第三品牌	2012 年第一品牌
人寿保险	中国人寿(609.8)	中国平安(560.9)	中国太平洋(393.9)	中国人寿(535.8)

资料来源：中国企业品牌研究中心。

2. 分销网络

从分销网络看，成立时间较长的人身险公司由于具有先行者优势，经营范围大都已经覆盖全国各省、自治区和直辖市，三级、四级分支机构和营销服务部也较多。例如，国寿股份是成立时间最长的寿险公司，目前拥有由保险营销员、团险销售人员以及专业和兼业代理机构组成的中国最广泛的分销网络，共设有 36 家二级机构、323 家三级机构、2633 家四级机构以及 3004 家客户服务中心。成立时间最早可追溯到 1988 年的平安人寿，截至 2013 年底，在国内共设有 35 家分公司，超过 2600 个营业网点，拥有 56.7 万余名寿险销售人员（2014 年 6 月底已突破 60 万名），服务网络遍布全国。2001 年成立的太保寿险截至 2013 年在全国设有 2900 多家分支机构，拥有 3.8 万名员工和 28.6 万名营销员，并与众多专业、兼业代理机构建立了良好的业务合作关系。而成立时间较短的人身险公司分支机构的数量普遍相对较少，经营范围大多尚未在全国实现全覆盖。例如，2005 年成立的合众人寿截至 2013 年仅开设 26 家省级分公司和大约 200 个中心支公司。在成立时间不长的公司中，有些公司机构扩张较快，从而为保费快速增长奠定了基础。例如，阳光人寿成立于 2007 年 12 月，截至 2013 年已开设 30 家二级机构和 600 余家三级、四级机构。这种快速的机构扩张，为公司实现迅速崛起奠定了基础。

（五）成本竞争力

人身险公司成本竞争力的评价指标有综合赔付率、综合费用率、退保率等。相对经营短期业务的财产险公司来说，经营长期业务的人身险公司的综合赔付率的计算更为复杂，因此本书仅采用综合费用率和退保率进行评价分析。

表 22 列出了 2012～2013 年 15 家人身险公司的综合费用率。该指标也是逆向指标，指标值越低，排名就越靠前。从表中可以看出，2012 年，在15 家公司中，综合费用率最低的是中邮人寿和人保寿险，分别只有 7.74%和 9.98%，远低于其他公司。国寿股份、新华保险、太保寿险、人保健康分别排在第 3 到第 6 位，综合费用率均在 20% 以下。在 15 家公司中，综合费用率最高的是平安养老，高达 45.26%，其余 8 家公司的综合费用率则为20%～30%。与上年相同，2013 年除了新列入评价的工银安盛和建信人寿外，中邮人寿、人保寿险、新华保险、国寿股份、太保寿险 5 家公司仍然排在所评价公司的前半部分，而且除太保寿险外其他 4 家公司的综合费用率都有所下降。在这 5 家公司中，唯一的位次变化，是紧邻的新华保险与国寿股份的排序发生了对调。其他公司则不仅综合费用率有升有降，相比上年的位次也均有变化。其中，综合费用率上升的有泰康人寿、平安人寿、阳光人寿、民生人寿、生命人寿、合众人寿，下降的有太平人寿和友邦中国。

退保作为一种成本支出行为，对人身险公司经营的影响具有双重性：一方面，退保合同的退保金一般比责任准备金要少，保险公司处理退保虽然是一种成本支出，但也可获得一定的由此产生的营业利润；另一方面，退保往往会在经营上产生一定的连锁反应，造成客户逆选择、费用亏损及虚假利润等问题，从而影响公司经营的稳定性。因此，公司应将退保率控制在一个适当的水平。除此之外，退保率上升往往意味着公司产品或营销存在问题，并容易引发集体退保甚至群体性事件，进而重创公司形象，因此，注重发展质量的公司通常会严格控制退保事件的发生。

表22　2012～2013年15家人身险公司的综合费用率

公　司	2012 年		2013 年	
	综合费用率(%)	排名	综合费用率(%)	排名
中邮人寿	7.74	1	3.88	1
人保寿险	9.98	2	8.64	2
工银安盛	—	—	15.37	3
国寿股份	16.11	3	15.84	5
新华保险	17.31	4	15.73	4
太保寿险	19.03	5	19.62	7
人保健康	19.25	6	—	—
建信人寿	—	—	18.71	6
泰康人寿	20.49	7	22.06	9
平安人寿	21.78	8	22.33	10
太平人寿	22.38	9	21.45	8
阳光人寿	24.00	10	26.61	11
民生人寿	26.67	11	30.30	14
生命人寿	27.48	12	29.55	13
友邦中国	27.92	13	26.96	12
合众人寿	29.18	14	35.44	15
平安养老	45.26	15	—	—

　　表23列出了2012～2013年15家人身险公司的退保率。从表中可以看出，2012年，在15家人身险公司中，平安人寿、友邦中国、中邮人寿3家公司的退保率最低，分别只有1.07%、1.46%和1.78%，其次是人保健康，为2.11%；最高的是阳光人寿，达15.05%，其次是合众人寿，为9.29%。其他9家公司的退保率则为3%～7%，属于中等情况。将退保率排名与前面的亿元保费投诉量排名进行对比可以发现，虽然两者之间并非高度相关，但有多数公司在两个指标上的排名有着较好的对应性。在进行排名时，考虑到退保率也为逆指标，因而也是由低到高进行排序，退保率越低，排名就越靠前。2013年，列入评价的多数公司的退保率都有一定上升：2012年退保率在4%以下的有9家公司，超过8%的只有2家公司，但2013年退保率在4%以下的只有3家，超过8%的却达到了5家。在退保率上升的公司中，上升幅度超过1个百分点的有：中邮人寿，上升1.29个百分点；太保寿险，上升1.31个百分点；国寿

股份，上升1.37个百分点；新华保险，上升1.79个百分点；民生人寿，上升
1.93个百分点；生命人寿，上升2.20个百分点；人保寿险，上升2.34个百
分点。除了退保率上升的公司外，也有2家公司的退保率出现下降：一是友邦
中国，下降0.23个百分点；二是阳光人寿，下降1.84个百分点。这种情况说
明，2013年，多数人身险公司在业务经营上仍存在较强的规模冲动，为了增
加业务规模，不惜采取一些可能导致退保率升高的举措。

表23　2012～2013 年 15 家人身险公司的退保率

公　司	2012 年		2013 年	
	退保率(%)	排名	退保率(%)	排名
平安人寿	1.07	1	1.28	2
友邦中国	1.46	2	1.23	1
中邮人寿	1.78	3	3.07	3
人保健康	2.11	4	—	—
国寿股份	3.17	5	4.54	6
太保寿险	3.47	6	4.78	7
泰康人寿	3.52	7	4.37	4
太平人寿	3.80	8	4.45	5
平安养老	3.87	9	—	—
建信人寿	—	—	5.31	8
民生人寿	4.27	10	6.20	9
新华保险	5.53	11	7.32	10
生命人寿	6.17	12	8.37	11
人保寿险	6.62	13	8.96	12
工银安盛	—	—	9.21	13
合众人寿	9.29	14	10.06	14
阳光人寿	15.05	15	13.21	15

（六）投资竞争力

在投资业务方面，投资收益率直接反映了一家公司投资竞争力的高低。投
资收益率越高，说明公司的投资竞争力越强。

表24列出了2012～2013年15家人身险公司的投资收益率。从表中可以
看出，2012年，生命人寿的投资收益率居第1位，高达6.06%；阳光人寿、

民生人寿、中邮人寿、平安养老的投资收益率分别排在第 2 至第 5 位，为 5% ~ 6%；人保寿险、合众人寿、泰康人寿的投资收益率分别排在第 6 至第 8 位，为 4% ~ 5%；平安人寿、人保健康的投资收益率分别排在第 14 和第 15 位，只有 2.79% 和 2.10%，在 15 家公司中属最低水平；其他公司的投资收益率则为 3% ~ 4%，属于中等偏下水平。相较于 2012 年，2013 年各家人身险公司的投资收益率有明显提升。一方面，在 15 家人身险公司中，2012 年投资收益率超过 6% 的只有 1 家，2013 年则达到 5 家，最高的建信人寿甚至超过了 7%；另一方面，2012 年列入评价的公司中多数投资收益率在 5% 以下，而 2013 年投资收益率低于 5% 的只有友邦中国、平安人寿 2 家，且都与 5% 相差无几。在 15 家公司中，相较于 2012 年，一些公司的投资收益率上升明显，如泰康人寿提升 2.04 个百分点，平安人寿提升 2.20 个百分点。然而，2012 年居第 1 位的生命人寿的投资收益率却微降了 0.17 个百分点。

表 24　2012 ~ 2013 年 15 家人身险公司的投资竞争力

公　　司	2012 年		2013 年	
	投资收益率(%)	排名	投资收益率(%)	排名
建信人寿	—	—	7.01	1
工银安盛	—	—	6.90	2
生命人寿	6.06	1	5.89	6
阳光人寿	5.76	2	6.23	4
民生人寿	5.71	3	5.18	10
中邮人寿	5.38	4	5.53	7
平安养老	5.17	5	—	—
人保寿险	4.92	6	6.17	5
合众人寿	4.76	7	5.23	9
泰康人寿	4.22	8	6.26	3
太保寿险	3.70	9	5.35	8
新华保险	3.46	10	5.15	11
友邦中国	3.32	11	4.89	15
太平人寿	3.27	12	5.13	12
国寿股份	3.13	13	5.09	13
平安人寿	2.79	14	4.99	14
人保健康	2.10	15	—	—

四 人身险公司竞争力成因分析

2012～2013 年，人身险公司的竞争力也受到多种内在驱动因素的影响，其中一些因素限制了竞争力的提升，另一些因素则促进了竞争力的提升。

（一）短期综合整治难以到位危及公司偿付能力

偿付能力是衡量一家公司财务竞争力的重要指标。2012 年初，15 家人身险公司中有 5 家的偿付能力充足率在 150% 的充足 II 类标准以下，依次是友邦中国（142.01%）、人保寿险（132%）、人保健康（107.15%）、合众人寿（105.97%）、中邮人寿（101%）。经过综合整治和统筹解决，到 2013 年初，中邮人寿、友邦中国、人保健康回升到 150% 以上，但人保寿险、合众人寿仍分别只有 130% 和 123.59%。2013 年底，人保寿险的偿付能力充足率提升至 202%，合众人寿依然较低，只有 124.83%。

偿付能力充足率受内外部多种因素影响，包括股东增资、发行次级债、资本市场波动、宏观调控等外部因素，以及公司经营战略、机构布局、业务发展速度、业务质量、内部风险管理机制、投资收益、费用控制水平等内部因素。2011 年，受资本市场持续低迷的拖累，保险公司投资收益不佳，全行业平均投资收益率只有 3.57%，比上年度降低 1.27 个百分点。由于投资收益率直接决定了分红险、投连险等理财型产品的竞争力，因此资本市场低迷不仅影响人身险公司的投资绩效，更使产品销售出现困难，保费增速大幅下滑 8.96%。投资收益不佳、承保业务衰退对人身险公司的偿付能力产生巨大压力，不少公司的偿付能力充足率遂出现大幅下降。然而，随着投资和承保业务的好转以及采取相应措施，多数公司的偿付能力都很快得到好转，可合众人寿却迟迟未能达到 II 类标准，致使 2012 年度和 2013 年度的竞争力表现不佳。

合众人寿成立于 2005 年 2 月，在成立后的短短几年，公司牢牢把握每一个战略机遇，快速布局，从成立之初的年保费 5.8 亿元、总资产 7 亿元发展到 2011 年的年保费 105.4 亿元、总资产 325 亿元，取得了年保费增长 17 倍、总资产增长 45 倍的不俗业绩。合众人寿前几年的发展历程可以用"三个跨越"

来概括。第一次跨越——从 2005 年成立开始，经过 3 年时间，迅速布局，抢占市场。其间，引进国际战略投资者——意大利联合圣保罗人寿，增强了资本实力①。第二次跨越——自 2008 年开始，把握市场发展脉动，实现从外延式扩张向内涵式发展转变。其间，实施"回归寿险真谛，主推保障型传统产品"的经营策略，业务结构持续优化，个险业务占比不断提升。第三次跨越——2010 年以来，抓住国家大力发展养老产业和拓宽保险资金运用渠道的契机，率先在武汉投资养老社区。同时，把握发展机遇，适时成立了资产管理公司。2005～2010 年，5 年的快速发展为合众人寿实现崛起梦想打下了坚实基础。然而，进入 2011 年后，公司经营状况陡转急下，当年净亏损 13.7 亿元。2012 年和 2013 年，亏损额虽然降到 2 亿元左右，但依然陷停在亏损的漩涡中。

　　2010 年时，合众人寿的净利润尚为 2.14 亿元，处于良好的赢利状态，2011 年何以"陡转急下"？究其原因，主要是承保业务和投资业务双重不给力造成的。2011 年，公司总投资收益为 1.78 亿元，同比大幅下跌 121.59%。然而，"祸不单行"，该年度承保业务也出现麻烦，一方面退保金增长了 228.87%，另一方面赔付支出增长了 121.23%。虽然保费收入增长率也达到 42.07% 的高速度，但终因营业支出增长更快，公司出现亏损，并危及偿付能力，给业务的开展增加了困难。2012 年，投资收益一改上年度的颓势，获得 12.88 亿元的总收益，赔付支出也大幅减少 23.59%，然而，退保率仍高居不下，且保费收入又出现 18.64% 的负增长，致使公司未能摆脱亏损状态，偿付能力充足率继续徘徊在低水平。2013 年，退保金增长率下降至 21.44%，但保费收入依然是负增长，且赔付支出增长率又蹿升至 111.72%，使得公司亏损额同比有所扩大，偿付能力充足率再度受到牵连（见表 25）。由于偿付能力充足率不足，合众人寿仅在 2013 年就两次被保监会发函暂停开设分支机构（3 月 8 日和 10 月 31 日），合众人寿也成为该年度唯一一家两次入围偿付能力"黑榜"的保险公司。

---

① 2014 年 7 月 2 日，保监会正式批准合众人寿股权转让事宜，同意合众人寿第三大股东意大利联合圣保罗人寿将其所持有的股权转让给中发实业集团，转让完后，中发实业将持有合众人寿 39.04% 的股权，而意大利联合圣保罗人寿则退出合众人寿。

表 25　2010～2013 年合众人寿经营情况及偿付能力充足率

单位：百万元，%

指　　标	2010 年	2011 年	2012 年	2013 年
净利润	213.91	－1370.25	－202.75	－205.89
营业收入增长率	25.43	25.06	－4.00	－8.93
保费收入增长率	40.70	42.07	－18.64	－14.72
总投资收益增长率	－14.54	－121.59	824.13	28.26
营业支出增长率	24.58	47.05	－15.20	－8.63
退保金增长率	74.33	228.87	151.75	21.44
赔付支出增长率	270.62	121.23	－23.59	111.72
提取责任准备金增长率	23.36	42.36	－41.85	－67.92
业务费及管理费增长率	15.81	19.67	7.38	14.84
其他业务成本增长率	27.80	－1.13	9.23	64.71
年末偿付能力充足率	167.03	105.97	123.59	124.83

　　保监会颁布的《保险公司偿付能力管理规定》要求，对偿付能力充足率发生不利变化的保险公司，应针对变化的原因，综合整治，统筹解决。这就是说，业务发展和投资收益不佳影响了公司的偿付能力，但只要能及时注资或改善赢利，偿付能力就可以得到有效补充。事实上，有几家偿付能力充足率在2011 年末低于150%的公司就因及时注资和改善赢利使偿付能力充足率恢复到了150%以上的水平。例如，中邮人寿的偿付能力充足率在 2011 年底逼近监管红线后，次年 9 月首次增资 15 亿元，使年末的偿付能力充足率上升到了169%。友邦中国 2012 年因非持有至到期投资资产的公允价值较大幅度增加及友邦保险集团向上海、江苏、广州、北京 4 个分公司注资 1 亿美元使年末偿付能力充足率上升 47 个百分点。人保健康也在 2012 年因接受股东注资及其他综合收益的增加，净资产得以大幅提升，年末偿付能力充足率较上年末上升55.22 个百分点。人保寿险继 2011 年偿付能力充足率低于150%之后，2012 年受业务发展及资本市场波动的综合影响，偿付能力充足率进一步下降，2013年因股东增资、发行次级债及当期赢利等因素，偿付能力充足率恢复至150%以上。合众人寿提升偿付能力充足率的努力比人保寿险更加艰难，虽然先后于2011 年 3 月、2012 年 11 月两次分别增加注册资本 1.5 亿元和 10.53 亿元，但

终因注资力度不够大及连续亏损的拖累，2013年初偿付能力充足率仍停留在124%的水平①。

（二）先行者优势铸就大公司的世界品牌梦

在近几年的竞争力综合排名中，国寿股份、平安人寿、太平洋寿险3家较早成立的大公司始终位居排行榜的最前列。之所以如此，除了不断推进创新、加强基础管理等因素外，凭借较早进入市场的先行者优势而累积形成的雄厚的财务实力、庞大的营销网络、丰富的客户资源和知名的公司品牌也是重要原因。其中，在公司品牌方面，以中国人寿的品牌优势最为突出。

在世界品牌实验室编制的2013年度"世界品牌500强"排行榜中，"中国人寿"品牌列第237位，较上年度上升3位，在同时入选的来自中国的25家品牌中排名第9位。自2007年起，"中国人寿"品牌已连续7年入选该榜单，2007~2012年排名分别为第306、第280、第278、第277、第264和第240位。在这7年间，"中国人寿"品牌的排名逐年跃升，共前进了66位。在世界品牌实验室同时编制并发布的另一榜单——"中国500最具价值品牌"排行榜中，2013年"中国人寿"排名第5位，连续10年入选，品牌价值达1558.76亿元，较上年上升297.21亿元，涨幅23.6%，在所有入选的7家保险公司中排名第1位（见表26）。与2004年首次入选"中国500最具价值品牌"排行榜时相比，十年来"中国人寿"的品牌价值翻了将近两番，排名稳中有升②。

"中国人寿"的品牌价值遥遥领先，既取决于该公司经过几十年的发展在资产规模等方面形成的超然优势，也取决于十多年来独特的品牌管理策略。

中国人寿属国有控股大型保险企业，前身是成立于1949年的原中国人民

---

① 2014年5月14日，保监会批准合众人寿的增资请求，公司注册资本从27.83亿元增至29.08亿元，此次增资将使公司偿付能力得到进一步改善。

② 世界品牌实验室是世界经理人集团（icxo.com）的全资附属机构，由1999年诺贝尔经济学奖得主罗伯特·蒙代尔教授（Robert Mundell）担任主席，致力于品牌评估、品牌传播和品牌管理，其专家和顾问来自哈佛大学、耶鲁大学、麻省理工学院、牛津大学、剑桥大学等世界一流学府。发布的"世界品牌500强"等品牌排行榜评判的依据是品牌影响力。品牌影响力是指品牌开拓市场、占领市场并获得利润的能力。按照品牌影响力的三项关键指标——市场占有率、品牌忠诚度和全球领导力，该机构对各个世界级品牌进行评分，并根据最终得分推出品牌排行榜。

表 26　2004～2013 年保险公司的品牌价值和在"中国 500 最具价值品牌"排行榜中的排名

单位：亿元

公司	2004 年	2005 年	2006 年	2007 年	2008 年	2009 年	2010 年	2011 年	2012 年	2013 年
中国人寿	427.67 (9)	457.46 (9)	486.67 (8)	588.67 (5)	668.72 (5)	824.37 (5)	853.68 (5)	1035.51 (5)	1261.55 (5)	1558.76 (5)
中国平安	54.18 (94)	58.52 (91)	60.28 (90)	64.88 (95)	67.64 (106)	70.89 (116)	139.56 (55)	158.54 (60)	201.58 (57)	269.67 (57)
太平洋保险	31.49 (194)	37.44 (162)	38.94 (155)	40.34 (160)	62.16 (115)	65.14 (124)	86.26 (99)	115.45 (93)	152.65 (87)	213.98 (79)
新华保险	15.32 (325)	22.54 (274)	23.44 (261)	24.57 (270)	54.22 (136)	62.81 (133)	73.59 (122)	98.57 (110)	132.85 (98)	187.95 (93)
中华保险			27.09 (239)	28.81 (237)	39.78 (188)	41.12 (205)	43.79 (206)	56.82 (221)	60.91 (229)	70.86 (275)
天安保险					20.54 —	21.67 (328)	23.06 (338)	28.54 (341)	25.81 (352)	— (411)
阳光保险									41.12 (321)	74.59 (256)
泰康人寿										111.82 (180)

注："中国平安"在 2004～2006 年是"平安保险"；"新华保险"在 2004 年是"新华人寿"。表中所载数据中，上面的数据是品牌价值，下面括号中的数据是排名。

资料来源：世界品牌实验室。

保险公司，1996 年分业经营后单设为中保人寿。1999 年 3 月，中保人寿更名为中国人寿保险公司，成为国有独资一级法人，直接隶属于国务院。自独立经营以来，公司坚持走具有自身特色的创新发展之路，不断深化体制机制改革，经营管理水平显著提高，综合实力不断增强，品牌价值也随之大幅提升。2003年 6 月，中国人寿保险公司重组为集团公司，并独家发起设立中国人寿保险股份有限公司（简称"国寿股份"）。2003 年 12 月 17 日和 18 日，国寿股份分别在纽约和香港成功上市，创造了当年全球最大规模的 IPO。同年，中国人寿（集团）凭借上年度 1287 亿元的保费收入首次跻身"世界 500 强"，排名第290 位。在此之后的 11 年间，中国人寿（集团）在"世界 500 强"中的排名累计上升了 179 位，至 2013 年已跃升到第 111 位。经过长期的发展和积淀，中国人寿已经拥有了比肩全球的雄厚实力。作为中国人寿（集团）的核心成员单位，国寿股份 2012 年底的总市值达 958 亿美元，居全球上市寿险公司第

1 位。截至 2013 年 6 月 30 日，国寿股份已拥有约 1.55 亿份有效的长期个人和团体人寿保险单、年金合同及长期健康险保单，总资产达 19840.35 亿元，居国内人身险公司之首，市场份额约为 32.5%，占据人身险市场主导地位。

在综合实力不断提升的同时，中国人寿还采取了独特的品牌管理策略。2001 年，公司开始在央视投放广告。2002 年，提出实施"六大战略"，其中之一即"以强化社会认同感和信赖感为目标的品牌战略"。2003 年重组上市后，品牌建设被提到一个新的高度，公司专门成立了品牌管理委员会及负责品牌战略的企划部，在组织架构、人财物等各方面给予充分保证。2004 年，中国人寿在央视投放广告总额超过 5000 万元，此后每年都保持增长。2006 年，公司提出实施"五大竞争策略"，其中一项是"领导品牌策略"，包括加强统一品牌管理、利用各种有效载体打造统一品牌、实施差异化品牌策略、构建最佳社会舆论环境等举措。在品牌形象方面，中国人寿把自己比喻为"一个 40 多岁的中年男士"——事业有成，又谦逊温和、平易近人、做事低调，值得信赖。随后，结合这一形象定位及保险行业的特点，经过缜密的市场调研，确定了一个明确的传播主题，那就是"相知多年，值得托付"，并通过多种渠道把这一主题传播出去。"相知多年，值得托付"既保持了中国人寿固有的"有实力的、中国的、值得信赖的"元素，又赋予它更具有亲和力、人性化、高品质的特性，准确阐释了中国人寿的品牌形象。2007 年，中国人寿与国际著名篮球明星姚明签约，由姚明出任其首位全球形象代言人，并推出"要投就投中国人寿"的广告语。除上述举措外，公司还通过赞助全运会、中国网球公开赛等大型体育赛事，举办 60 周年司庆、"1083"圆梦地震孤儿公益行动等大型品牌活动以及冠名央视春晚等措施，进一步提升品牌宣传的效果。

除上述方面外，中国人寿还勇担社会责任，形成了广泛的社会影响：自公司上市以来，陆续援建"中国人寿小学""中国人寿长征小学""中国人寿博爱学校"等 40 余所；2007 年 6 月 16 日，出资 5000 万元发起成立"国寿慈善基金会"，成为国内金融业成立的第一个在民政部登记注册的非公募基金会；国寿慈善基金会和各地分支机构坚持不懈地致力于救灾、助学、扶贫等慈善活动，上市以来累计捐赠资金已超过 3 亿元；2008 年汶川大地震发生后，中国人寿慈善基金会一直持续开展"重大灾害致孤儿童助养"项目，为汶川地震、玉树地震、舟曲泥石流等灾害造成的 1083 名孤儿提供了长期生活支持，还通过中国人寿员工志愿者一对一帮扶、年度爱心夏令营等活动帮助灾区孤儿身心健康成长。

持续大力度的品牌建设给中国人寿带来了巨大的市场影响力。如今，中国人寿不仅是行业翘楚，更成为国人心目中保险行业的金字招牌。

（三）专注保障的业务定位为公司赢得产品竞争力

保险公司是金融体系的重要组成部分。与银行、证券公司等其他类型金融机构不同的是，保险公司是保障类金融中介，主要使命是为广大消费者提供风险融资和保险保障服务。近年来，我国人身险业之所以出现诸多问题，一个根本原因就是偏离了保险机构的核心使命，过多发展了一些侧重理财收益的泛金融类产品。然而，在这一跌宕起伏的增长大潮中，也有些公司不贪求保费的低价值疯狂增长，而是理性地回归或坚守保险行业的核心领地。在这样的公司中，友邦中国就是较为典型的一家。

友邦中国于 1992 年进入中国市场，是改革开放后第一家在国内获准经营保险业务的外资公司。目前，友邦中国的业务范围已从最初只有上海市扩展到北京市、深圳市、广东省和江苏省。作为将个人代理人制度引进国内的外资公司，友邦中国建立了一支专业的保险营销员队伍，并通过多元化销售渠道为客户提供一系列人寿保险、人身意外保险和医疗保险产品。

2010 年，友邦中国制定了五年战略目标，包括营销员体制创新和转型、多元化渠道发展与合作、保障型产品升级和开发、高效运营模式探索及员工人才培养和提升。同时，公司还推出"四大革新"战略计划，从发展模式、产品结构、销售渠道和管理模式方面全面推进改革创新。4 年来，友邦中国坚守"回归根本"的策略方向和"保障专家"的业务定位，在"四大革新"战略计划指导下，不断践行改革创新，特别是在"回归根本"的产品结构革新之路上不断深化：提升客户保障力度，细分市场需求，丰富完善多元化的产品结构。在过去 4 年里，友邦中国专注为中国客户提供保障和长期储蓄类产品，在市场发展整体下滑的情况下，充分考虑客户个人及家庭生活保障需求，不断加大对保障类险种的投入，保障类产品比例从 38% 提高到了 63%。以健康险和意

外险为例，2010年两类险种的保费收入占比还只有25.83%，但2011年、2012年、2013年逐年提升，分别达到29.81%、33.57%和36.77%（见表27）。

表27　2009～2013年友邦中国的保费收入和退保金额

指　　标	2009年	2010年	2011年	2012年	2013年
保费收入（亿元）	71.72	77.44	81.87	86.91	94.11
其中：健康险占比（%）	20.32	20.60	24.62	28.41	31.64
意外险占比（%）	5.37	5.23	5.19	5.16	5.13
退保金额（亿元）	3.93	3.02	3.89	6.32	6.12
其中：健康险占比（%）	9.35	10.57	8.23	6.39	7.73

友邦中国过去也曾大力发展分红险等理财型产品，但近两年实现了大幅度"回归"。仅以健康险为例，从该公司年度保费收入居前5位的产品看，2010年、2011年仍皆有4种产品属于分红型，只有"友邦守御神重大疾病保险计划"一种属于健康险。然而，2012年、2013年，在保费收入居前5位的产品中，健康险产品增加到了3种，其他2种也是侧重保障的年金保险。在健康险产品中，全佑一生疾病保险产品表现抢眼。友邦中国的全佑一生"五合一"疾病保险于2010年7月推出，该产品集重大疾病保障、疾病终末期阶段保险金、老年长期护理保险金、全残保险金及身故保险金于一体，可以为投保人终身提供保障，最大特色是其中所包含的长期护理保障和疾病终末期阶段保障。2011年7月，公司推出"五合一"疾病保险的升级版——全佑一生"六合一"保险计划。与"五合一"相比，该产品有两大变化：一是在主合同中加入了第一类重大疾病保险；二是增加了包括意外身故、烧伤、残疾及9种重大自然灾害在内的独立保额附加险服务。该产品被认为是当今中国寿险市场上保障最全面的重大疾病保险之一，人们一生可能遇到的大的人身风险基本上都在保障范围之内。2012年、2013年，友邦全佑"六合一"疾病保险保费收入分别达5.81亿元、7.50亿元，均居该公司各险种第1位。

注重发展保障型产品使友邦中国的业务发展保持了稳定态势，近3年市场份额每年提升0.1个百分点，从2011年的0.86%提升到2013年的0.88%。不仅如此，公司的亿元保费投诉量和退保率都稳定在一个很低的水平上。2012年、

2013 年的亿元保费投诉量分别只有 0.6 件、0.51 件，退保率分别只有 1.46% 和 1.23%，在 15 家公司中均属较少或较低的公司之一。通过实施"四大革新"计划，友邦中国在 2013 年提前完成了 2010 年制定实施的第一个五年计划，提前一年实现新业务价值翻 3 番。

（四）深耕个险渠道增强公司持续发展能力

人身险公司的营销渠道主要有个险渠道、银邮渠道、直销渠道等。不同渠道有不同的特点，适合不同类型或特色的产品，同时对公司的价值贡献也有所不同。例如，个险渠道主要依靠个人代理人开展业务，通常可由保险公司掌控，开展的多是较长期的保障型、储蓄型业务；银邮渠道则主要依靠银邮机构的分支网络开展业务，在渠道业务上受制于银邮机构，且产品多为中短期的趸交理财产品。与此相应，个险渠道有助于发挥人身险公司风险保障和长期资产负债管理的核心优势，利润率相对较高，但短期内难以大规模上量；银保业务保障成分较低，加之银行收取的高代理费率，致使银保业务的利润率很低，但短期内容易上量，能够满足公司"冲规模"的特定要求。由于各渠道的不同特点，各家公司都会根据自己的经营战略在不同渠道之间做出组合式选择。其中，在侧重发展个险渠道的公司中，平安人寿就是一个典型范例。

中国平安是一家具有战略眼光的企业，自从在国内较早采用个险营销模式以来，始终将发展个险营销作为长期战略。特别是在 H 股上市（2004 年 6 月）前后，公司充分认识到不同渠道的价值贡献及产品结构调整的重要性，及时调整寿险业务发展思路，不以保费收入的市场份额为导向，而以提高公司赢利能力和内含价值为目标，明确提出大力发展赢利能力强、期交比例高的个人寿险产品，同时压缩以趸交为主、赢利能力较差的银保业务，团销队伍和销售网络则在 2006 年底一次性整体剥离给了平安养老险。为此，公司近年来一直优先向个险渠道投入大量资源，保证了该渠道快速成长所需的各种"营养"，塑造和维持了在这一渠道上的发展优势。平安人寿采取的主要措施有以下几点。第一，加大管理资源投入。总公司绝大多数职能部门均围绕个险业务开展工作，所有二级机构的主要负责人均直接分管个险业务，充分体现了对个

险渠道的优先支持。第二，加大财务资源投入。例如，在 2010 年、2011 年，个险业务费用投入占总费用的比例均保持在 80% 以上。第三，加大人力资源投入。公司不断加大个险条线的人力资源投入，在个险产品开发、销售策划、业务培训等方面配备了大量专业管理人员，对业务发展提供了有力支撑。持续、大量的资源投入，为平安人寿打造了一个强大且自主的核心渠道，并由此支撑了公司业务的持续快速增长。截至 2013 年底，平安人寿的个险代理人数量已发展到 55.7 万人，相当于 2003 年的近 3 倍（见表 28）；按新会计准则计量的个险保费收入达 1343.41 亿元，为 2003 年的 3.57 倍，在总保费收入中的占比达 87.59%，远远领先于银保渠道 7.29% 的占比。

表28　2003～2013年平安寿险个人代理人数量及产能

年份	个险代理人数量（人）	代理人首年规模保费（元/人均每月）	代理人个险新单件数（件/人均每月）
2003	188033	3039	2.7
2004	199997	3245	2.3
2005	200193	4446	2.3
2006	205437	4737	1.2
2007	301801	5316	1.3
2008	355852	5423	1.1
2009	416570	6261	1.1
2010	453392	7922	1.1
2011	486911	7527	1.1
2012	512937	5795	1.0
2013	556965	5894	1.0

平安人寿重点发展自主渠道的经营策略，为公司适应市场变化、保持业务稳定提供了主动权，对公司发展壮大起到了决定性作用。一方面，打造了一支能自主掌握的核心销售队伍，保持了个险渠道占比在行业的领先水平，支撑了业务结构的调整和持续优化。从各家人身险公司首年保费渠道结构和缴费结构的对比看，近年来平安人寿远远领先于行业的渠道结构和缴费结构。其中，首年保费银保渠道占比由 2012 年的 26.94% 下降到 16.30%，首年期交保费占首年保费的比重由 2012 年同期的 77.58% 上升至 87.91%。另一方面，在打造自

主渠道的同时，主动、理性控制银保业务增长，有效地防范了利差损风险和非正常集中退保风险。面对各类银行理财产品的冲击，人身险公司的退保金居高不下。2013 年，国寿股份、新华保险、太保寿险、平安人寿 4 家公司的总退保金额达到 1210.15 亿元，同比增长 58.22%。其中，国寿股份为 648.63 亿元，同比增长 59.2%，退保率为 3.86%；新华保险为 287.95 亿元，同比增长 59.1%，退保率为 6.2%；太保寿险为 197.83 亿元，同比增长 60.6%，退保率为 4.2%。相比上述 3 家公司，平安人寿只有 75.74 亿元，同比增长 41.8%，退保率仅为 1.1%，3 个指标在 4 家公司中都是最低的。

此外，深耕个险渠道的经营策略还使平安寿险业务的续期保费占比得到了较大提升。根据中国平安公布的年报，2013 年寿险个险续期业务保费远高于新业务保费。按照旧会计准则，该年度个险渠道共实现规模保费 1970.4 亿元，其中新业务为 441.6 亿元，占比为 22.41%；续期业务为 1528.8 亿元，占比为 77.59%（见表 29）。这样的业务结构使得平安人寿在面临银保新政、行业寒冬时，也能保持持续的现金流入和稳定经营。而且，由于续收的成本远低于开发新客户的成本，因此，深耕个险渠道还对提高公司的经营效益十分有利。

表 29 2004～2013 年平安寿险业务规模保费发展情况

单位：%

年份	个险占比	银保占比	个险续期占比	银保续期占比	续期占比	新单增长率	续期增长率	规模保费增长率
2004	73.35	10.83	77.52	3.31	58.07	-22.85	9.38	-6.92
2005	78.57	8.97	74.82	4.28	59.95	2.42	10.71	7.24
2006	80.85	9.13	77.67	3.97	63.86	4.91	23.82	16.25
2007	81.12	9.16	74.37	3.86	61.24	24.27	11.14	15.89
2008	77.27	14.48	71.08	3.31	55.63	47.82	17.29	29.12
2009	74.25	20.66	68.93	2.29	51.69	43.06	22.08	31.39
2010	79.14	16.48	67.19	3.34	53.75	17.03	27.16	22.26
2011	85.47	10.13	71.33	11.06	62.14	-6.68	31.63	13.87
2012	88.26	6.83	77.69	24.40	70.29	-16.48	20.50	6.53
2013	89.83	5.10	77.59	40.47	71.80	4.37	12.33	9.96

注：该表中的财务数据包含平安人寿、平安养老险及平安健康险。

资料来源：《中国平安年报》。

（五）股东渠道优势助推银邮系公司快速崛起

在 2012 年营业收入居前 15 位的人身险公司中，有一家属于银邮系公司，即中邮人寿，排在第 12 位。在 2013 年营业收入居前 15 位的人身险公司中，不仅中邮人寿前移一位，而且还增加了两家银邮系公司，即工银安盛和建信人寿，分别排在第 12 和第 14 位。银邮系公司是近年来我国保险市场上的一种"独特景象"。在 2009 年 11 月之前，市场上只有光大永明、信诚人寿、招商信诺、中邮人寿 4 家银邮系人身险公司，2009 年 11 月 5 日银监会发布《商业银行投资保险公司股权试点管理办法》后，建设银行、交通银行、北京银行、工商银行、农业银行等相继入股人身险公司，银邮系公司由此以一个"群体"的形式快速崛起（见表 30）。

表 30　当前我国银邮系人身险公司的基本情况

公　司	成立时间	持股银邮机构	持股时间	目前持股比例（％）	总部所在地
建信人寿	1998 年 10 月 16 日 前身是太平洋安泰 2011 年 7 月 6 日更名	中国建设银行	2011 年 3 月 31 日	51	上海
工银安盛	1999 年 5 月 前身是金盛人寿 2012 年 7 月更名	中国工商银行	2012 年 6 月	60	上海
光大永明	2000 年 4 月 22 日 2010 年 7 月完成股权结构变更，外方股东加拿大永明金融集团持股24.99％,公司转制为中资寿险公司	中国光大集团	2000 年 4 月	50	天津
交银康联	2000 年 7 月 前身是中保康联 2010 年 1 月 28 日更名	交通银行	2009 年 12 月	62.5	上海
信诚人寿	2000 年 10 月 13 日	中信股份	2000 年 10 月	50	北京
招商信诺	2002 年 8 月	招商银行	2013 年 7 月	50	深圳

续表

公　　司	成立时间	持股银邮机构	持股时间	目前持股比例（%）	总部所在地
中荷人寿	2002 年 12 月 16 日前身是首创安泰 2010 年 5 月 12 日更名	北京银行	2010 年 5 月 6 日	50	大连
农银人寿	2005 年 12 月 19 日前身是嘉禾人寿 2012 年 12 月 19 日更名	中国农业银行	2012 年 11 月	51	北京
中邮人寿	2009 年 8 月 18 日	中国邮政集团公司 中国集邮总公司	2009 年 8 月	20 20	北京

由于超常规的成长性，银邮系公司大多有被视为"黑马"的经历。从 2013 年的增长绩效看，工银安盛、建信人寿就是这样的"黑马"：得益于营业收入和净利润的高速增长，在列入评价的 15 家人身险公司中，两家公司的增长绩效指数分别排在第 1 和第 5 位、竞争力综合绩效分别排在第 5 和第 9 位。尤其是，工银安盛在股权和名称变更后第一个完整经营年度就实现了赢利，达到了其前身——金盛人寿过去经营 13 年都没达成的目标；建信人寿则在其他多数银邮系公司仍在持续亏损的情况下，截至 2013 年已连续 8 年实现赢利。为什么这两家银邮系公司能创造如此成绩？究其原因，既得益于银邮系公司所具有的共同特征，也得益于两家公司所采取的独特战略。

从银邮系公司所具有的共同特征看，组建保险公司是近年来银行实施综合化经营战略的重要举措。通过控股保险公司，银行可以进一步拓宽业务领域，为广大客户提供更全面、更优质的综合金融服务。同时，银行将充分发挥在网点渠道、客户基础、信息科技、品牌影响等方面的优势，全力支持控股保险公司的发展。强大的股东背景所带来的品牌效应和众多的分支机构，使银邮系公司从诞生那一天起就具有了一些其他中小公司所不具有的优势。

从两家公司所采取的战略看，也各有独特之处。工银安盛在 2012 年 7 月挂牌成立后不久，就秉承"规模与价值并重"的经营理念，摒弃短期利益的诱惑，为自己制定了被称为"4321"工程的 3 年发展基本思路，即创立技术优势、服务优势、管理优势、人才优势 4 大优势；发展银保、个险、团险 3 条渠道；实现承保业务和投资业务双赢利的 2 轮驱动；打造 1 个同业最优、功能

最强、覆盖全公司业务运营、经营管理、风险控制的核心业务系统。借助"4321"工程，工银安盛加速转型突破，从前台的产品设计、客户服务到后台的资产管理、系统建设等全方位发力，致力于为客户提供更高品质的保险服务。建信人寿则主动将自身定位为控股银行客户服务链条中的有机组成部分，使公司的发展与控股银行的战略意图和战略布局保持一致。基于这一思路，建信人寿在与建设银行开展日常合作中很快实现了对建行渠道的全覆盖，无论是银行低柜、高柜还是理财中心、私人银行、房贷中心、集团客户部，也不论是个人金融零售渠道还是对公金融渠道，建信人寿开发设计的产品与建设银行的渠道都已实现"无缝对接"。此外，建信人寿还与建设银行合作开发了"建信人寿龙卡"联名卡，将保险产品和银行卡有机地融合在一起，使一张银行卡同时兼具储蓄理财和风险保障的双重功能。

虽然银邮系公司的保费收入有了爆炸式增长，但获得较快增长的最主要原因是通过获得股东方银邮机构的支持而使银邮渠道保费收入猛增。从总体看，目前银邮系公司的发展仍是战术性而非战略性的，销售高度依赖于股东方银邮机构提供的渠道，产品倾向于较为简单的中短期趸交理财产品。然而，这两大方面同样制约着银邮系公司的未来发展：一方面，过度倚重股东方提供的渠道，可能由此带来渠道单一的风险，如何实现销售渠道的多元化是一个值得关注的问题；另一方面，由于销售的产品与银行储蓄及理财产品具有高度的相似性，因此，如何以推进多元化金融服务为导向，充分利用保险产品所具有的风险保障和长期储蓄特性，填补整体金融服务体系中的空白，也是一个需要探讨和解决的问题。由此看来，在借助股东方渠道获得快速发展的同时，如何尽快构筑起可持续的发展模式，乃是银邮系公司当前面临的一项重大课题。

专 题 篇

Special Reports

B.9

加强全民保险教育
促进世界保险强国建设

刘茂山*

摘 要:

建设世界保险强国对保险业未来发展意义重大。世界保险强国体现在规模、质量和创新等方面。目前,我国已是新兴保险大国,但还不是世界保险强国。制约我国保险业发展的主要因素是保险有效供求双重不足。有效供求双重不足的重要原因是保险教育发展滞缓。我国应通过加强全民保险教育,激发保险市场有效供求,以此促进世界保险强国建设。

关键词:

保险大国 世界保险强国 保险有效供求 全民保险教育

---

* 刘茂山,南开大学经济学院教授、博士生导师,风险管理与保险学系首届系主任,我国保险学专业奠基人之一,2014年度"中国金融教育终身贡献奖"获得者。

国务院发布的"新国十条"明确了我国建设世界保险强国的宏伟目标，为未来一段时期中国保险业的发展指明了方向。建设世界保险强国是"中国梦"的有机组成部分，也是中国保险业助推实现"中国梦"的主要着力点。中国保险业应切实肩负起这一历史重任，通过加强全民保险教育、激发市场有效供求等手段，促进世界保险强国建设，使保险业在服务经济社会发展大局和国家治理体系建设中有更大作为。

一　建设世界保险强国问题的提出及其重大意义

国务院在2014年8月发布的"新国十条"中明确提出，到2020年，基本建成具有较强服务能力、创新能力和国际竞争力，与我国经济社会发展需求相适应的现代保险服务业，努力由保险大国向保险强国转变。这是对2012年1月全国保险监管工作会议提出的"加快推进由新兴保险大国向世界保险强国转变"的回应，标志着建设世界保险强国正式上升为国家意志，中国保险业由此进入了建设世界保险强国的新时代。

建设世界保险强国问题的提出，是中国保险业近30多年来快速发展的必然结果，是中国保险业历史进程中的一件大事，对保险业的未来发展具有重大战略意义。

首先，它有助于提高保险业在金融体系中的地位。自1980年恢复国内保险业务以来，伴随着行业的快速发展，保险业总资产不断扩张，在金融机构总资产中的占比逐步提升。不过，2013年保险业总资产（8.29万亿元）在金融机构总资产中的占比只有4.30%，不仅与发达国家25%~30%的占比相差巨大，而且与银行业金融机构的差距也在不断拉大。提出建设世界保险强国这一目标，有助于彰显保险业在金融体系建设和经济社会发展中的功能与作用，扩大保险业的业务规模和发展规模，从而提升保险业在金融体系中的地位。

其次，它有助于增强保险在社会保障中的地位和作用。现代保险是社会经济保障系统工程体系的重要组成部分。当前，我国正处于由世界大国向世界强国转变的关键时期，在经济社会加快发展、人民生活水平提高的同时，人口老龄化和风险社会的程度也不断加深。建设世界保险强国，可以使保险业的强大保障能力得到充分释放和有效发挥，使商业保险真正成为社会保障体系的重要支柱，提高全社会的保障水平，为中华民族伟大复兴的"中国梦"保驾护航。

复次，它有助于促进保险业的改革创新。产业国际竞争力理论和世界各国的实践已经证明，改革创新是产业国际竞争力的终极来源。据此，我国要实现建设世界保险强国的目标，就不能简单重复过去扩大规模的老路，而必须把改革创新列为思考的重点，踏上以改革创新促进行业健康持续发展的新途。目前，我国保险业的发展方式整体上仍较为粗放，变革创新能力严重不足。建设世界保险强国，有助于破除阻碍保险业改革创新的"樊篱"，形成改革创新的"倒逼机制"，从而加快保险业的改革创新进程，并且逐步成为引领世界保险发展新潮流的中坚力量。

再次，它有助于提升保险业的服务能力。"服务"是保险业的立身之本、生命之基。服务能力强弱直接决定了保险业的存在价值和发展前景。建设世界保险强国，需要保险业在国内外市场上构筑起强大的服务能力。因此，建设世界保险强国的过程，就是提升保险业在国内外市场上服务能力的过程。过去，保险业发展较为关注规模的扩张，相对忽视服务能力的提升，以致行业的规模和体量增加了，对经济社会的贡献却未能得到相应提升。建设世界保险强国，必须摆脱注重规模的惯性思维，将满足国内外市场上的风险保障需求作为"第一要务"，而这必将大大提升保险业的服务能力。

最后，它有助于提高中国保险业在世界上的地位。自中国保险市场对外开放以来，不少外资保险机构纷纷进入中国市场开展业务，迄今已有56家外资公司在国内开展业务，市场份额占到3.91%。但在引进外资的同时，中资保险企业"走出去"却未有大的进展，迄今仅有12家境内保险机构在境外设立了30家营业机构。建设世界保险强国，中资保险企业就不能将"施展手脚"的场所仅限于国内市场，还必须通过跨境提供、商业存在等方式走出国门，到国际市场上与国外保险巨头一竞高下，而这必将有助于中资机构拓展海外市场，提高中国保险业在世界上的地位。

二 建设世界保险强国目标及当前存在的差距

建设世界保险强国问题提出后，对其内涵并未给出明确阐释。笔者认为，所谓"世界保险强国"，其内涵至少应包括三个方面的内容：一是"大"，即全民普遍具有较高的保险意识，保险业的资产规模、业务规模达到相当程度，在经济社会中的覆盖率、渗透率比较高；二是"好"，即保险业发展的质量高，包括保险公司的素质高、保险产品的性能好、保险服务的质量高、保险业务的结构好，行业发展的经济效益和社会效益得到有效兼顾等；三是"新"，即行业创新性强，改革创新在企业经营管理、行业发展中扮演关键角色，成为驱动行业发展的主要源动力。根据这一界定，建设世界保险强国目标应同时涵盖以下三个方面：第一，从保险业发展规模看，保费收入在全球的排名应与我国经济在世界上的排名相当，即至少达到世界第二的位次，保险深度、保险密度则要超过全球平均水平并达到或接近发达国家水平；第二，从保险业发展质量看，保险公司素质、保险业务结构和经营效益等在全球具有一定领先优势，并能通过跨境提供、商业存在等途径在国际市场上占据相应地位；第三，从保险业创新看，改革创新要成为推动行业发展的主要推动力，对世界保险业的变革创新具有重要影响，成为引领世界保险业发展新潮流的中坚力量。

自1980年恢复国内保险业务特别是20世纪90年代以来，中国保险业实现了跨越式发展，取得了巨大进步。从保费收入看，1994年只有495亿元，在全球仅排第25位，占全球的份额为0.25%；2013年则达到1.72万亿元，是前者的34.75倍，在全球的排名升至第4位，所占份额提高到5.99%。从保险密度和保险深度看，1994年分别只有4.1美元/人和0.97%，2013年已分别提升至201美元/人和3.0%。从资产规模看，截至2014年6月底，保险公司总资产已达9.37万亿元，总资本超过1万亿元，并有7家保险企业在境内外上市，有4家入选《财富》杂志"世界500强"。从这些数据可以看出，我国已经成为新兴世界保险大国。然而，从表征世界保险强国的各种指标看，我国目前与世界保险强国目标的差距仍然十分巨大。

从保险业发展规模看，相对于经济总量居世界前列的其他大国来说，我国保费收入在世界上的相对位次仍然偏后。2013年，我国的经济总量虽然已经排在世界第2，但保费收入却仍然仅排第4位。相反，美、日、英三个国家的经济总量分别位居全球第1、第3、第6位，保费收入的排名则依次为第1、第2、第3位。2013年我国保险密度和保险深度两项指标在全球分别排在第60和第49位，不仅与发达国家3620.8美元/人、8.27%的平均水平相差巨大，也与全球651.7美元/人、6.28%的平均水平有相当差距。

从保险业发展质量看，目前我国保险公司的素质仍普遍偏低，产品、服务的质量不高，业务结构不合理，许多重要业务如巨灾保险等迄今尚未发展起来，责任保险、养老保险等许多骨干险种的发展也很不充分。在参与国际保险市场竞争方面，2013年保险服务贸易逆差高达181亿美元，在我国13大类服务贸易中仅次于运输、旅游、专有权利使用费和特许费而居第4位；国际市场占有率只有3.94%，不仅与英美等国高达15%以上的国际市场占有率相比差距巨大，与瑞士6.52%的国际市场占有率相比也有不小的差距。

从保险业发展创新看，保险在我国是"舶来品"，保险业在发展之初无论是产品、服务还是经营模式，均主要"学习"外国，加之后来长期采用的是跟随模仿战略，中资公司的创新意识不强，创新人才匮乏，创新的机制和文化也未形成，致使行业自主创新活动长期处于低水平，对世界保险业的创新发展影响甚微。这是我国保险业与世界保险强国目标差距最为明显的地方。

所以，从表征世界保险强国的各种指标看，虽然我国已成为新兴的世界保险大国，但与世界保险强国的水平相比确实还存在不小的差距。

三　保险有效供求双重不足制约保险强国建设

导致我国当前与世界保险强国目标存在较大差距的原因有很多。如我国保险业发展的起点低、时间短，缺乏足够的历史积淀等。但从现实情况看，则主要是由于我国保险市场有效供求的双重不足造成的，这其中，既包括数量的不足，也包括质量的不足。保险供求是保险市场的基本矛盾。由于保险需求追求的是保险的使用价值，保险供给追求的是价值，所以，保险商品使用价值与价

值之间的矛盾就转化为保险需求与保险供给之间的矛盾。在保险供求这对矛盾中，需求是矛盾的主要方面，供给是矛盾的次要方面，保险需求的不断变化和发展带动保险供给的不断变化和发展，从而推动保险业的不断前进和发展。由于保险供求之间的矛盾在推动行业发展中占据着核心和支配地位，因此保险有效供求双重不足就成了制约建设世界保险强国的主要因素。

保险有效供求不足首先表现为有效需求不足。保险有效需求是指市场上对商业保险有购买能力的现实需求。由北京保险行业协会、搜狐理财频道等联合开展的"2013 年度北京地区消费者保险需求调查"显示，超过半数的被调查者认为自身保障不足，但对"您购买过哪些保险产品"提问，占比居前三位的医疗险、意外险和车险分别只有 21.17%、21% 和 15.76%，对于"您对北京地区的保险公司及其产品的了解程度"提问，回答"不了解"和"不关心"则高达 70% 以上。这说明，广大消费者对保险还不太关注，保险有效需求明显不足。北京地区如此，其他地区就可想而知。其实，近几年发生的一些重大事故也都说明我国当前保险有效需求不足。如 2013 年 6 月 7 日厦门公交纵火案造成 81 名人员伤亡，但 71 人没有个人主动投保；2014 年 8 月 2 日江苏昆山中荣公司爆炸案造成 260 多名人员伤亡，其中仅有 3 人购买有保险，中荣公司也没有给从事高危工作的员工投保。有资料显示，目前我国人均保单拥有量不足 1 份，而日本在 5 份以上，欧美一些国家甚至超过 10 份。这说明，在寿险有效需求方面，我国与西方国家还存在较大差距。而在财产险方面，毋宁说责任险、信用险等新的主流险种，即使是家财险、企财险等传统险种，广大企事业单位特别是国有大型企业和事业单位的投保率也十分低下，与国外相比差距更大。

是什么造成了保险的有效需求不足？原因有多种，如保险意识淡薄、收入水平较低、保险费率较高等。其中，由于保险意识直接决定了民众对保险的认知程度和投保意愿，因而保险意识淡薄就成了造成保险有效需求不足最重要的原因。保险意识是指保险这一事物在人们大脑中的主观反映，是人们对保险进行感知、思考等各种心理过程的总和。从理论上讲，人们对现代保险的认识至少应包括以下内容：第一，现代保险是一种服务形态的特殊商品，保险关系是一种特殊商品经济关系，它必须遵循商品交换的基本规律——等价交换原则；第二，现代保险的核心内容是以个人、企业的保险保障为前提，以参保人群、企业群之间的互相共济为纽带，以市场为运行机制的风险管理形式；第三，现代保险是经济社会保障工程体系中一个重要的、不可或缺的子系统，与国家保障、社会保障（含社会保险、社会福利、社会救济）、个人保障等多种保障形式相互分工、相互协作，共同实现对社会经济发展的保障作用；第四，现代保险是必需消费品，是保障人们生老病死残的必需品、保障企业生存和发展的必需品、保障经济社会和谐运行的必需品；第五，现代保险是人类社会发展到一定阶段所形成的现代文明、现代文化的重要组成部分，以人为本、讲究诚信、遵纪守法、人们主动购买所需保险、机构自觉提供优质保险服务，是现代社会文明、现代保险文化的重要内容。我国民众保险意识淡薄是长期以来一直存在的现象。出现这一现象的原因主要有以下几点：一是保险普及教育严重滞后，民众保险知识高度欠缺，要么对保险一无所知，要么对保险一知半解，不少人因受不实宣传和销售误导等因素影响，甚至对保险产生误解或抵触情绪，保险意识受到严重抑制；二是受几千年来传统文化和小农经济的影响，中国的老百姓普遍信奉"养儿防老"，习惯风险自留和家庭共济；三是我国长期实行计划经济，国家承担了风险保障责任，改革开放后承担风险的主体虽然由政府转移到企业和个人，但社会保障的范围不断拓展，保障水平不断提升，民众的保险意识仍未能得到充分激发。

保险有效供求不足其次表现为有效供给不足。保险有效供给是指市场上已经形成的商业保险的现实供给，包括所能提供的承保种类及承保额度。有效供给不足表现在两个方面：一是市场主体数量少、市场垄断程度高。目前，我国共有保险公司178家，虽然与过去寥寥几家相比已有很大进步，但与欧美动辄数千家保险公司相比差距甚大（如2012年欧洲有5300家保险公司）。不仅如此，我国的保险公司大多为成立时间不长的中小型保险公司，大型公司在市场上仍占据垄断地位。据统计，目前无论是财产险市场还是人身险市场，前10家大公司所占份额均在85%以上，其余公司的市场份额仅为15%左右。由于市场主体数量少，垄断程度高，有效供给受到制约。二是保险产品种类少，且供求错位。目前，我国保险产品的针对性和适用性都较差，产品结构较为单一，机动车辆险在非寿险市场上的占比、分红险在寿险市场上的占比均在70%以上，产品的多元化发展十分缓慢。同时，公司间产品同构现象十分严

重，难以满足市场的差异化需求。

我国保险有效供给不足的原因也有很多，但主要是以下三点：一是缺乏创新。由于保险在我国是"舶来品"，且缺乏有效的知识产权保护机制，所以长期以来我国的保险企业热衷于复制模仿和抄袭，对自主创新的关注和投入明显偏少，企业创新型人才少，创新能力严重不足。二是缺乏有效竞争。有效竞争是增加供给的促进性力量，但因我国保险市场的垄断程度比较高，且企业普遍缺乏先进的经营管理理念，市场竞争秩序较为混乱，恶性、低层次竞争多，良性、高层次竞争少，因此竞争对有效供给的促进作用有限。三是缺乏服务意识。长期以来，由于保险职业道德教育的缺失，保险企业的经营理念存在明显的自我利益导向，各家公司都在为市场份额、业务规模和赢利而"打拼"，至于如何真正"以客户为中心"，基于民众现实的保险需求，为广大消费者提供优质和多样化的保险服务，则是长期被忽略的问题。

四　以加强保险教育为先导促进保险强国建设

综观保险有效供求不足的各种原因，其中一个根本性原因是保险教育不足。保险教育是保险业发展的基础性、先导性因素。保险教育不足，不仅制约着专业人才培养，使保险企业普遍缺乏先进的经营管理理念和创新型人才，也抑制了广大民众保险意识的提高，影响了保险市场的有效供求。党的十八大明确指出，教育是民族振兴和社会进步的基石，对于中国保险业来说更是如此。要加快世界保险强国建设，必先激发保险市场的有效供求。而激发保险市场的有效供求，必先在全民保险教育上发力。全民保险教育包括学历教育、职业教育和普及教育等，其中既有面向特定人群的保险教育，也有面向所有民众的保险教育。以保险教育为先导促进保险强国建设，既要大力加强学历教育和职业教育，为保险业输送大批高素质、创新型人才，增强有效供给，也要大力加强普及教育，尽快提升民众的保险意识，促进有效需求。

（一）夯实保险学历教育

我国保险学历教育起步于20世纪80年代初期。当时，已形成包含1所保险管理干部学院、4 所大学的保险系以及 10 余所保险中专院校在内的保险教育体系。此后，随着保险业的快速发展，保险学历教育呈现蓬勃发展势头。截至 2013 年，全国保险专业院校及开设保险专业的院校已超过 120 所，各类在校生接近 4 万人。保险学历教育取得的成绩是巨大的，但仍存在一些不足，如重学历、轻能力，课程设置面窄、综合性差，脱离行业发展实际，不能紧跟国际步伐等。建设世界保险强国的目标对加强保险学历教育提出了更高要求。为了夯实保险学历教育，应采取如下对策：一是加强复合型人才培养。建设世界保险强国需要更多的复合型人才，保险学历教育应适应这一变化。在注重传授保险知识的同时，将课程设置适当向风险管理、金融投资、养老健康、工程技术等领域拓展，以扩大学生的知识面。二是加强与世界保险教育的对接。应加大国外优秀保险教材的引进力度，加大与国外高校开展联合培养的力度，紧跟世界保险教育的发展步伐。三是实现学校与业界的有机融合。一方面，学校可以与保险机构等用人单位签订培养协议，采取"订单式"教育方式，为保险机构"量身打造"所需要的各种人才；另一方面，学校要加强与保险机构之间的互动，注重从保险机构选聘经验丰富的兼职讲师，或与业界合作编写教材和案例，使学历教育与实际需要相合拍。

（二）加强保险职业教育

在保险业快速扩张的背景下，学历教育远远不能满足行业发展的需要，为此，应加强保险职业教育，使职业教育成为保险从业人员学习新知识和新技能、提高专业素质和职业素养的主渠道。从国际经验看，发达国家都普遍建立了较为完善的保险职业教育制度。如德国的大学毕业生占同龄人的比例仅为 20%，将近 80% 的年轻人接受的是职业教育，保险业七成以上的从业人员都参加过为期 3 年的职业培训；日本的保险职业教育很发达，主要提供者包括国际保险学院、精算学会、寿险协会和保险公司等，系统、全方位的职业教育与"终身雇佣制"相得益彰，为日本保险业源源不断地输送着各类人才。在我国，保险职业教育发展仍较落后，与行业发展需要不相适应。建设世界保险强国对加强保险职业教育提出了迫切要求。如在当前全国 300 多万保险销售人员中，大专及以上学历人员的占比只有近 30%，高中及以下学历人员则占到了

70％，整体素质明显偏低。为了进一步强化保险职业教育，应考虑采取以下对策：一是发挥业界与学界各自的优势，大力开展联合办学，如举办各种类型的培训班等，大幅度提升广大干部员工的职业素养。二是推进保险机构学习型组织建设，使保险机构不定期开展各种类型的座谈会、研讨会和讲座，将职业教育与公司的经营管理紧密结合。三是充分发挥保险学会和行业协会的作用，大力开展各种形式的教育培训，为更高层次的职业教育提供平台。四是鼓励市场化的教育培训机构和咨询公司开展保险职业培训，使之成为保险教育体系的重要补充。

（三）加快保险普及教育

保险业经过 30 多年的发展，虽然已融入民众的日常生活，但并未真正"深入人心"。广大民众对保险这一名词虽然已不再陌生，但由于保险普及教育的缺失，民众的保险知识仍然十分有限。保险普及教育是保险业发展"基础中的基础"，可以说是建设世界保险强国的"压舱石"。倘若国内民众投保的意识和热情普遍低下，对保险一知半解，保险业的发展从何谈起？又如何能建设成为世界保险强国？因此，要建设世界保险强国，就必须把保险普及教育放在重要位置，多途径、多形式加快保险普及教育步伐。为此，应采取以下对策：一是发挥政府和社会组织的主导作用。政府、监管部门和保险学会、行业协会等社会组织应充分利用其公信力，在保险普及教育中发挥主导作用，特别是要利用好"全国保险公众宣传日"等活动，使广大民众对保险有一个全面、客观、深入的认识。二是使各级各类学校成为保险普及教育的重要基地。2006年教育部、保监会曾联合发文，提出要"在全国各级各类学校加强保险教育，普及保险知识"，但实际落实情况并不理想。全面提升民众的保险意识，应以各级各类学校为主阵地，从少年儿童时期抓起，通过保险知识进教材、进课堂及举办专题讲座、报告等形式宣传和推广保险常识，加大对风险管理与保险知识的传授力度。三是发挥各类媒体的宣传效应。媒体受众面广的特点使其在提升民众保险意识中有着特殊作用，应通过增加保险宣传频次，规范媒体宣传，为保险意识的提高创造良好的舆论环境，同时减少宣传误导、客户误解对保险意识的负面影响。四是发挥保险公司的中坚作用。民众的保险意识与保险公司的行为密切相关，因此提升民众保险意识，保险公司责无旁贷。保险公司应更新宣传方式，创新宣传内容，从纯粹销售支持性的商业宣传中走出来，通过"保险进社区"等活动，多开展一些公益性的保险宣传，增加对保险功能与作用的介绍，在全社会营造一个健康、良好的保险文化氛围。

建设世界保险强国既是国家和人民对保险业的重托，也是保险业在实现伟大"中国梦"进程中新的历史定位。我们有理由相信，保险业只要以"敢为天下先"的担当精神，找准方向，实现科学发展，大力加强全民保险教育，有效激发保险市场供求，就能加快推动世界保险强国建设，在经济社会发展和国家治理体系建设中建功立业。

参考文献

项俊波：《从保险大国走向保险强国》，《中国金融》2014 年第 19 期。

项俊波：《全面深化保险业改革创新》，《中国金融》2014 年第 3 期。

冯占军：《建设世界保险强国靠什么支撑》，《金融时报》2014 年 10 月 22 日。

刘茂山：《保险发展学》，中国金融出版社，2005。

刘茂山：《刘茂山文集》，南开大学出版社，2013。

B.10

国际保险业发展及竞争力评述

鲁维丽 谢晓迎 李珊珊 和思淼 *

摘　要：

2013 年全球经济缓慢复苏，保险业也随之稳步发展，其中全球寿险保费收入较非寿险更为突出。从市场份额来看，欧洲以 35.16% 仍占据最大份额，亚洲以 27.55% 居第三位，列于北美洲之后。在寿险滑落的情况下，非寿险成为北美洲 2013 年的增长支柱。从亚洲板块来看，日本以 43.55% 的市场份额持续稳坐亚洲第一的位置。中国大陆则以亚洲第二的排名居世界第四位。但与 2012 年相比，亚洲寿险总体出现停滞状态。2013 年，全球保险业面临更多挑战，保险产品亟须创新，同时大数据时代的到来进一步影响了保险经营模式。

关键词：

国际保险市场　全球保险业竞争力　寿险　非寿险　欧美　亚洲

一　全球保险市场综述[①]

（一）全球保险市场：稳步发展[②]

全球整体经济自 2012 年起继续缓慢增长，但速度依旧缓慢。2013 年，全

---

* 鲁维丽，博士，麦哈罗商学院加州州立大学富乐顿分校保险研究中心主任；谢晓迎，博士，麦哈罗商学院加州州立大学富乐顿分校金融系副教授；李珊珊、和思淼，麦哈罗商学院加州州立大学富乐顿分校保险研究中心研究助理。

① 本部分数据来自瑞士再保险股份有限公司《2013 年度世界保险业》，*Sigma* 2014 年第 3 期，数据均排除了通货膨胀因素，以美元为计量单位。
② 本部分数据来自瑞士再保险股份有限公司《2013 年全球保险业回顾和展望 2014/2015 年》，*Sigma* 2013 年第 9 期，以美元为计量单位。

球实际国内生产总值（GDP）以2.5%的速度增长，但仍低于近十年的全球增长平均值2.8%。2013年世界发达经济体的GDP增长率为1.3%，与2012年基本持平。

伴随着全球经济的缓慢复苏，2013年全球保险业收入随之缓慢上升。全球直接保费收入为4.64万亿美元，总增长率为1.4%，低于2012年的2.5%。其中，全球寿险保费收入涨幅为0.7%（2012年为2.3%），达到2.61万亿美元。2013年寿险增长率的下降主要源于发达市场的增长乏力。相反，寿险新兴市场在2013年表现良好，但总体增长率仍低于金融危机前。2013年全球非寿险业增长同样缓慢，保费收入为2.03万亿美元，增长率由2012年的2.7%回落到2.3%。其最主要原因同样在于发达市场非寿险增长迟缓（见图1）。

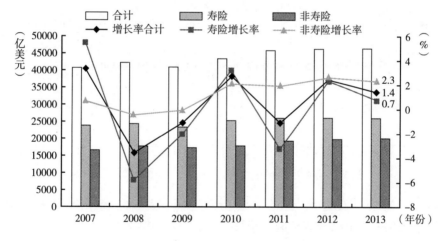

图1　2007～2013年世界保险市场保费趋势

资料来源：瑞士再保险股份有限公司：《2013年度世界保险业》，*Sigma* 2014年第3期（增长率为扣除通货膨胀后的数据）。

1. 全球寿险缓慢复苏但尚未渡过难关

2013年，全球寿险总收入同比增长2.9%。但由于全球经济的发展速度缓慢、低利率、动荡的金融市场以及金融管制的调整，多项因素都显示在未来的几年里经济环境将面临很多挑战。

近年来，全球寿险业的增长趋势有很大的不同。2011年是全球寿险行业的艰难期。经过两年的缓慢复苏，2013年全球市场已呈正增长，其中意大利、

法国和德国在 2013 年扭转了负增长的趋势，大大改变了寿险的境况。日本、英国和美国的寿险增长速度则进一步放缓（见图 2）。

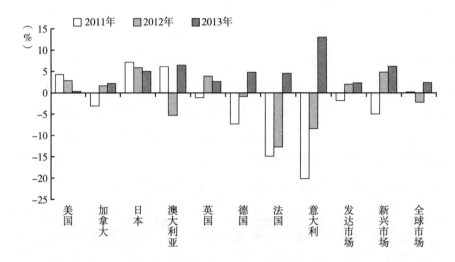

图 2　2011～2013 年世界寿险市场保费增长趋势

资料来源：瑞士再保险股份有限公司：《2013 年全球保险业回顾和展望 2014/2015 年》，*Sigma* 2013 年第 9 期。

2. 全球非寿险收入增长但行业赢利能力依旧疲软

2013 年，全球非寿险行业保持稳定发展，增长率维持在 2.5%，与 2012 年持平。发达市场非寿险收入在 2013 年继续增长 1.4%，增长速率保持恒定。而新兴市场①在 2013 年保险收入增长 7.8%，比 2012 年的 8.0% 下降了 0.2 个百分点（见图 3）。

美国、加拿大、日本、澳大利亚、德国和法国的非寿险收入保持继续发展趋势。其中美国、加拿大、日本和法国的非寿险保费收入在 2013 年快速增长，增长率高于 2012 年。而英国和意大利仍处于保费负增长状态，但负增长有减小的趋势。

从全球保费结构整体来看，寿险的保费收入高于非寿险。2013 年寿险与非寿险的比例大约为 9：7，略低于 2012 年的 4：3。亚洲、非洲和北美洲的寿

---

① 新兴市场包括亚太、中东、北非、中欧、东欧以及撒哈拉以南的非洲区域和拉丁美洲。

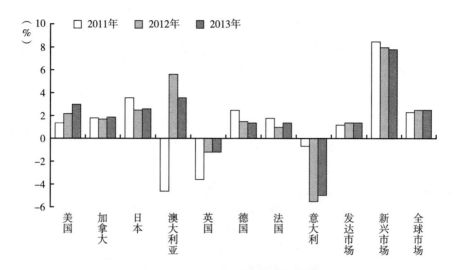

图3　2011～2013年世界非寿险市场保费增长趋势

资料来源：瑞士再保险股份有限公司：《2013年全球保险业回顾和展望2014/2015年》，*Sigma* 2013年第9期。

险与非寿险的比例与2012年相比呈现下降趋势，其余地区的寿险与非寿险的比例则相反。其中，大洋洲在2013年寿险市场较非寿险市场更为繁荣；相较于2012年，亚洲市场和非洲市场的寿险比例稍有下降，但寿险仍为主要的保费收入来源，这两个市场的寿险保费收入约占总保费收入的70%（见图4）。

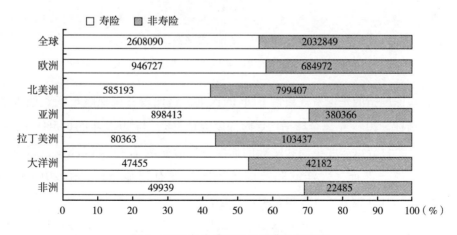

图4　2013年全球保险业保费市场结构

资料来源：瑞士再保险股份有限公司：《2013年度世界保险业》，*Sigma* 2014年第3期。

从全球保险市场份额①来看，亚洲、拉丁美洲、北美洲和欧洲出现了不同的变化。欧洲市场继续拓展，逐渐挤占亚洲和北美洲的市场份额。其中，欧洲市场的总产寿险保费收入占全球产寿险保费收入的 35.16%（2012 年为33.28%），较上年上升了 1.88 个百分点。北美洲市场总产寿险保费收入占全球的 29.83%（2012 年为 30.21%），亚洲市场总产寿险保费收入占全球的27.55%（2012 年为 29.19%）（见图 5）。

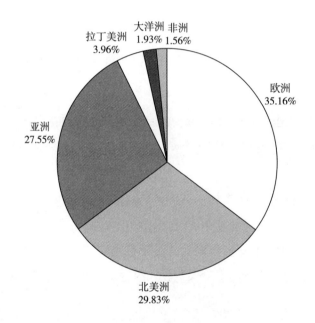

图 5 世界保险市场总保费分布

资料来源：瑞士再保险股份有限公司：《2013 年度世界保险业》，*Sigma* 2014 年第 3 期。

保险深度指的是保费规模占 GDP 的比重，是比较各国保险市场发展水平的重要指标。2013 年，全球平均保险深度为 6.3%，与 2012 年的 6.5% 相比下降了 0.2 个百分点。北美洲和欧洲的保险深度分别为 7.4% 和 6.8%，高于全球平均水平。然而，大洋洲和亚洲的保险深度有明显下降，由 2012 年的5.6% 和 5.7% 下降至 5.1% 和 5.4%（见图 6）。

保险密度又称人均保费，是衡量一国保险市场发展潜力的重要指标。2013

---

① 市场份额以毛保费收入为衡量单位。

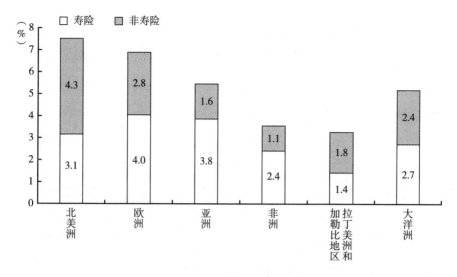

图6　2013年全球保险深度

资料来源：瑞士再保险股份有限公司：《2013年度世界保险业》，*Sigma* 2014年第3期。

年全球人均保费支出达到652美元，略低于2012年的655.7美元。主要原因是寿险的人均保费支出减少，由2012年的372.6美元降至2013年的366美元；相反，非寿险的人均保费支出在2013年上升了1.9%。北美洲、大洋洲和欧洲仍远远高于全球平均水平。亚洲整体人均保费支出较2012年有明显下降，从2012年的322美元降至2013年的304美元（见图7）。

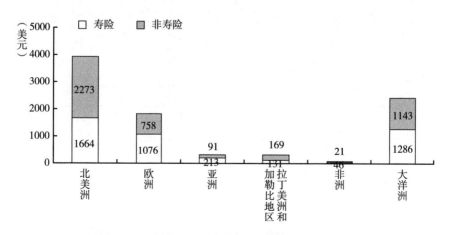

图7　2013年全球保险密度

资料来源：瑞士再保险股份有限公司：《2013年度世界保险业》，*Sigma* 2014年第3期。

（二）亚洲市场：寿险停滞①

1. 亚洲保险概况

亚洲市场的名义保费收入在过去五年内呈现比较稳定的增长趋势，然而，2013 年保费收入从 2012 年的 1.33 万亿美元滑落至 1.28 万亿美元。其中，寿险保费收入为 0.90 万亿美元，降幅为 1%。而非寿险保费收入为 0.38 万亿美元，增幅为 6%，与上年基本持平。自 2007 年起，亚洲保险市场的保费收入增长率变化十分明显。2010 年，整个亚洲保险市场实现了较高的增长率，达到 7.2%。2011 年，亚洲产寿险增幅出现大幅下跌的状况。其中，寿险保费更是出现负增长，增长率下滑近 8 个百分点。其中一个原因是中国和印度颁布实行的保险新法案使得亚洲市场的保费收入受到影响②。2012 年，亚洲市场产寿险总保费增长率恢复到 6.9%。其中，非寿险保费增长率与上年基本持平，而寿险增长率反弹到较高水平的正增长（见图 8）。2013 年，亚洲寿险保费出现滑落，主要源于汇率的变化以及保险行业的疲软。

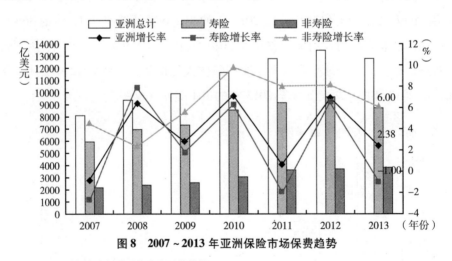

图 8　2007～2013 年亚洲保险市场保费趋势

注：增长率为扣除通货膨胀后的数据。

资料来源：瑞士再保险股份有限公司：《2013 年度世界保险业》，*Sigma* 2014 年第 3 期。

---

① 本部分数据来自瑞士再保险股份有限公司《2013 年度世界保险业》，*Sigma* 2014 年第 3 期，数据均排除了通货膨胀因素，以美元为计量单位。

② 瑞士再保险股份有限公司：《2013 年度世界保险业》，*Sigma* 2014 年第 3 期。

细分来看，亚洲发达经济体（日本和其他新兴工业化国家或地区）开始呈现下降态势。其中，寿险保费收入下降0.1%，这一降幅主要源于韩国萎靡的寿险保费收入；非寿险保费收入增长1.7%，低于2012年的4.7%。以中国为首的亚洲新兴市场在2013年表现出较好的增长态势。中国寿险保费收入增长率达到3.1%，相比2012年0.2%的负增长有显著提高。印度保险市场出现转折，寿险出现0.5%的增长（2012年为-8.5%）。

2. 保险深度和保险密度

2013年整个亚洲市场平均保险深度为5.4%，与2012年的5.73%相比略有下降。图9列出的2013年亚洲十个国家或地区的保险深度数据显示，中国台湾的保险深度为17.6%，仍保持亚洲第一，同时也是世界第一。中国香港重新回到亚洲第二的位置，保险深度为13.2%。韩国的保险深度为11.9%，比2011年下降了0.22个百分点，位居亚洲第三。占有主要亚洲保险市场份额的日本拥有11.1%的保险深度，仍旧保持亚洲第四的位置（见图9）。另外，2012年中国大陆和印度的保险深度均与上年基本持平。

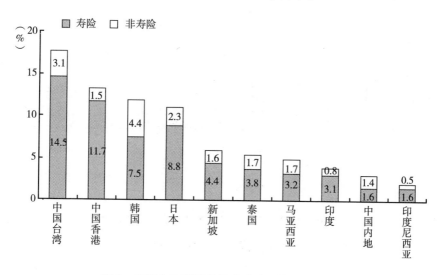

图9 2013年亚洲部分国家或地区的保险深度

资料来源：瑞士再保险股份有限公司：《2013年度世界保险业》，*Sigma* 2014年第3期。

从保险密度来看，2013年亚洲人均保费支出约为304美元，略低于2012年的322美元。其中寿险保费和非寿险保费的人均支出分别为213美元

（2011 年为 230 美元）和 91 美元（2011 年为 92 美元）。排名后五位的国家或地区的保险密度与排名前五位的国家或地区呈现巨大的差距。中国香港在 2013 年替代日本位居榜首，人均保费支出为 5002 美元，日本则出现大幅度下降，人均保费支出为 4207 美元（2012 年为 5167.5 美元），主要原因在于其日元的大幅贬值。居前五位的除了中国香港、日本以外，其他三个国家或地区的保险密度分别为中国台湾 3886 美元、新加坡 3251 美元、韩国 2895 美元。后五个国家的保险密度处于第二梯队，分别为马来西亚 517 美元、泰国 310 美元、中国大陆 201 美元、印度尼西亚 77 美元和印度 52 美元（见图 10）。在亚洲保险公司竞争力研究的国家或地区中，除印度、新加坡和日本的保险密度较 2012 年有所降低以外，其他七个国家或地区的保险密度均有不同程度的上升。

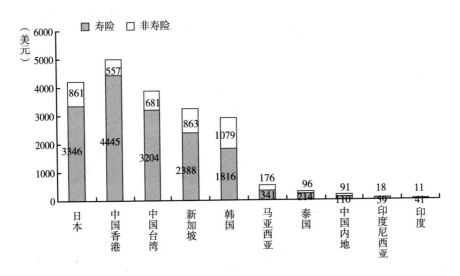

图 10　2013 年亚洲部分国家或地区的保险密度

资料来源：瑞士再保险股份有限公司：《2013 年度世界保险业》，*Sigma* 2014 年第 3 期。

3. 亚洲保险市场结构

就以保费收入为市场份额的衡量标准而言，亚洲市场的内部格局与上年相比变化不大。表 1 显示，日本的市场份额相比 2012 年的 50.45% 下降了 6.9 个百分点，但仍以 43.55% 的市场份额居于榜首并在世界排名第 2 位。中国大陆的市场份额增长了 3.84 个百分点（2012 年的市场份额为 18.93%），列亚洲第 2 位并在世界排名第 4 位。韩国在亚洲列第 3 位，11.92% 的市场份额与 2012 年基本持平，世界排名继续保持在第 8 位。中国台湾的市场份额为 7.45%，比 2012 年略有增长，列亚洲第 4 位、世界第 11 位。印度的保费收入较 2012 年有所回升，市场份额由 2012 年的 5.12% 上升到 2013 年的 5.37%，世界排名保持不变，列第 15 位。中国香港占据 2.96% 的市场份额，比 2012 年高出 0.44 个百分点。新加坡、泰国和印度尼西亚的排名发生变动，原来位于这三个国家之首的新加坡，滑落至这三个国家的最后一名。泰国则取代新加坡的位置，列亚洲第 7 位。马来西亚保持亚洲第 10 位不变，但市场份额较 2012 年仅提升 0.1 个百分点（见表 1）。

表 1　亚洲 10 个国家或地区的保费及市场份额

国家或地区	2013 年保费 （百万美元）	市场份额（%）	亚洲排名 * （世界排名）**
日　　本	531506	43.55	1(2)
中国大陆	277965	22.77	2(4)
韩　　国	145427	11.92	3(8)
中国台湾	90977	7.45	4(11)
印　　度	65576	5.37	5(15)
中国香港	36075	2.96	6(21)
泰　　国	21461	1.76	7(29)
印度尼西亚	18395	1.51	8(31)
新　加　坡	17962	1.47	9(33)
马来西亚	15146	1.24	10(35)

注：＊仅限于 2013 年亚洲保险竞争力研究中包括的 10 个国家或地区的排名结果。
＊＊数据来自瑞士再保险股份有限公司《2013 年度世界保险市场》的排名。

在 2013 年全球保费构成中，寿险保费收入为 26081 亿美元，占 56.2%；非寿险保费收入为 20329 亿美元，占 43.8%。然而亚洲市场的构成与世界略有不同，其寿险保费收入为 8984.13 美元（占 70.3%），非寿险保费收入为 3803.66 亿美元（占 29.7%），寿险保费收入远远超过非寿险保费收入。出现这一差别的主要原因是亚洲地区寿险为主要的保费收入来源。

二 美国保险市场：略有滑落①

（一）美国寿险市场

美国保险市场是世界上最大的保险市场，历史悠久，监管制度和市场发展相对成熟与完善。瑞士再保险股份有限公司研究数据②显示，2013 年寿险保险密度为人均 1684 美元，寿险保险深度为 3.2%。2013 年寿险保费总收入达到 5329 亿美元，在 2009 年探底之后走势逐渐增强，但在 2013 年开始出现下降趋势，比 2012 年减少了 17.4%（见图 11）。

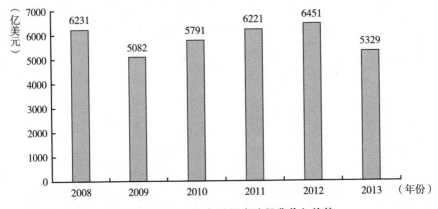

图 11 2008～2013 年美国寿险保费收入趋势

美国财政部联邦保险办公室（Federal Insurance Office，FIO）2013 年报数据显示，寿险市场收入的 75% 来自保险公司以及金融业务的保费收入，其余 25% 大部分来源于资产管理的投资收入和管理费用。保费收入的主要来源有三方面：寿险保费收入、年金和存款收入，以及意外和健康险保费收入。2012年，年金和存款收入依旧居首位，占总保费收入的 53%；意外和健康险保费收入共占 26%；寿险保费收入仅占 20%。2013 年，寿险保费收入及意外和健

---

① 美国资料来源于美国财政部联邦保险办公室（Federal Insurance Office，FIO）《保险行业 2013 年度报告》。

② 瑞士再保险股份有限公司：《2013 年度世界保险业》，*Sigma* 2014 年第 3 期。

康险保费收入基本与 2012 年持平，但年金和存款收入下降明显，比 2012 年下滑 17.8%（见图 12）。

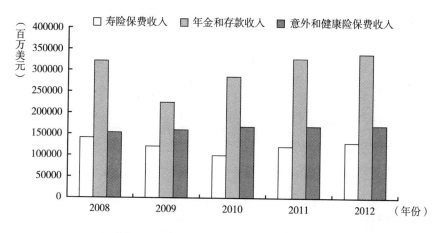

图 12　2008～2012 年美国寿险保费结构

2013 年美国寿险总支出费用持续降低，总费用达到 7.24 千亿美元，在 2012 年降幅 1.8% 的基础上，继续回落 6.7%。总寿险支付与退保费用为主要的支出，分别占总费用的 36.95% 和 34.35%，均比上年略有增长。由于流动性需求增大，退保费用增大，自 2008 年金融危机之后，退保费用有明显增加的趋势。2013 年总退保费用为 2.49 千亿美元（见图 13）。

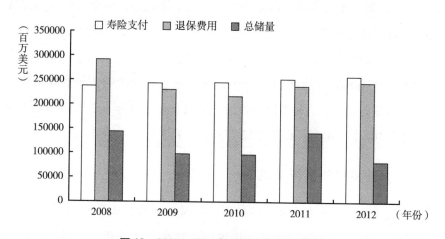

图 13　2008～2012 年美国寿险费用结构

由于 2008 年金融危机带来的影响，美国寿险净收入从当年的 578.5 亿美元跌至 2009 年的 501.7 亿美元。其损失主要来自投资损失以及投资减值。伴随股票市场的复苏，自 2009 年后美国寿险净收入开始稳步上升。2013 年，美国利率保持稳定增长，寿险净收入于 2013 年底达到 531.9 亿美元（见图 14）。

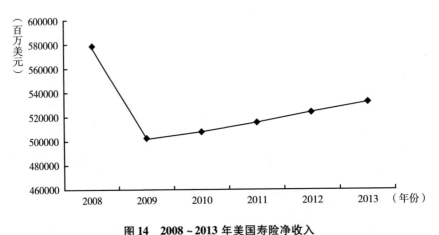

图 14　2008～2013 年美国寿险净收入

（二）美国非寿险市场

美国非寿险市场表现良好，保持稳定发展的势头。2013 年非寿险保费收入增长了 1.7%。个人产险和商业产险一直呈上涨趋势，但个人产险的保费收入明显超过了商业产险的保费收入。2010 年，两者的差额达到了顶峰，但是近两年商业产险增长率略快于个人产险，差距正在逐年缩小（见图 15）。

2008 年，美国非寿险净收入同样受到金融危机的影响，在低处徘徊，于 2009 年达到低谷。此后，非寿险净收入持续增长。2013 年，非寿险净收入开始稳步回升至 704.2 亿美元，高于 2012 年的 687.1 亿美元（见图 16）。

（三）美国保险销售渠道

随着技术的发展和客户需求的变化，美国保险销售渠道也随之改变。现在的保险销售渠道由几十年前的单一代理形式转变为多样化的渠道，包括经纪人、理财规划师（寿险和年金产品）、电话或邮件直销、职场销售（如健康保

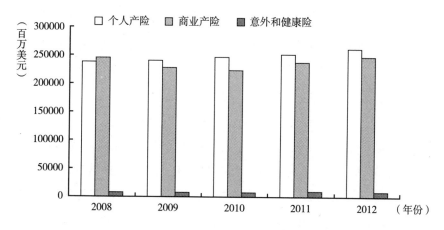

图15　2008～2012年美国非寿险保费收入结构

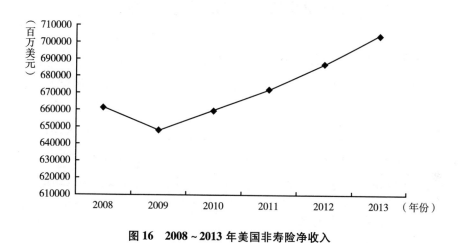

图16　2008～2013年美国非寿险净收入

险、伤残险、团体寿险)、银行保险以及其他网络销售手段。2013年的寿险营销与研究协会（Life Insurance Marketing and Research Association，LIMRA）报告表明，独立代理占据了49%的寿险销售市场份额，专属代理占据41%，直销占据4%，其他销售渠道共同占据6%的市场份额。

（四）美国再保险

随着全球再保险市场竞争的日益激烈，美国2011年的再保险市场仅有42%的保费收入来自美国本土公司，而这个比例在1997年是60%。根据美国

再保险协会①（Reinsurance Association of America，RAA）的比较分析报告，美国再保险公司 2012 年占全美再保险份额的 41.3%，而外国再保险公司占58.7%。然而，在美国，一部分再保险公司是由外国公司所持有的，因此在美国实际上外国再保险公司占 88.2%，而美国再保险公司仅占 11.8%。

2012 年美国再保险协会年报显示，包括 27 家再保险公司在内，其净保费总数为 316 亿美元，保费收入为 310 亿美元，亏损与理赔费用为 204 亿美元，佣金和代理费用为 65 亿美元，承保费用为 31 亿美元。这些数据表明，美国再保险加权赔付率为 65.9%，佣金和代理费比率为 20.6%，其他承保费比率为9.6%，其综合成本比率为 96.2%。

三　欧洲保险市场：逐步复苏②

欧洲保险业经营数据显示，2013 年欧洲保险市场总保费收入达到 11.82 千亿欧元（16.32 千亿美元③），其中寿险保费收入约占 58%，非寿险保费收入约占42%。2012 年欧洲总计有 5300 家保险公司④、93 万名直接雇用的员工，外包形式员工以及独立中介大约有 100 万人。大部分保险公司是上市公司或者相互保险公司，有少部分是公共机构、合作社等其他形式。在欧洲保险市场，英国、法国、德国和意大利四国仍是领头羊，这四个国家总计占有欧洲寿险市场 70% 的份额。

（一）欧洲寿险市场

2013 年，欧洲寿险保费收入为 6.86 千亿欧元（约 9.47 千亿美元），寿险保费收入较上年增长了 4.57%（见图 17）。自 2008 年欧洲寿险业跌入谷底，在接下来的 5 年，寿险保费收入一直上下起伏，但总体趋势是向前发展。意大

---

① 参考美国再保险股份有限公司资料，来源于美国再保险协会（Reinsurance Association of America，RAA）2012 年行业报告。
② 欧洲资料来源于安永公司《2014 年度展望》，http：//www. ey. com/Publication/vwLUAssets/EY – 2014_ European_ insurance_ outlook/＄FILE/2014 – EY – European – insurance – outlook. pdf。
③ 1 美元 =0.7241 欧元，雅虎财经，2013 年 12 月 31 日。括号内美元数据，均按当年汇率计算，后同。
④ 未包括德国保险协会、法国互惠、比利时互惠和西班牙的地区性监督保险公司。

利寿险表现突出，保费收入增长率高达 21.1%（2012 年为 -6.6%）。而英国、法国和德国扭转了 2012 年分别为 3.0%、9.6% 和 1.1% 的负增长率，其 2013 年表现为 2.6%、3.9% 和 2.2% 的正增长率。西班牙的寿险保费收入仍呈现负增长，但是速度有所减缓，由 2012 年的 -11.1% 下降到 -4.3%。

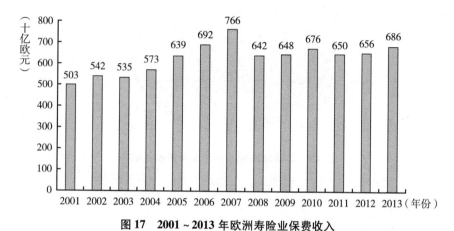

图 17　2001～2013 年欧洲寿险业保费收入

资料来源：瑞士再保险股份有限公司：《2013 年度世界保险业》，*Sigma* 2014 年第3 期。

（二）欧洲非寿险市场

欧洲非寿险市场比寿险市场的走势相对稳定。2013 年，非寿险保费收入为 4.96 千亿欧元（约 6.85 千亿美元）。车险、健康险和产险是欧洲非寿险市场的三大主力军，其中产险为 2013 年保费收入增长的主要拉动力。

2013 年，车险的保费收入为 1.26 千亿欧元（约 1.74 千亿美元），出现负增长，数值为 -4.7%。健康险是欧洲非寿险市场的第二大业务来源。2013 年的健康险保费收入为 1.14 千亿欧元（约 1.57 千亿美元），增长幅度也逐渐放缓。2010 年、2011 年和 2012 年的健康险增长率分别是 5.8%、3.2% 和 2.5%，而 2013 年持续走低，增长率仅为 1.5%。欧洲非寿险市场第三大业务是产险（见图 18）。2012 年的产险表现突出，增长幅度高达 4%（2011 年为 1.6%），但 2013 年产险出现 1.4% 的下降。

总体来看，欧洲非寿险业保费收入的增长幅度低于亚洲或美洲，但总体向着增长的方向发展。

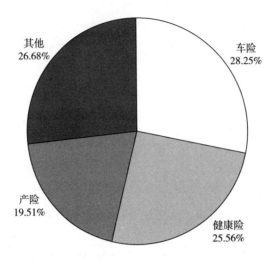

图18 2013年欧洲非寿险业保费收入结构

资料来源：欧洲保险统计数据：《欧洲保险业2013~2014年度报告》。

（三）欧洲销售渠道[①]

欧洲市场分销渠道十分多样化，其中经纪人、代理人和银行保险销售最为大家所熟知。在过去的十几年里，银行保险已经成为欧洲各国最主要的寿险销售渠道。经纪人和代理人在寿险方面的贡献也不容小觑。欧洲非寿险以客户需求多元化为导向，结合线上线下销售。互联网销售对欧洲市场的发展起着很大的推动作用，线上业务发展十分迅速。目前，非寿险的销售渠道主要是中介，直销的发展比较缓慢。

四 亚洲保险市场综述

（一）日本

以保费收入论，日本市场稳坐全球保险第二的位置。逐渐从2011年大地震和海啸中恢复的日本保险市场，2013年保费收入继续稳步增长，巩固了其

---

① 安永公司：《2013欧洲保险业发展前景的挑战和机遇》，http://www.ey.com/Publication/vwLUAssets/2013_ European_ insurance_ outlook/ $ FILE/2013_ European_ insurance_ outlook. pdf。

在亚洲市场上的统治地位。

1. 日本寿险市场

日本保险市场的绝大部分业务来自寿险，其保费收入持续增长，但增长幅度减缓。2013 年，日本寿险总保费收入达到 423.76 千亿日元[①]（约 4.04 千亿美元[②]），相比 2012 年增长了 14.1%（见图 19）。

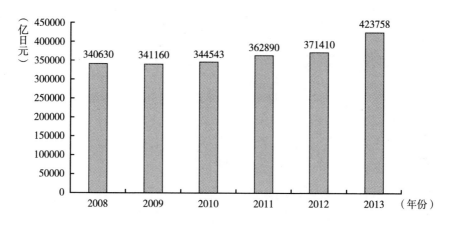

图 19　2008～2013 年日本寿险业保费收入

在投资回报方面，日本寿险一般账户（General Accounts）投资回报率表现突出，2012 年达到了六年的最高点3.49%[③]，延续了 2011 年良好的增长势头（见图 20）。在投资资产增幅仅为 6% 的情况下，投资收益增幅高达45%，总投资收益由 2011 年的 81.39 亿日元（约 1.05 亿美元），增加了36.96 亿日元（约 0.33 亿美元），达到 2012 年的 118.35 亿日元（约 1.38亿美元）。

2. 日本非寿险市场[④]

日本非寿险总保费收入呈现良好的增长态势。2010 年，本土和外资公司的总保费收入探底，仅为 82352 亿日元（约 1010.7 亿美元）。2012 年，总保

---

① 瑞士再保险股份有限公司：《2013 年度世界保险业》，*Sigma* 2014 年第 3 期。

② 1 美元 = 104.934 日元，雅虎财经，2013 年 12 月 31 日。

③ 日本寿险协会统计数据，http：//www. seiho. or. jp/english/statistics/summary/。

④ 日本损害保险协会统计数据，http：//www. sonpo. or. jp/en/statistics/distribution/pdf/direct_ premiums_ by_ distribution_ channels. pdf。

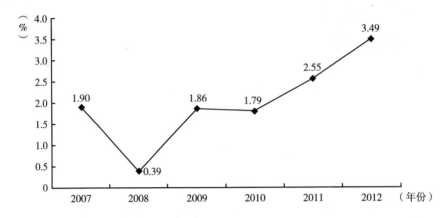

图20　2007～2012年日本寿险业一般账户投资回报率

资料来源：日本寿险协会2013年报。

费收入恢复到2007年的水平，达到87078亿日元（约1013亿美元）（见图21）。2013年，日本非寿险业进一步发展，非寿险保费总收入为109.04千亿日元（约1039亿美元）。日本非寿险行业的保费收入主要来自本土公司。2012年，日本非寿险公司共有53家，其中30家本土非寿险公司的保费收入高达81923亿日元（约953亿美元），占总保费收入的94%；另外23家外资非寿险公司的保费收入为5155亿日元（约60亿美元），占总保费收入的6%。这一比例自2007年起一直保持稳定。

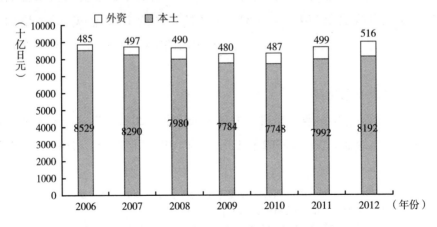

图21　2006～2012年日本非寿险业保费收入

资料来源：日本损害保险协会、日本外资非寿险保险协会。

2012 年，日本非寿险公司的资产总额为 28.460 万亿日元（约 3311 亿美元），投资资产占总资产的 89.78%。在投资资产中，有价证券占到 80.58%。非寿险总负债为 23.14 万亿日元（约 2692 亿美元），赔款准备金占总负债的 85.56%[①]。非寿险资产总额于 2008 年大幅下滑。2011 年触底跌至 27.996 万亿日元（约 3605 亿美元），2012 年略微反弹，增幅为 1.66%（见图 22）。

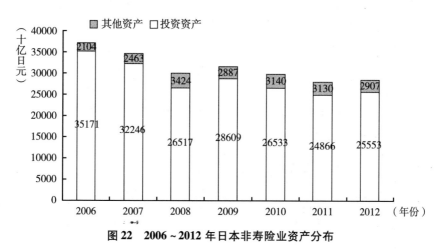

图 22 2006～2012 年日本非寿险业资产分布

资料来源：日本损害保险协会。

2012 年日本非寿险业经营利润在 2011 年小幅下滑后有所恢复，2012 年增长到 3778 亿日元（约 43.95 亿美元），接近 2007 年的经营利润水平。非寿险投资收入维持平缓增长，2012 年投资收入达到 6645 亿日元（约 77.30 亿美元），还未恢复到 2008 年之前的投资收入水平（见图 23）。

3. 日本保险深度和保险密度

2013 年的日本保险深度略有下降。日本寿险深度从 2012 年的 9.2% 回落到 8.8%，与 2011 年相等；非寿险深度为 2.3%，与 2012 年持平（见图 24）。日本保险深度总体增长了 4 个百分点，这主要归功于寿险深度的增长。

2013 年的日本保险密度呈下滑走势，寿险和非寿险的保险密度均出现下降趋势。寿险密度达到每人 3346 美元，非寿险密度为人均 861 美元（见图 25）。日本总保险密度达到人均 4207 美元，现居世界第十位。

---

① 日本损害保险协会 2011～2012 年报，http：//www.sonpo.or.jp/en/publication/pdf/fb2013e.pdf。

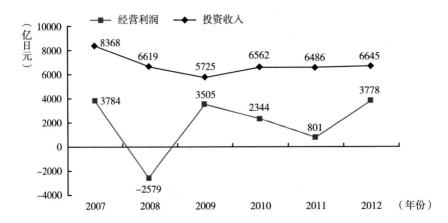

图23　2007～2012年日本非寿险业经营利润及投资收入

资料来源：日本损害保险协会①。

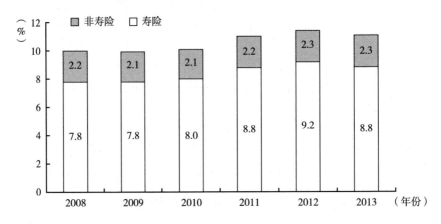

图24　2008～2013年日本寿险业保险深度

资料来源：瑞士再保险股份有限公司：《2013年度世界保险业》，*Sigma* 2014年第3期。

4. 日本保险公司概况

根据日本金融监管厅（Financial Services Authority，FSA）2013年报告，日本保险市场有10家保险控股公司、70家保险公司，其中40家是寿险公司，30家为非寿险公司②。日本寿险市场集中程度很高，尽管保险公司众多，但

---

① 日本损害保险协会（The General Insurance Association of Japan），损益表，http：//www. sonpo. or. jp/en/statistics/business/pdf/income_ statement. pdf。

② 数据来自日本金融监管厅（FSA）的"金融机构经营执照名单"。

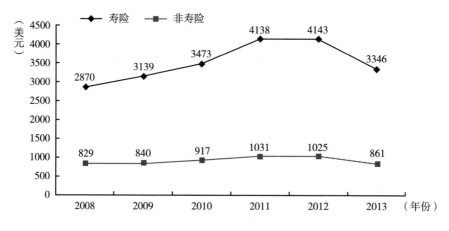

图 25　2008～2013 年日本保险密度趋势

寿险保费收入的一半以上常年集中于四大保险公司。日本寿险协会年报及各公司报表显示，日本邮政株式会社（Japan Post Holdings）保费收入排名第一，约占日本寿险市场的 20%，日本邮政也是全球总收入排名最高的人寿健康保险公司。第二大寿险公司为日本人寿保险公司（Nippon Life），明治安田（Meiji Yasuda Life）和住友寿险（Sumitomo Life）分别为第三大和第四大寿险公司[①]。

　　非寿险方面，保险销售人员和代理人员数量下降明显。2012 年仅有 209 万名保险销售人员，比 2010 年下降了约 5 万人；保险代理人员也有超过 2000 人流失，由 2011 年的 197005 人下降到 2012 年的 194701 人[②]。由于网络的普及，比起传统保险销售和代理方式，线上销售更为快捷简便，而且成本低廉，这也是销售人员数量下降的一个很重要的原因。

　　（二）韩国[③]

　　2012 年度，韩国保险业从经济危机的阴霾中逐渐走出。寿险市场的投资收入在 2012 年有较大增长，与此同时，韩国寿险投资继续保持了较高的利润。

---

①　日本寿险协会 2011 年报。
②　数据来源于日本损害保险协会。
③　韩国 2014 财年自 2014 年 1 月 1 日至 2014 年 1 月 31 日。

非寿险方面，随着人口老龄化问题的严重性加剧，韩国卫生部正在考虑加强医疗保障，健康险的发展也逐渐明朗起来。

2012年，韩国保险公司总资产达到669.6万亿韩元（约6351亿美元①），其中82%来自寿险公司，18%来自非寿险公司。相比2011年，总资产增长了23.6%，而总投资资产也有31.9%的增幅。

1. 韩国寿险市场

相较于2012年韩国保费收入的突出表现，2013年韩国寿险业务整体回落。2013年一般账户（General Accounts）保费总收入为547.20千亿韩元（约519亿美元），比2012年下跌了37.4%。相应的，一般账户的赔付也随之下降，年底统计达299.64千亿韩元（约284亿美元），为2012年的75.5%。独立账户（Separate Accounts）的变化相对较小，其保费收入下滑19.12%，总保费收入为225.17千亿韩元（约214亿美元）；其赔付降幅为29.4%，达到119.36千亿韩元（约113亿美元）。营业费用增长到57.24千亿韩元（约54亿美元），比上年下降了20个百分点（见图26）。

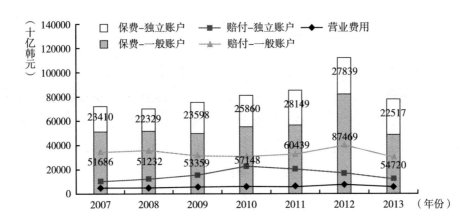

图26　2007～2013年韩国寿险业经营数据

注：2013年数据来自韩国寿险协会月度统计数据（2014年1月）。
资料来源：韩国寿险协会年度统计数据。

---

① 1美元（USD）=1054.3韩元（KPW），雅虎财经，2013年12月31日。

韩国寿险的投资净收入十分乐观，创下了 12 年来的新高，达到 192.66 千亿韩元（约 190 亿美元），但是投资回报率却跌到了 10 年来的最低水平，仅为 4.7%（见图 27）。投资资产和投资利润不断增多，但投资回报率并没有随之增加，这是由于投资资产增速比投资利润增速快。

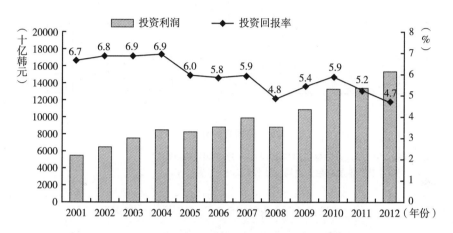

图 27　韩国寿险业投资净收入及投资回报率

资料来源：韩国寿险协会 2014 年度统计数据。

　　2012 年韩国寿险总资产为 547.8 万亿韩元（约 5277 亿美元），比 2011 年增长了 10%，其中投资资产为 429.1 万亿韩元（约 4134 亿美元），约占总资产的 78%。就韩国寿险资产分布情况而言，投资资产保持在总资产的 76% 左右，而独立账户资产呈上升趋势，从 2006 年总资产的 14% 增至 2012 年的 17%（见图 28）。

2. 韩国非寿险市场

　　2013 年，韩国非寿险市场发展良好，其保费收入达到 59.18 万亿韩元（约 561.34 亿美元）。2011 年保费收入增长幅度为 13.2%，2012 年加快了增长速度，达到 12.39%，2013 年增长速率达到 12.7%[1]。

　　同时，非寿险资产也不断增加。截至 2012 年 12 月 31 日，非寿险总资产高达 151.8 万亿韩元（约 1462 亿美元），而 2011 年底总资产仅为 123.3 万亿韩元（约 1188 亿美元）。2012 年底，总运营资产达到 119.1 万亿韩元（约

---

[1]　瑞士再保险股份有限公司：《2013 年度世界保险业》，*Sigma* 2014 年第 3 期。

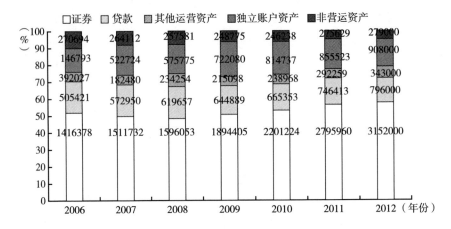

图28　韩国寿险业资产分配

注：2012 年统计数据周期自 2012 年 4 月至 2012 年 12 月。

资料来源：韩国金融管理局统计数据 2012 年度报告。

1147 亿美元），相比 2011 年同期的 95.2 万亿韩元（约 917 亿美元），增幅超过 25%。非营运资产也有明显增长，2012 年 12 月底达到了 26.9 万亿韩元（约 259 亿美元），比 2011 年同期增长 13%。

2011 年度，非寿险投资利润和净收入保持良好增长的趋势。截至 2011 年 12 月 31 日，非寿险净收入达到 2.4 万亿韩元（约 24 亿美元）。2013 年底，投资利润同比增长 17%。但非寿险净收入却下降至 1.9 万亿韩元（约 19 亿美元），比上年减少 20.8%（见图 29）。

3. 韩国保险公司概况

2012 年韩国共有 55 家保险公司，其中 24 家为寿险公司，31 家非寿险公司[①]。寿险方面，保险业"三巨头"，三星人寿、大韩人寿和教保人寿仍保持较高的市场份额，遥遥领先于其他寿险公司。韩国寿险的销售渠道主要是保险公司直接销售、推销员销售（Solicitor）和银行销售；非寿险业保费收入的主要来源为代理人及推销员，其次为保险公司直接销售，银保对非寿险的保费收入贡献不到 10%。2012 年 3 月新增了全国农业合作社联合会（NongHyup）保险公司，业务包括寿险和非寿险。

---

① 韩国金融管理局统计数据 2012 年度报告。

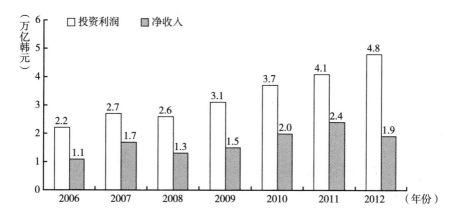

图 29 韩国非寿险业投资利润及净收入

资料来源：韩国金融管理局统计数据 2013 年度报告。

（三）中国台湾

2013 年，台湾经济保持持续增长趋势。国民生产总值（GDP）增长率从 2012 年的 1.48% 上升到 2013 年的 2.11%，实现 GDP 总值 145642.4 亿新台币（约 4854.7 亿美元[①]）。与高速发展的台湾总体经济相比，自 2012 年台湾保险行业扭转下滑趋势快速走高后，2013 年保险行业的增长趋势变缓。2013 年度台湾保险密度为 116019.47 新台币（约 3867.3 亿美元），比 2012 年度增长 3.89%[②]。保险深度稳定在 18.6%。在台湾保险公司的数量上，2013 年度也有细微差别。保险公司总数从 2012 年的 57 家降为 56 家，其中包括 30 家寿险、23 家非寿险和 3 家再保险公司[③]。

1. 中国台湾保费收入状况

台湾保费收入自 2011 年的 4.44% 负增长之后，开始稳步回升。相较于 2012 年 12.44% 上涨幅度，2013 年涨幅为 4.22%，总金额达到 27084 亿新台币（约 903 亿美元）。台湾的寿险行业仍占有台湾保险业的绝大比重，同时呈

---

① 1 美元（USD）=30 新台币（TWD），雅虎财经，2013 年 12 月 31 日。

② 台湾财团法人保险事业发展中心。

③ 台湾资料来源：TII 财团法人保险事业发展中心 2014 统计报告。

略微上升趋势。2013年寿险比重为95.39%，略高于2012年的95.36%以及2011年的95.11%。

2013年台湾寿险市场保费收入为25835亿新台币（约861亿美元），于2012年上涨4.24%。同时，非寿险市场也持续发展，保费于2013年达到1249亿新台币（约41.6亿美元），涨幅为3.65%，与2012年基本持平（见图30）。

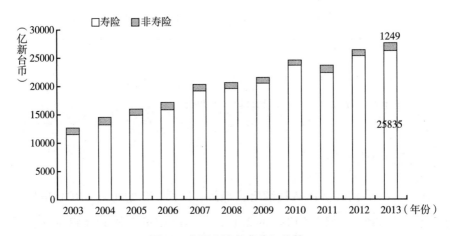

图30　中国台湾保费收入趋势

2013年，台湾保险市场的税后收入持续稳定增长。自寿险行业于2012年上涨41%之后，2013年税后收入为627.4亿新台币（约21亿美元），涨幅略小于2012年。相对于寿险的波动，非寿险继续保持稳定的态势，税后收入为134.5亿新台币（约4.5亿美元）（见图31）。

2. 中国台湾保险营销渠道

2013年，银保渠道仍然为台湾寿险收入的主要来源，金额达到5817.12亿新台币（约193.9亿美元），占总收入的56.71%。但与2012年相比，银保收入下降了7.41%。此次下降是由于主要的保险公司转移重心到高收益担保保单（High-yield Protection Insurance Policies）。寿险公司营销占2013年总收入的39.14%（见图32）。

从2013年的数据报表中可以看出，主要的保费收入依然来源于人寿保险，其占总保费收入的72.22%，人寿保险总值达1850.8亿新台币（约61.7亿美

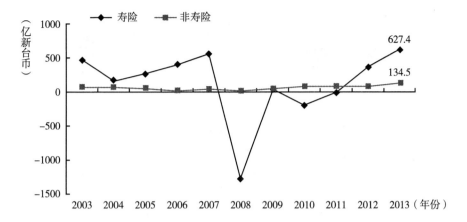

图 31　中国台湾保险业税后收入趋势

图 32　中国台湾寿险保费收入趋势

资料来源：台湾人寿保险商业同业公会。

元）。保费收入来自年金保险和健康保险的保费收入之和占总保费收入的比例为 25.7%。伤害保险的保费收入与前几年基本持平（见图 33）。

（四）印度

2013 年，印度 GDP 比 2012 年增长 3.24%，增长率低于 2012 年的 6.3%。印度总体经济发展放缓。在 2012～2013 年财政年度中，印度共有保险公司 52 家，其中寿险公司 24 家、非寿险公司 27 家、再保险公司 1 家。各类保险公司的数量与 2012 年持平。

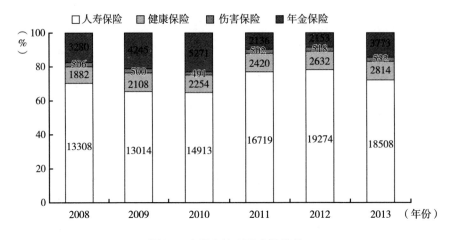

图33　中国台湾寿险产品结构

2012～2013年度，印度保费总收入为35017亿卢比（约567亿美元①）。总保费比上年度上涨3.01%。其中，非寿险的增长十分明显。寿险保费收入占总保费收入的82.02%，非寿险占17.98%。

1. 印度寿险市场

印度的24家寿险公司2011～2012年度保费收入为28707亿卢比（约524亿美元）之后，2012～2013年上涨0.05%，总保费收入达28720亿卢比（约465亿美元）（见图34）。在印度所有的寿险公司中，印度人寿保险公司（LIC）作为唯一的国营寿险公司，从2009年起一直占有巨大的市场份额。2012～2013年度，在其他私营保险公司保费收入呈下降趋势的同时，LIC仍保持上升趋势，上涨幅度达3%左右。

寿险行业的投资收入在2012年下降至8470亿卢比（约137亿美元），但在2013年急速上升，收益额为14445亿卢比（约234亿美元），与前一年度的数据相比增幅达到70.5%。其主要原因归于股票市场的不稳定。

2. 印度非寿险市场

2011～2012年度印度非寿险总保费收入达到5288亿卢比（约97亿美元），相对前一年度增长24.1%。2012～2013年度，印度非寿险继续保持较高

---

① 1美元（USD）=61.78印度卢比（INR），雅虎财经，2013年12月31日。

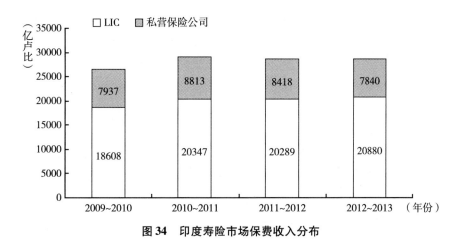

图 34 印度寿险市场保费收入分布

资料来源：印度保险监管和发展局：《2012～2013 印度保险管理发展局年报》。

的增长幅度，总额达 6297 亿卢比（约 102 亿美元），上涨幅度约 19.1%。

印度非寿险市场主要由私营保险公司和国有保险公司组成。2012～2013 年度，私营保险公司和国有保险公司的保费增长幅度分别为 25.3% 和 14.6%，增长率略低于 2011～2012 年度的 28.1% 和 21.5%（见图 35）。

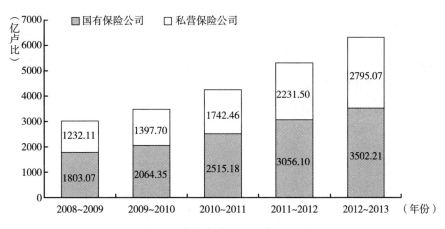

图 35 印度非寿险市场保费收入分布

在非寿险保费收入保持稳定增长的情况下，相应的净赔付在 2012～2013 年度得到了较好的控制，总赔付的增长由 2011～2012 年度的 18.58% 减缓至 13.16%。在国有保险公司方面，赔付总额达到 2506.14 亿卢比（约 40.57 亿美元），比 2012 年增加 280.8 亿卢比，增幅相较于 2011～2012 年度缩小近 1

个百分点。私营保险公司的净赔付为 1456.22 亿卢比（约 23.57 亿美元），较上年度增长 14.1%（见图 36）。

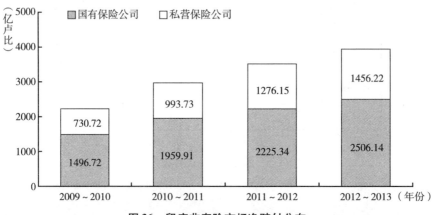

图 36　印度非寿险市场净赔付分布

3. 印度保险营销渠道

印度寿险的销售渠道继续呈现稳定的分布趋势。2012～2013 年度，个人代理仍然是最主要的销售渠道，但所占比重从 2011～2012 年度的 78.69% 减少为 77.53%。2012～2013 年度，银保销售渠道持续发展，比 2011～2012 年度上涨 1.22 个百分点，占个人新保单收入的 16.18%。2012～2013 年度，保险经纪人和公司代理的其他销售方式比上年度分别下降约 0.09 个、0.63 个百分点。而传统直销渠道略有上涨，2012～2013 年度占 2.55%（见图 37、图 38）。

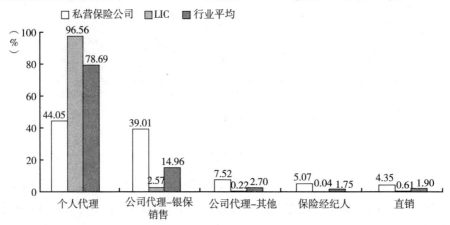

图 37　2011～2012 年度印度个人新保单保费收入营销渠道分布

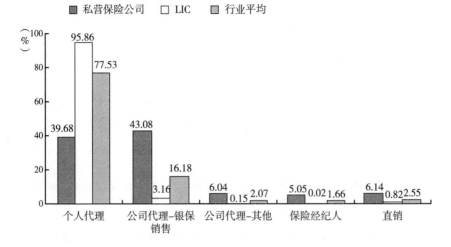

图38 2012～2013 年度印度个人新保单保费收入营销渠道分布

另外，寿险市场年度总保单（个人和团体）的销售分布情况呈现与新保单分布不同的趋势。直销渠道持续增长，由 2011～2012 年度的 38.78% 增长至 2012～2013 年度的 39.52%，而个人代理则由 46.64% 下降为 46.40%（见图39、图40）。

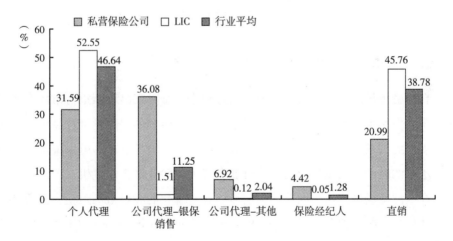

图39 2011～2012 年度印度总保单（个人和团体）保费收入营销渠道分布

2012～2013 年度，27 家非寿险公司中，10 家为国有保险公司、17 家为私营保险公司。在私营保险公司中，2 家非寿险公司获得经营健康险的执照，同时 L&T General 在 2010～2011 年度获得保险营业执照；在国有保险公司中有 2

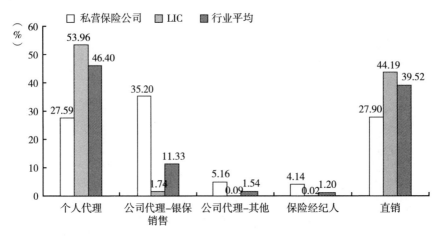

图 40　2012～2013 年度印度总保单（个人和团体）保费收入营销渠道分布

家经营特殊业务的保险公司：一家是经营信用保险的 Export Credit Guarantee Corporation of India Limited（ECGC），另一家是经营种植业保险的 Agriculture Insurance Company of India Limited（AIC）。

五　全球保险业面临的主要挑战

（一）金融市场仍在动荡，保险产品亟须创新

在金融市场从金融危机逐渐恢复的过程中，金融产品不断抢占市场中的资本资金，但整个资本市场仍处于不稳定的状态。传统的保险投资产品已经不能满足人们的需求，更不像金融产品具有诱惑性。保险投资产品可以说进入了一个很艰难的时期，其竞争力的下降可能会成为保险业最大的危机。

在欧洲市场中，这个问题最为明显。日益恶化的股票市场阻止了投资者对固定比例投资组合保险（Constant Proportion Portfolio Insurance，CPPI）基金的投资。仅有少数投资者将 CPPI 作为投资组合中的一部分，来降低投资组合的风险。与此同时，欧洲主权债务危机并未完全消退，投资者们仍对欧洲经济和政治持观望态度。评级的下调已经对欧洲保险公司和再保险公司的财务方面产生了不利的影响。《中国保险报》总结了标准普尔在 2012 年下半年对一些保险公司采取的几项负面评级行动。其中，2012 年 12 月，标准普尔下调了 AXA

集团的财务实力评级，从 AA－级下调至 A＋级，主要原因是资本充足率相对微弱。另外，标准普尔下调了美国国际集团控股公司的评级，原因是其相对较弱的固定费用偿付[1]。慕尼黑再保险认为，"保险业正面临艰巨的挑战，比以往任何时候更需要在其核心业务方面实现稳定的赢利，并进一步减少对投资收益的依赖"[2]，而其中的关键在于保险公司和再保险公司成功地将低利率水平因素纳入其定价计算的速度及程度。

因此，不仅保险产品需要创新，保险公司在投资方面也亟须改变，在转型期寻求突破。

（二）关注消费者的变化将是保险业的趋势

充分认识消费者需求的变化对于现今保险行业的发展至关重要。投保人的变化虽然是潜移默化的，但是影响巨大。从人口的年龄来讲，许多发达保险市场的消费者老龄化趋向十分明显。日本已成为平均年龄第二高的国家，仅次于摩纳哥；老龄化问题严重的还有中国香港、新加坡以及很多欧洲国家。这要求保险公司要根据消费者的年龄特征，对有关退休和健康的保险产品进行改良，从而适应这些国家目标人群需求的变化。在柬埔寨、印度、菲律宾和越南等年轻人口较多的国家，储蓄型投资产品以及与教育和婚姻家庭相关的保险产品显得更有市场。要通过分析消费者行为的变化，以及需求的变化，同时增加与投保人的沟通，使保险真正成为一种行之有效的金融服务手段。

众所周知，消费者对保险的认知在不断地改变。发达经济体对于社会保障保险、人身保险和财产保险均有很成熟的运作机制。保险意识的增强，也会对发展中的保险市场起到十分积极的促进作用。一些亚洲国家，如印度，已经逐渐适应新颁布的政策，这一点从其保险公司财务呈现的良好的增长趋势便可以看出。

另外，投保人的行为随宏观经济和社会环境的变化而改变。在发达国家，中产阶级成为保险消费人群的主力军。由于经济的不断开放与飞速发展，在发

---

① 《中国保险报》2013 年 2 月 26 日，http：//finance. ce. cn/rolling/201302/26/t20130226＿17064165. shtml。

② 《中国保险报》2013 年 2 月 26 日，http：//finance. ce. cn/rolling/201302/26/t20130226＿17064165. shtml。

展中国家，尤其是亚洲国家，中产阶级力量也不断涌现。保险产品应该适应这些人的需要。保险产品的设计也要"因地制宜"，充分考虑国家之间、地区之间、消费者群之间的差异。在同一个国家的不同地区也会出现产品需求的差异性。因此，这要求保险公司要对目标群体进行区分，提供更加丰富的保险产品。

（三）大数据时代下保险经营模式改变

2013 年的全球保险业，在面对经济增长缓慢、利率低迷以及巨灾不断威胁的同时，正面临数字革命带来的前所未有的挑战。继数字革命对媒体、印刷业及旅游业的冲击之后，金融保险业正在经历数字时代新一轮的冲击。随着智能手机和平板电脑、云计算、APP（应用）以及商业信息数据挖掘技术的飞速发展，信息技术平台成为各家保险公司争相竞争的领域。科技的应用以及信息处理能力的不断提高可以降低成本、提高效率，这将给保险公司和客户带来双赢。

国际电信联盟统计报告[1]指出，在全球 71 亿人口中，有 68 亿人口使用手机，世界 40% 的人口在使用互联网。谷歌搜索引擎花了 6 年时间吸引了 5000 万名用户，但 Google Plus 社交网站仅用了 88 天。智能手机和平板电脑使消费者能够轻易比价，使购物更容易，大大增强了客户的流动性。互联网金融，即把互联网技术应用于保险，是一个热门的新兴名词，也是保险业的一个新趋势。在互联网技术发达的美国和欧洲各国，这一应用给保险人带来了无尽的便利。大量投保人的信息以及背后需要处理的一系列信息，在互联网的帮助下，很容易被调取或使用，信息量的准确性、及时性也大大提高。运用更为先进的技术对历史数据进行收集、整理、分析和加工，这些有效的数据挖掘对防范风险、创新产品、指导投资、提高决策能力都可以发挥重要作用[2]。

日本保险市场与互联网的结合是比较成功的案例。东京海上日动火灾保险公司与日本手机公司 DOCOMO 联手打造了一系列保险创新产品，通过手机销售与其客户建立了非常好的互动关系，并因此获得了 2011 年的技术进步奖。其中，"一次性保险"的推出大获成功，其特点是允许客户用手机软件申请保

---

① 国际电信联盟 2013 年 2 月统计报告。

② 《中国保险报》2013 年 9 月 24 日，http://insurance.hexun.com/2013 - 09 - 24/158261867.html。

险支付保费。通过观察手机客户每月的活动、手机使用位置等信息，保险公司能够向客户推荐与其生活方式息息相关的保险产品，如滑雪保险、高尔夫保险以及旅游保险等。这个项目一经推出便成功开创了一个保险销售的新渠道，同时该渠道与经纪人销售渠道互利共存。另外，日本保险公司为客户提供了一系列低成本的短期的与运动及休闲活动相关的保险产品。例如，当客户打高尔夫球一杆进洞时，庆祝活动的成本通常为 3000 ~ 5000 美元，但是通过手机买一杆进洞保险通常只需要 3 美元①。

然而，数据时代为保险业带来成就的同时也带来了威胁。信息科技的应用不仅对于销售渠道，还对产品创新、企业经营模式和 ERM 等产生全方位的影响。这必然会成为保险业者在竞争中心生存及繁荣的关键。2013 年，安永公司②对全球 100 多家保险公司进行了"保险业的数字时代已经到来"的调研报告。该报告指出，新的数字技术不可避免地改变了消费者（客户）与保险公司打交道的方式。调查发现，保险业已经意识到自己落后于数据革命而亟须采取行动。80% 的受访公司承认自己不处于数字领域的领导者地位；2/3的受访公司虽然立志要成为数字时代的领头人，但同时承认目前仅是取得了一些短平快的胜利而缺乏实质性的进展。该报告还指出，保险公司在客户体验、销售渠道等方面的分析技能是成功的关键，这也需要保险公司投入手机及社交网络的浪潮。

亚洲保险与全球同行业相比似乎在手机及社交群体方面较落后。例如，在手机 APP（应用）的普及度方面，亚洲市场仅为 30%，是世界普及度（60%）的一半；Facebook 在亚洲拥有 60% 的用户普及度，但仍低于世界范围 71% 的用户普及度。但是，在财务数据方面，如报价、交易和支付，亚洲公司与客户的互动愿望更强烈。80% 的公司提供网上报价服务，高于 72% 的世界平均水平；70% 的公司提供在线交易支付，也高于 66% 的世界平均水平。

美国在数字技术方面居世界领先地位，欧洲次之。美国较大的车险公司

① 鲁维丽博士在第八届 21 世纪亚洲金融年会上的演讲：《大数据革命带来全方位变化》。
② 安永公司：《2013 年数字保险调查研究：保险业进入数据时代的时间已到来》，2013 年 10 月，http://www.ey.com/Publication/vwLUAssets/EY_ Insurance_ in_ a_ digital_ world：_ The_ time_ is_ now/ $ FILE/EY - Digital - Survey - 1 - October. pdf。

Progressive（前进）保险公司推出 Pay as You Drive 的"现开现付"模式。这一创新的举措实际上是将全球保险与蜂窝技术相结合，要求驾驶人必须配备特殊记录装置，使得保险公司能够根据驾驶人的行程距离和时间来收费。另外，美国公司还创造了"青少年保险"，该项目允许父母用 GPS 定位孩子的"安全驾驶地带"，一旦超出安全范围，父母则会收到手机信息。全球资讯公司埃森哲发布的调研报告[1]声称，78%的欧洲保险公司计划增加数字技术的投入；预计到 2016 年，数字销售渠道将占有 18%的销售份额。近 90%的受访公司预计数字革命将在未来 3 年内加剧销售竞争，但 67%的受访者承认目前并无具体对策。

如何应对数字技术的改革将是找寻解决方法的出路。保险公司一定要保持与客户密切并及时的互动，通过数据和模型为公司解决问题提供良好的分析，并且要加快脚步走在其他竞争者之前。

（四）宏观经济的不稳定导致政策的不确定性

联合国预计，未来两年全球经济将以 3.0% ~3.3% 的速度温和增长。美联储的量化宽松政策在过去的一年里振奋了美国的股票市场，美国劳动力市场和房地产市场也在持续复苏。预计 2014 年美国的 GDP 将增长 2.5%。但是美联储计划放松量化宽松政策，可能导致发达国家和发展中国家利率的长期波动。流入新兴市场的资本同时会受到影响，甚至大幅减少，而外部融资的风险因此激增[2]。

每个国家在不同阶段对于社会经济的目标有所不同。例如，金融危机后许多国家提倡消费；另外一些国家则鼓励储蓄。这与保险行业的政策息息相关。保险公司应承担更多的社会责任，但这可能会影响保险产品满足消费者需求的程度，甚至影响保险公司的经济利益。

但是在金融危机后，过度保守的风险管理条例可能会限制保险公司的发展。Solvency Ⅱ 的实施给欧洲保险公司带来了沉重的负担，而且未来的政策走向还处于不明朗的状态。保险公司和政策制定者之间的博弈还在继续。

---

① 埃森哲：《2013 年数字保险调查研究：保险公司致力以推动数字化的转变来带动更多的公司业绩》。
② 联合国：《2014 世界经济形势与展望》。

参考文献

Accenture, "Insurers Commit to Digital Transformation as a Lever of High Performance", 2013 Digital Insurance Survey, 2013, Retrieved from http: //www. accenture. com/ SiteCollectionDocuments/Local _ France/PDF/Accenture – Digital – Insurance – Survey – EALA. pdf.

EY, "European Insurance Outlook: Challenges and Opportunities Abound", 2013, pp. 1 – 12.

EY, "Insurance in a Digital World: The Time is Now", EY Global Insurance Digital Survey 2013, 2013, Retrieved from http: //www. ey. com/Publication/vwLUAssets/EY_ Insurance_ in_ a_ digital_ world: _ The_ time_ is_ now/ $ FILE/EY – Digital – Survey – 1 – October. pdf.

Federal Insurance Office, "U. S. Department of the Treasury", Annual Report on Insurance Industry, June 2013, pp. 10 –27.

Financial Services Agency, "The Japanese Government", List of licensed (Registered) Financial Institutions, 2013.

Financial Supervisory Service, "FSS Annual Report (2012)", November 26, 2013, Retrieved from http: //english. fss. or. kr/fss/en/publications/annual/view. jsp? bbsid =1289364303986&category =null&idx =1385458586015&num =14&color =lgreen.

Insurance Europe, "Annual Report 2013 –2014", June 2014, pp. 6 –7.

International Telecommunication Union, "The World in 2013: ICT Facts and Figures", February 2013.

Korea Life Insurance Association, "Annual and Monthly Statistics", 2013, Retrieved from http: //www. klia. or. kr/eng/consumer/consumer_ 0202. do.

Marcela Abraham, Nancy Kenneally, Henning Maass and Pritesh Modi, "The Promise and Challenges Facing Global Life Insurance Markets: Trends that are Shaping the Demand for Insurance", *Emphasis*, Towers Watson, February 2013.

Swiss Re. , "Global Insurance Review 2013 and Outlook 2014/2015", *Sigma*, November 2013, pp. 10 –36.

Swiss Re. , "World Insurance in 2012, Progressing on the Long and Winding Road to Recovery", *Sigma*, 2013 (3), pp. 3 –41.

Swiss Re. , "World Insurance in 2013, Steering towards Recovery", *Sigma*, 2014 (3), pp. 3 – 47.

The Economist Intelligence Unit, "Insurers and Society: Opportunities and Challenges in the

Period to 2030 ", 2013, Retrieved from http：//www. bnymellon. com/foresight/pdf/eiu - insurance -0213. pdf.

The General Insurance Association of Japan, "Fact Book 2012 -2013: General Insurance in Japan ", November 2013, pp. 2 - 20, Retrieved from http://www. sonpo. or. jp/en/ publication/pdf/fb2013e. pdf.

The General Insurance Association of Japan, "Statistics", 2013, Retrieved from http：// www. sonpo. or. jp/en/statistics/.

The Life Insurance Association of Japan, "Life Insurance Business in Japan 2011 -2012", February 2013, pp. 2 -16.

The Life Insurance Association of Japan, "Monthly Statistics", March 2013, Retrieved from http：//www. seiho. or. jp/english/statistics/summary/.

Mark Dorfman and Robert Palacios, "World Bank Support for Pensions and Social Security", World Bank, March 2012.

"Reinsurance Underwriting Review - 2012 Industry Results", Reinsurance Association of America, 2013.

Robert Holzmann, "Global Pension Systemsand Their ReformWorldwide Drivers, Trends, and Challenges", World Bank, May 2012.

United Nations, "World Economic Situation and Prospects 2014: Global Economic Outlook", December 18, 2013.

康民：《大数据带来精确化营销　新技术再造金融保险业》，《中国保险报》2013 年 9 月 24 日，http：//insurance. hexun. com/2013 -09 -24/158261867. html。

鲁维丽、谢晓迎、李孟刚：《2013 亚洲保险公司竞争力排名研究报告》，《21 世纪经济报道》2013。

《全球多线保险公司未来会面临潜在问题》，《中国保险报》2013 年 2 月 26 日，http：//finance. ce. cn/rolling/201302/26/t20130226_ 17064165. shtml。

交强险经营制度与费率探讨

简仲明[*]

摘 要：

目前，交强险的累积整体经营损益呈亏损状态。中国保监会对交强险亏损问题十分重视，针对当前交强险营运中出现的问题，会同相关部门进行深入研究，并提出完善经营模式和建立科学费率调整机制的具体方案。因此，本文拟对交强险制度进行深入剖析，并介绍中国台湾地区强制汽车责任保险及日本自动车损害赔偿责任保险的相关制度与实施经验，以期对完善交强险制度提出具体的、可行的建议。

关键词：

交强险 "无盈无亏"原则 经营模式 费率调整机制

一 导言

中国车险市场的保费收入约占整个财产保险业务的七成。近年来，在中国保监会的有效监管下，商业车险市场的竞争秩序已朝正常化方向发展，产险业已有核保利润的成果。但是，相较于2006年7月1日正式实施的机动车交通事故责任强制保险（以下简称"交强险"），中国保险行业协会调研的统计数据[①]显示，截至2012年12月31日，交强险累积的保费收入已达4915亿元，但核保亏损额为399亿元，投资收益则为143亿元，故整体经营亏损256亿

---

* 简仲明，新安东京海上产物保险股份有限公司总经理。

① 数据来自中国保险行业协会交强险工作组在"交强险联合调研专家座谈会"上关于交强险业务情况的汇报，2013年5月10日。

元。2013 年 1 月，中国保监会主席项俊波在全国保险监管工作会议上指出，交强险亏损日益严重，故在制度设计上需要调整。2013 年 8 月，中国保监会表示将针对当前交强险营运中出现的问题，会同相关部门深入研究其经营模式，提出完善交强险的经营模式和建立科学费率调整机制的具体方案，以促进交强险制度的不断完善。因此，完善交强险的经营，使制度运作步入轨道，已成为刻不容缓的重要议题。

本文拟通过探讨国际（包括欧洲、美洲或其他亚洲区域）交强险经验，获取更具有价值的信息，以认识现行制度的不足。在各个区域中，中国台湾地区及日本的交强险制度与中国大陆较为接近。考虑到获取日本经验的信息有限，所以本文仅重点探究日本交强险制度的发展现况及经营成果。实质上，中国台湾地区交强险制度设计之初，也曾参考并采用日本制度的相关基本概念，经过十多年不断的创新变革后，发展成为中国台湾地区现行的制度规范，故两者的基础架构是相似的。因此，本文将以中国台湾地区实行的强制汽车责任保险（以下简称"强制车险"）经验为主要借鉴对象，通过深入分析两岸交强险在各项制度上的差异，尤其是法规制度及市场经营方面的不同，以期提供重要的参考信息，供两岸相互借鉴学习。

二 交强险回顾

自 2006 年 7 月交强险制度正式实施以来，依据中国保监会公告的统计数据①，各年度（2008～2012 年）的综合成本率都有超过 100% 的情况出现，其中各年度赔付率、费用率及综合成本率情况见表 1。

从表 1 可以看出，在赔付率方面，2008～2012 年总体呈先上升后下降趋势，至 2010 年升至高点后再于 2011～2012 年略降；费用率则逐年下降并趋于稳定。但由于赔付率上升幅度仍高于费用率下降幅度，2008～2012 年交强险的综合成本率均超过 100%，其中除 2011 年与 2010 年的综合成本率比较接近，

---

① 参阅中国保监会网站的政务公开之公告通知《关于各年度（2008～2012 年）机动车交通事故责任强制保险业务情况的公告》，http：//www. circ. gov. cn/web/site0/tab67。

表1 交强险各年度赔付率、费用率及综合成本率情况

单位：%

年份	赔付率	费用率	综合成本率
2008	68.6	32.6	101.1
2009	78.0	30.8	108.7
2010	82.3	30.6	112.9
2011	81.9	30.4	112.3
2012	77.6	30.3	107.9

资料来源：中国保监会关于各年度交强险业务情况之公告。

2012年略下降外，其他年度则呈现逐年上升趋势。依据中国经济发展趋势，随着人们收入水平的不断增加，消费物价水平也不断上涨，导致交强险的案均赔款金额存在上升的压力，这意味着未来数年内，如果交强险基础费率无法合理调整，保险公司经营亏损情况将不易有改善的迹象。故本文拟从中国台湾地区保险经验的角度，对交强险现行经营制度与费率的概况进行探讨。

（一）经营模式

国际上对交强险的经营模式主要分为三类。第一类是商业保险经营模式，各保险公司在法律规定的范围内，自行制定交强险条款、费率，由保险公司自主经营、自负盈亏。目前美国、英国、中国香港地区等实行的是这种模式。第二类是由政府监管与商业保险公司代理经营的模式（中国台湾地区俗称的"公督民办"），即商业保险公司扮演交强险的代理经营者角色，在保费收入中只收取固定的业务经营管理费用，不承担相关纯保费（Pure Premium）或称风险保费（Risk Premium）的赔付率经营风险。故通常交强险的费率精算基础根据纯保费"无盈无亏"的原则，由负责费率厘定的机构计算费率并报经政府监管机关批准后实行。目前日本和中国台湾地区实行的是这种模式。第三类是社会保险模式，通过社会保障的运作模式解决道路交通事故造成的人身伤害。目前仅有新西兰等少数国家采取这种模式。

目前交强险实行的经营模式为"前端政府定价，后端市场经营"，在性质上明确不属于前述第一类的商业保险经营模式与第三类的社会保险模式，但又与第二类的由政府监管与商业保险公司代理经营的模式存在一定的差异。一般而言，

属于政策性保险的交强险，费率定价由政府机关监管，而市场经营是由商业保险公司自行承担损益结果的经营模式，倘若没有后端的准备金管理与会计准则的专属规范等配套制度，那么保险公司财务报告上的经营成果，即使从长期累积的角度检视损益，恐怕也不易符合"无盈无亏"的宗旨。同时，这样的经营模式，也会造成一般人对交强险属于商业性保险而非政策性保险这一说法产生疑惑。

（二）保障制度

不论是从被保险人还是车祸受害人的立场，保障制度属于民生保障最关切的问题之一。机动车交通事故责任强制保险条例（以下简称"交强险条例"）第三条规定，交强险是指由保险公司对被保险机动车发生道路交通事故造成本车人员、被保险人以外的受害人的人身伤亡、财产损失，在责任限额内予以赔偿的强制性责任保险。因此，根据该条文内容，交强险的赔偿基础是限额无过失责任制度，亦即被保险人在交通事故发生时，不论其是否有任何过失责任，受害人皆可在保险责任限额内获得保险公司的赔偿。

可以看出，虽然交强险制度与强制车险制度有诸多相似之处，但我们也注意到交强险有两项特点与中国台湾地区的强制车险截然不同。一项是当保险事故发生时，受害人范围不包含被保险机动车内之乘车人员与驾驶人本人；另一项则是赔偿范围除人员伤亡外，还包含受害人的财产损失。相比之下，前一项的受害人范围，交强险比强制车险小；后一项的赔偿范围，交强险比强制车险大。因此，对于这两项差异，尤其是后一项的赔偿范围包含了受害人的财产损失，这两种不同的保障制度，对保险公司的经营成果是否会产生显著影响，实有探究的价值。要进行科学的调研，必须先建立多元化的统计数据库方可执行。

（三）费率精算

费率精算看似属于保险公司经营的技术问题，实质上其结果却与被保险人的权益密切相关，因此也是属于民生保障最关切的问题之一。交强险条例第六条规定，交强险实行全国统一的保险条款和基础保险费率。中国保监会按照交强险业务总体上"无盈无亏"的原则审批保险费率，且在审批保险费率时，可以聘请专业机构进行评估及举行听证会听取公众意见。交强险业务总体上

"无盈无亏"的原则，着眼于费率精算上的考虑，也就是说，在交强险条例中虽未明确规范"费率结构"的各个子项目，但费率精算时，附加费用的结构中不得含有"预期利润"项目，并通过责任限额或费率的合理调整，以实现长期盈亏平衡的目标。虽然市场经营的实际成果因受各种主客观不确定因素（如道路交通安全状况、驾驶人遵守交通规则的习性等）的影响而出现阶段性的盈利或亏损现象，但就交强险的监管政策而言，阶段性的盈利或亏损并不与实现长期盈亏平衡的目标相冲突。

中国保监会于2006年6月19日发布的《机动车交通事故责任强制保险基础费率表》表明，基础费率因不同车型而各不相同，但对同一车型而言，全国执行统一价格。费率设计是先按车型区分为各大类，然后依所属大类下各项特性的费率因子再细分，并对应其保险费率。2008年2月1日对汽车车种实行第一次费率调整，拖拉机的基础费率未做调整，只是各省份实行的费率不同，但各省份内则实行统一费率。

上述实行的统一费率制度，虽然交强险在全国产险公司的整体经营成果为亏损，但实际上受车辆多寡、交通状况、人们收入水平等因素影响，各地区的经营成果差异颇大，即有些地区亏损严重，有些地区则有盈余或是损益平衡。目前交通事故人伤案件赔偿项目中的死亡赔偿金及生理残障赔偿金，都是根据当地人均可支配收入计算的，因此，收入较高的发达地区赔偿标准就高，亏损也比较严重。此外，不同地区的出险概率也有所不同，从而影响赔付率的高低。中国保险行业协会所做的调研数据显示，交强险在上海、浙江、江苏等地区亏损非常严重，而海南、广西、西藏等地区的赔付率相对较低。由此看来，大陆地区幅员辽阔，基于交强险实施统一费率制度的多年经验，可重新检视费率精算的"地区性费率因子"（Territorial Rating Factor）的影响性，以期改善各省份不同赔付率经验所造成的经营盈利或亏损的不平衡情况。同时，也存在不同车种的赔付率或经营亏损不均的问题，但现行费率制度中已实行了车种分类费率，故这项车种经营成果不均的问题，只是属于精算技术面的费率公平调整问题。当然，不论是地区还是车种的费率公平调整问题，最后皆会影响各个被保险人保费负担的公平权益。

依据中国保监会会同国务院公安部门制定的《机动车交通事故责任强制保

险费率浮动暂行办法》，对于被保险机动车当年未发生或发生道路交通安全违法行为和道路交通事故者，保险公司应当于下一年度依其前述的安全驾驶记录降低或提高其保险费率，且往后的年度亦同，直至降到最低标准或持续提高其保险费率。在道路交通事故中被保险人没有过错时，则不提高其保险费率。此即实行费率与安全驾驶相关联的所谓的"费率浮动机制"。这种费率浮动机制的设计，在国际上也较为常见，且较为符合对被保险人的保费负担的精算公平原则。对强制车险亦实施有保险费率的"从人因素"制度。依据中国台湾地区的经验，要做到费率精准预测的可信程度，就必须先建立好充分可运用的理赔统计数据库，否则，我们很难评价目前所实行的费率浮动机制的精确程度及合理性。

（四）准备金规范

在交强险条例中，如果没有其他有关准备金提存的专属法规，保险公司交强险准备金的提存就依据中国保监会于 2004 年 12 月 15 日发布的《保险公司非寿险业务准备金管理办法（试行）》的规定办理。该管理办法第五条规定，保险公司非寿险业务准备金包括未到期责任准备金、未决赔款准备金和中国保监会规定的其他责任准备金。若再细分，其中第七条明确指出未决赔款准备金包括已发生已报案未决赔款准备金、已发生未报案未决赔款准备金和理赔费用准备金。另外，中国保监会于 2006 年 6 月 28 日发布的《关于加强机动车交通事故责任强制保险业务责任准备金评估工作有关要求的通知》规定，其目的是加强交强险业务的监管，对业务责任准备金评估工作，要求保险公司按照规定准确、合理地进行评估并如实披露，不得存在恶意挤占交强险赔款和理赔费用、故意扭曲准备金评估结果的行为。

因此，从法律规范方面看，在交强险准备金管理制度上，除了法律法规规定保险公司应加大对业务监管的力度外，其与一般商业性保险的规范大致相同，意即并没有其他专属于交强险的法令规范。因此，对于准备金管理的监管政策，两岸有关交强险的制度存在较大不同。在强制车险的准备金管理办法方面，以费率结构中的"预期损失"为计算基础，再利用专属强制车险的"特别准备金"会计处理规范，遵循保险公司经营强制车险的纯保费（即风险保费）"无盈无亏"的原则。

三 中国台湾地区强制车险之经验

中国台湾地区于 1998 年 1 月 1 日起正式实行强制汽车责任保险制度，其政策性目的是通过强制所有汽车车主投保责任保险，当被保险汽车肇事致受害人遭受损害时，由保险公司负赔偿的责任，使受害人能迅速获得基本补偿，并维护道路交通安全与秩序。强制车险在中国台湾地区实行已超过 15 年，有关强制车险的经营成果，根据中国台湾地区的财团法人保险事业发展中心（以下简称"保发中心"）每年公布的统计数据，各年度保费收入、已发生赔款、赔付率等相关重要指标情况见表 2、图 1、图 2。

表 2 强制车险历年保费收入、已发生赔款及赔付率等情况

单位：百万元，%

年份	（1）保费收入	（2）纯保费（风险保费）收入	（3）=（2)/(1) 纯保费收入占保费收入比重	（4）已赚保费	（5）已赚纯保费	（6）已发生赔款	（7）=（6)/(4) 赔付率	（8）=（6)/(5) 纯保费赔付率
1998	2320	1967	84.8	1192	1011	1270	106.5	125.6
1999	3923	3174	80.9	3216	2640	2283	71.0	86.5
2000	3614	2910	80.5	3411	2769	2598	76.2	93.8
2001	3297	2648	80.3	3347	2691	2579	77.1	95.8
2002	3424	2758	80.5	3318	2670	2507	75.6	93.9
2003	3231	2532	78.4	3285	2615	2520	76.7	96.4
2004	3416	2663	78.0	3271	2560	2627	80.3	102.6
2005	3504	2724	77.7	3434	2676	2650	77.2	99.0
2006	3558	2757	77.5	3516	2727	2549	72.5	93.5
2007	3587	2781	77.5	3518	2726	2067	58.8	75.8
2008	3541	2728	77.0	3528	2727	1928	54.6	70.7
2009	3246	2442	75.2	3401	2597	1990	58.5	76.6
2010	3070	2262	73.7	3213	2401	2093	65.1	87.2
2011	3019	2193	72.6	3058	2233	2329	76.2	104.3
2012	3057	2220	72.6	3035	2196	2468	81.3	112.4

注：中国台湾地区实行强制车险系采用纯保费（即风险保费）"无盈无亏"制度，故在评价经营成效时，是以上表第（8）栏的"纯保费赔付率"是否超过 100% 为基准的，若年度经验值大于 100%，则表示经营产生亏损；反之，若年度经验值小于 100%，则表示经营有盈余。

资料来源：财团法人保险事业发展中心统计年报，不含特别补偿基金（假设人民币：新台币 =1：5）。

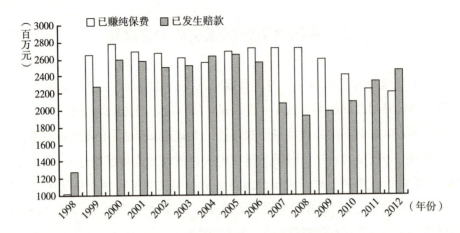

图1　各年度已赚纯保费与已发生赔款比较

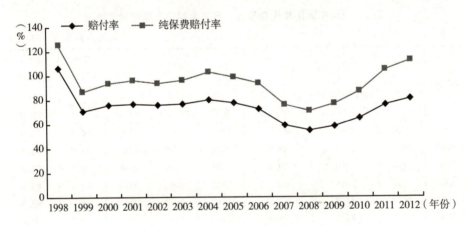

图2　各年度赔付率（保费收入基础）与纯保费赔付率
（纯保费收入基础）比较

从表2可以看出，"纯保费赔付率"除1998年及少数年份超过100%外，多数年份都小于100%，甚至2007～2009年连续三年都低于80%。若再进一步汇整各年份经验值为中长期信息，则1998～2012年的15年间，纯保费赔付率的平均经验值为92.5%。因此，我们可以归结出强制车险"无盈无亏"的经营成效，其汇整情况见表3。

可以看出，虽然强制车险过去15年的经营成效尚且稳健，但仔细观察，自2008年起纯保费赔付率的年度经验值连续五年上升，且每年上升的幅度都

表3　强制车险中长期赔付率情况

单位：百万元，%

年份	(1)	(2)	(3)=(2)/(1)	(4)	(5)	(6)	(7)=(6)/(4)	(8)=(6)/(5)
	保费收入	纯保费(风险保费)收入	纯保费收入占保费收入比重	已赚保费	已赚纯保费	已发生赔款	赔付率	纯保费赔付率
1998～2002	16578	13457	81.2	14484	11781	11237	77.6	95.4
1998～2007	33874	26914	79.5	31508	25085	23650	75.1	94.3
1998～2012	49807	38759	77.8	47743	37239	34458	72.2	92.5

在5个百分点以上，甚至2011年、2012年的数值已超过100%，这与过去其余年份的经验值存在一定的差异。究其原因，主要表现在以下两个方面。

一是强制车险特别准备金累积余额方面的原因。由于多数产险公司在过去十余年来累积了一定数量的"特别准备金"余额，所以在监管政策上必须考虑适度调控费率下降或抑制费率上升，以引导可能过量累积的准备金余额能够被适当地消耗掉一部分。

二是保险金额上升的影响。过去数年来，由于中国台湾地区消费物价水平逐年上升，所以在监管政策上也需考虑对车祸受害人基本保障做出适度反应，调高强制车险关于死亡/残废给付部分的保险金额，其中2012年的上升幅度比较明显。

有关强制车险历年来费率调整及保险金额变动情况见表4。由表4可以看出，强制车险费率调整的年度次数甚为频繁，在实行的15年中调整次数达8次之多，且费率皆为下调。

表4　强制车险历年来费率调整及保险金额变动情况

单位：新台币

日期	费率调整	死亡/残废给付保险金额	医疗费用给付保险金额
1998年1月（实施）		120万	20万
2000年8月		140万	
2001年7月	调降		
2003年1月	调降6.80%		
2004年1月	调降3.00%		

续表

日期	费率调整	死亡/残废给付保险金额	医疗费用给付保险金额
2005 年 3 月	调降 0.39%	150 万	
2006 年 3 月	调降 3.00%		
2008 年 3 月	调降 3.78%		
2009 年 3 月	调降 7.64%		
2010 年 3 月	调降 9.50%	160 万	
2012 年 3 月		200 万	

资料来源：中国台湾地区金融监督管理委员会。

中国台湾地区保险事业发展中心建置之网站的公开信息。

http：//www.cali.org.tw/index.asp。

（一）法规制度

中国台湾地区于 1996 年 12 月 27 日公布的《强制汽车责任保险法》（以下简称"强保法"），于 1997 年陆续制定完成施行细则及其相关子法规范，且自 1998 年 1 月 1 日起正式实施强制车险制度。截至目前，强制车险的监管单位，即中国台湾地区金融监督管理委员会（以下简称"金管会"），已制定完成多项专属于强制车险的相关子法规范[①]，主要包含以下内容：

（1）汽车之范围及应订立强制汽车责任保险契约之汽车种类公告；

（2）保险业经营强制汽车责任保险管理办法；

（3）强制汽车责任保险殡葬费项目及金额公告；

（4）主管机关委托财团法人保险事业发展中心配合本法规定事项公告；

（5）申请强制汽车责任保险给付相关证明文件公告；

（6）汽车、机车保险期间公告；

（7）强制汽车责任保险给付标准表；

（8）强制汽车责任保险残废给付标准表；

（9）财团法人汽车交通事故特别补偿基金捐助章程；

---

① 金融监督管理委员会委托财团法人保险事业发展中心建置之强制汽车责任保险专属网站，2013 年 8 月 30 日，http：//www.cali.org.tw。

（10）财团法人汽车交通事故特别补偿基金管理办法；

（11）强制汽车责任保险费率表；

（12）强制汽车责任保险承保及理赔作业处理办法；

（13）强制汽车责任保险会计处理及业务财务数据陈报办法；

（14）强制汽车责任保险各种准备金管理办法；

（15）财产保险业办理强制汽车责任保险各种准备金管理办法第六条资金运用申请表——非特别准备金，财产保险业办理强制汽车责任保险各种准备金管理办法第五条资金运用申请表——特别准备金；

（16）违反强制汽车责任保险事件裁决机构设置办法；

（17）投保义务人违反强制汽车责任保险事件裁决作业规定；

（18）违反强制汽车责任保险事件罚款分期缴纳办法；

（19）违反强制汽车责任保险事件统一裁罚基准表。

总体而言，强保法的立法原则与交强险有诸多相似之处，两岸都采取赔偿责任基础为限额无过失责任。在保险费率厘定方面，皆以"无盈无亏"的监管政策为审批原则；在立法方面，皆规定当强制车险或交强险发生无法弥补之缺口（如未投保汽车肇事或汽车肇事后逃逸等所致交通事故）时，仍然有相关机制让交通事故受害人获得基本补偿，此即中国台湾地区的特别补偿基金与交强险制度的救助基金等相关规范。当然，两岸在法规制度上也存在若干差异。例如，在有关保障范围方面，中国台湾地区强保法的给付项目包括伤害、残废及死亡三种保险给付，而各项给付皆有明确的保险给付标准。因此，相较于交强险的赔偿范围，强制车险没有涵盖受害人的财产损失。另一个差异是有关受害人（请求权人）的直接请求权。一般来说，责任保险的受害人不得直接向保险公司请求给付，仅能对被保险人请求损害赔偿，此种理赔上的法律程序显然对受害人较为不利，且可能导致受害人不易迅速获得基本补偿。因此，为改变受害人前述不利的情况，中国台湾地区强保法规定，汽车交通事故导致受害人受到伤害或死亡，不论加害人有无过失，请求权人应依照规定直接向保险公司请求保险给付或向财团法人汽车交通事故特别补偿基金请求补偿。

（二）经营模式

如前所述，强制车险的经营模式是"公督民办"，即强制车险本质上属于政府经营的险种，但考虑到其具有"强制人民投保义务"的政策性及现行产险公司可利用的经营效率等因素，故采取前端虽由政府委托商业保险公司代理经营，但后端政府机关仍严格监管保险公司经营成果的模式。因此，一方面，商业保险公司就其所扮演的代理经营角色，只能在整体保费收入中收取固定的"业务经营管理费用"，且该费用在总量管控上须自负盈亏；另一方面，商业保险公司并不需承担专为支付保险赔款的纯保费（或称风险保费）收入的适足性，即其所对应的赔付率高或低的经营风险。换言之，纯保费赔付率的经营风险是由政府承担的。而对于强制车险所实行的经营模式，其成功的关键因素可归纳为以下三个方面。

1. 政府监管机关的专属法令规章要完善

如前所述，中国台湾地区政府监管机关的金管会已制定多项专属于强制车险的法令规章，由专责机构对保险公司市场经营所发生的各种问题进行处理，以使强制车险的法规制度朝更健全的方向发展。

2. 设立常态性的专责单位，促进费率拟订工作及相关制度的研究发展

（1）强保法规定，强制车险监管机关应组织各领域专家学者、社会公正人士等组成"强制汽车责任保险费率审议委员会"，以超然独立的立场审议强制车险费率，且任何费率的调整变动，必须经该委员会通过后才能发布实施。

（2）强保法规定，有关费率拟订工作，监管机关须委托合适的专业机构办理。因此，金管会以公务委托方式长期委请财团法人保险事业发展中心专责担负起费率拟订工作；同时保发中心为使费率拟订工作得以常态性进行，成立强制汽车责任保险"精算及研究发展工作小组"，以专责办理精算统计、法规制度、财会准备金及信息服务等相关研究发展事项。

（3）为提升保户投保服务水平，对于保险费计算时必须查询的汽车交通违规肇事记录，保发中心也建置了"信息作业中心"的庞大数据库，以利于与政府机关所属的交通监管单位相互交流办理强制车险投保所需的汽、机车相关信息，并向所有保险公司提供查询所需数据。

3. 商业保险公司对法规政策的配合与落实

（1）监管单位时时倡导及要求保险业者重视法令遵循，且产物保险商业同业公会（以下简称"产险公会"）也拟订了自律规范，因此各产险公司无论是在从事营销业务还是在办理理赔业务时，都必须恪守强制车险的各项特有法规与自律规范。

（2）配合监管单位实施"全面稽核制度"，产险公会会同立场独立的特别补偿基金（单位），定期对各产险公司执行一般业务查核或项目查核的稽核工作，并就缺失事项要求彻底改进并追踪复核。

（3）配合监管单位实施"差异化管理制度"，提高核保、理赔及财务等各项作业效率，以提升社会大众对强制车险服务的满意度；由保发中心负责执行相关工作，并定期将产险公司各项差异化管理指标的结果呈报监管单位，为监管奖优惩劣提供参考。

（4）各产险公司日益重视消费者权益，配合"财团法人金融消费评议中心"（金管会所属非营利事业单位）的申诉调处机制，实时妥善处理申诉案件，以减少社会大众对强制车险争议案件的抱怨。

综上所述，强制车险长期稳健的经营成果中可供交强险借鉴的是保发中心所设立的"精算及研究发展工作小组"（以下简称"工作小组"）之专责单位功能。有关工作小组的实体运作情况介绍如下。

工作小组属于委员会的体制，其成员及功能如下。

（1）主要成员。包括保发中心的高管（亦为总召集人）、保险监管单位（金管会保险局）代表、交通监管单位代表、产险公会的业者代表、精算与法律方面的专家或学者代表等，且四项工作分组的召集人也应当是委员。

（2）主要功能。配合金管会，根据监管政策的需要，办理强制车险精算统计、法规制度、财会准备金及信息服务等相关事项的研究与执行工作，有利于强制车险的长远发展。

工作小组再依据工作计划成立四个常态性工作分组，具体如下。

（1）费率及统计工作分组。负责费率精算及统计等工作计划，主要执行项目有两项。

①费率定期检查

检查强制车险纯保险费及各项附加费用，实现强制车险费率的公平性、合理性及适足性。

②损失率定期追踪及探讨

通过检视、分析各公司间及整体产业之强制车险损失率分布状况与发展趋势，有效控管强制车险的损失成本。

（2）准备金及财会工作分组。负责准备金及财会等工作计划，主要执行项目有两项。

①准备金的定期检视与适足性追踪

基于"无盈无亏"原则，保险业办理强制车险若有盈余（纯保费部分），应提存准备金并以专户处理，不得作为收益，准备金仅能作为降低保费或提高保额之用。因此，要定期分析准备金的适足性并预测准备金的变化情况，以提升强制车险财务的稳健性。

②落实独立会计的研议

检视并修正强制车险专属的会计处理及业务财务数据陈报办法、各种准备金管理办法和相关监理配套措施等，以落实独立会计制。

（3）信息工作分组。负责信息服务等工作计划，主要执行项目有两项。

①查询机制的建立和完善

强制车险保险费计算过程较为复杂，为避免计算错误而损及保户权益，由信息作业中心建立查询系统，以查询保费相关信息。使用对象为保险公司、保险经纪人及代理人，除了查询内容必须符合《个人资料保护法》的规定以外，也包括数据的安全性等问题。

②交通监理信息的交换平台

配合政府政策的要求，汇集交通监理单位相关信息（如汽车驾驶人之酒后驾车违规记录），为中国大陆强制车险保险费计算提供依据。

（4）法制工作分组。负责法规制度及作业管理等工作，主要执行项目有两项。

①法规面的检讨与修法的研究

为强化对消费大众及车祸受害人的保障，并配合实务需要，进行法规面的检讨与修法的研究，以使强制车险的运作更健全。

②"差异化管理制度"及"全面性稽核制度"的建立与执行

建立与执行"差异化管理制度"及"全面性稽核制度"，以了解业者办理强制车险的情况，并提高业者经营强制车险业务的效率。

因此，该工作小组以常态性进行费率精算的专业检视，并开展各项法规制度与市场经营的持续性研发工作，使保险公司在没有"后顾之忧"的经营环境下，能够充分配合与落实政府的法规政策，共同追求长期稳健的经营成果。

（三）费率精算

强保法对费率制度的立法意旨，主要根据纯保费"无盈无亏"的原则，因此首先在强保法中明确定义强制车险保险费结构所包含的项目，如预期损失、保险人之业务费用、安定基金、特别补偿基金的分担额、费率精算、研究发展、查询服务、信息传输等健全本保险的费用。

在明确公开的保险费结构项目下，保发中心的工作小组每年必须在一定期限内，针对上述各项目的经营成果进行分析，并研拟出具体的费率调整方案及建议事项，再呈报至监管单位（金管会）说明研议结果。其后，由金管会召开"费率审议委员会"审批会议，决定未来一年的强制车险费率是否需要变动。金管会总结费率审议委员会的决议后，再完成监管程序并向社会大众公告实施。

需要强调的是，由于强制车险的保险费率关系到所有汽、机车投保义务人的权益，所以监管单位十分重视工作小组每年定期检讨分析的结果。因此，工作小组除必须发挥专业功能外，更要坚持独立的立场执行费率拟订工作，才能提出公正、客观与合理的精算分析结果及建议事项。更重要的是，每年定期检视费率的机制，除使得被保险人的保险费负担更为公平合理外，也有助于后端整体市场的经营成果更趋近于纯保费"无盈无亏"的目标。

（四）准备金规范

保险公司实际经营的财务报表，倘若未特别以强制车险的专属法规处理，而仅从一般会计准则的角度编制，是非常不容易达到所谓"无盈无亏"的损益平衡的。换言之，强制车险的监管制度，巧妙地运用了独特的准备金管理办

法，也就是"特别准备金"乙项会计科目，使强制车险的经营成果在纯保费的基础上达到"无盈无亏"的目的。

本项特有的法令名称为《强制汽车责任保险各种准备金管理办法》（以下简称《管理办法》），其中关系纯保费"无盈无亏"的条文为《管理办法》第4条，规定保险人办理强制车险时，应依下列规定提存"特别准备金"，并列于负债科目项下："一是自留满期纯保费与收回赔款准备金及上年度特别准备金余额之孳息之总和扣除自留保险赔款及提存赔款准备金之余额，应再全数提存特别准备金；二是自留满期纯保费与收回赔款准备金及上年度特别准备金余额之孳息之总和小于自留保险赔款及提存赔款准备金之总和者，其差额由收回以前年度累积之特别准备金弥补之，仍有不足者，其差额以备忘分录记载，由以后年度提存之特别准备金收回弥补之。"

简言之，就是下列三点内容，并列举计算范例说明（见表5）。一是当年度有盈余时，将所产生的盈余数全部提列至"特别准备金"会计科目上，并累积其数额；二是若当年度有亏损，则所产生的亏损数全部由过去年度所累积

表5　强制车险之纯保费损益（"无盈无亏"）范例

项次	项目内容	Case 1	Case 2	Case 3
a	纯保费收入	100	100	100
b	已赚纯保费	80	80	80
c	上年度累积特别准备金储存之孳息	2	2	2
d	保险赔款及理赔费用(含赔款准备金)	(75)	(85)	(95)
e = b + c + d	本年度纯保费损益(实际经营成果)	7	(3)	(13)
f = e	本年度特别准备金净变动(正值为提存,负值为收回)	7	(3)	(13)
h = e − f	本年度纯保费损益(准备金提存后,达成"无盈无亏")	0	0	0
i	上年度末累积之特别准备金	50	50	
j = i + f	本年度末累积之特别准备金	57	47	
k	上年度末累积之备忘分录差额			(20)
l = k + f	本年度末累积之备忘分录差额			(33)

注：Case 1：本年度纯保费损益结果——盈余；

Case 2：本年度纯保费损益结果——亏损，且有累积之特别准备金可冲减；

Case 3：本年度纯保费损益结果——亏损，但无累积之特别准备金可冲减。

在范例中，原本实际的经营成果为第 e 项，然而在法令要求下，必须提存或收回特别准备金第 f 项，因此当年度的损益结果将归为 0，即达到保险公司经营强制车险之纯保费"无盈无亏"的目的；至于各年度末的累积特别准备金，则可提供为保险公司经营强制车险之偿付能力的参考信息。

的"特别准备金"予以冲减；三是倘若第二点之冲减不足时，其差额暂时记载于账上，等以后年度有提存之特别准备金时，再收回弥补。

强制车险的整体制度，受纯保费"无盈无亏"的政策影响，商业保险公司充分认识到，强制车险虽然有一定的保费量（历年平均值约占汽车险保费收入的30%，或整体险种保费收入的15%），但其对公司的经营成果并不能带来直接的获利贡献，且法规监管日趋严格，保险公司所需投入的业务管理成本也多呈现亏损状态。因此，除了少数产险公司基于市场份额策略，较为积极地争取强制车险业务外，其余多数产险公司则在搭配任意车险业务的商业利益下才承办强制车险业务，这是目前市场的实际经营概况。

四　日本自赔责保险之经验

日本交强险制度分为三部分。第一部分是指自动车损害赔偿责任保险（以下简称"自赔责保险"），其英文为 Compulsory Automobile Liability Insurance（CALI），即等同于交强险，是保障因汽车交通意外事故致受害人的生命或身体受到损害时，加害人应负担起赔偿责任。该保险制度是依据1955年7月29日日本政府公布的《自动车损害赔偿保障法》（*The Automobile Liability Security Act*）所创设，并于1956年2月1日起实施。

第二部分适用于幅员辽阔的农村地区，由于农村地区投保自赔责保险的情况较不易普及，且部分农用车辆及机具具有其特殊功能性，故在自赔责保险制度之外，日本农村地区实行交强险制度系用与自赔责保险机制相同的非营利目的的共济组织（即具有互助保险的功能），以承保该组织会员所有的机动车辆，且共济制度也按照自赔责保险相关规定办理赔偿事宜。当然，该农业共济组织的事业范围，并不仅限于机动车辆的交强险业务，其他如农业保险也为共济业务范围之一，其中规模最大的是 JA 共济（Japan Agricultural Cooperatives），它是农业协同组合办理的互助保险组织，其保费量几乎与国际大型保险公司规模相当。

第三部分则是在汽车交通意外事故中，倘若发生肇事司机逃逸或肇事汽车

没有保险的情况，日本交强险制度设立了"政府保障事业"（The Government's Automobile Liability Compensation Business）基金，用以补偿上述受害人的损失，此即与交强险制度的救助基金规范相似。

有关自赔责保险制度的设计及相关规范，重点概述如下。

（一）法规制度

日本自赔责保险制度的政府监管机关由金融厅（Financial Services Agency，FSA）及国土交通省（Ministry of Land，Infrastructure，Transport and Tourism）共同组成。而在保险的赔偿责任基础方面，与交强险的不同之处在于，其采用所谓"严格责任"（Strict Liability）基础，即加害人（汽车驾驶人）在汽车交通意外事故中，已被推定有侵权行为的过失责任，除非加害人能举证证明自身没有任何过失行为，否则就应负起对受害人的赔偿责任。

在保障范围方面，其保障对象仅为被保险汽车以外的第三人，这一点与交强险相同；而在保障项目上，与强制车险相同，只限于人员的体伤或死亡，并不包括财物的损失。另外，自赔责保险也有受害人的直接请求权，这项制度对受害人的权益保障甚为重要，主要是预防交通意外事故发生后，倘若加害人消极应对后续赔偿事务而致使保险公司无法正常进行理赔程序，将直接影响受害人的保险理赔权益。

对于日本自赔责保险的保险金额，与强制车险相同，仅对每一事故的每一受害人设定最高赔偿限额，但并未对每一次事故的保险金额设定限额，即每一事故无限额。有关各保障项目的保险金额见表6。

表6　日本自赔责保险的保障项目及保险金额

保障项目	保险金额
死亡给付	3000 万日元
残废给付	1. 需要积极看护者:4000 万日元
	2. 需要一般看护者:3000 万日元
	3. 其他情形(依残废等级):75 万 ~3000 万日元
伤害医疗费用	120 万日元

日本《民法》规定，"受害人有过失者，就其之损害赔偿金额为法院得斟酌决定之"。自赔责保险制度开始实施时，亦按照上述原则办理，但为配合《自动车损害赔偿保障法》的保护受害人精神，故在现行理赔案件的执行上，通常只有在受害人被认定有重大过失时，才采取固定率减额（包含20%、30%、50%等）方式办理，但伤害医疗费用部分最高减额率为20%。

（二）经营模式

日本自赔责保险制度的经营模式，基本上也是建立在"无盈无亏"的经营原则之上，由商业保险公司、专业再保险公司、损害保险契约者保护机构及共济组织等组成"共保组织"（Pool），以共同承担经营风险、分享经营成果。制度开始营运之初，除保险公司等共保机制外，日本政府也共同参与承担了60%的再保责任额。但自2002年起，政府即终止承担再保业务，并将所有未了再保责任完全移转给共保公司。

现行共保业务的经营模式，由东亚再保险株式会社（Toa Reinsurance Co., Ltd.）负责统筹办理，参与的共保公司必须符合《自动车损害赔偿保障法》的规定，其中会员公司包含签单保险公司、专业再保险公司及其他保险相关机构等。在共保方面，各签单保险公司必须将自赔责保险的签单业务，以纯保险费扣除纯税金后的余额，作为共保保费的基础，并百分之百出至共保组织中，再由东亚再保险公司依据共保合约的规定，将整体共保业务按各共保公司保费业务量及资产规模等数据，办理共保回分事宜。因此，在共保机制下，自赔责保险较能落实"无盈无亏"的经营原则，且各保险公司也不会产生经营成果不一致的情况。

（三）费率厘定

日本自赔责保险的费率厘定，目前由损害保险费率算出机构（General Insurance Rating Organization of Japan）负责提供标准保险费，该机构的会员公司可以依法申请适用，且视为已获得保险法规及监管机关的认可。该机构厘定出来的保险费率也必须经过监管机关成立的"自动车损害赔偿责任保险审议会"（The Compulsory Automobile Liability Insurance Council）审查通过后，才能

公告适用。

自赔责保险的费率监管原则也是以"无盈无亏"（No Profit，No Loss）为费率厘定基础，即在"费率结构"中不得含有"预期利润"的项目。保险费主要包含纯保费及附加保费两部分，其费率结构（日文称"基准料率"）见图3。

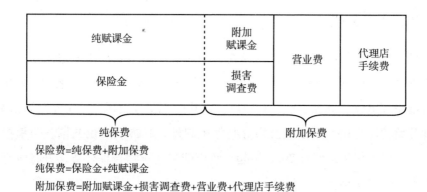

保险费=纯保费+附加保费
纯保费=保险金+纯赋课金
附加保费=附加赋课金+损害调查费+营业费+代理店手续费

图3 日本自赔责保险的费率结构

其中，纯赋课金是作为提拨至政府保障事业的基金用途，以补偿因加害人肇事逃逸或无保险（无共济）等交通事故的受害人的保障；附加赋课金则作为办理前述政府保障事业时，支付给所委托的保险公司的损害调查费。

有关自赔责保险过去数年来的经营成果，依据损害保险费率计算出机构所公告之统计数据①，各年度保费收入、赔款支出、赔付率等相关重要指标的情况见表7和图4、图5。可以看出，日本自赔责保险在近几年来连续呈现净纯保费（Net Pure Premium）损失率偏高的亏损状态，该损失率出现异常现象是因为自2008年起签单保费（Premium Written）大幅减少。其主要原因是日本政府为了把过去几年来积累的收益还给消费者（投保人），所以金融厅决定从2008年4月起调降保费，平均调降幅度约22%。计划在预期损失率的水平下，

---

① 日本损害保险料率算出机构（General Insurance Rating Organization of Japan）的统计资料，http：//www. giroj. or. jp。

以五年（2008～2012 年）时间逐渐消耗过去积累的收益。但后来因损失率上升超过预期，所以金融厅于 2011 年决定分两次提高保费。一次为 2011 年 4 月，平均提高幅度约 11.7%；另一次为 2013 年 4 月，平均提高幅度约 13.5%。因此，从日本的经验可以看出，建构长期科学化的费率调整机制，对于完善交强险制度是非常重要的。

表7　自赔责保险各年度签单保费、理赔金额、损失率情况

单位：亿日元，%

会计年度	Premium Written 签单保费[A]	Net Pure Premium 净纯保费[B]	Claims Paid 理赔金额[C]	Loss Ratio 损失率[C]/[B]
2002	12024	9483	8886	93.7
2003	12128	9573	8702	90.9
2004	11995	9466	8304	87.7
2005	11548	9031	8406	93.1
2006	11381	9070	8153	89.9
2007	10501	8641	7473	86.5
2008	8749	6469	9045	139.8
2009	8117	6023	8449	140.3
2010	8120	6022	8500	141.1

资料来源：日本损害保险料率算出机构（General Insurance Rating Organization of Japan）。

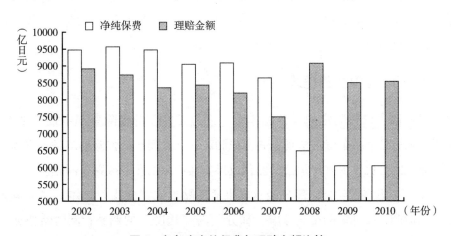

图4　各年度净纯保费与理赔金额比较

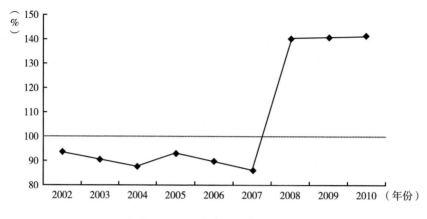

图5　各年度损失率情况（净纯保费收入基础）

五　对策建议

回顾交强险的经营现况，造成经营亏损的原因很多，除了经营上存在不易或无法管控的问题（如道路交通安全状况、消费者意识抬头等）外，还包含制度方面的问题，其中包含但不限于监管的法规是否已完备、经营的模式是否适合国情、专业机构的费率精算是否已精确合理或其费率调整机制是否可行等。因此，对于保险公司在营销方面或理赔作业的管理方面是否已达到严谨有序的阶段，以及其他属于交强险制度方面保险公司可管控的因素（如强化核保作业效率，以降低业务管理费用的变革措施）是否还有改善的空间等，都值得我们重新思考。

（一）　完善经营模式

（1）除了维持既定的业务总体上"无盈无亏"的保险费率审批原则外，建议考虑修订准备金管理法规，并考虑制定一项专属于交强险的准备金管理办法，便于监管机关了解保险公司经营成果方面产生的业务或财务问题。

（2）考虑将保险公司部分经营成果适度贴近或符合业务总体上"无盈无亏"的原则，要强调的是只考虑"部分"与"适度"的调整，同时希望通过准备金的部分冲减或累积交强险损益的效果，以降低当费率调高或调低时幅度波动过大的影响，并使监管机关在面临费率上调时的民怨或费率下降时的市场冲击时，得以减少政策上的影响压力。

（二） 建立科学的费率调整机制

（1）建议修订现行法规，明确定义交强险的费率结构，其项目应包含专款专用的研究发展基金，以利于费率精算与信息服务的研究发展。

（2）成立常态性的专责调研单位，开展长期系统化的费率拟订与业务统计等调研工作，以协助保监单位监管费率及市场发展动态。

（3）建构全国性或区域性的信息平台，整合市场基本信息的逐单赔案数据，以利于保险公司取得被保险人过去的理赔记录，合理公平地计算出保险费，奠定费率精算所需的数据正确性基础。

总之，由于交强险具有强烈的政策性特质，换言之，交强险是关系广大人民权益的重大民生保障议题。因此，当我们面对现行交强险的经营亏损问题时，倘若仅仅在精算技术面将现行费率计算得更精准，则只能解决多数产险公司经营亏损的短期困境。如果考虑中长期战略，交强险在制度方面必须重新审视经营模式的完善及保险费率监管的机制，这样才能有效解决产险公司经营交强险的损益失衡或波动过剧的问题。另外，只有使被保险人的费率负担更趋公平合理，车祸受害人的补偿保障亦才能随社会经济的变动或政府政策的需要而配合调整，商业保险公司的市场经营空间才能获得长期稳定及趋近"无盈无亏"的发展，最终实现人民、政府及保险公司三赢的永续经营目标。

参考文献

徐当仁、彭俊豪、王心怡、徐诗媛、谢淑榕等：《邻近国家强制汽车责任保险之研究》，财团法人保险事业发展中心之专题研究报告，2010。

财团法人保险事业发展中心、财团法人汽车交通事故特别补偿基金、产物保险商业同业公会等：《考察日本强制汽车责任保险及特别补偿等相关制度出国报告》，2009。

B.12

商业机制如何参与建设和
完善社会保障制度

胡玉玮*

摘　要：

经过几十年的发展，我国已经初步建立覆盖城乡的养老、医疗社
会保障体系。考虑到我国各地社会、经济发展不平衡以及城乡二
元化结构等原因，社保制度改革往往采取渐进式、修补式的模式。
一方面，这种模式在一定程度上可以缓解改革初期的压力，并最
大限度地减轻可能给社会带来的动荡，进而保证改革的顺利进行。
另一方面，随着改革的深入，制度建立初期的一些设计由于比较
粗浅，之后的各种累加式、碎片式改革已经不能有效地解决当前
出现的深层次矛盾和困难，并且在某种程度上成为进一步深化社
会保障制度改革的绊脚石。因此，本文在顺应党和国家对各项经
济改革工作加强顶层设计的背景下，结合海外成熟国家的发展经验，
对我国未来的养老、医疗体系建设提出一些有针对性的改革建议。

关键词：

社会保障　商业机制　养老　医疗

目前我国的各项改革任务已进入"攻坚期"和"深水区"，作为社会体
制、经济体制重要组成部分的社会保障制度①更是如此。

---

* 胡玉玮，博士，现任西班牙对外银行集团养老金和保险业务中国区代表，兼任中国社会科学院
研究员，中国企业年金分会、英国皇家经济学会会员。
① 一个完整的社会保障制度涉及养老、医疗、工伤、失业、生育、福利、救济等方面。本文主
要关注商业机制可能发挥最大作用的养老与医疗两个领域。

新中国成立初期百废待兴，我国政府建立了全国统筹的劳动保险制度，它作为重要的社会主义保险制度安排，为新中国成立初期经济的快速腾飞起到了非常关键的作用。随着改革开放的启动，以及之后社会主义经济建设的快速发展，社会保障事业也进入新的发展阶段。1997年，我国政府制定了《关于建立统一的企业职工基本养老保险制度的决定》，开始在全国建立统一的城镇企业职工基本养老保险制度，这也标志着我国政府正式确定并启动建设多层次、多支柱的社会保障体系。2000年之后，经过历次调整、完善，特别是2010年全国人大通过的我国第一部社保法——《中国社会保险法》，以及新型农村社会养老保险、城镇居民养老保险制度的陆续推出与完善，目前已基本建立了覆盖城乡职工、居民，包括养老、医疗、工伤、失业、生育在内的社会保障制度。

但是，在我国社会保障事业快速发展的同时，也存在很多问题，特别是政府与市场的界定不明晰，政府所承担的责任、财政压力不断扩大，商业机制的有益补充作用不但没有充分发挥，反而有边缘化的危险。海外发达国家的商业机制已经在养老、医疗等领域起到了重要作用，我国目前的差距还非常明显。因此，在未来的改革攻坚战中，需要积极借鉴国外成熟经验，结合我国具体国情，大力发挥商业机制的作用，引入市场机制，进而完善我国的社会保障制度。

国务院高度重视保险业工作，以及商业机制应该发挥的积极促进作用。国务院2014年8月13日发布的《关于加快发展现代保险服务业的若干意见》（以下简称《若干意见》）开启了我国保险行业发展的新纪元，作为新一届政府保险业的总纲领性文件，《若干意见》为今后保险业的发展指明了方向、规划了路径。《若干意见》特别指出，商业机构要抓住政府转变职能的大好机遇，找准结合点，在补充医疗、养老保险等诸多社会保障领域积极参与、大胆尝试、努力创新，争取在实现自身业务发展和更好地服务人民群众的同时，减轻政府财政负担，提高管理效率，努力建立真正的现代保险服务业。

一 商业机制参与建设和完善社会保障制度的意义及必要性

近20年来，商业机制已经在国家经济建设中的诸多领域发挥了重要甚至

主导作用,如服务业、金融业等。但是在社会保障事业建设中,改革政策和措施仍以政府为主、市场为辅,如新型农村合作医疗制度等。目前我国社会保障制度正在进行紧锣密鼓的顶层设计,在众多改革措施中,支持和加大商业机制的作用有着重要意义和时代必然性。

(一)当前全面深化改革的要求

中国共产党第十八届三中全会审议并通过了《中共中央关于全面深化改革若干重大问题的决定》,强调经济体制改革是全面深化改革的重点,核心问题是处理好政府和市场的关系,使市场在资源配置中起决定性作用。此纲领性文件为我国社会保障制度的完善指明了方向,并具有重大指导意义。在很长一段时间,以养老、医疗为核心内容的社会保障制度均强调和突出国家、政府的责任,而忽视或不重视市场机制的作用。比如,我国企业职工退休金待遇自 2005 年起,已经连续 10 年以 10% 左右的增幅调高。一方面,此政策体现了政府希望退休职工在改善生活的同时,能够享受到我国 10 年来经济增长的成果;但另一方面也凸显了福利待遇的刚性需求,进而导致政府财政支出快速、不可持续增长。而导致后者的一个原因是在养老制度设计和建设中,没有充分发挥商业机制的作用,市场作用偏弱,补充养老金不完善,从而使目前我国城镇已经退休或即将退休的人员基本依靠国家给付具有刚性的退休金和养老金。所以,加大商业机制参与建设和完善社会保障制度不仅是缓解政府财政压力、解决养老保险财务不可持续性问题的关键,更是党和国家当前全面深化经济改革的内在要求和难得的历史机遇。

(二)为社保制度的深化改革提供重要借鉴和关键助力

如前所述,当前我国的社会保障改革已经进入"深水区""攻坚期"。例如,我国国家机关、事业单位长期以来实行非缴费型的养老制度,即任职期间不缴纳任何费用,而退休后由财政负责拨款给付退休金。随着城镇企业职工基本养老保险改革的不断深入,公务员、事业单位人员的退休金与企业职工的待遇差距不断扩大①，从而使得"双轨制"养老保险制度的公平性备受质疑。我国政府已经意识到此问题的严重性，并积极推动并轨改革。例如，早在2008年，当时的劳动和社会保障部就颁布相关文件，在五省市试点事业单位养老制度及分类改革，即在对事业单位合理划分的基础上，取消全额财政负担的养老制度，而改为由用人单位和个人共同缴费的养老制度，但由于事业单位退休人员担心新制度下的待遇大幅度下降而反对等原因，五省市的试点工作现已基本停滞。另外，2014年5月15日国务院颁布的《事业单位人事管理条例》（中华人民共和国国务院令第652号）明确提出事业单位及其工作人员应依法参加社会保险，但具体实施细则仍待颁布。笔者认为，该细则能否顺利出台仍涉及前述2008年改革的老问题，即如何解决潜在的待遇下降问题。在此背景下，引入补充型养老金（即职业年金），弥补社会养老保险的不足，发挥商业机构投资能力强、风险管理好的优点，将会最大限度地保证待遇不降低，进而消除"被改革"群体的疑虑，从而推动社保改革向"深水区"的顺利进行。

（三）完善多层次社会保障制度的客观要求

在过去的二三十年里，各国纷纷开展声势浩大的社会保障改革，焦点普遍集中于养老与医疗改革。我国通过借鉴海外先进经验，并结合具体国情，已经建立起多层次、多支柱的社会保障体系。就养老保险制度而言，第一支柱是国家兜底的基本养老保险，它具有强制性、互济性和社会性的特点，由社会统筹和个人账户两部分组成。第二支柱是雇主为员工建立的以企业年金为代表的补充养老保险，它具有自愿性、实账性和个人性的特点。第三支柱是商业养老保险，是个人为了保证退休后较高的生活品质而提前准备的商业保险。尽管我国多支柱社会保险制度的框架已基本形成，但是各支柱发展非常不平衡，即第一支柱，或者国家主导的基本养老、基本医疗制度在整个体系中占比过大，进而一方面导致财政负担的不可持续性，另一方面又使第二、第三支柱的发展空间受到压制。例如，2013年末参加企业年金的职工数为2056万人，仅为参加城

---

① 公务员、事业单位人员不仅不需要缴纳通常企业职工缴纳的社会保险费，退休后的待遇水平也远高于后者。研究表明，我国公务员、事业单位退休人员的养老金替代率为70%～90%，而企业职工的养老金替代率则为40%～60%。

镇职工基本养老保险职工人数（32212万人）的6.4%；购买商业医疗保险的人数为4000多万人，仅为参加基本医疗保险人数（57322万人）的7.0%左右。所以，当前完善我国社会保障制度的一项重要任务，就是促进多支柱的协调、共同发展，降低第一支柱的比重，适当扩大第二、第三支柱的发展空间。而国内外经验均表明，商业机制应该在补充型社会保障制度中发挥重要、积极的作用。

（四）人民生活水平提高的必然结果

改革开放以来，我国经济增长速度明显高于世界平均水平，综合国力、整体经济实力得到极大的提高，2010年GDP规模跃居世界第二位①。随着经济的快速发展和人民生活水平的不断改善，居民人均可支配收入也日益提高，从1978年的387元增加到2013年的18311元。我国普通老百姓在满足温饱以及基本的衣、食、住、行的基础上，对各种社会服务，包括社会保障制度有了更高层次、更个性化的需求，而由于社会保障普遍以保基本、兜底线、促公平为核心，所以在这种背景下，商业机制刚好可以发挥其优势和补充作用。例如，商业补充医疗保险可以满足城乡居民基本医疗保险保障范围、封顶额度以外的医疗保障需求，从而弥补基本医疗保险保障水平较低的不足。另外，商业医疗保险公司强大的产品开发能力，可以有效扩大医疗保障的供给能力，如目前市场上有各种补充医疗、健康产品，可以满足不同年龄人群、不同风险喜好人群、不同职业人群的个性化医疗需求。自2010年起，以分红险为主的保险理财产品销量增长迅猛。尽管此类保险产品有脱离其本质——"保障"之嫌疑，但它也生动地反映了我国社会财富、居民财富在急速扩张的同时，后者急需合适的投资、理财渠道②。

---

① 根据世界银行2014年的报告，GDP按购买力平价指标计算，我国最早于2015年就能超过美国，从而成为世界第一经济大国。

② 这是项俊波主席于2013年7月21日在"保险业深化改革培训班"上的讲话中所强调的：要处理好保障与理财的关系，树立"大保险"的观念。保险产品的发展不能搞一元论，要把保障和理财兼顾起来，既要满足人们的保障需求，补足保障的短板，也要跟上世界保险业发展的时代步伐，围绕人们的财富管理需求，提升理财的水平。

（五）优化金融结构的内在需求

通过引进商业机制，大力发展以养老基金和保险基金为代表的长期资本，不仅可以为我国的经济发展提供稳定的长期资金，也可以优化我国长期失衡的金融结构，进而最大限度地获取长期资本可能对我国经济、金融改革带来的红利。我国的保险市场从无到有、从小到大，在过去的20年，特别是近10年发展迅速。截至2014年二季度，总资产已达93737亿元，净资产达9823亿元。以企业年金为代表的补充养老金自2004年规范化运营之后，由最初的几百亿元扩展到2013年底的6035亿元①。但总体来讲，我国在相当长一段时期内仍将是银行业（特别是国有大型商业银行）占主导地位的金融结构②。这种失衡的金融结构有其发展的历史必然性，与我国金融市场发展时间较短有紧密联系，如证券业只有20多年的历史，保险业在20世纪90年代中后期才开始真正发展。但是如果横向比较，多数发达国家的银行、证券、保险，甚至养老基金等不同金融行业处于多足鼎立的状态，如美国银行业占国内金融资产总额的34%，保险业占15%；日本银行业占国内金融资产总额的52%，保险业占23%。这种相对平衡的状态不仅可以实现不同金融行业之间的充分竞争，也可以提高金融、经济资源的有效配置，进而促进经济增长。

（六）历史发展的必然性暨国际经验

现代的社会保障制度源于西方，相应改革也首先出现于西方国家。社会保障由社会保险和商业保险两个部分组成，在社会保障制度发展的大约130年中，前100年基本上以社会保险为主，而最近几十年各国政府均强调商业保险的作用，并尝试通过引入市场机制来缓解增长过快的财政压力。我国目前仍然处于社会、经济的巨大变革之中，但是经济发展阶段、人口结构等方面已经接近中等发达国家水平，并且与其改革前的基本特征类似。发达国家早于我国进行社保改

---

① 按照多支柱养老制度划分，我国目前有多种类型的养老基金，如社保基金（包括社会统筹与个人账户）、企业年金、商业养老保险，以及2000年建立的全国社会保障基金。

② 截至2013年底，我国银行业总资产为151.4万亿元，其中保险业8.3万亿元、证券业2.1万亿元、信托业10.9万亿元。

革，并且普遍引入商业机制的成功经验，一方面值得我们认真总结、学习，另一方面也在某种程度上代表社保改革的方向，从而为我国的社保改革指明了路径。

二 国际经验：他山之石，可以攻玉

现代社会保障体系最早可以追溯到 1882 年，由德国首任首相俾斯麦主导并推行的《疾病保险法》的核心内容就是强调社会、个人的共同作用，以及效率与公平同等重要。除此之外，比较著名的海外社保（养老与医疗）改革包括：1935 年美国总统尼克松时期通过的《社会保障法案》；1948 年由英国著名经济学家贝弗里奇提出，并在英国推行的国家卫生服务体系；1981 年智利政府的大规模养老金私有化；等等。以上改革不仅对本国的经济增长（如智利）、战后经济恢复（如美国）和社会稳定起到关键作用，而且对世界社保体系的演变有着深远影响和重大借鉴意义。尽管各国的改革进程、具体措施等不尽相同，但绝大多数国家近几十年都意识到改革的必要性，并纷纷采取措施，控制国家财政支出的过快增长，加强个人责任的回归，鼓励商业机制发挥更大的作用。

（一）养老保障

养老保障大致可分为公共养老金与私人养老金。公共养老金的筹资方式可以是现收现付模式下的国家财政税收，也可以是社会保险模式下的企业、职工缴费。私人养老金分为职业养老金和个人养老金两种，其对应的筹资模式为企业和职工共同、单独缴费，以及个人自己缴费。由于人口老龄化进程的加剧，特别是"二战"后"婴儿潮"一代的陆续退休，西方国家纷纷推出较为温和的"参数化改革"（Parametric Reform），或者较为激烈的"结构化改革"（Structural Reform）。不管形式如何，其目标均为控制、削减公共养老金支出，同时鼓励私人养老金的发展。

在"参数化改革"中较具代表性的是美国的 401（k）计划和 IRA 计划[①]。

---

① 401（k）计划是指按照美国 1978 年《国内税收收入法案》第 401 条第（k）项而建立的补充雇主退休计划；IRA 计划是指根据美国 1974 年《雇员退休收入保障法》而建立的个人退休金账户计划。

虽然这两个计划在过去的几十年里衍生出不同类型的子计划，但是其基本特征保持不变，即自愿性和缴费可税前列支。正是由于其强有力的税优政策，美国的401（k）计划和IRA计划在过去几十年里增长迅速，已经成为退休人员收入的重要组成部分。目前，公共养老金（即联邦老人、遗属和残疾人保险）的替代率约为38%，而私人养老金的替代率也为38%左右。另外，截至2013年底，401（k）计划和IRA计划的资产规模分别高达6.5万亿美元和4.2万亿美元，两者之和占美国股市市值的53%，已经成为美国资本市场非常重要的力量。可以说，美国健全的多支柱养老体制，特别是强大的第二、第三支柱，在很大程度上帮助其迅速摆脱2008年的次贷危机，并避免类似欧债危机的发生。

在"结构化改革"中最具代表性的是智利于1981年开始的养老金私有化。而此改革的诸多经验，不仅对智利本国，也对拉美地区和世界社保进程产生了重大和积极的影响。它的突出特点是废除现收现付制，引进完全私人账户管理的养老金计划。职工缴纳额度为工资的10%，并划入个人终身账户。政府对制度进行严格监管，如限定投资渠道、收费标准等。退休之后按照账户余额的多少发放养老金，但国家保证最低养老金。养老金从改革伊始就由专业的私营养老金管理公司（AFP）进行投资、运营。随着制度的逐渐完善和市场的发展，养老金公司由最初的10多家减少到目前的6家，通过规模效益降低经营成本，进而提高养老金净收益。

在OECD国家，退休人员的收入已经从之前的完全依靠公共养老金，向由公共养老金和私人养老金共同支付的方向转变，其中有些国家后者的作用已经接近或超过前者。图1为OECD国家2012年公共养老金和私人养老金支出占GDP的比重。有的国家，如法国、葡萄牙、意大利等，公共养老金支出占主导地位；而有些国家，如丹麦、美国、加拿大等，私人养老金支出已接近公共养老金支出。在此值得一提的一个国家是智利。虽然智利是养老金私有化的鼻祖，但是数据显示，2012年该国公共养老金支出（3.6%）仍然超出私人养老金支出（2.3%），这主要是由于智利大量人群游离在强制的积累制制度之外，这部分人群主要包括低收入人群等弱势群体与非正规部门人员（如自由职业者）。

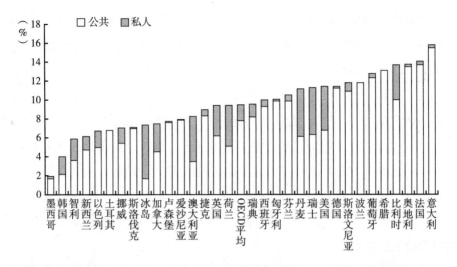

图1 2012年OECD国家公共养老金和私人养老金支出占GDP的比重

资料来源：OECD Global Pension Statistics（2013）。

过去几十年来养老制度由非积累制向积累制、部分积累制的转变，导致私人养老金资产迅猛增长，其中34个OECD国家私人养老金总资产规模由2001年的10.7万亿美元增长到2012年的21.8万亿美元。36个非OECD国家私人养老金总资产由2001年的0.1万亿美元增长到2012年的0.8万亿美元。图2给出了OECD国家私人养老金规模占GDP比重的比较数据。其中，荷兰以160%高居榜首，冰岛、瑞士分别居第二、第三位。这三个国家的私人养老金均高于本国的国民生产总值，足以证明前者的重要性。当然，在不少OECD国家，私人养老金占GDP的比重也非常小，如德国、韩国、希腊等。总体来说，34个OECD国家这一比重的加权平均值为77%，算术平均值为35.5%。

相对于OECD国家，非OECD国家、新兴国家的私人养老金占GDP的比重数值较小。如图3所示，私人养老金占GDP的比重最高的国家为南非（82%），其次是纳米比亚（78.2%），并且大多数国家此值小于20%。36个非OECD国家的加权平均值为33.0%，算术平均值为13.3%。

图4显示了公共养老金替代率与私人养老金占GDP比重的负相关关系，以及前者对后者的"挤出效应"。简言之，政府财政提供的公共养老金在退休人员收入中占比越大，该国的私人养老金发展就越缓慢。对于34个OECD国

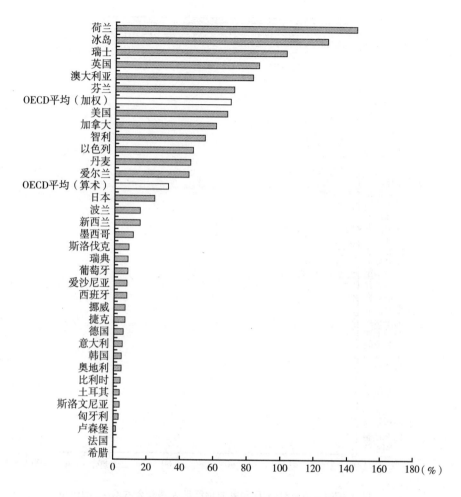

图 2 2012 年 OECD 国家私人养老金占 GDP 的比重

资料来源：OECD Global Pension Statistics（2013）。

家来说，以上几组数据均表明欧洲四国（葡萄牙、意大利、希腊、西班牙）的私人养老金规模偏小，而公共养老金替代率较高。福利的刚性特征导致这四个国家在财政发生危机时"捉襟见肘"，进而加重债务危机的程度。

税收政策是养老体系建设中一个不可缺少的组成部分。以英美为代表的盎格鲁－撒克逊国家，以及部分北欧国家较为发达的私人养老金市场，在很大程度上归功于其税收优惠政策。虽然税优政策可能降低当期的税收收入，但是此影响不应被过度放大。OECD 2004 年的一份跨国研究报告显示，其所有实行

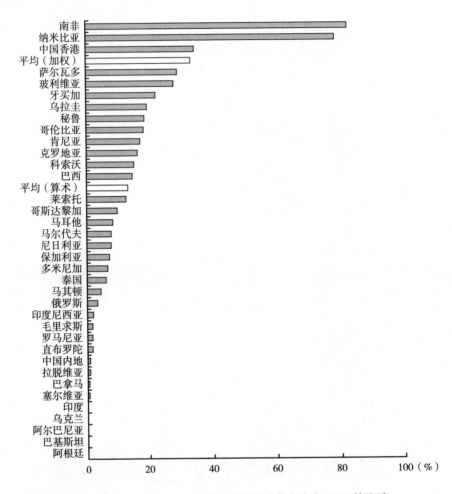

图3 2012年非OECD国家或地区私人养老金占GDP的比重

资料来源：OECD Global Pension Statistics（2013）。

私人养老金税优政策的成员，免税额度占工资的比重为10%～40%，但其财税的总负担（以2000年现值计算）只占GDP的0.2%～2.0%，如果只考虑当期，负担将更小（见图5）。

另外，胡玉玮（2012）对全球的第三支柱个人养老保险制度进行回顾，所选案例中既有传统的发达国家，如美国、英国，也有新兴国家，如墨西哥、韩国；既有养老制度私有化的先锋，如智利，也有改革的后来者，如西班牙；既有推崇普惠制度即"贝弗里奇"社保模式的国家，如英国、美国，

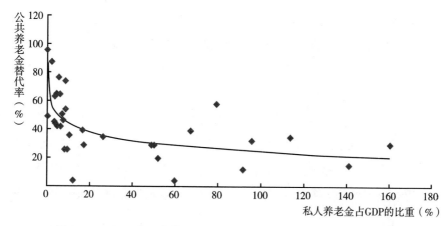

图4 OECD 国家私人养老金占 GDP 的比重 vs. 公共养老金替代率

资料来源：OECD Global Pension Statistics（2013）。

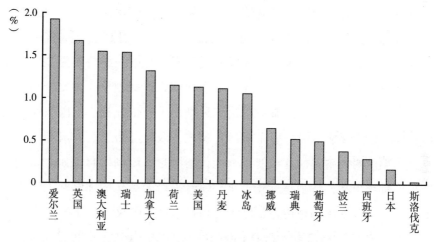

图5 养老金税收优惠带来的财政负担（即占 GDP 的比重）

资料来源：Yoo, K. and A. de Serres，"Tax Treatment of Private Savings in OECD Countries and the Net Tax Cost per Unit of Contribution to Tax-favored Schemes"，OECD Economics Department Working Papers, No. 406，2004。

也有"俾斯麦"理念的忠实追随者，如德国、法国。但不论哪类国家，都纷纷建立了补充型的个人养老保险制度，其特征归纳如下：①此计划一般为自愿性，个人缴费（在一些国家允许企业补贴），并享受一定限度的税收优惠；②税收政策对参保者的个人行为有着重要的影响，即参保人倾向于在政策允许范围内最大限度地缴费，进而达到个人合理避税的最优化；③各国政府建

立的初衷均为补充第一支柱和/或第二支柱可能带来的养老金待遇的不足，比较理想的一个社保制度应尽量满足 3∶3∶3 的原则，即第一、第二、第三支柱各承担 1/3 的退休收入；④针对个人养老保险的三个环节，即缴费、投资和发放，在税收政策上国际的通行办法为延期纳税（EET），也就是说，个人的缴费和金融机构在投资运营过程中的收入均免税，而只有在个人领取退休金时才进行征税；⑤在很大程度上由于税收减免政策，个人养老保险市场发展迅速。另外，由于个人养老资产均由专业金融机构进行管理和运营，因而已成为很多国家金融市场的一个重要组成部分，这也在客观上促进了该国资本市场的发展和完善。

（二）医疗保障

目前国际上主要的医疗保障模式有三类，即以商业医疗保险为主的美国模式、以国家公共卫生服务为主的英国模式和以社会保险为主的德国模式。这三种模式的最大区别在于医疗筹资形式的不同。第一种模式更多地依靠市场机制和竞争机制来完成医疗服务；第二种模式正好相反，主要依靠国家财政或少量个人缴费进行医疗服务；第三种则居中，依托社会保险机制，但同时也积极引入市场机制。不管采取何种模式，政府与市场、政府与个人始终是整个体系中两个重要的互动变量。现代的医疗保障制度自创始之日起，财政支出就持续提高，特别是近几十年，随着人口老龄化的加剧和人民生活水平的提高，卫生支出的过快增长已成为困扰全球各国政府的难题之一。

表 1 为 1960 ~ 2013 年 OECD 国家卫生支出占 GDP 比重的详细数据。总体来讲，过去半个世纪，OECD 国家卫生支出实现了稳步、持续的增长。1960 年，全部 OECD 国家卫生支出占 GDP 的比重为 3.8%，1995 年增加到 7.5%，2013 年继续增加到 9.3%。其中，卫生支出占 GDP 比重最大的国家是美国，2013 年高达 16.9%，几乎是爱沙尼亚（5.9%）的 3 倍。如果考虑到美国作为世界第一大国的经济总量（2013 年 GDP 为 16.2 万亿美元），其卫生体系投入是非常高昂的。但具有讽刺意味的是，尽管其高昂的卫生投入，美国依然是当今世界唯一没有实现医疗国民全覆盖的发达国家。有研究表明，美国 25% 的老年人由于过高的医疗费用而不得不宣布个人财务破产，

并且其中43%的人要靠出售个人房产来偿还债务。鉴于日益增长的卫生费用，包括美国在内的许多国家，在医改方案中均强调如何降低或控制费用，而这一问题在近几年由于全球金融危机、欧债危机而显得更加突出和重要。具体措施包括英国的大幅度削减卫生部门行政费用、德国的取消部分报销费用、法国的提高个人自付比例等。

表1 1960~2013年OECD国家卫生支出占GDP的比重

单位：%

国家	1960年	1965年	1970年	1975年	1980年	1985年	1990年	1995年	2000年	2005年	2010年	2013年
澳大利亚	3.7	—	—	6.4	6.1	6.5	6.8	7.3	8.1	8.5	8.9	9.1
奥地利	4.3	4.6	5.2	7.0	7.5	6.4	8.4	9.6	10.0	10.4	11.0	11.1
比利时	—	—	3.9	5.6	6.3	7.0	7.2	7.6	8.1	10.0	10.5	10.9
加拿大	5.4	5.9	6.9	7.0	7.0	8.1	8.9	9.0	8.8	9.8	11.4	10.9
智利	—	—	—	—	—	—	—	5.2	6.4	6.6	7.4	7.4
捷克	—	—	—	—	—	—	4.4	6.7	6.3	6.9	7.4	7.5
丹麦	—	—	—	8.7	8.9	8.5	8.3	8.1	8.7	9.8	11.1	11.0
爱沙尼亚	—	—	—	—	—	—	—	—	5.3	5.0	6.3	5.9
芬兰	3.8	4.8	5.5	6.2	6.3	7.1	7.7	7.8	7.2	8.4	9.0	9.4
法国	3.8	4.8	5.4	6.4	7.0	8.0	8.4	10.4	10.1	11.0	11.7	11.6
德国	—	—	6.0	8.4	8.4	8.8	8.3	10.1	10.4	10.8	11.5	11.3
希腊	—	—	5.5	—	5.9	—	6.7	8.7	8.0	9.7	9.5	9.3
匈牙利	—	—	—	—	—	—	—	7.3	7.2	8.4	8.0	8.0
冰岛	3.0	3.5	4.7	5.7	6.3	7.2	7.8	8.2	9.5	9.4	9.3	9.1
爱尔兰	3.7	4.0	5.0	7.2	8.1	7.4	6.0	6.6	6.1	7.6	9.3	8.9
以色列	—	—	—	5.6	7.7	7.2	7.1	7.6	7.5	7.9	7.7	7.3
意大利	—	—	—	—	—	—	7.7	7.1	7.9	8.7	9.4	9.1
日本	3.0	4.4	4.4	5.5	6.4	6.5	5.8	6.8	7.6	8.2	9.6	10.3
韩国	—	—	—	—	3.6	3.5	3.9	3.7	4.3	5.6	7.3	7.6
卢森堡	—	—	3.1	4.3	5.2	5.2	5.4	5.6	7.5	7.9	7.2	7.8
墨西哥	—	—	—	—	—	—	4.4	5.1	5.1	5.9	6.2	6.2
荷兰	—	—	—	7.0	7.4	7.3	8.0	8.3	8.0	10.9	12.1	12.0
新西兰	—	—	5.2	6.6	5.8	5.0	6.8	7.1	7.6	8.4	10.2	10.0
挪威	2.9	3.4	4.4	5.9	7.0	6.6	7.6	7.9	8.4	9.0	9.4	9.6
波兰	—	—	—	—	—	—	4.8	5.5	5.5	6.2	7.0	6.8

续表

国家	1960 年	1965 年	1970 年	1975 年	1980 年	1985 年	1990 年	1995 年	2000 年	2005 年	2010 年	2013 年
葡萄牙	—	—	2.4	5.0	5.1	5.6	5.7	7.5	9.3	10.4	10.8	9.5
斯洛伐克	—	—	—	—	—	—	—	—	5.5	7.0	9.0	8.1
斯洛文尼亚	—	—	—	—	—	—	—	7.5	8.3	8.4	8.9	9.4
西班牙	1.5	2.5	3.5	4.6	5.3	5.4	6.5	7.4	7.2	8.3	9.6	9.4
瑞典	—	—	6.8	7.5	8.9	8.5	8.2	8.0	8.2	9.1	9.5	9.6
瑞士	4.9	4.6	5.3	6.8	7.2	7.6	8.0	9.3	9.9	10.9	10.9	11.4
土耳其	—	—	2.2	2.4	1.6	2.7	2.5	4.9	5.4	—	5.4
英国	3.9	4.1	4.5	5.4	5.6	5.8	5.8	6.8	7.0	8.3	9.6	9.3
美国	5.1	5.7	7.1	8.0	9.0	10.4	12.4	13.7	13.7	15.8	17.7	16.9
OECD 平均	3.8	4.4	5.0	6.2	6.6	6.7	6.9	7.5	7.8	8.7	9.5	9.3

资料来源：OECD 2014 年卫生数据库。

在试图降低财政支出的同时，许多传统上以公共医疗为主的国家采取措施鼓励商业医疗保险的发展，进而弥补过大的财政压力可能带来的公共医疗服务的降低。例如，澳大利亚政府为了鼓励个人购买商业保险，推出针对住院医疗的"终身医疗保险"（Lifetime Health Cover）项目。此项目规定如果澳大利亚居民不在 31 周岁之前购买"终身医疗保险"，若之后购买的话需要支付每年 2% 的附加费，最高可达 70%（即 35 年）。另外，对于私人医疗保险的每份保单，政府会按金额给予个人 10%～30% 的财政补贴。但是为了控制财政负担过快增长，2010 年澳大利亚政府规定以上补贴需要经过家庭收入调查评估，补贴数额随收入的增加而减少。截至 2011 年，OECD 国家平均私人医疗保险覆盖率为 41%，但各成员之间的差异也非常明显。例如，法国的私人医疗保险覆盖率最高，达 96%[①]，超过 50% 的有 10 个国家，包括美国、荷兰等国；私人医疗保险覆盖率最低的为冰岛，几乎为 0（见图 6）。

长期护理问题日益成为各国政府，特别是老龄化问题比较严重的国家关注的焦点。从人口结构来分析，现在不仅 65 岁以上人群占总人口的比例增长迅

---

① 根据最近一次世界卫生组织的全球卫生体系评估报告，法国的卫生制度被认为是在全球 191 个国家或地区中是最好的。不仅公共医疗保险完善，私人医疗保险也基本实现全覆盖。

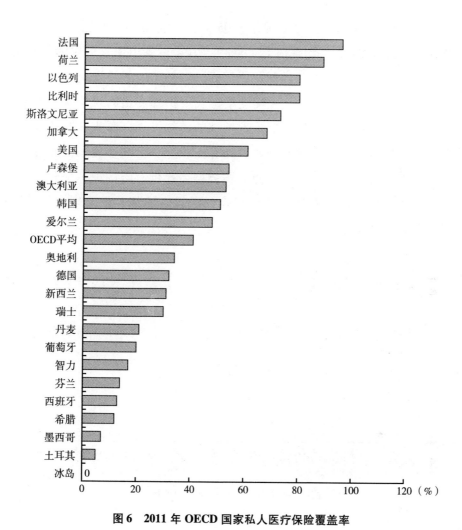

图6 2011年OECD国家私人医疗保险覆盖率

资料来源：OECD Health at a Glance（2013）。

速，而且高龄（80岁以上）人口的增长速度明显更快。图7显示，80岁以上人口占世界总人口的比例在20世纪50年代只有0.6%，几乎可以忽略不计，而截至2010年已增长到1.6%；从2030年前后开始，速度加快，2050年将达到4.1%，2100年将达到7.6%。如果分地区来看，欧洲和亚洲都会面临同样趋势。作为以发达国家为主体的欧洲，老龄化进程最为严重。例如，1950年80岁以上人口只占总人口的1%，而2010年就增长到4.2%，2100年将高达12.9%。正是老年人口特别是高龄老年人口比例的加速扩大，导致因长寿而引起的各种慢性病不断出现。图 8 显示 2005～2011 年 OECD 国家财政在长期护理方面支出的增长率,平均数值为 4.8%①。其中,支出增长最快的是韩国,平均每年增长 43.9%。由于韩国与中国在人口结构、经济发展等方面有类似之处,所以韩国在过去十年大幅度增加长期护理支出的现象需要引起我国政府的注意。除了政府在长期护理领域的持续投入,商业长期护理保险在很多 OECD 国家已经成为不可缺少的有益补充。比如在美国,通过社保项目中的医疗救助、医疗照顾仅能为弱势群体提供有限的护理保障;广大中产阶层和富裕人群主要依靠商业保险公司提供的相关保险来支付高昂、持续的长期护理服务费用。

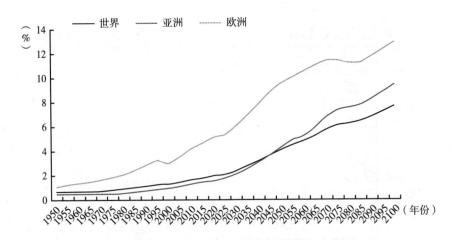

图 7　80 岁以上人口占总人口的比例

资料来源:联合国人口数据库。

三　我国社会保障体系建设

经过 60 多年的探索和发展,我国已经基本建立起包括社会保险、社会福利、社会救助等在内的功能齐全的现代社会保障体系。在所有子制度中,养老、医疗是最重要的两个组成部分。

---

① 此数值看似不是很高,但是需要注意,这是已经扣除通货膨胀后的净增长率。

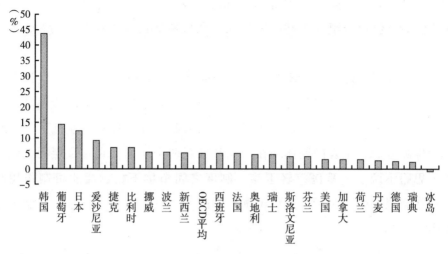

图8　2005～2011年OECD国家长期护理财政支出增长率（扣除通货膨胀后）

资料来源：OECD Health at a Glance（2013）。

（一）我国社会保障体系（养老、医疗）的现状

我国的养老保障体系大致可分为以下几部分：①城镇职工基本养老保险；②城镇居民基本养老保险；③新型农村社会养老保险；④机关、事业单位养老制度。另外，对于城镇职工，我国从20世纪90年代起鼓励建立自愿性的补充养老保险，并在2004年经过整顿、规范，重新命名为企业年金。2000年，中央政府为了应对我国在未来几十年可能由于老龄化带来的财政支付压力，建立了全国社会保障基金，作为国家的战略养老储备基金。

我国的医疗保障体系大致可以分为以下几部分：①城镇职工基本医疗保险；②城镇居民基本医疗保险；③新型农村合作医疗保险；④机关、事业单位医疗制度。另外，为了弥补基本医疗保障额度的不足，城镇的企事业单位可以为职工建立补充性的商业医疗保险。2009年，中央政府建立了主要针对低收入人群或因医疗费用超出家庭负担能力群众的城乡医疗救助制度。

目前我国的基本养老、医疗保障制度已经基本实现全国全覆盖。截至2013年，城镇职工基本养老保险覆盖人群达3.2亿人，实现城乡居民养老保

险（包括城镇居民基本医疗保险和新型农村社会养老保险）4.9亿元、基本医疗保险（包括城镇职工基本医疗保险和城镇居民基本医疗保险）5.7亿元。

尽管我国的社会保障体系建设已经取得了令人瞩目的成绩，但许多问题依然存在。在养老保障方面，主要问题包括基本养老保险缴费偏高、社会统筹层次过低、个人账户空账运行、双轨制并存、投资收益低下等。在医疗保障方面，主要问题体现在宏观和微观两个层面。在宏观层面，包括改革思路不统一、重医疗轻卫生、制度之间衔接不畅、商业机制作用小等；在微观层面，包括个人负担重、医患关系紧张、第三方监督机制不健全等。

（二）商业机制参与社会保障体系建设

社会保险与商业保险是社会保障体系的两个重要因子。不可否认，公平性、互济性是社会保障制度的基石和根本，而社会保险正是实现此特征的制度保证。但是我们也不得不承认，随着人口老龄化的加剧，旧的体系已经使主要依靠公共财政的社会保险制度的压力越来越大，不可持续性越来越突出。因此，商业保险和商业机制的引入就显得愈发重要和必要。我国政府已经注意到商业机制在社会保障体系建设中的积极作用，并做了制度准备，但一直以来发展缓慢。

1. 养老保障

由于全国社保覆盖面的扩大以及政府财政投入的持续加大，社会统筹部分基金在过去增长迅速，从2004年的2975亿元增加到2013年的31275亿元，占全国养老基金总量的53.8%（见表2）。个人账户在2000年之前基本为空账运转，2001年之后随着做实账户改革的推行，截至2013年基金规模为4154亿元。企业年金是我国补充养老金支柱的重要组成部分，自2004年规范化运营之后，增长速度也比较快，从2004年的493亿元提高到2013年的6035亿元。作为重要补充的第三支柱——类年金和商业保险等的市场非常小，截至2013年只有约1300亿元的规模。但是，从养老基金占GDP的比重来看，我国养老基金规模与发达国家的差距非常大。

表 2　我国各项养老基金规模

单位：亿元，%

种类	2004 年	2005 年	2006 年	2007 年	2008 年	2009 年	2010 年	2011 年	2012 年	2013 年	占总规模比重	占 GDP 比重
社会统筹	2975	4041	5489	7391	9931	12526	15365	19497	23941	31275	53.8	5.5
个人账户	150	266	485	786	1100	1569	2039	2703	3396	4154	7.1	0.7
企业年金	493	680	910	1520	1911	2525	2809	3570	4821	6035	10.4	1.1
类年金和商业保险	—	—	—	—	—	—	1000	1200	1300		2.2	0.2
新农保	—	—	—	—	—	—	423	1199	1500	3006	5.2	0.5
城镇居民养老保险	—	—	—	—	—	—	32	2302	—	—	—	—
NSSF	1711	2118	2828	4397	5624	7700	8567	8688	10000	12416	21.3	2.2
总计	5329	7105	9712	14094	18566	24320	29203	36689	47160	58186	100.0	10.2

资料来源：历年人力资源和社会保障事业发展统计公报、历年全国社会保障基金年报。2013 年的新农保与城镇居民养老保险合并为城乡居民养老保险，因此数据也合二为一。

表 3 显示我国第一、第二、第三支柱占 GDP 的比重分别为 5.5%、1.1%、0.2%。而作为世界最大养老市场的美国，这三个比例分别为 23.0%、11.5%、6.7%。OECD 国家第二支柱占 GDP 的比重为 77.0%（加权平均），也远远高于我国。表 3 还显示我国的养老基金规模只占股市市值的 2.8%，也远小于美国 108.1% 的比重。所以，横向跨国比较表明，我国目前的各项养老基金规模无论是绝对值还是相对值，与养老金成熟国家相比，差距还是非常明显的。

表 3　2013 年中国、美国、OECD 国家养老基金比较

国家或组织	第一支柱		第二支柱		第三支柱		第二、第三支柱之和
	规模（亿美元）	占 GDP 比重（%）	规模（亿美元）	占 GDP 比重（%）	规模（亿美元）	占 GDP 比重（%）	与股市市值比
中国	5714	5.5	973.4	1.1	209.7	0.2	2.8
美国	29000	23.0	145000	11.5	85000	6.7	108.1
OECD	—	—	218000	77.0			

资料来源：中国：表 2；美国：Investment Company Institute 2013 年报；OECD：图 2（2012 年数据）。

目前我国的企业年金管理已经初步形成一套比较成熟的市场化运营机制。基金已经基本交由商业机构进行管理，并通过受托、账管、托管、投资四个职能的分离来实现风险防范。经过定期的企业年金资格评审和资格延续，目前38家金融机构（包括银行、证券、保险、信托、基金等）获得了51项资格。在所有年金管理机构中，保险业、保险公司是最大的参与者和受益者。例如，截至2013年，五大专业养老保险公司（国寿养老、平安养老、太平养老、泰康养老、长江养老）管理71%的法人受托资产，其余29%的市场份额由银行和信托公司分享。另外，对于进行资本运作的5784亿元年金资产，八家保险公司负责管理2789亿元，占48%。在企业年金集合计划市场中，保险公司的优势更为明显。养老保险公司共发起39个集合计划，占全国集合计划总数的80%以上。

截至2013年，作为第三支柱的商业养老保险的规模为1300多亿元。这部分资产完全实行市场化运作，但是总体规模偏小，直接原因是没有相关配套税收优惠政策，但更深层次的原因是过于庞大的第一支柱挤压了私人养老金（包括第三支柱）的发展空间。目前，第一支柱的两部分——社会统筹与个人账户基金，不允许进行投资，所有基金余额只能购买国债和进行银行存款。研究表明，由于保守的投资监管政策，每年潜在的投资收益损失可能高达上千亿元。

2. 医疗保障

我国目前的三大医疗子制度改革仍以政府为主导，但经过历次医疗改革也适度引入了竞争机制。例如，城镇职工基本医疗保险、城镇居民基本医疗保险的基金管理机构——社保部门作为服务购买方代表患者向服务供应方——医院、卫生部门购买医疗服务。这种模式借鉴了英国国家卫生服务（NHS）中的第三方购买模式。我国普遍实行的总额预付制度，即医疗保险经办机构与定点医院协商，根据以往医院诊断情况而预先支付一定费用的总额管理制度，在一定程度上可以有效防止过度医疗和费用的过快增长，并且便于社保部门进行管理，但是在实际过程中，可能发生因总额超出而出现医院推诿病人的情况，进而加剧医患矛盾。对于新型农村医疗保险制度，同样采取第三方购买模式，但是医疗费用支付方、购买方是各地的卫生部门，所以相对来讲，专业性更强。同时，也会出现

"裁判员"与"运动员"为同一人的情况，不利于风险防范与控制。

我国不少城乡居民长期以来深受因病致贫、因病返贫问题的困扰。为了切实降低人民群众的重大疾病医疗费用，2012 年中央政府六部委联合发布了《关于开展城乡居民大病保险工作的指导意见》，该意见明确指出要引入市场机制。目前 23 个省份的 120 个城市已开展试点工作，运作模式主要是在省、市政府的统一指导下，通过招标向中标商业保险机构购买大病保险。这是我国政府在鼓励商业机制参与医疗体系建设方面的有益尝试和探索，但是在实际运行过程中，也遇到了不少问题与困难。主要原因有两个：一是全国各地基本医疗保险基金已经普遍吃紧，再拿出一部分做大病保险，对地方政府来说有压力；二是地方医疗保险部门对大病医疗的商业化运作有抵触情绪。

补充医疗保险是我国医疗制度中商业化运作最强的，主要包括企业、单位为员工购买的团体商业医疗保险，以及人民群众自己购买的个人商业医疗保险。虽然我国建立了多层次的医疗保险保障体系，但目前还是社会医疗保险一家独大，并在很大程度上挤压商业医疗保险的发展空间；商业健康保险在我国人身健康保险业务总量中只占 7% 左右，远低于发达国家 20% 的比例。另外，国内对长期护理保险的关注力度不够。这与政府目前主要集中力量改革基本医疗保险制度有关，但随着我国人口老龄化的加剧和各种慢性病的不断出现，长期护理的必要性和紧迫性应该得到足够重视。

四 顶层设计，任重道远

经过几十年的发展，我国已经初步建立起覆盖城乡的养老、医疗社会保障体系，并且基本实现制度的全国全覆盖。但是考虑到我国各地社会、经济发展不平衡，以及城乡二元化结构等原因，各项改革（包括社保制度改革）往往采取渐进式、修补式的模式。一方面，这种模式在一定程度上可以缓解改革初期的压力，最大限度地减轻可能给社会带来的动荡，进而保证改革的顺利进行。但是另一方面，随着改革的深入，制度建立初期的一些设计由于比较粗浅，之后的各种累加式、碎片式改革已经不能有效解决当前出现的深层次矛盾和困难，并且在某种程度上成为进一步深化社会保障制度改革的绊脚石。因

此，在顺应党和国家对各项经济改革工作加强顶层设计的背景下，结合海外成熟国家的发展经验，对我国未来的养老、医疗体系建设提出以下改革建议。

（一）养老保障

我国应该调整城镇职工养老保险的基本参数，特别是整合个人账户与企业年金，建立构架清晰、责任明晰的简化的三支柱养老体系，具体方案见表4。

表4　简化的三支柱养老体系

类别	第一支柱	第二支柱	第三支柱
模式	现收现付	积累制	积累制
自愿/强制	强制	强制/半强制	自愿
功能	公平性、互济性	补充性	提高性
缴费率	15%	17%	不等
目标替代率	35%	35%	10%~30%
税优政策	全部	全部	部分
缴费主体	雇主	雇主+雇员	雇员、个人
投资机制	政府主导	市场化	市场化
主要监管机构	财政部	社保部或养老金管理局	保监会

第一支柱是现收现付，最大限度地体现公平性、互济性的公共养老金。缴费率为15%，并由雇主缴纳，目标替代率为35%[①]。缴费率从目前的20%降低到15%，主要是考虑到现行体制广受诟病的高缴费率问题。由于缴费率的降低，目标替代率也相应调整为35%，这也符合国际社会三支柱3:3:3的搭配比例。另外，35%的替代率应该在企业缴费的基础上，由国家财政兜底，所以缴费可以由社会保险费改为国家强制性社保税。一方面可以加大征缴力度和提高征缴效率，另一方面也能体现财政部门对于这一支柱的责任、权利对等原则。

第二支柱由目前的个人账户与企业年金合并而成，可分为强制性或半强制性[②]。这一支柱实行基金积累制，由雇主、雇员共同缴费，并全额免税。缴费

[①]　OECD国家公共养老金的平均缴费率为18.4%，目标替代率为58.2%。

[②]　半强制性是指在制度设计时，默认所有职工参加，但是职工有选择退出的权利。

率为17%，大致是目前个人账户缴费率8%与企业年金免税额度9%（企业5%、个人4%）之和，目标替代率为35%。政府通过类似企业年金的管理机构资格认证形式，将基金交由专业的金融机构进行市场化运作。作为真正意义上的中国版401（k）计划，第二支柱在有效弥补公共养老金保障水平较低的同时，可极大地提高我国职业年金的市场规模，进而实现养老基金与资本市场的良性互动。考虑到这一支柱的特性与历史连贯性，主要监管部门仍为人社部门。但是，鉴于强制性（半强制性）程度与缴费率的提高，基金规模将会迅速增加，我国政府可以考虑建立独立的养老金监管局，通过加大人力、物力、财力的支持力度，实现更有效的市场监管。

第三支柱是自愿性的商业养老保险，主要面向希望进一步提高退休收入的人群，由雇员自由缴费，并且缴费可享受适当税收优惠。另外，在半强制的第二支柱模式下，如果雇员选择退出，相应的税免额度可以平移至第三支柱的商业保险中，从而保证个人总减税水平不变。缴费率因人而异，但期望目标替代率为10%~30%。

新的第三支柱和目前的养老保障制度框架基本吻合，但是由于第一支柱缴费率的降低，以及大大加强和优化的税优政策，将在很大程度上释放中高收入人群的潜在需求，从而从源头上刺激市场的发展，并从根本上解决多年来"机构、政府热，个人冷"的养老金市场发展怪象。

郑功成（2014）指出，现行制度中，社保主体即政府、企业、个人与社会的市场责任划分缺乏明晰边界，这种责任失衡是造成制度崩溃的最大风险。而笔者提出的简化三支柱养老制度最大的特点就是权责明晰，三支柱各有功能、各有重点：第一支柱保基本，财政兜底；第二支柱重补充，政府监管、市场运作；第三支柱讲提高，完全商业机制。财政、人社、保险部门各司其职，降低了不同部委之间的协调成本，进而大大提高工作效率并促进市场发展。

（二）医疗保障

从中国国情出发，建立"广覆盖、多层次、可持续"的医疗保障制度，需要推进医疗保障制度整合，加快管理体制一体化进程，完善医疗保障筹资与

支付机制，大力推动商业健康保险市场发展。

（1）整合医疗保障制度

全民医疗保险的最终目标是建立全国统一的健康保障制度。这就需要从现阶段开始，对全国医疗保障改革方案进行统筹规划，逐步提高统筹层次，稳步推动制度并轨，最终实现政策、管理和资金的整合。以此为目标，整合我国医疗保障制度可以划分为短期、中期、长期三个阶段。短期（2013～2015年），建立多元化的医疗保障体系。以市级统筹为基础，统一管理经办平台，推动城乡居民医保并轨，建成覆盖全民的多元医疗保障体系。中期（2016～2020年），建立多层次的医疗保障制度。长省级统筹为基础，统一医疗保障政策体系，统筹使用医保基金，建成多层次的一元化医疗保障制度。长期（2021～2049年），建立全国统一的健康保险制度。推动医疗保障由基本保障型向质量保障型转变，建立全国统一的健康保险制度。

（2）改革管理经办体制

管理经办体制改革主要包括三个层面。一是统一医保行政管理体制。按照医改"十二五"规划要求，"加快建立统筹城乡的基本医保行政管理体制，探索整合职工医保、城镇居民医保及新农合制度管理职能和经办资源，有条件的地区探索建立城乡统筹的居民基本医疗保险制度"。二是优化医保经办机构治理结构。医保经办机构具有事业单位属性，应当按照"政事分开、管办分离"原则，推动医保经办机构与政府行政部门脱钩，成为独立的公立法人组织。同时，还需要进一步优化医保经办机构治理结构，明确界定职责，提高经办能力和效率。三是提高医保管理服务水平。如加快推进基本医保和医疗救助即时结算等。

（3）完善筹资与支付机制

资金的筹集与支付直接关系到医疗保障制度的财务稳定和可持续发展，是医疗保障制度的核心机制。一是拓宽筹资渠道，形成医疗保障长效投入机制，如合理划分中央、地方责任，并通过遗产税、烟草税、福利彩票、国有资产划拨等方式拓展资金来源。二是改革医保支付方式，形成医疗服务竞争制约机制，如加大医保支付方式改革力度，结合疾病临床路径实施，在全国范围内积极推行按病种付费、按人头付费、总额预付等，增强医保对医疗行为的激励约束作用。

（4）发展商业健康保险

在坚持政府主导医疗保障制度建设的同时，还应充分发挥市场机制的作用，满足国民多样化健康保障需求。一是丰富健康保险产品体系。鼓励商业保险公司加大创新力度，发展基本医疗保险之外的健康保险产品。二是发展医疗保障补充保险。根据城镇职工基本医疗保险、城镇居民基本医疗保险及新型农村合作医疗等基本医疗保障对象和保障范围的变化，开发与之相衔接的补充医疗保险产品。三是探索商业保险参与基本医疗保险经办服务。商业保险公司要适应基本医疗保障统筹层次提高、城乡一体化和经办资源整合的发展趋势，积极参与基本医疗保障经办管理服务。

参考文献

《国务院关于加快发展现代保险服务业的若干意见》，2014 年 8 月 13 日。

项俊波在"保险业深化改革培训班"上的讲话，2013 年 7 月 21 日。

项俊波关于"深入贯彻落实《国务院关于加快发展现代保险服务业的若干意见》，开创保险业改革发展新局面"的讲话，2014 年 8 月 21 日。

胡玉玮：《税延型养老保险的国际经验》，《中国金融》2012 年第 19 期。

郑功成：《中国社会保障面临的风险与深化改革的目标任务》，引自中国社会保障 30 人论坛年会"建立公平、可持续的社会保障制度"，2014。

Yoo, K. and A. de Serres, "Tax Treatment of Private Savings in OECD Countries and the Net Tax Cost per Unit of Contribution to Tax-favored Schemes", OECD Economics Department Working Papers, No. 406, 2004.

B.13
OECD 国家私人养老金计划的
现状与发展趋势

郑春荣*

摘　要：

　　随着老龄化程度的加剧，私人养老金计划的作用日益重要。然而，私人养老金的功能和角色在各国间差异很大。从高收入国家的实践来看，强制性私人养老金计划的覆盖率较自愿性养老金计划的覆盖率高出 30 个百分点。但是对于中低收入国家而言，"地下经济"和非正式就业的比例较高，强制性参保的法规在执行上面临较多障碍。传统上，财政税收的优惠政策主要着眼于提供缴费免税政策或税收递延政策，其最大的受益者是高收入群体，因为他们的边际税率较高。中低收入群体因免税额较小而积极性较低。为了提高中低收入群体的参保积极性，一些国家对参加私人养老金计划采取定额补贴的方式。此外，各国还针对年轻人或某些低收入群体出台参保的配套财政补贴。

关键词：

　　强制性　自愿性　私人养老金计划　职业养老金计划

　　目前，经济合作与发展组织（OECD）有 34 个成员，多为经济实力较强的国家，既包括美、英、德、法等传统发达国家，也包括智利、爱沙尼亚、以色列、斯洛文尼亚等新经济增长体。2011 年 OECD 34 个成员的 GDP 占全球

---

* 郑春荣，博士，上海财经大学公共政策与治理研究院副院长兼秘书长、副教授，社会保障研究中心副主任。

GDP 的比重高达 64.7%，各国的政策改革在很大程度上是世界各国改革的指向标，因此 OECD 又被称为"最佳实践的集中地"。本文将通过分析 OECD 国家私人养老金计划的现状与发展趋势，为我国私人养老金计划的规范发展提供借鉴。

一　私人养老金计划的分类

私人养老金计划是指该养老金的权益归属个人，且由私人部门管理的养老金计划。在传统的社会保障学教科书上，老年人收入的主要来源是政府提供的公共养老金。一般而言，公共养老金能够满足基本生活所需的开支，私人养老金计划一般被视作老年人收入的补充来源。然而事实上，随着老龄化程度的加剧，许多国家开始降低公共养老金的给付额，私人养老金计划日益重要，已不仅是老年人收入的有益补充，而且成为不可或缺的重要组成部分。

（1）根据功能分类

根据功能分类，私人养老金计划可分为职业养老金计划和个人养老金计划。前者一般由雇主、行业协会、职业协会和工会等单独或共同发起，有时在雇员缴费的同时，雇主也配套进行缴费，参保人参保的前提是必须存在雇佣关系。后者系个人自行缴费参保，与雇佣关系没有任何关联。

职业养老金计划和个人养老金计划还可根据是否政府强制要求举办的，进一步细分为强制性和自愿性两种类型（见图1）。此外，职业养老金计划还可以细分为待遇确定型和缴费确定型养老金计划。个人养老金计划都是缴费确定型养老金计划。

图1还显示缴费确定型养老金计划可分为受保护型和未受保护型养老金计划。受保护型养老金计划是指养老金计划的发起人或管理者保证养老金的投资收益率不低于一定的水平。该养老金计划一般设置一个相对于某一基准指数的最低收益率，这个指数可以是所有养老基金的平均收益率，也可以是政府债券的收益率或银行利率，如最低收益率可设为国债平均收益率的80%。当养老基金的实际投资收益率低于最低收益率时，养老金计划的发起人或管理者必须保证参保人的收益率不低于预设的最低收益率，其差额部分的成本由发起人或管理者承担。

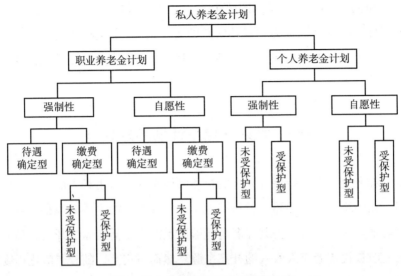

图1 私人养老金计划根据功能分类

资料来源：OECD Private Pensions Outlook，Paris，2008。

（2）根据筹资模式分类

根据筹资模式的差异，私人养老金计划可分为现收现付型养老金计划、积累型养老金计划以及记账准备基金制养老金计划（见图2）。前两种类型的计划是常见的养老金计划，在此不再解释。记账准备基金制是指由企业在其资产负债表的负债项下预提准备金，以体现对员工做出的养老承诺。该准备金虽然单独列出，但企业没有确定的资产与之对应。可以把记账准备基金制看作仅持有本企业发行债券的养老基金（Wolfgang et al.，2008）。若企业不破产，当员工退休时，由企业支付员工退休金。

（3）根据是否具有强制性分类

私人养老金计划的主流是积累型，其中又可以分为强制性、半强制性和自愿性（见表1）。强制性是指政府强制雇员必须缴纳一定数量的养老保险费到个人账户；自愿性则完全相反，政府不强制规定雇员必须缴费参保；半强制性介于两者之间，即政府对私人养老金计划的参加者提供税收等优惠政策，通过各种优惠鼓励人们养成个人储蓄养老的习惯。例如，新西兰的个人养老金计划，鼓励雇员自愿将年薪的2%、4%或8%存入个人养老金计划储蓄账户。新

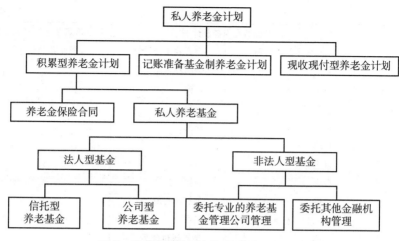

图 2 私人养老金计划根据筹资模式分类

资料来源：OECD Private Pensions Outlook，Paris，2008。

西兰政府为参与者提供 1000 新元的启动金，并于 2007 年 7 月 1 日开始，为雇员提供每周不超过 20 新元的税收抵免；自 2008 年 4 月 1 日开始，强制雇主向雇员账户存入相当于其年薪 1% 的资金，并逐年递增 1%，至 2011 年达 4%；政府再为雇主提供每周最高 20 新元的税收抵免。还有的半强制性计划是通过整个行业或全国范围内的工会或雇员与雇主进行集体谈判，签署必须参保的协议，如丹麦、荷兰和瑞典等国就存在半强制性养老金计划。

表 1 OECD 国家私人养老金计划的类型

国　　家	积累型私人养老金计划		记账准备基金制养老金计划
	职业养老金计划	个人养老金计划	职业养老金计划
澳大利亚	强制和自愿	强制和自愿	
奥 地 利	自愿	自愿	有
比 利 时	自愿	自愿	
加 拿 大	自愿	自愿	有
捷 　 克	无	自愿	
丹 　 麦	强制、半强制和自愿	半强制和自愿	
芬 　 兰	强制和自愿	自愿	有
法 　 国	自愿	自愿	有
德 　 国	自愿	自愿	有
希 　 腊	自愿	自愿	

续表

| 国　　家 | 积累型私人养老金计划 | | 记账准备基金制养老金计划 |
	职业养老金计划	个人养老金计划	职业养老金计划
匈 牙 利	无	强制和自愿	
冰　岛	强制和自愿	自愿	
爱 尔 兰	自愿	自愿	
意 大 利	自愿	自愿	
日　本	自愿	自愿	
韩　国	自愿	自愿	有
卢 森 堡	自愿	自愿	有
墨 西 哥	自愿	强制和自愿	有
荷　兰	半强制和自愿	自愿	
新 西 兰	自愿	半强制和自愿	
挪　威	强制和自愿	自愿	
波　兰	自愿	强制和自愿	
葡 萄 牙	自愿	自愿	
斯 洛 伐 克	自愿	强制和自愿	
西 班 牙	自愿	自愿	有
瑞　典	半强制和自愿	强制和自愿	有
瑞　士	强制和自愿	自愿	
土 耳 其	强制和自愿	自愿	
英　国	自愿	自愿	
美　国	自愿	自愿	

资料来源：OECD Private Pensions Outlook，Paris，2008。

二　私人养老金计划的重要性

如本文开头所述，各国的私人养老金计划日益重要，不仅是公共养老金计划的补充，而且已经成为老年人养老不可或缺的重要组成部分。

首先，大部分 OECD 国家公共养老金计划的替代率较低，如果缺乏私人养老金计划，老年人退休以后将面临收入的大滑坡和生活水平的下降。根据OECD（2011）的数据，有少数国家的现收现付型养老金计划已经提供了较高替代率水平的养老金，足以满足老年人的晚年生活需求。例如，在希腊，对于一位一直工作到退休的平均收入者，其税后的养老金净替代率为最后净工资的

110%。然而有一些国家则恰恰相反，只提供极其微薄的公共养老金。例如，在墨西哥，政府提供的现收现付型养老金只是作为对强制性积累型个人账户的政府补贴，其补贴力度约为一个平均收入者退休前净工资的4%。上面举了两个最极端的例子，"最慷慨"的希腊和"最吝啬"的墨西哥，其他 OECD 国家的现收现付型养老金替代率介于这两个国家之间。

图 3 显示，在 OECD 的 34 个成员中，有 22 个国家的平均收入者的养老金净替代率（养老金占其退休前最后工资的比例）低于 60%。对于一位劳动者而言，如果其退休后的养老金净替代率低于 60%，其生活质量将有所下降，为此，需要有私人养老金或养老储蓄作为弥补。图 3 还显示，有 11 个国家（澳大利亚、智利、爱沙尼亚、德国、匈牙利、以色列、日本、墨西哥、瑞典、斯洛伐克和波兰）的低收入者的养老金净替代率低于 60%，对于这些国家而言，私人养老金计划的角色就非常重要，成为老年人满足晚年生活需求的重要收入来源。

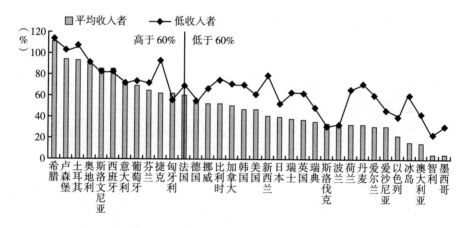

图 3　OECD 国家现收现付型养老金计划的净替代率（以平均收入者和低收入者为例）

注：（1）低收入者是指其收入为平均收入者的50%的群体。

（2）假设条件是一位劳动者于 2008 年年满 20 岁时开始工作，达到该国法定退休年龄以后不再工作。

资料来源：OECD, *Pensions at a Glance: Retirement-income Systems in OECD and G20 Countries*, OECD Publishing, Paris, 2011。

其次，在许多 OECD 国家中，私人养老金已成为退休者除公共养老金之外的最主要的收入来源。然而，私人养老金的功能和角色在各国间差异很

大。图 4 是 2011 年 OECD 国家私人养老金支出和公共养老金支出占 GDP 的
比重情况。从图中可以看到，有的国家的私人养老金支出比重较低，如德国
及东欧国家、南欧国家；有的国家的私人养老金支出比重与公共养老金支出
比重旗鼓相当，如丹麦、韩国、荷兰等国的私人养老金支出仅略低于公共养
老金支出；而冰岛、澳大利亚等国的私人养老金支出比重远高于公共养老金
支出比重。

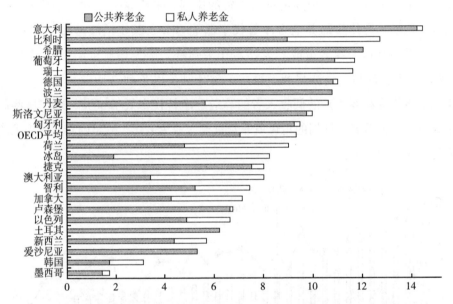

图 4 2011 年 OECD 国家公共养老金和私人养老金支出占 GDP 的比重

资料来源：OECD Global Pension Statistics。

三 OECD 国家私人养老金计划的覆盖率

一般而言，私人养老金与公共养老金呈现互补关系。私人养老金计划覆盖
率的计算结果对政府的养老保障政策有着重要的意义。因为政府需要知道本国
有多少劳动者参与了私人养老金计划及其在老年生活中的作用。如果该国的私
人养老金计划覆盖率很低，那么政府就需要提高公共养老金的替代率，或者加
大私人养老金计划的税收激励等各项优惠政策的力度。

（一）关于养老金覆盖率的不同测量方法

养老金覆盖率有几种不同的测量方法（Turner et al. , 2003），当然测量结果也有差异（见表2）。OECD 采用的测量标准是：个人参保的判定条件是个人在该养老金计划中有资产或有累计福利权益。根据这一标准，如果个人在养老金计划中有资产或有累计福利权益，那么在一年内，该个人由于失业等原因自己没有向养老金计划缴费或雇主没有为其缴费，该个人仍被视为私人养老金计划的参保人。OECD 采取这一标准的理由是，计算养老金覆盖率的目的是统计有多少人为自己的养老做了积累，至于这些人目前是不是活跃的缴费者并不重要。OECD 的这一测量标准也存在一些争议。

表2　部分 OECD 国家的私人养老金计划覆盖率（两种不同测量方法的结果对照）

单位：%

国　　家	私人养老金计划参保人数占工作年龄人口数量的比重	私人养老金计划参保人数占劳动人口数量的比重
澳大利亚	85. 7	90. 6
德　　国	47. 1	51. 6
荷　　兰	88. 6	93. 4
西 班 牙	18. 6	22. 7
英　　国	43. 3	53. 0
美　　国	47. 1	56. 7

资料来源：OECD Pensions Outlook 2012。

首先，OECD 的这一测量方法不适用于那些非正式经济比重较高的国家。如果一个国家的非正式经济比重较高，未在政府部门登记注册的私营小型公司和企业就较多（它们不纳税或很少纳税，其劳工不受《劳工法》保护），有许多劳动者曾经在正规的企业工作过，也因此参加了私人养老金计划，但这些劳动者很快就离开了正规的企业，再也不为私人养老金计划缴费了。因此终身缴费额太少，显然他们年老时可领取的私人养老金就微乎其微。对于这些国家而言，私人养老金的覆盖率没有任何意义。

其次，私人养老金计划覆盖率计算公式的分母选择存在争议。OECD 以工作年龄人口数量为分母；有的学者认为应以工作年龄的劳动力人口数量为分母

（即工作年龄人口数量扣除非经济活动人口数量），因为学生和家庭主妇等非经济活动人口不是私人养老金计划扩大覆盖面的目标人群；有的学者认为应以被雇用的劳动力人口数量为分母（即自雇人士、失业者也被排除在外）。虽然后两种统计口径更小，可能更加准确，但也存在问题，这是因为许多私人养老金计划的参保人已长期失业或成为非经济活动人口。例如，西班牙有17.4%的私人养老金计划参保人已不是劳动人口。从这个角度来看，OECD的统计公式反而更加全面、准确。

对OECD这一测量标准的批评者认为，如果以全部工作年龄的人口为分母，可能得出错误的结论。例如，一个国家的劳动参保率很低，但劳动者一旦工作，就会参加私人养老金计划。按照OECD的测量标准，该国的私人养老金计划覆盖率很低（主要受低劳动参保率的影响），这与实际情况不符。

（二）OECD 国家私人养老金计划的覆盖率情况

表3是OECD（2012）整理的2010年各成员私人养老金计划的覆盖率。

表3　2010年OECD各成员私人养老金计划的覆盖率

单位：%

国　　家	强制性、半强制性养老金计划	自愿性养老金计划		
		职业计划	个人计划	总和
澳大利亚	68.5	—	19.9	19.9
奥 地 利	—	12.3	25.7	—
比 利 时	—	42.3	—	—
加 拿 大	—	33.5	33.1	—
智 　 利	73.7	—	—	—
捷 　 克	—	—	61.2	61.2
丹 　 麦	ATP: 83.8　QMO: 58.0	—	23.6	23.6
爱沙尼亚	67.1	—	—	—
芬 　 兰	75.5	7.4	21.3	28.8
法 　 国	—	17.3	5.3	—
德 　 国	—	22.5	36.9	47.1
希 　 腊	—	0.3	—	—
匈 牙 利	45.4	—	18.9	18.9
冰 　 岛	85.5	—	42.0	42.0

续表

国　　家	强制性、半强制性养老金计划	自愿性养老金计划		
		职业计划	个人计划	总和
爱 尔 兰	—	31.0	12.0	41.3
以 色 列	75.9	—	—	—
意 大 利		7.6	6.2	13.3
日　　本		—	—	—
韩　　国	—	14.6	36.5	
卢 森 堡	—	3.3		
墨 西 哥	57.7	1.6	—	1.6
荷　　兰	88.0	—	28.3	28.3
新 西 兰	—	8.2	55.5	
挪　　威	65.8		22.0	
波　　兰	54.8	1.3	—	
葡 萄 牙	—	3.1	5.6	
斯 洛 伐 克	—	—	43.9	43.9
斯洛文尼亚	—	—	—	38.3
西 班 牙	—	3.3	15.7	18.6
瑞　　典	PPS：~100　QMO：~90	—	27.6	27.6
瑞　　士	70.1	—	—	
土 耳 其	0.9	0.2	4.2	
英　　国	—	30.0	11.1	43.3
美　　国	—	41.6	22.0	47.1

注：QMO 是指半强制性职业养老金计划（Quasi-mandatory Occupational）；PPS 是指瑞典的附加养老金计划（Premium Pension System）；ATP 是指丹麦的劳动力市场补充养老金计划（The Danish Labor Market Supplementary Pension）。爱尔兰和瑞典的养老金计划覆盖率为参保人数占就业总人数的比重，其余国家的养老金覆盖率为参保人数占 15~64 岁人口总数的比例。

资料来源：OECD Pensions Outlook 2012。

1. 自愿性养老金计划的覆盖率

从表 3 可以看出，在 OECD 各成员中，如果该国的私人养老金计划是自愿缴纳的，那么该国的私人养老金计划的覆盖率就比较低，仅有少数几个国家超过 50%，如捷克和新西兰。即使达到 50% 的覆盖率，也是远远不够的，因为这些国家所提供的政府养老金的替代率都不高于 60%。近年来，各国自愿性私人养老金计划的覆盖率提升较少，仅有新西兰和德国等少数国家的私人养老金计划有了较快的发展。2007 年 7 月 1 日之前，新西兰私人养老金计划的覆

盖率低于 10%，此后新西兰政府开始实施退休储蓄计划（Kiwi Saver Retirement Scheme），通过自动加入和政府补贴等措施，鼓励国民进行个人养老储蓄。截至 2013 年 9 月底，该计划的参保人数已超过 220 万人，覆盖率超过 60%。与此同时，德国的李斯特养老金计划（Riester Pensions）也取得了较快的发展。2001 年的覆盖率仅为 2.5%，2005 年升至 10.2%，2010 年则达到了 26.7%。

2. 强制性养老金计划的覆盖率

在强制性养老金制度下，雇主必须为雇员的养老账户缴费，且缴费数量不得低于一定的标准。相比较而言，强制性养老金计划的覆盖率远高于自愿性养老金计划。澳大利亚、智利、爱沙尼亚、芬兰、冰岛、以色列、瑞典（附加养老金计划）和瑞士的强制性养老金计划覆盖率大约为 70%，其中冰岛的强制性养老金计划覆盖率高达 85.5%。

墨西哥、挪威和波兰的强制性养老金计划的覆盖率相对较低，分别为 57.7%、65.8% 和 54.8%。挪威和波兰的覆盖率较低的主要原因是强制参保的法规是新近出台的、渐进的（或仅针对新参加工作者），因此覆盖率的提高比较缓慢。在墨西哥和波兰，"地下经济"和非正式用工现象较为普遍，导致强制参保的法规在执行效果上不尽如人意，参保率较低。

此外，在丹麦、荷兰、瑞典等国，存在全行业或全国范围的关于参加私人养老金计划的集体协商协议，这些养老金计划具有半强制性，参保率也较高，一般都达到 60% 以上。

总体来看，在 OECD 的 34 个成员中，有 13 个国家采取强制性或半强制性的私人养老金计划，并具有较高的覆盖率。当把这些国家的私人养老金计划与公共养老金计划叠加起来之后，13 个国家中有 10 个国家的平均收入者净养老金替代率高于 60%，有 4 个国家（爱沙尼亚、澳大利亚、瑞典和墨西哥）的平均收入者净养老金替代率仍低于 60%。此外，如果我们把公共养老金替代率和私人养老金替代进行叠加，得出总替代率的各国排名。在 OECD 的 34 个成员中，还有 13 个较为"落后"的国家，这 13 个国家由高到低排名，分别是澳大利亚、爱沙尼亚、瑞典、德国、比利时、加拿大、韩国、美国、新西兰、日本、英国、墨西哥和爱尔兰。

四 影响 OECD 国家私人养老金计划参保率的因素分析

分析 OECD 各成员私人养老金计划的参保情况，可以得出以下几个结论。

（一）参保率与年龄的关系

第一，在自愿性养老金计划中，参保率随着年龄的增长而提高。在德国、爱尔兰、意大利、西班牙、英国、美国等国家，私人养老金计划是自愿参与的；在澳大利亚、荷兰等国家，私人养老金计划有一部分是允许自愿参与的。这些国家的资料均表明，年轻人参加私人养老金计划的概率低于中老年人，私人养老金计划的参保率随着年龄的增长而提高，这种现象的一个潜在后果就是许多人因太晚参保而无法在晚年获得足额的养老金。

第二，在强制性养老金计划中，参保率比较稳定，不受年龄变化的影响。一般而言，24 岁以上就业人口的参保率都比较确定。15～24 岁的人群由于各种原因（如正在接受高等教育或培训、就业尚未固定以及从事非正式的工作等），参保率较低。另外，55～64 岁的人群参保率会略低一些，原因是这一人群中有许多体力劳动者年龄较大以后容易失业或陷入贫困，导致参保率下降。

（二）参保率与收入水平的关系

在多数国家里，收入水平越高的人士，其参加私人养老金计划的可能性就越大，而低收入人群的参保率则通常低至 15% 左右。由于年轻时参保率较低，低收入人群在晚年陷入贫困的概率就会更高。图 5 显示，如果把各国的人群按照收入水平分为 10 档，那么随着收入的攀升，参保率将稳步提高。

（三）参保率与雇佣形式的关系

1. 全职雇员与兼职雇员的参保率差异

许多企业都规定全职雇员可以加入私人养老金计划，而兼职雇员则不可以加入私人养老金计划，因此全职雇员的私人养老金计划参保率高于兼职雇员（见图6）。例如，在英国，全职雇员的私人养老金计划参保率为 55.9%，远

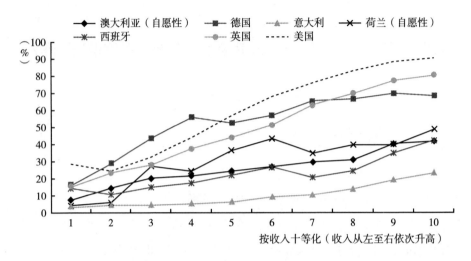

图5　各国私人养老金计划参保率与收入水平的关系

资料来源：OECD Pensions Outlook 2012。

高于兼职雇员（24.3%）。在一些国家，兼职雇员中女性的占比较高，显然，女性的私人养老金计划参保率就会低一些。

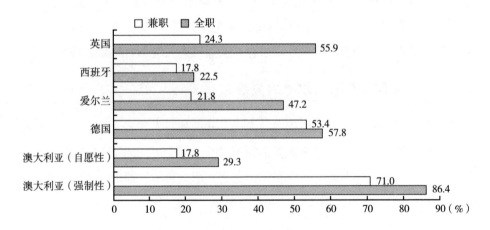

图6　全职雇员的私人养老金计划参保率远高于兼职雇员

资料来源：OECD Pensions Outlook 2012。

雇员的雇佣形式也会影响私人养老金计划的参保率（见图7）。许多企业只为正式雇员建立私人养老金计划，将临时雇员排除在外。在德国、荷兰和西班牙，永久合同雇员的私人养老金计划参保率比临时合同雇员的私人养老金计划参保率高出至少 17 个百分点。在所有的国家中，临时合同雇员中年轻人的比例较高，这可以在一定程度上解释为什么年轻人的私人养老金计划的参保率较低。

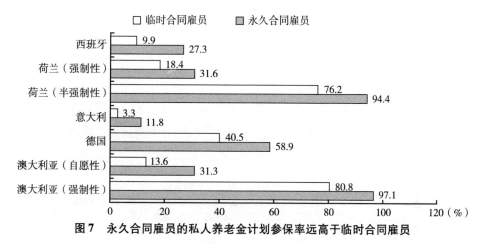

图 7   永久合同雇员的私人养老金计划参保率远高于临时合同雇员

资料来源：OECD Pensions Outlook 2012。

五   OECD 国家私人养老金计划的组成与结构

2011 年，所有 OECD 国家私人养老基金（包括职业养老金计划和个人养老金计划）的市值大约为 29.5 万亿美元[①]。其中 68.4% 的市值（20.2 万亿美元）以养老基金的形式存在；18.4% 的市值（5.4 万亿美元）是各类退休理财产品，由银行和投资管理公司管理；12.4% 的市值（3.7 万亿美元）是保险合同，由人寿保险或养老保险公司管理；剩下的 0.2 万亿美元是记账准备基金（Book Reserves）。从相对规模来看，丹麦的私人养老金计划市值为本国 GDP 的 190%，居各国之首，其次是爱尔兰、加拿大和美国，其私人养老金计划的市值占本国 GDP 的比重分别为 137%、129% 和 117%。

在职业养老金计划方面，在多数 OECD 国家中养老基金是主流，但也有例外。例如，在丹麦、挪威和瑞典，保险公司的养老保险合同是职业养老金计划的主要部分；在德国，记账准备基金是职业养老金计划的主流模式。

---

① OECD，"Pension Markets in Focus"，Issue 9，September 2012.

在个人养老金计划方面，许多国家以养老保险合同以及由银行或资产管理公司提供的各类理财产品为主流。近年来，个人养老金计划的形式有一些变化——一些国家实施了强制性储蓄式的个人养老金计划，使得个人养老金计划越来越像传统的完全积累型养老保险基金，如墨西哥、波兰和斯洛伐克。2008年金融危机以来，强制性储蓄式的养老金计划遭受了较为严重的投资损失，一些国家便开始废弃这一制度①。

如图8所示，在以色列、澳大利亚、奥地利、芬兰、冰岛、墨西哥和葡萄牙等国家，养老基金是主流的私人养老金计划，占私人养老金计划总资产的90%以上；在丹麦、法国、韩国和瑞典，养老保险合同则是私人养老金计划最主要的形式。

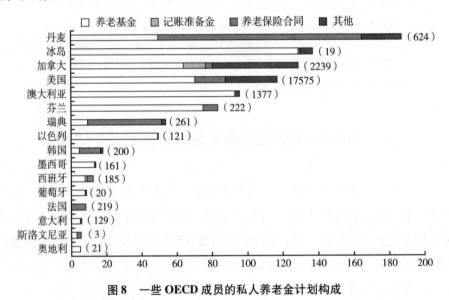

图8 一些OECD成员的私人养老金计划构成

资料来源：OECD Global Pension Statistics。

六 提高私人养老金计划覆盖率的有益经验

下面，我们总结出OECD国家在提高私人养老金计划覆盖率方面的成功经验，希望对我国制定相关政策有所帮助。

---

① 俞卫主编《国际社会保障动态：全民医疗保障体系建设》，上海人民出版社，2013。

（一）强制参加私人养老金计划

如前所述，强制就业人员参加私人养老金计划，有利于最大限度地提高养老金计划的覆盖率。从高收入国家的实践来看，强制性私人养老金计划的覆盖率较自愿性养老金计划高出 30 个百分点。但是对于中低收入国家（如墨西哥）而言，"地下经济"和非正式就业的比例较高，强制性参保的法规在执行上面临较多障碍。

然而，强制就业人员参保也存在一些操作上的难题。例如，若把最低缴费额定得太低，则起不到养老保障的作用；若将最低缴费额定得太高，则影响低收入者当前的消费，导致这部分人群的负债率较高（Antolin et al.，2012）。

（二）自愿加入私人养老金计划

自愿加入私人养老金计划的政策实施效果也较好，在许多国家被采纳并实施。例如，美国 2006 年的养老金新法案（Pension Protection Act in 2006）鼓励企业采取员工自动参加的 401（k）计划，员工只要符合条件就将自动从工资中扣除一定比例加入养老金计划，除非该员工另行提出不参加或改变缴款比例。又如，英国政府于 2012 年 10 月开始实施"自动参保"养老金计划，即所有年收入为 7475 英镑以上、年龄在 22 岁到法定退休年龄之间、没有参加任何职业养老金计划的雇员都将"自动加入"职业养老金计划。雇主将缴纳雇员工资的 3%，雇员本人缴纳 4%，政府以税收减让形式计入 1%，合计 8% 的缴费注入雇员的个人账户，组成强制性养老金的第二支柱。

（三）政府出台财政补贴与税收优惠政策激励参保

传统上，财政税收的优惠政策主要着眼于提供缴费免税政策或税收递延政策（缴费时不课税，领取时课税）。然而，这种税收优惠政策的最大受益者是高收入群体，因为他们的边际税率较高。中低收入群体因免税额较小而积极性不高。为了提高中低收入群体的参保积极性，捷克、德国、墨西哥和新西兰等国家对参加私人养老金计划采取定额补贴的方式，缴费少的，补贴比例反而更高。此外，各国近年来还出台了一个新的财政补贴政策——配套缴费，针对年

轻人或某些低收入群体出台参保的配套财政补贴，这样，政府的政策便更具针对性，实施效果也好一些。

（四）为雇主建立私人养老金计划提供便利的条件和环境

许多中小企业没有专人负责职业养老金计划的建设、维护与管理，管理成本也非常高。这时，政府应出台相应的措施，具体如下。

（1）建立行业性或地区性私人养老金计划的实施框架，降低企业建立私人养老金计划的成本。例如，英国为社会公众提供的由政府资助的国家职业储蓄信托计划（NEST），年管理成本仅为资产的0.3%。

（2）提高养老金计划的便携性，有利于劳动者的流动。

（3）加强对养老金投资管理的监管，保护参保人的权益。政府要对基金管理者进行准入管理，避免基金管理者出现恶性竞争以及误导参保人。

（4）设置退出条款，让参保人可以选择不再参保，并在一定条件下可以提取养老金账户中的资金。许多人不愿意参加私人养老金计划的原因是担心资金进入以后很难再自由支配。如果能在这方面打消就业人员的顾虑，将有利于提高参保率。

参考文献

Wolfgang Gerke, Mager, F. , Reinschmidt, T. , & Schmieder, C. , "Empirical Risk Analysis of Pension Insurance: The Case of Germany", *Journal of Risk and Insurance*, 75 (3), 2008, pp. 763 −784.

OECD, *Pensions at a Glance: Retirement-Income Systems in OECD and G20 Countries*, OECD Publishing, Paris, 2011.

Turner, J. , L. Muller and S. Verma, "Defining Participation in Defined Contribution Pension Plans", *Monthly Labor Review*, August 2003, Bureau of Labor Statistics, Washington, D. C.

Antolin, P. , S. Payet and J. Yermo, "Coverage of Private Pension Systems: Evidence and Policy Options", OECD Working Papers on Finance, Insurance and Private Pensions, No. 20, 2012, OECD Publishing.

次贷危机、欧债危机经验
教训对中国的启示

——基于第二支柱养老金的视角

胡继晔 *

摘　要：

2007 年开始的美国次贷危机和 2009 年开始的欧洲主权债务危机是近几年具有重大影响的国际事件。两次危机接踵而至，危机后的复苏却大不相同：美国就业数据和宏观经济表现良好，股市屡创新高；而欧债危机虽然有所缓和，但重灾区的希腊仍然挣扎在泥淖之中。究其原因，第二支柱私人养老金是一个重要因素：美国股市中私人养老金资产和股票市值处于同样的数量级，私人养老金成为股市复苏的中流砥柱；而以希腊为代表的欧债危机国家私人养老金寥寥无几，仅靠公共养老金"独木难撑"，债务危机短期内难以化解。目前我国第二支柱的企业年金覆盖面和总资产都与欧债危机国家相当，远远低于美国，未来应大力发展第二支柱企业年金、职业年金，以防范可能的债务危机、金融危机。

关键词：

次贷危机　欧债危机　私人养老金　经济复苏

一　问题的提出

2007～2008 年，美国爆发了次贷危机，并蔓延至全球，成为全球性的金

---

* 胡继晔，中国政法大学法和经济学研究中心教授。

融危机。一波未平一波又起，2009 年欧债危机爆发。两次危机的爆发性、传染性和不确定性，以及在不同国家、不同金融资产类别中的跨国界动荡，在金融史上绝无仅有。

两次危机接踵而至，危机后的复苏却大不相同：美国资本市场很快于2009～2010 年反弹并屡创新高，就业数据和宏观经济表现良好；而欧债危机虽然有所缓和，但重灾区希腊的债务再平衡直到 2020 年以前都只是一个梦。一些国际知名的政治、经济评论家如 Wolf（2012）和 Friedman（2013）都认为，下一场金融危机很可能会发生在中国。而中国特别是中西部地区的宏观经济数据出现回落，多地房地产价格出现松动、下滑。如何避免中国陷入与美国次贷危机、欧洲主权债务危机类似的金融危机，成为中国宏观经济最重要的课题之一。

针对次贷危机和欧债危机，一些学者认为其原因非常复杂。2002～2008年欧美发达国家过于宽松的信用环境导致政府过度的借贷行为，欧美国家房地产泡沫破灭、经济增长缓慢，以及政府为推动经济增长而采取大规模扩张性财政和货币政策等，都是美国次贷危机、部分欧洲国家政府债务风险不断上升进而爆发债务危机的原因（Lewis，2011）。此外，还有的学者如 Panizza 等（2009）认为，金融危机如同细菌传染，欧债危机是美国次贷危机的衍生结果和国际金融危机在欧洲的延续。国内学者余永定（2010）认为，以希腊为代表的欧债危机国家劳动力成本增长迅速，经济增长速度下降，通货膨胀率上升，财政状况明显恶化，而加入欧洲共同体和欧元区得到大量转移支付，外资大量流入。在摆脱了资金约束之后，希腊政府并未压缩财政赤字，结果造成了债务危机。郑秉文（2011）认为，福利制度是欧债危机的主要原因，这些国家人口经济增长缓慢，老龄化十分严重，而福利制度的"棘轮效应"必然导致养老金财政赤字扩大，过高的养老金替代率使得代际负担不可持续。和郑秉文的观点不同，郑功成（2011）认为，欧债危机不是由高福利引起的，而是金融危机、经济危机和政治危机相互作用之后的必然结果，认为福利危机导致了欧债危机是本末倒置。与郑功成的观点相似，鲁全（2012）对主权债务危机重灾区希腊进行了研究，发现主要是经济结构失衡和经济增长模式存在问题影响了福利开支的正常增长，而非福利开支增长造成了经济失衡。张士斌、黎源（2011）基于公共养老金替代率的研究发现，欧洲国家刚性的养老金替代率在人口持续老龄化和经济增长缓慢的前提下必然导致养老金财政赤字不断扩大，国家财政债务危机不断升级。较高的养老金替代率实际上反映了代际负担的不可持续性，所以合适的养老金替代率的确定无论对世界还是对中国都具有重要意义。

关于政府债务危机的影响，Alesin 和 Tabellini（1990）通过模型分析发现，对于西方定期选举的政府，其政策制定者都有扩大政府债务规模的内在驱动力，政府交替之时的财政政策相差越远，现任政府下台的可能性就越大，且国内债务危机往往成为国际债务危机的先导。哈佛大学著名经济学家莱因哈特和罗格夫则对债务危机问题进行了跨时期、跨国家的深入研究，通过对 64 个国家 1914～2007 年近百年的统计研究发现，一旦一国政府债务占 GDP 的比重超过 90%，则该国中位数的经济增长率将会下降 1 个百分点（Reinhart and Rogoff，2010）。针对其他学者对其观点的挑战，Reinhart 等（2012）在此后的研究中将考察时间延长到 1800～2011 年，从统计数据相对比较齐全的西方发达经济体中得出了几乎一致甚至更明确的结论：那些政府公共债务占 GDP 的比重超过 90% 的国家长期的经济增长率将下降 1.2 个百分点。他们发现最大经济体美国 2010 年政府债务占 GDP 的比重已经超过了临界值 90%，而第二大经济体日本的指标甚至是美国的 2 倍，这足以警醒世人。他们的研究为欧债危机爆发后 IMF 与德国、法国等国要求葡萄牙、意大利、希腊、西班牙（其国名首字母构成了 PIGS）实施财政紧缩政策的做法奠定了理论基础。当然，对处于不同发展阶段、有着不同发达程度的金融市场以及经济规模迥异的国家来说，规定 90% 的统一政府债务阈值可能存在一些问题，但莱因哈特和罗格夫对政府债务过高的警告是实实在在有依据的：过高的政府债务将会不同程度地影响经济增长。

Schwarczs（2012）从法经济学的角度对欧洲主权债务危机进行了分析。随着经济全球化的深入，各国的金融体系彼此交织在一起，一个国家的主权债务违约将更有可能引发更大的系统性崩溃，这反过来会造成主权国家如大银行那样的"太大而不能倒"问题。对这些国家的债务重组方案就要避免全额的救助，因为这样的援助不仅非常昂贵，还会造成国家的道德风险，使得这些国家

缺乏政治上的意愿去承担自身的财政问题。当一个国家能够以更低的利率去借债时，那么在重组其原有债务时就更不愿意去偿债。正是基于主权国家的这些道德风险因素，应当采取像存款保险制度中防范银行家道德风险那样的措施，让主权债务危机国家承担更市场化的责任，即改革其内部的经济结构、金融结构，防止国家的"太大而不能倒"问题。

可以看出，针对同样的欧洲主权债务危机，国内外不同的学者经过各自的研究得出了不同的结论，郑秉文、张士斌等人开始涉及公共养老金的研究，但并未深入涉及私人养老金制度，也未从次贷危机、欧债危机复苏的不同中发掘更深层的原因。本文拟从第二支柱私人养老金的角度来比较分析上述问题，以为中国之镜鉴。

二　美国次贷危机之后资本市场与中国表现的差异

美国次贷危机最直观的表现就是 2007~2008 年的股票市场大幅下跌，但此后的快速反弹让很多金融界专家大跌眼镜。

首先来看美国次贷危机之后的宏观经济和股市表现。选取次贷危机爆发肇始点的 2007 年作为基年，同时将中国的数据作为对照。宏观经济以 GDP 增长率为指标，股市表现分别选取美国的标准普尔 500 种工业股票指数、中国的上海证券交易所上证综合指数为指标，结果见图 1。

从图 1 中可以看出，中美两国宏观经济发展速度相差甚大，2007~2013年的 6 年间中国 GDP 平均增幅在 9% 以上，高速增长的结果，使 2013 年的GDP 增幅是 2007 年的 1.675 倍，而美国 2008 年、2009 年、2010 年三年的GDP 甚至都低于 2007 年，直到 2011 年才恢复到 2007 年底的水平。反观股市表现，2008 年中美两国都因金融危机的影响而出现下跌，美国标普 500 指数在 2008 年跌到 2007 年的 68.41%，但此后一直稳步反弹，2013 年开始屡创新高，年底达到 2007 年的 1.40 倍。而中国股市的表现与宏观经济完全不一致，除了 2009 年因"4 万亿"经济刺激而部分反弹之外，一直与牛市无缘而"熊霸天下"。美国为什么能够快速反弹并收复次贷危机的失地？资本市场的重要机构投资者——养老金是一个重要因素。

图 1　中美两国 GDP 增幅与股市近年表现

资料来源：GDP 数据来自美国、中国国家统计局官方网站；股市数据来自上海证券交易所、雅虎财经网站。

　　关于养老金对资本市场的影响研究此前已经有不少成果。Impavido 和 Musalem（2000）研究了 26 个国家（含 5 个发展中国家）的合同存款、非人寿保险对股票市场的影响，结果发现合同存款类金融资产与股票市值之间具有统计意义的重要影响。Walker 和 Lefort（2002）通过对 33 个新兴市场国家养老金改革和资本市场的关联研究，发现养老基金资产可以减少股东的股息回报率，增加股价与账面价值比率，从而意味着降低资本的成本，可以促进资本市场的发展。Meng 和 Pfau（2010）的实证研究发现，养老金资产的数量对股票市场的深度、流动性以及私人债券市场的深度均有正面的积极影响，且明显影响不同国家的金融发展水平：拥有发达金融系统的国家通常可以享受养老基金增长带来的显著的好处，然而对金融发展水平较低的国家的影响反而不是那么显著。Hu（2012）同样发现私人养老金资产与资本市场之间存在很强的正相关性，特别是亚洲欠发达国家，养老金资产对长期资本市场流动性具有正面影响。

　　这些学者的实证研究都表明了养老金对资本市场可以产生巨大影响。对中国而言，是否也如此呢？我们可以先从养老金资产的角度来看中美两国养老金资产对比情况（见表 1）。

表1　中美两国养老金资产对比情况

所处支柱	养老金类型	中国养老金资产(十亿美元)	美国养老金资产(十亿美元)
第一支柱	公共	565	2700
第二支柱	私人	96	14100
第三支柱	个人账户或保险	64	5400
合计(十亿美元)	—	725	22200
人均(美元)	—	533	70253

资料来源：中国、美国国家统计局官方网站；ICI Global 2012 Annual Report to Members。

中美两国经济发展水平、社会保障制度建立差异固然很大，但在人均养老金资产方面的差距要远远大于最基础的宏观经济指标人均 GDP 的差距，而差距最大的就是第二支柱私人养老金部分：美国的私人养老金总资产是中国的147 倍，人均也在 40 倍以上。

除了私人养老金资产数量的巨大差异，资本市场的结构差异更大（见表2）。

表2　中美两国资本市场发展对比情况

项　　目	中国	美国
2012 年的资本市场总市值(万亿美元)	3.70	18.67
5 年股市总增长率(2008~2013 年)(%)	16.21	104.63
GDP 年均增长率(2008~2013 年)(%)	8.88	1.28

资料来源：世界银行官方网站，http://data.worldbank.org/indicator/CM.MKT.LCAP.CD；GDP 数据来自 http://www.statista.com/；股指数据分别来自上交所、雅虎财经官方网站。

从表1、表2 的数据可以看出，美国私人养老金资产（14.1 万亿美元）和股市市值（18.67 万亿美元）之比高达 75.5%，私人养老金可谓富可敌国。根据 OECD（2011）的统计，美国 2009 年的私人养老金投资中股票占 45.4%，债券占 31.4%，虽然还包括部分不动产、现金等其他资产，但股票始终是私人养老金投资中最重要的资产，由此可以看出私人养老金在美国的资本市场中起到了中流砥柱的作用。虽然中国宏观经济发展速度比美国快很多，但资本市场上没有大规模的私人养老金投资，现有的机构投资者如证券投资基金追涨杀跌的"大散户"表现，使得股市表现比美国逊色很多。可以认为，资本市场中作为重要机构投资者的私人养老金的巨大差异是中美两国资本市场表现迥异的主要原因之一。

三　欧债危机背后的养老金因素

美国次贷危机之后资本市场的快速反弹中私人养老金起到了中流砥柱的作用，欧债危机背后是否也有私人养老金的因素呢？根据欧盟和 OECD 统计局的最新数据，以同为 OECD 成员的另外四国荷兰、澳大利亚、瑞士、英国（国名首字母为 NASU）作为 PIGS 的对照国，希望发现欧债危机背后与私人养老金有关的深层次原因。

（一）社会福利支出与欧债危机：相对数据与绝对数据

社会福利支出与欧债危机的关系到底如何？这里对 PIGS 和 NASU 两组国家社会福利支出占 GDP 的比重进行比较分析（见表3）。

从表3中可以发现，希腊、意大利、葡萄牙的社会福利支出相对于其他国家在2009年欧债危机之后就一直高居前三位，占 GDP 的比重接近20%，高于欧盟平均值。在对照组 NASU 四国中，特别是荷兰和瑞士，社会福利支出占 GDP 的比重明显低于欧洲 PIGS 四国，说明社会福利支出压力较小。在上述两组对照国中，希腊和荷兰政府支出中用于社会福利的部分相差最大，荷兰仅相当于希腊的60%～70%，这从一个侧面说明希腊的债务危机在很大程度上是社会福利的危机，部分支持郑秉文（2011）的观点。

表3　政府社会福利支出占 GDP 的比重

单位：%

国家	2001 年	2005 年	2008 年	2009 年	2010 年	2011 年	2012 年
欧盟 27 国平均	15.4	15.5	15.2	16.9	16.8	16.6	16.9
葡萄牙	11.5	14.4	15.1	17.0	17.1	17.3	18.0
意大利	16.1	16.9	17.6	19.2	19.2	19.3	19.9
希腊	15.4	14.1	16.7	18.1	18.1	19.4	20.0
西班牙	11.7	11.6	12.5	14.7	15.4	15.4	16.1
PIGS 平均	13.7	14.3	15.5	17.3	17.5	17.9	18.5

续表

国家	2001 年	2005 年	2008 年	2009 年	2010 年	2011 年	2012 年
荷兰	11.1	10.9	10.3	11.4	11.7	11.8	12.2
澳大利亚	—	16.5	17.8	17.8	17.9	18.2	18.8
瑞士	10.5	11.5	10.1	11.2	11.2	10.9	—
英国	12.8	12.6	13.0	14.9	14.9	14.9	15.4
NASU 平均	11.5	12.9	12.8	13.8	13.9	14.0	15.5

资料来源：欧盟和澳大利亚统计局官方网站，http：//epp. eurostat. ec. europa. eu，http：//www. abs. gov. au/。

但更进一步的分析可以发现，欧洲 PIGS 四国的社会福利支出占 GDP 比重的相对数据的确高于欧盟其他国家，但并不特别突出，甚至还低于澳大利亚的相关数据。以债务危机最严重、社会福利支出占 GDP 比重最高的希腊与该数据较低的荷兰进行比较，欧盟统计局的数据表明，2011 年希腊、荷兰的人均 GDP 分别为 1.99 万欧元、3.27 万欧元，希腊、荷兰两国人均社会福利支出分别为 3861 欧元、3859 欧元，两国几乎相等。虽然荷兰社会福利支出占 GDP 的比重远小于希腊，但实际福利水平相差无几，主要是欧盟各国社会福利水平发展接近，"PIGS 的社会福利水平过高"的论断并不能很好地解释其发生债务危机的原因。

（二）养老金领取年龄与替代率：欧债危机的根源？

在几乎所有国家，社会福利支出中养老保险待遇的占比都最大。在欧美各国实际社会福利支出水平相差不大的情况下，其中的养老金支出就成为一个重要指标。由于 OECD 各国的养老金体系各不相同，为方便比较，将各国的养老金体系大致分为政府财政主导的现收现付制公共养老金体系和雇主与雇员缴纳并进行投资的私人养老金体系。同时，"老龄援助国际组织"（HelpAge International，2014）对占全球人口 91% 的 96 个国家中 60 岁以上老人的养老金、医疗、教育、就业、社会环境等方面的状况进行了综合评估，公布了 "2014 全球老龄观察指数"（Global AgeWatch Index 2014），其中挪威高居第 1 位，而阿富汗排在第 96 位，中国因近年来推出的"新农保"和城镇居保等社会养老保险而排名大大提升，恰好处在全球中间位置，排在第 48 位，甚至高于 OECD 国家如韩国（第 50 位）、希腊（第 73 位）。PIGS 和 NASU 的养老金状况见表 4。

表 4 养老金结构与私人养老金资产

项　目	养老金领取年龄（岁）	公共养老金替代率(%)	私人养老金替代率(%)	养老金替代率合计(%)	职业年金覆盖率(%)	人均私人养老金资产数额（美元）	私人养老金资产占GDP的比重(%)	全球老龄观察指数
统计年份	2010	2010	2010	2010	2010	2010	2011	2013
OECD 34 国	62.9	50.0	—	—	—	—	72.4	—
葡萄牙	65	69.2	0	69.2	3.1	2633	7.7	37
意大利	59	71.7	0	71.7	7.6	1865	4.9	39
希腊	57	111.0	0	111.0	0.3	6	0	73
西班牙	65	84.9	0	84.9	3.3	2858	7.8	21
荷兰	65	33.1	66.7	99.8	88.0	60741	138.2	6
澳大利亚	65	41.8	60.2	102.0	92.0	58997	92.8	13
瑞士	65	38.2	25.9	64.1	70.1	76523	110.8	3
英国	65	37.4	43.1	80.5	30.0	32098	88.2	11

资料来源：OECD, *OECD Pensions Outlook 2012*, OECD Publishing, 2012; OECD, "Pension Markets in Focus", Issue 9, September 2012; 计算人均私人养老金资产数额时的人口数据来自欧盟和澳大利亚统计局官方网站，http://epp. eurostat. ec. europa. eu，http://www. abs. gov. au/; 全球老龄观察指数数据来自老龄援助国际机构官方网站，http://www. helpage. org/resources/publications/。

　　从表 4 可以看出，在退休年龄方面，希腊的 57 岁和意大利的 59 岁在欧盟及 OECD 各国都是最年轻的，虽然欧美各国的预期寿命相差不大，但希腊和意大利领取退休金的年限明显长于其他国家。如前所述，如果说社会福利支出是欧债危机的直接原因还不十分明显的话，那么养老金领取年限过长则是实实在在的差别。在预期寿命相差不大的欧盟各国，养老金领取时间长则供款时间相对就短，这一长一短之间，政府所需要支付的养老金差距就非常大。从表 4 中可以看出，退休年龄过低、退休待遇过高，是造成希腊债务危机的关键因素之一。

　　养老金结构的差异能够进一步说明欧洲 PIGS 四国债务危机的深层次原因。养老金替代率是退休后的养老金收入与退休前的工薪收入之比，体现了退休金的待遇水平。个人退休后的养老金待遇和该国的社会福利水平密切相关，由于

欧盟各国养老金待遇总额的差距和社会福利支出一样相差不大，因而核心差距在于养老金的结构。从表4可以看出，PIGS四国主要依靠公共养老金，总替代率都较高，高于OECD 34国的平均值50.0%，特别是希腊的公共养老金替代率高达111.0%，是所有OECD国家中最高的。以希腊为代表的PIGS四国由于私人养老金不发达，在世界银行推荐的养老保险"三支柱"体系中不得不依靠第一支柱公共养老金，不足部分只能依靠财政补贴。随着欧洲老龄化的不断加剧，各国政府的养老待遇债务逐步成为沉重的财政负担，仅有的公共养老金支柱"独木难撑"，最终引发了债务危机。

NASU四国的公共养老金替代率为30%～42%，与PIGS四国相比低了很多，这便使得政府的财政负担较小。但NASU四国均有自愿或强制的私人养老金作为重要补充，消除了类似希腊那样"独木难撑"的窘境，真正实现了养老保险的多支柱。由于有公共养老金之外的第二支柱，NASU四国的总体养老金替代率并不低，如澳大利亚超过100%，荷兰接近100%，退休者可以安享晚年。

（三）私人养老金缺乏：欧债危机的重要原因之一

通过对表4数据的分析，我们可以看出，PIGS四国养老金体系的结构缺陷是造成债务危机的重要原因。它们主要依赖现收现付制的公共养老金，而第二支柱私人养老金缺乏是一个普遍现象，也是更深层次的原因。

2008年美国次贷危机引发的全球金融危机给OECD各国投资股票的第二支柱私人养老金资产带来了很大冲击，但随着股市的回暖，私人养老金资产自2009年开始温和回升，到2011年，OECD 34个国家的资产总额达到创纪录的29.5万亿美元，其加权平均占GDP的比重高达72.4%（OECD，2012）。

从PIGS四国养老金缴费、养老保险待遇领取的数据来看，其养老金体系主要依靠现收现付的公共养老金，出现的养老金赤字部分只能依赖财政补贴，成为债务危机的最重要因素之一。由于私人养老金资产在PIGS四国中占GDP的比重甚微，希腊为0，其余三个国家也仅为4.9%～7.8%，不仅远低于NASU四国，而且低于OECD的平均值72.4%。当PIGS四国出现债务问题时，公共养老金亏空严重，而私人养老金由于太弱小，根本无力担当独立支柱的重

任，加剧了债务危机。从工作人口职业年金覆盖率的数据也可以看出：PIGS
四国职业年金（私人养老金）覆盖的工作人口为 0.3%～7.6%，尤其是希腊
只有 0.3%；而对照国瑞士和荷兰则为 70%～90%，澳大利亚的第二支柱"超
级年金"覆盖率更是达到了 92.0%，英国虽然在 2010 年时只有 30.0%，但随
着《2008 年养老金法案》自 2012 年 10 月开始实施，所有人必须半强制性地
自动进入"职业年金体系"，由自愿性养老金体系进入强制性养老金体系，未
来几年英国的职业年金覆盖率将大幅度增加，第二支柱私人养老金将发挥更重
要的作用。

从表 4 还可以看出，NASU 四国的私人养老金资产与 PIGS 四国形成了鲜
明对比。欧债危机最严重的希腊，人均只有区区的 6 美元，其余 PIGS 国家也
仅在人均 3000 美元以下，而 NASU 四国的人均私人养老金资产都高达数万美
元。当面临公共养老金危机时，私人养老金完全可以支撑起退休待遇的半边
天。由于私人养老金完全采用市场化的投资运营，政府既不承担责任也不承
担风险，体现了政府、雇主、雇员在养老保险领域各自分担责任的原则，政
府的财政负担大大减轻。从这个意义上说，欧债危机国家的财政危机，在更
深层次上就是养老金制度性缺陷的危机。

也正是因为养老金结构更为合理，NASU 在全球老龄观察指数中的排名远
远比 PIGS 更靠前，如瑞士高居第 3 位，荷兰居第 6 位；而 PIGS 的排名则落后
得多，希腊排在第 73 位，在欧洲发达国家、OECD 国家中的排名都是最后一
位。由于全球老龄观察指数中"老年收入保障"（Income Security）是权重最
大的指标，希腊仅靠公共养老金而几乎没有私人养老金资产的窘境是其在该指
数中排名靠后的主要原因。这从另外一个侧面可以看出：养老金结构的差距不
仅影响了 PIGS 各国的公共财政结构，也影响了老年体系的总体评价。

四　中国镜鉴：大力发展第二支柱养老金

通过前文美国次贷危机、欧债危机分析中的私人养老金因素可以发现，美
国资本市场之所以很快从次贷危机的泥淖中复苏，其私人养老金中流砥柱的作
用功不可没；而欧债危机"重灾区"的希腊在 OECD 34 国中是少有的一个几

乎没有私人养老金的国家,民众主要依靠公共养老金,且养老金替代率在全部OECD国家中高居榜首,加剧了债务危机的程度。而前文所述的私人养老金发达的国家如美国、英国、荷兰、瑞士、澳大利亚等则因第二支柱养老金体系已经建立、健全,并无债务危机之虞。PIGS四国私人养老金缺乏是其主权债务危机爆发并深化的重要原因之一。

欧盟作为老龄化严重的地区,养老金已经开始影响政治、经济、社会生活的各个方面,养老金融已经成为金融体系中最重要的部门之一。在欧盟的三大监管机构中,与我国保监会对应的监管机构是"保险与职业年金监管局",这可以充分显示出第二支柱职业年金在金融体系中仅次于银行、证券、保险的"第四大金融领域"的特征,也说明第二支柱养老金的重点之一就是充分借鉴保险业的经验和发挥保险监管者的作用。

欧债危机国家的上述经验教训对中国具有警示意义。中国的养老金制度是"社会统筹与个人账户相结合",社会统筹属于现收现付的公共养老金,而个人账户和企业年金构成中国可以投资的私人养老金。但遗憾的是,作为中国私人养老金主力的个人账户养老金由于空账、资本市场不成熟等而一直未能够投资资本市场,未能够发挥个人账户的优势,企业年金发展远未普及。截至2013年末,仅有6.61万户企业建立了企业年金,参保人数仅2056万人,覆盖不到0.5%的企业。而机关、事业单位的职业年金目前尚未开始,中国第二支柱私人养老金的发展堪比欧债危机的重灾区希腊。

目前中国的第二支柱养老金资产不仅低于绝大多数OECD国家,在金砖国家中也"叨陪末座"。按照OECD的同口径统计,2011年中国的私人养老金资产仅占GDP的0.7%,不仅低于NASU,甚至还低于PIGS中除希腊之外的其他三国,与希腊更为接近。基于此,必须加快推进养老金体系的结构改革,特别是应当大力发展个人账户养老金、企业年金等可以投资资本市场的私人养老金,以防范可能发生的类似欧债危机这样的债务危机。

随着中国人口老龄化进程的加剧,养老金缺口越来越大,这势必会加重财政负担和政府信用风险。近几年养老金发放中财政补贴的比例逐年增长:1998年中央财政补贴24亿元,2011年就达到1847亿元,各级财政补贴共2272亿元,所有财政补贴再加上城乡居民各类养老补贴,占GDP的比重在1%以上

（杨燕绥，2014）。如此巨额的补贴是不可持续的。按照北京大学黄益平等人执笔的研究报告，中国的养老金制度及结构存在严重问题。长期来看，中国政府最大的财政风险是养老金缺口，养老金总负债占 GDP 的比重为 62%～97%，随着养老金支出的迅速上升，甚至有可能超过国有资产总额，人口老龄化将进一步扩大养老金缺口，而目前的养老保险制度正在严重损害财政可持续性（Huang，2013）。

从人口结构和幅员来看，中国相当于整个欧洲，欧元区统一的货币政策和各国独立的财政政策难以协调发挥作用，如果把中国的每个省份看作欧洲的一个国家的话，由于分税制的影响，地方政府债务若得不到妥善处理，发生地方债务危机的可能性将很大。为防范未来的财政危机，防止 PIGS 四国的债务危机在中国重演，我们必须大力加强第二支柱企业年金的发展力度，配合机关、事业单位职工改革发展职业年金，防止单靠第一支柱养老金而出现"独木难撑"的状况，促进养老金真正实现"公平可持续"发展。

参考文献

鲁全：《欧债危机是社会保障制度导致的吗？——基于福利模式与福利增长动因的分析》，《中国人民大学学报》2012 年第 3 期。

杨燕绥主编《中国老龄社会与养老保障发展报告（2013）》，清华大学出版社，2014。

余永定：《从欧洲主权债危机到全球主权债危机》，《国际经济评论》2010 年第 6 期。

张士斌、黎源：《欧洲债务危机与中国社会养老保险制度改革——基于公共养老金替代率视角的分析》，《浙江社会科学》2011 年第 11 期。

郑秉文：《养老金过度慷慨是希腊主权债务危机的重要诱因》，《中国社会保障》2011 年第 12 期。

郑功成：《从欧债危机看中国养老金制度的完善》，《中国劳动保障报》2011 年 12 月 27 日。

Alesina, Alberto, and Guido Tabellini, "A Positive Theory of Fiscal Deficits and Government Debt", *The Review of Economic Studies*, 57, 1990, pp. 403 −414.

Friedman, George, "Recognizing the End of the Chinese Economic Miracle", *Geopolitical Weekly*, July 23, 2013.

HelpAge International, *Global AgeWatch Index* 2014: *Insight Report*, London, 2014.

Hu, Yuwei, "Growth of Asian Pension Assets: Implications for Financial and Capital Markets", ADBI Working Paper Series, No. 360, May 2012, Tokyo: Asian Development Bank Institute.

Huang, Yiping, Jian Chang, Steven Lingxiu Yang, "China: Beyond the Miracle (Part 8—Can China Manage Its Fiscal Risks?)", *Barclays Emerging Markets Research*, 28 January, 2013.

Impavido, G. & Musalem, A. R., "Contractual Savings, Stock, and Asset Markets", World Bank Policy Research Working Paper 2490, Washington DC: The World Bank, 2000.

Lewis, Michael Boomerang, *Travels in the New Third World*, Norton, 2011.

Meng, Channarith and Pfau, Wade Donald, "The Role of Pension Funds in Capital Market Development", GRIPS Policy Research Center Discussion Paper, National Graduate Institute for Policy Studies, Tokyo, Japan, Oct., 2010, pp. 10 −17.

Panizza, Ugo, Sturzenegger, Federico and Zettelmeyer, Jeromin, "The Economics and Law of Sovereign Debt and Default", *Journal of Economic Literature*, Vol. 47, No. 3, 2009, pp. 651 −698.

OECD, *Pensions at a Glance 2011: Retirement-income Systems in OECD and G20 Countries*, OECD Publishing, 2011.

OECD, *OECD Pensions Outlook 2012*, OECD Publishing, Paris, 2012.

Reinhart, Carmen M. and Kenneth S. Rogoff, "Growth in a Time of Debt", *American Economic Review*, 2010, 100 (2), pp. 573 −578.

Reinhart, Carmen M., Vincent R. Reinhart, and Kenneth S. Rogoff, "Public Debt Overhangs: Advanced Economy Episodes Since 1800", *Journal of Economic Perspectives*, Volume 26, Number 3, 2012, pp. 69 −86.

Schwarcz, Steven L., "Sovereign Debt Restructuring Options: An Analytical Comparison", *Harvard Business Law Review*, Vol. 2, 2012.

Walker, Eduardo, and Fernando Lefort, "Pension Reform and Capital Markets: Are There Any (Hard) Links?", Social Protection Discussion Paper Series, No. 0201, Social Protection Unit, Human Development Network, The World Bank, February 2002.

Wolf, Martin, "Next Big Financial Crisis will be Made in China", *Financial Times*, 28 Feb, 2012.

B.15

商业机制参与医疗保障的国际实践

胡玉玮　王　琬*

摘　要： 我国的医疗卫生事业经过几十年的改革与发展，取得了举世瞩目的成就，目前已经基本实现制度上的全国覆盖。但在取得巨大成就的同时，许多问题依然存在。本文通过对国际上医疗改革较有代表性的三个国家即美国、英国、德国的翔实分析，并结合我国的实际情况，为我国下一步医疗卫生事业的深化改革提供有益的国际经验和政策建议。

关键词： 医疗体制　市场机制　补充医疗

一　前言

1949年新中国成立以来，我国医疗卫生事业经历了最初的公费医疗、之后的劳保医疗，到现在的医疗保险几个阶段。在过去的几十年里，尤其是近十几年，我国医疗体制不断发展和完善，医疗卫生事业取得了不菲的成绩，但诸多问题依然没有得到很好的解决，甚至愈演愈烈，如个人费用过高、医患关系紧张、医院以药养医等。中国作为世界上人口最多的国家，如何建立一个高效、安全、可持续以及覆盖城乡居民的医疗制度一直是个难题。

不仅中国如此，放眼全球，医疗体制改革也是一个世界性的现象。即便是

---

* 胡玉玮，博士，西班牙对外银行集团养老金和保险业务中国区代表，兼任中国社会科学院研究员，中国企业年金分会和英国皇家经济学会会员；王琬，博士，对外经济贸易大学保险经济学院硕士生导师。

那些较早建立现代医疗制度的发达国家也都深深地被持续增高的医疗卫生支出所困扰。人口老龄化的加速、公众对医疗消费要求的提高，以及近几年的金融危机都加重了各国政府在医疗支出上的财政压力。因此，医疗改革的呼声在各国越来越大。

本文将系统全面地分析世界三大医疗体制：美国模式、英国模式和德国模式。在回顾和分析三国历年尤其是近期医疗体制改革的同时，也试图找出当前全球医疗改革的共性和趋势，以期对我国目前的医疗体制改革提供有益的国际经验。

二 国际主要医疗模式

审视各国的医疗保障制度及其发展演变历程，可以采用不同的考察标准。在此，我们选用国内外比较认同和权威的医疗保障模式分类标准，即以筹资机制为核心，兼顾医疗服务供给性质，结合费用偿付机制，国际医疗保障制度大致可以分为三类模式（见表1）。

表1　全球主要医疗模式

项目	美国模式	英国模式	德国模式
主导者	市场	国家	国家和市场
资金来源	商业保险费	税收为主	社会保险费
医疗费用支付者	商业保险公司	政府	社会保险组织
医疗服务提供者	私有机构为主	公共机构为主	私有机构和公共机构
公平和效率	侧重效率	侧重公平	侧重效率，兼顾公平
商业保险作用	较大	较小	较小
采用国家/地区	美国	英国、西班牙、新西兰、中国香港等	德国、法国、日本、瑞士等

美国模式。在此模式下，主导者是市场，政府的责任主要集中在对社会弱势群体和其他特定群体的社会医疗救助上。政府通过缴费税收减免等方式鼓励企业为其职工办理相关的商业医疗保险，并且相关成本也由企业和职工自己承担。商业保险公司作为医疗服务的购买方或支付者，通过和私人医疗机构谈判达成医疗使用和支付协议。由此可见，商业保险在此医疗体系中占重要地位。目前主要采用国家：美国。

英国模式。英国模式的一个重要特点是建立按需分配的医疗服务制度，此制度深受贝弗里奇理念的影响，即不论患者经济条件如何，他/她都应该得到基本的医疗服务。资金来源主要是财政收入和少部分社会保险缴费。"内部市场"是此模式的另一重要特征，即国家通过向社会购买的形式完成对患者医疗服务的提供。医疗服务者以公共机构为主，如公立医院等。但医生，尤其是家庭医生，一般是私人的自由职业者。在此制度下，商业医疗保险不是十分发达，主要参加人群为高收入者。目前采用国家：英国、传统的英联邦国家如新西兰、中国香港地区等。

德国模式。德国医疗制度是全球最早的社会保障制度，始建于1883年。受俾斯麦理论的影响，它坚持医疗服务权利和义务对等的原则，资金的来源以雇主和雇员的缴费为主。同时，国家只作为制度的制定者和监管者，而具体的实施工作均由社会、民间机构完成。所以，医疗服务的购买者由受政府监管的独立社会保险机构（如德国的疾病基金）完成，而非NHS制度下的政府直接参与。医疗服务提供者以公共机构为主，但由于德国医疗制度的强制性特征，私人机构也发挥着较大作用。目前采用国家：德国、法国和日本等。

（一）美国

1. 现状

在美国现有的3亿多人口中，大约85%参加了由政府或雇主资助的商业医疗保险，剩余15%（约5000万人口）没有参加任何形式的保险，这也使美国成为全球唯一没有建立全民医保的主要发达国家（IOM，2004）。

由政府资助的公共医疗制度主要包括以下三种：①面向老人（65岁以上）、残疾人的医疗照顾（Medicare）制度；②面向穷人（收入低于国家贫困线133%）的医疗救助（Medicaid）制度；③面向其他特定人群（如儿童、军人、公务员等）的政府医疗保险制度。其中，医疗照顾制度是美国社会保障制度的一部分，而医疗救助制度和特定人群的政府医疗保险制度主要依靠联邦和州政府的财政支持。其他美国人口大多参加由雇主资助、发起，并由雇主和雇员共同缴费而形成的商业医疗保险，这也是美国医疗制度的主体。目前大约有2亿人参加了私人商业保险（见表2）。

表2　美国医疗制度一览

制度名称	属性	强制/自愿	面向人群	资金来源
医疗照顾(Medicare)	国家保障	强制	老人和残疾人	政府预算（工资税）
医疗救助(Medicaid)	国家保障	强制	穷人	政府预算
其他公共医疗	国家保障	强制	特定人群，如儿童、军人等	政府预算
职业补充医疗	商业医疗保险	强制/自愿(a)	雇员	雇主和雇员缴费
个人补充医疗	商业医疗保险	强制/自愿(a)	自由职业者	个人缴费

注：（a）奥巴马2010年新医改之前为自愿，但自2013年之后变为强制。

医院作为医疗制度的重要组成部分，在美国有70%左右是私立的，并且是非营利机构，其他30%或是政府控制的公立医院，或是私立的营利性医院。

美国医疗制度的另一组成部分是有重要影响力的院外游说集团，包括代表医学制造商的先进医疗技术协会（Advanced Medical Technology Association，AdvaMed）和代表医生的美国医师协会（American Medical Association，AMA）等。它们在美国历次的医疗改革中均发挥了非常重要的作用。

2. 背景（即主要改革原因）

覆盖率低。目前美国大约有5000万人（占其总人口的15%）没有参加任何形式的医疗保险。相关数据显示，在OECD的34个国家中，只有美国、土耳其和墨西哥的医保覆盖率没有达到或接近100%。

医疗支出高。美国的医疗支出是全球最高的，2011年占GDP的比重为17.9%，人均大约8680美元。最近的一项研究表明，美国25%的老年人由于过高的医疗费用而不得不宣布个人财务破产，并且其中43%的人需要靠出售个人房产来偿还债务（Kelley et al.，2013）。

效率低。虽然美国政府和老百姓在医疗上的支出是全球最高的，但其医疗效果却不是全球最好的。例如，美国的人均寿命只有74岁，只列于222个国家或地区的第48位。另外，根据OECD的一项健康指标——潜在生命损失（Years of Potential Lost Life，YPLL），美国更是处于34个OECD国家的倒数第

3 位（只高于墨西哥和匈牙利）。

3. 改革思路和做法

鉴于以上列举的医疗制度存在的种种弊病，美国政府在过去几十年中都曾尝试改进，但均以失败而告终。最近一次比较大的且较为成功的医改方案，是由奥巴马政府提出并通过的。

经过奥巴马政府同参众两院议员的辩论和沟通，2010 年 3 月美国终于迎来了其医疗历程的重要时刻，即两部医改方案的通过：①患者保障和有能力支付健康法案（Patient Protection and Affordable Care Act，PPACA）；②健康和教育调解法案（Health Care and Education Reconciliation Act of 2010，H. R. 4872）。

奥巴马医改方案的主要亮点如下。

（1）要求保险公司按照"保证保单"（Guaranteed Issue）原则，接受所有人的参保申请，不能以参保人的健康状况等原因拒绝或收取歧视性保费。此要求主要是为了防止保险公司进行有选择性的核保行为，进而损害消费者的利益。

（2）所有符合要求的美国人必须参加某种形式的医疗保险计划，公立或私人的。如不参加，自 2014 年起每个成年人将会被罚款 95 美元；如以家庭为单位，则罚款额为 285 美元和年收入 1% 的高者。这项规定可以说是奥巴马医改方案中变动最大，也是最有争议的一点。它的出发点是为了最大限度地扩大参保人群，建立风险共担机制，同时也防范参保人"反向选择和道德风险"的出现。但在一个高度崇尚个人自由主义的国度，这个不参保就罚款的条款确实遭到不少人士的反对。

（3）美国所有雇用人数超过 50 人的企业必须提供医疗保险计划，否则须缴纳每人 2000 美元的罚款，但其前 30 个员工可以减免。这样，绝大多数美国企业就被强制性地要求向其雇员提供或公立或私立的医疗方案。

（4）在全国或各州建立信息公开、透明的"医疗保险交易市场"（Health Insurance Exchange），方便消费者比较保单费率、计划内容等，进而做出最佳选择。另外，通过个人集合的形式，形成规模经济，便于与保险公司进行谈判。

（二）英国

1. 现状

英国的医疗卫生体系或国家卫生服务（National Health Service，NHS）是其政府和人民引以为豪的一项社会制度。NHS 制度于 1948 年由当时的著名经济学家贝弗里奇提出，并由阿特里政府向全国推行。它的基本思路和理念为：废除分散和地区性的医疗体系，建立全国统一的制度，并且保证（有合法居留权的）英国大众，不分宗族、信仰、背景和经济实力，都有权利接受免费的医疗服务。1948 年 NHS 的实施，代表着英国成为福利型社会保障制度的国家，其制度有力地保障了国民的生命健康，在医疗消费方面体现了相对公平的原则。

英国 NHS 制度的一个突出特点是其所有支出绝大部分由政府财政支持，仅有小部分由社会保险补充。因此，制度在实施初期，就能够很好地实现全民覆盖，并一直延续至今。此外，20 世纪 70 年代，撒切尔政府对 NHS 制度进行了重大改革，特别是引入了著名的"内部市场机制"（Internal Market），其基本理念是实现医疗服务中"钱跟着病人走"。在内部市场中，将医疗卫生服务体系分为购买者和提供者。原先相关的国家医疗管理机构变成了医疗服务的购买者，负责分析居民的医疗需求，代表国家向服务提供者订立承包合同及代为购买服务，而不再行使管理医院的职能和履行提供服务的功能。所以提供者只有通过提供比之前及比其他竞争者更优、更廉的服务，才能获得购买者的合同，得到资金继续经营。改革加强了医疗机构之间的相互竞争。内部市场制度在英国一直运营到现在，并且已经作为现代医疗卫生改革的一个典范影响到全球很多国家。

尽管英国的 NHS 在国内占绝对地位，但由于其自身的种种问题，如较长的等待时间，使得不少民众纷纷转向商业健康保险市场。目前商业保险的主要客户集中在中高端人群，如金融机构、企业等的雇员。研究表明，英国的高收入、高学历人群有 50% 以上购买了补充医疗保险，而低收入人群只有 3% 左右（Thomas et al.，2006）。目前个人或职业补充医疗保险覆盖英国大约 15% 的民众。

英国的医疗制度情况见表 3。

表3　英国医疗制度一览

制度名称	属性	强制/自愿	面向人群	资金来源
国家卫生服务（NHS）	国家保障	强制	全民	政府预算和小部分社会保险
职业补充医疗	商业医疗保险	自愿	雇员	雇主和雇员缴费
个人补充医疗	商业医疗保险	自愿	自由职业者	个人缴费

2. 背景（主要改革原因）

NHS一直处于不断的改良中。例如，20世纪80~90年代，为了解决NHS的可持续性问题，布莱尔政府提倡以机构之间的合作和协调来代替内部市场的竞争，在效率和公平上更强调社会团结。另外，为了降低财政支出，政府试图拓宽医疗保险的资金来源，积极鼓励私人资本和私营医疗机构进入大众医疗服务领域，并将利用外资和引进国外先进的医疗技术及护理技术有机地结合起来。

但是制度的制定者和中央、地区卫生事业的监管者远离社区和患者，导致患者的需求不能得到及时的满足。另外，NHS机构仍然臃肿，体系庞杂，人员冗余严重，赤字巨大。以2012~2013财年为例，NHS的年预算为1080亿英镑，约占GDP的9.4%。这期间的全球经济危机和欧洲金融经济危机使得英国政府的财政支出更加捉襟见肘，所以需要尽可能地减少卫生财政支出，或防止其过度膨胀。

3. 改革思路和做法

鉴于以上问题，卡梅伦政府在2010年首次提出要进一步改革NHS制度。赞同的人士主要希望通过改革臃肿的NHS体系，使其瘦身，进而减少财政支出。而批评的声音主要集中在控制全国医疗预算80%的全科医生是否能够"既看病又管钱"。另外，新的机构精简将导致超过2万人失业。尽管批评的声音一直存在，但2012年4月，此改革方案最终在议会通过，并于2013年4月正式实施，其主要内容包括以下几个方面。

（1）废除基层卫生所"PCT"，并以全科（家庭）医生联合体"GP Consortia"取代，预计每年可以减少10亿英镑的行政开支。

（2）按照改革方案，英国80%左右的卫生预算将被直接分配到全科医生

联合体中，并由其自由支配。

（3）废除之前中央 NHS 垂直管理的地区战略卫生局（Strategic Health Authority，SHA）的部分职能由地方政府委任的当地卫生监督官（Local Director of Public Health）取代。2011～2015 年，通过改革预计可减少 45% 左右的卫生行政开支。

（4）成立 NHS 委员会（NHS Commissioning Board），其职能包括制定基于医疗效果和质量控制的全国医疗购买计划，提高公众和患者参与新的医疗体系的积极性。但最重要的可以说是负责向全科医生联合体分配预算，并代替国家卫生局行使一定的财务监督职能。

（5）NHS 监督官（Monitor）职能的转变。Monitor 成立于 2004 年，早期它的主要职责是监督和管理 NHS Foundation 医院，但在最新的改革后，它将被定义为独立的经济监管者（Independent Economic Regulator），且其职能将主要是监督和管理全科医生联合体。

（三）德国

1. 现状

德国在 19 世纪就建立了世界上最早的社会保障制度，即后人所推崇的俾斯麦（Bismarck）模式。它的突出特点是在强调医疗是国民的基本社会权利的同时，还提倡权利和义务的对等。起初，社保制度（包括医疗制度）只覆盖低收入人群和公务员，但在 20 世纪逐步向全国扩展，并且被规定为强制性的医疗保险制度，以雇主和雇员共同缴费为主、政府酌情给予补贴为辅。

在整个德国的医疗体制中，公共医疗保险占主导地位，其中政府资金资助大约占整个卫生体系费用的 77%，而私人资本只占 23% 左右。疾病基金（Sickness Fund）是德国医疗制度的重要组成部分。它体现了俾斯麦模式的一个重要特征：辅助性原则（Subsidiarity）。根据此原则，国家通过立法提供强制性的医疗保险，但实施主体是自我管理的社会保险机构，即疾病基金。现在全国遍布 150 多个法定疾病基金（Civitas，2013），其中最大的是“一般地区基金”或 AOK，它覆盖德国 1/3 左右的人口。疾病基金的收入为参保人员的缴费，并实现了独立的企业化管理，其董事成员也由不同利益相关者代表组成，如雇主、雇员、政府、医生、协会等。疾病基金代表患者向医疗提供者支付相关费用。目前，大约85%的德国百姓加入了不同的疾病基金。

表4显示德国的公共医疗保险（GKV）适用于年收入低于49500欧元的人群，如果高于此额度，可以选择退出GKV制度，但必须加入私人医疗保险。并且规定，如果选择了后者，将不能再返回GKV制度。相关数据显示，大部分高收入人群仍然倾向于留在公共医疗保险体制中。目前，约15%的德国人口加入了私人医疗保险。另外，为了最大限度地平衡私人机构的营利性和医疗制度的公益性，相关法律规定：①商业保险公司对保险申请人不得设置先前条件，如健康状况、年龄，必须无条件接收；②必须向投保人提供一个和GKV制度相类似的基本医疗套餐（Basic Package），以供其选择；③若非保险公司受保人群整体费用增加，不得随意提高保费。

另外，德国医疗体系并没有像英国NHS那样实行所谓的家庭医生"看守人"制度，患者可以自由选择医生和医疗机构进行治疗，所以基本没有基层医院向上一级医院或专科医院转诊的安排，患者择医自由度很大。

表4　德国医疗制度一览

制度名称	属性	强制/自愿	面向人群	资金来源
公共医疗保险（GKV）	社会保险	强制	年收入低于49500欧元*人群	雇主和雇员缴费、部分财政预算
私人医疗保险	商业医疗保险	强制	年收入高于49500欧元*人群	雇主和雇员缴费
个人补充医疗	商业医疗保险	自愿	所有人群	个人缴费

注：＊此额度为2011年额度，并于每年进行调整。

2. 背景（主要改革动力）

尽管俾斯麦模式在制度安排上较好地实现了医疗费用的多方分担机制，但仍然不能阻挡德国总体医疗支出的快速增长。截至2011年，德国卫生支出占GDP的比重为11.3%，在OECD的34个国家中高居第四位；人均支出为4500美元，也远高于OECD国家的平均支出3300美元。

由于德国实行强制的社会保障缴费，再加上医疗支出的逐年增长，缴费比

率也由 1970 年的 8% 增加至 2008 年的 15%，其中雇主承担 7%、雇员承担 8%。鉴于持续提高的缴费率，德国国内学者和官员担心企业的负担过重，可能影响德国产业的国际竞争力。在此呼声下，有了降低或锁定强制医疗保险缴费的讨论。

为了防止过度医疗使用（Over-utilization），德国政府从 20 世纪 70～80 年代开始实施了一系列改革措施，包括取消一些曾经免费的项目，如丧葬费、去医院的出租车费等。同时，也采取措施提高了患者的个人支付成本，如推行共同付费（Co-payment）等。

3. 改革思路和做法

与其他国家一样，为了寻求国家医疗支出的财务可持续性，德国政府进行了有针对性的改革。

（1）统一疾病基金的缴费标准，即由之前的浮动缴费率统一改为由联邦政府规定的单一费率。此举是为提高全国的医疗基金统筹层次，进而最大限度地实现风险分散和成本共担。

（2）与（1）改革相配套的是建立联邦层面的中央医疗基金（Central Health Fund）。所有法定疾病基金必须把所收的医疗缴费上交中央医疗基金，并由后者按照事前规定的公式（包含人口数量、性别比例、健康情况等）分给各疾病基金。

（3）2011 年默克尔政府继续提高社保医疗缴费率至 15.5%（雇主承担 7.3%、雇员承担 8.2%），达到历史最高峰。但与往年不同的是，这次还规定如果将来需要提高缴费率，将不得提高雇主的缴费率，而只能提高雇员的缴费率。如果未来雇员的缴费率确实需要提高，联邦政府将对个人缴费率每提高 2 个百分点提供一定的补贴。此项改革可认为是基于两个出发点：①稳定企业的生产成本，进而保护德国企业的竞争力；②由于疾病基金或保险公司未来只能提高雇员的缴费率，但为了保证雇员不流失到其他基金或公司，将会尽力不提高缴费率，而转向提高服务效率、减少开支等，进而提高行业竞争力。

（4）建立"养老储备金"。私人医疗保险公司必须从保险人，特别是年轻人的保费中预留一部分作为养老储备金（Ageing Reserve）。这项要求主要是考虑到德国快速的人口老龄化可能带来的昂贵的长期医疗费用。法定的疾病基金不适用于此规定，但其需缴纳强制性的长期卫生保险费。

（5）加强医疗服务效率和质量。2004 年成立的医疗卫生质量和效率学院（Institute for Quality and Efficiency in Health Care）负责对全国急救和重病医院的医疗诊断、程序、效果进行定期评估，只有得到其正面的评估结果，相对应的疾病基金才会支付医疗费用。

（四）小结（国际医改趋势）

纵览全球的三大医疗模式，由于各国的社会背景、政治体系、文化理念不同，所采取的医疗改革方案也不尽相同。但是我们仍然能从中找寻到一些共性，或者是国际医疗改革的一些趋势。

1. 全民医保

世界主要发达国家都已实现或基本实现医疗保障的全覆盖，唯一的例外是美国。但从 2010 年奥巴马的医改中，我们也可以看出其中一个重要的条款就是强制要求国民加入医疗保险，以尽快实现全民医保。虽说它对于崇尚自由的人士来讲可能是政府过度干预市场经济政策，但是 15% 的美国人仍没有医保可以说是政府不得已而为之的举措。另外，德国的医疗政策虽允许高收入人群退出公共医疗 GKV 制度，但也必须参加相应的商业医疗保险，从而保证医保的全覆盖。

2. 市场机制

鼓励市场机制在整个医疗服务体系中发挥更大的作用。最近的奥巴马医改中商业医疗机构的作用非但没有减弱，反而由于强制参保的要求还可能加强。这既适用于传统的以市场为导向的美国，也适用于传统的以政府为导向的国家，如英国。英国历届政府对 NHS 制度进行持续不断的改革，但始终坚持"内部市场"原则，即政府作为医疗服务的购买者，而医疗机构作为医疗服务的提供者。此原则实际上与德国现行的医疗制度类似，唯一不同的是，德国政府不参与具体的购买，转由社会保险机构完成。

3. 控制费用

几乎所有国家的医疗改革都围绕如何降低或控制费用展开，而这一问题在近几年由于全球金融危机的影响而显得更加重要。例如，德国医改取消了一些过去曾经可以报销的费用，如丧葬费、去医院的出租车费等。同时，英国的

NHS 制度也期望通过改革卫生部直属的地区战略卫生局来节约高达 45% 的行政经费。而根据美国预算办公室的预测，奥巴马医改在 2012～2021 年的 10 年间可以减少卫生赤字高达 2000 亿美元。

4. 提高效率

三国改革的另一突出特点是强调通过提高效率来降低医疗支出和改善服务质量。英国可以理解为自上而下的改革，如减少政府行政职能、优化审批程序。例如，英国 NHS 的首席执行官就提出要在 2015 年前，通过效率的提高来节约 200 亿英镑的支出。而德国的一系列改革也都涉及这一点，如整合国内的疾病基金，从高峰期的上千个到现在的 150 多个。美国的新医改中关于建立医疗保险交易市场的决定，也是为了通过信息透明化、公开化来提高商业保险机构的效率。

5. 关注老年长期医疗费用

这一点可能目前国内学者关注得比较少，但从以上三国医疗改革的历程和举措可看出，随着人口老龄化的加速，各国政府都非常重视未来由于老龄人口的快速增加可能带来的高昂的老年长期医疗（护理、健康等）费用。如美国的医疗照顾制度就是为此而设计的，年轻人需要在工作期间缴费，在退休之后便可以享受相应的医疗服务。同时，德国的公共医疗 GKV 制度中也有类似安排。针对商业医疗保险，同样要求建立"养老储备金"。

三　我国医疗体制的现状、问题和改革方针

（一）目前体制构架

我国目前基本医疗实行的是以参保人（包括雇主和/或雇员）缴费为主、国家补贴为辅的社会医疗保险制度，主要由三个子制度组成。①城镇职工医疗保险。作为我国最早建立起来的医疗制度，截至 2012 年，已覆盖 2.6 亿人群。2010 年《社保法》通过后，要求城镇企业必须建立此计划。企业缴费率是 6%，职工是 2%。②城镇居民医疗保险。始于 2007 年，参保对象是城镇没有工作的居民和学生。缴费以个人和家庭为主、政府（中央和地方）补贴为辅，其中政府每年按不低于人均 40 元给予补助。截至 2012 年，已有 2.7 亿人参加此

计划。③新型农村合作医疗。试点于 2003 年，2011 年基本实现全国农村全覆盖。缴费主要来源于个人、集体和政府。为了鼓励农民加入的积极性，财政给予了大力支持。从 2012 年起，各级财政对新农合的补助从每人每年 200 元提高到每人每年 240 元。从制度安排来讲，截至 2011 年，我国已经实现城乡基本医疗保险的全国覆盖。

在以国家资助为主的基本医疗保险之外，不少企业也为其员工办理补充医疗保险。由于可以享受一定的税收优惠，目前补充医疗在大型国企、优质民企和外资企业中比较普遍。另外，不少个人也通过商业机构购买补充商业医疗保险。同时，我们注意到有些地方政府（如湛江和太仓）也在尝试把大病医疗保险和商业医疗保险结合起来。这些尝试都是非常好的开始，也为建立多元化的医疗体制积累了难得的经验。

我国的医疗制度情况见表 5。

表 5　我国医疗制度一览

制度名称	属性	强制/自愿	面向人群	资金来源
城镇职工基本医疗保险	社会保险	强制	城镇企业职工	雇主和雇员缴费
城镇居民基本医疗保险	社会保险	自愿	无工作的城镇居民和学生	个人和政府补贴
新型农村合作医疗	社会保险	自愿	农民	个人、集体和政府补贴
企业补充医疗保险	商业医疗保险	自愿	企业职工	雇主和雇员缴费
个人补充医疗保险	商业医疗保险	自愿	所有人群	个人缴费

（二）问题

我国历届政府都非常重视国民卫生和医疗事业，并进行了一系列的改革，但目前医疗体制仍存在很多问题，群众"看病难、看病贵"的现象还没有从根本上解决。归纳所有问题，大致可分为宏观和微观两个层面。

1. 宏观层面

改革思路不统一。针对下一步的医改方向，学者和政策制定者仍没有达成一致意见。目前大体可分为两种改革思路。①"市场派"。当前所有的问题在很大程度上都可以归咎于政府的过度干预，如公立医院的行政化、医药流通和

采购领域的政府管控等。下一步，如要彻底改革，必须打破医疗资源的行政化垄断，所有医疗要素，如医院、医生、药品等要推向市场，依靠高效的市场机制，而非行政命令实现最优配置。②"国有派"。过去所谓的"市场化"① 运作基本上是失败的。公立医院"以药养医"的模式客观上制造了医患利益矛盾，并把患者和医院对立开来。要改变这一现状，需要加大政府投入，让医院和医务人员摆脱需要创收赢利的束缚。

重医疗轻卫生。我国的相关文献中常常把医疗和卫生连在一起，并且先医疗后卫生。另外，在以往的改革中也更重视对患者的医务治疗，而往往忽略对疾病的事前防范、预防。这种现象可能引起的后果是，疾病不能在发展初期通过适当和成本较小的方式得以遏制或消除，进而导致后期的医疗费用过于昂贵，这对国家、社会和个人来说都是一笔不必要的资源浪费。

制度之间的衔接不畅。上文提到我国基本医疗制度由三部分组成，但历史背景、筹资方式、管理机构等不同，导致三者之间没有很好地衔接。在具体的实施过程中，给参保人和经办机构都造成了不少麻烦，引起了不少怨言。例如，新农保的报销比例普遍比城镇居民基本医疗保险高。有些地方前者可高达90%以上，而后者平均只有50%左右。从筹资方式来看，前者的个人缴费也远远低于后者。这就造成了医疗体制内的制度不公平，进而可能影响改革的顺利进行。

商业医疗保险作用小。商业医疗保险在我国的发展非常不充分，这体现在基本医疗保险和补充医疗保险两方面。导致这一现象的原因有两个方面：①目前我国的医疗体制仍以政府行为为主，这在客观上"挤出"了商业保险可以和应该发挥的作用；②大多数老百姓对于商业医疗保险或者了解甚少，或者不信任，如商业保险公司常常对保险申请人设置苛刻的歧视性条件，如健康状况、年龄等。

2. 微观层面

个人负担过重。医疗付费中我国老百姓的综合自付比例高达40%以上，

---

① 国务院发展研究中心医改课题组（2005）。但需要注意，"市场派"并不认同这一观点。顾昕（2005）认为，"国有派"对"市场派"的抨击是基于狭隘的市场化概念，而非真正意义上的市场化。相反，他认为正是过去市场化的不彻底，行政色彩仍然浓厚，才导致改革不成功。

与许多国家相比，是比较高的。在不少地区，特别是贫困地区的人群往往因为医疗费用太高而主动放弃就医，或"小病扛、大病拖"。出现这一现象的重要原因是政府对卫生事业的投入过少。我国卫生和计划生育事业发展统计公报（2011）显示，在全国卫生总费用的支出比例中，政府只占30%，而社会占35%、个人占35%。不管是卫生总支出还是人均支出，均远远落后于世界发达国家。数据显示，2013年OECD国家卫生支出占GDP的比重平均为9.3%，而我国为5.1%（见图1）。另外，关于人均卫生支出，OECD国家的平均值约为3642美元，而我国只有300美元（见图2）。

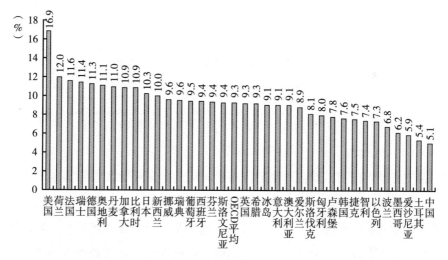

图1 卫生支出占GDP的比重：OECD国家 vs. 中国

资料来源：OECD 2014年卫生数据库；2013年我国卫生和计划生育事业发展统计公报。

医患关系紧张。医院、医生与患者（包括家属）关系紧张是我国当今卫生事业的一个重要特征和顽疾。医生也曾经有"白衣天使"的美称，但随着市场化改革的进行，医患关系越来越紧张，甚至发生过患者殴打、杀害医生的案件。归纳起来原因大概有几点：①公立医院"以药养医"的模式默认医生对患者的过度医疗，由于医学的高度专业化和信息的不对称，患者对治疗方法、程序等的必要性和合理性往往没有过多的话语权；②现代医学飞速进步，但随着社会的发展，新的病症和病毒也不断涌现，使得不少疾病仍不能得到治疗，而患者往往对医院期望过高；③人们维权意识的提高，加上媒体报道的社

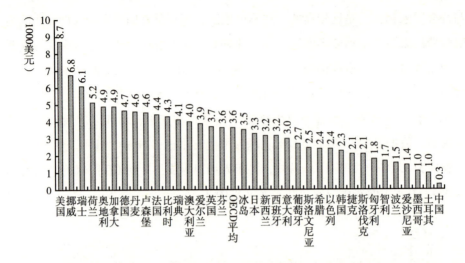

图2　人均卫生支出：OECD 国家 vs. 中国

资料来源：OECD 2014 年卫生数据库；2013 年我国卫生和计划生育事业发展统计公报。

会影响力和不明真相人群的参与，都在客观上加剧了医疗纠纷和医患关系的紧张。

第三方监督机制不健全。我国目前的城镇基本医疗保险大致实施了类似于英国 NHS 的内部市场模式，即社保机构作为医疗服务的购买方向医疗服务的提供者（主要是公立医院）购买医疗服务。这种安排从理论上讲没有问题，可以防止医疗提供者既当"会计"又当"出纳"的弊端，从而较好地控制医疗费用支出。但是在实际操作过程中，两者的关系还没有理顺。例如，社保机构往往通过自付比例、可报销药品目录等方法规范或限制患者的就医行为，而对医疗供给方除了总额控制，没有任何其他有效监督，如某项诊断的合理性和必要性。当然，社保部门作为非医学专业部门，解决这些问题需要专业技术的支持。

（三）2009 年新医改指导方针

我国在过去几十年里进行了多次医疗体制改革，最近的一次是从 2005 年开始的，中国政府邀请国内、国际相关机构对我国的医疗制度进行分析研究。通过整合各方意见，2009 年 4 月 6 日国务院发布《关于深化医药卫生体制改革的意见》。该意见作为当前医改的框架性意见，提出了切实缓解"看病难、看病贵"的近期目标和建立健全覆盖城乡居民的基本医疗卫生制度的长远目标。

同时，医改新方案明确提出"加快建立和完善以基本医疗保障为主体，商业健康保险作为国家医疗保障体系的组成部分，覆盖城乡居民的多层次医疗保障体系"，"积极发展商业健康保险，鼓励商业保险机构开发适应不同需要的健康保险产品，简化理赔手续，方便群众，满足群众多样化的健康需求。鼓励企业和个人通过参加商业保险及多种形式的补充保险解决基本医疗保障之外的需求。继续探索商业保险机构参与新型农村合作医疗等经办管理的方式"等指导性意见。

四 国际经验对我国医改的启示

上文对我国和世界主要医疗体制进行了翔实的回顾和分析。虽然国外的医疗制度普遍比我国完善，但大多数国家也都进行了不同程度的医疗改革。而对这些海外改革措施的分析和归纳，对我国当前的医疗体制改革有很好的现实借鉴意义和启示。

（一）完善医疗保障制度的法律基础

医疗保障制度建立以来，世界各国都非常重视推进医疗保障制度立法工作，并形成了较为完整的法律体系和制度安排。例如，英国的国家卫生服务体系建立在1948年颁布的《国家卫生服务法》基础之上；德国通过《疾病保险法》《社会保险法典》等明确了法定医疗保险的主导地位；美国虽然还没有实现"全民医保"，但其政府提供的医疗保障项目也是在1965年国会通过《社会保障法》修正案后逐步建立起来的。此后几十年，英、德、美三国围绕控制成本费用、提高服务质量、促进制度公平等，又陆续颁布或修改了一系列医疗卫生法案，以推动医疗保障制度改革。

（二）明确医疗保障制度的政府职责

在不同模式的医疗保障制度中，各国政府在资金筹集和管理经办职能方面

各有侧重。但可以看到的是，各国都通过法律明确规定了政府在医疗保障制度中的监督责任、管理责任、筹资责任以及其他限制责任。对政府提供的医疗保障项目或是政府主导的法定保险项目的保障对象、保障范围、缴费与支付方式、基金管理、服务提供等进行了清晰界定。对由市场提供的商业健康保险，政府则主要通过加强监管、提供税收优惠政策等措施，促进市场发展。

（三）保证公平

英国 NHS 制度自建立以来，一直坚持"覆盖全民、通过国家税收筹集服务经费、同等需要获得同等服务"的基本原则。随着 NHS 制度的不断完善，服务的公平性内涵也相应得到深化。而美国和德国也都因为建立强制性的社会保险制度而将要实现或已经实现全民医疗覆盖。中国政府在最近的医改方案中已经庄严宣布要建立健全覆盖城乡居民的基本医疗卫生制度，人人都应有权利获得基本的医疗保障。这一方案坚决不能动摇。另外，我国三大基本医疗制度的其中两个子制度仍是自愿性的，如果能够加入一些强制或半强制因素，将更有利于医保全覆盖在我国的建立和维护。

（四）防范卫生财政赤字

全球医改措施因国而异，但都基本上把控制持续增高的财政卫生支出和削减赤字作为重点。方法无外乎开源和节流两种。"开源"的具体举措包括德国的提高缴费率和美国通过扩大覆盖面来增加缴费，而"节流"则包括英国 NHS 制度所推行的减少行政开支和德国引进的共付机制。由于医疗费用的刚性特征，各国政府在推行此项改革时，都需要和社会各方力量进行艰难和痛苦的谈判，有些甚至因为不能达成一致而流产。

虽然我国目前的医疗卫生总体支出不高，只占 GDP 的 5% 多一点，还未对财政造成过大压力，但我们应吸取全球医改的教训，时刻警惕财政对卫生事业投入的不可持续性增长，更应防范捞政绩而导致医疗财政支出的过快增长。

（五）统一的多支柱医疗体系

当今世界医改的总体趋势是建立统一和多支柱的医疗体系。政府一般只负责公共卫生、疾病防治和基本医疗，而额外的补充医疗或者由个人自付，或者由雇主资助建立企业补充医疗保险。而针对后者，不少国家提供了一定程度的税收优惠，如美国。由于我国仍处于社会主义初级阶段，加之医改只有几年的时间，目前城乡基本医疗保险由分散和相对独立的三大子制度组成，而它们之间还没有实现无缝衔接，导致参保人和经办机构怨言不少，如跨地区的报销问题、不同制度缴费和待遇不同问题等。因此，我国应尽快出台相关政策，统一三大基本医疗制度，如果短期内不能实现，至少制度之间的对接问题和公平性应该尽快解决。

（六）加强市场机制（鼓励商业保险）

多支柱医疗体制的建立离不开商业医疗机构和保险。美国是一个典型的例子，商业医疗保险在国内市场占主导地位，这一点不仅体现在补充医疗保险上，也反映在国家保障型的医疗救助和医疗照顾计划上。同样，本文回顾的德国医疗改革也在某种程度上加强了商业保险的作用。因此，我国应积极吸取海外医改的经验，鼓励商业医疗保险机构参与多支柱的医疗体制。鉴于商业机构在技术、服务、人员、效率上都有着得天独厚的优势，包括城乡基本医疗保险都可以尝试委托给专业的商业医疗机构来完成。另外，通过这种公共和私人合作（Public and Private Partnership）的模式，也可以有效减轻未来政府的财政负担。

（七）加强市场机制（第三方购买）

坚持市场机制始终是不少国家医改的主线，并贯穿于医改的整个进程。而在市场机制下，第三方购买制度更是各国医改所积累的宝贵经验。英国NHS首创的"内部市场"机制作为典型的第三方购买制度被不少国家所采纳，它通过分离医疗服务购买方和提供方很好地实现了医疗服务中"钱跟着病人走"。在美国和德国的医疗制度中也都有医疗服务购买方和提供方两个角色，并发挥了很大的作用。

在我国，目前城镇职工基本医疗保险和城镇居民基本医疗保险已经基本实现医保部门的第三方购买，虽然新农合名义上符合第三方购买模式，但由于经

办机构和医疗服务机构同隶属于卫生部门，因而并没有真正实现医疗服务支付者和提供者之间应该具备的监督和牵制作用。所以，即使目前对第三方医疗服务购买的模式国内仍有不同的声音，但根据海外经验，我们应该坚持，特别是要完善新农合购买机制。另外，这也符合国务院提倡的"推进政府向社会购买公共服务"的精神。

（八）完善监督机制

加强市场机制绝不意味着政府职责的降低，相反，其监管市场的职责应该得到巩固和提高。例如，英国卫生部仍然设立 NHS 监督官对全英国的医院和相关医疗机构进行监管。但一些国家也依靠社会专业机构对医疗市场进行监督，如德国专门成立医疗卫生质量和效率学院，评估医疗效果，进而帮助监管机构和医保机构进行医疗费用的支付。

在我国，医保机构对医疗服务机构除了费用总额控制之外，还没有拥有一套行之有效的监督和监管机制。而高效、准确的医疗评估能够很好地防范医疗机构的道德风险，从而控制医疗费用，也非常有利于树立人们对医保事业的信心。所以，为了避免出现"外行人管内行人"的现象，医保部门可以委托专业机构，或由政府出面成立独立于卫生和社保部门的专业医疗评估机构，对医疗效果进行独立和第三方的评估，而此评估报告可以作为医保部门支付费用的重要依据。这一点也与不少学者提倡的按绩效支付模式相吻合。

（九）保证企业竞争力

在美国、德国和其他很多国家（包括中国），医疗费用通常由雇主和雇员共同承担，并且参保往往是强制性的，所以这部分缴费对于雇主来讲也是一种额外的税负。由于医疗费用的不断攀升，缴费的比例也随之提高。例如，德国 GKV 制度的缴费率由 20 世纪 70 年代的 8% 提高到 2011 年的 15.5%。对此，德国不少学者担心高医疗缴费率可能危害德国企业的国际竞争力。无独有偶，巴菲特也曾批评过美国的医疗制度有威胁美国产业竞争力的可能。

尽管我国目前的城镇职工基本医疗缴费率不是很高（企业承担 6%、个人承担 2%），但如果把其他四险一金（养老险、失业险、工伤险、生育险、住房公积金）加在一起，我国的社保总缴费比例在全球是最高的。这一点应该引起我国政府的注意，可考虑适当降低缴费率，以增强我国企业的竞争力。

（十）跳出医改看医改

本文的出发点是医疗改革，但我们是否也可以"跳出医改看医改"？美国的医疗照顾计划看似医疗制度，但它侧重的是老年人的医疗，或者退休人群的长期医疗需求。而这一话题的重要性随着全球人口老龄化的加剧，显得更加重要。对德国医疗制度的回顾也证实了这一点，如政府要求商业医疗机构建立养老（医疗）储备金。所以，我国在"银发社会"到来之际，一定要做好制度上的充分准备，以应对快速增长的老龄人群可能带来的医疗挑战。

此外，中国古代医学提倡：上医治国，中医治人，下医治病。治病救人可以说是不得已而为之，对国家、社会和个人最高效和最有效的办法应该是未雨绸缪，防患于未然。从另一个或更广的角度来讲，我们应该逐步培养和树立"大卫生、大健康"的概念，这一点在我国工业化、城市化进程高速发展的今天尤为突出和重要。如果我们能够喝到纯净的水、呼吸到新鲜的空气、吃到安全的食品，很多疾病可能就不会出现。

参考文献

Adrian Pana、刘新春、黄结平、Hubert Stueker：《跨境补偿以及提高基本医疗保险统筹层次方案：欧盟经验及湖南医疗保险案例研究》，中欧社会保障合作项目，2011。

《保险：健康保险的发展潜力》，安信证券 2012 年 7 月月报。

蔡江南：《再论中国医改的两种主张》，《医药经济报》2013 年 8 月 5 日。

葛延风：《中国医改的进展及下一步努力方向》，《中国发展观察》2013 年第 4 期。

顾昕：《走向有管理的市场化：中国医疗体制改革的战略性选择》，《经济社会体制比较》2005 年第 6 期。

李玲、江宇、陈秋霖：《城镇医疗保障体制》，载蔡昉主编《中国劳动与社会保障体制改革 30 年研究》，经济管理出版社，2008。

孙纽云、梁铭会、王敏瑶、刘君、兰天、董丹丹：《按绩效支付的国际视角——从理论到实践探索》，《中国医院》2012 年第 4 期。

张遥、张淑玲：《英国商业健康保险经验借鉴》，《保险研究》2010 年第 2 期。

中国经济体制改革研究会新医改课题组：《收支两条线　蒙人》，《中国医改评论》2009 年第 3 期。

中国经济体制改革研究会新医改课题组：《美英医改新动向对中国的启示》，《中国医改评论》2011 年第 2 期。

中国社会科学院社会保障实验室：《从国情出发：三大医保应由人保部统一管理》，《快讯》2013 年第 14 期。

Civitas, "Healthcare Systems: Germany", Based on the 2001 Civitas Report by David Green and Benedict Irvine, 2013.

Foubister, Thomas, Sarah Thomson, Elias Mossialos and Alistair McGuire, "Private Medical Insurance in the United Kingdom", 2006.

Herd, Richard, Yuwei Hu and Vincent Koen, "Improving China's Health Care System", OECD Economics Department Working Papers 751, OECD Publishing, 2010.

Institute of Medicine (IOM), Committee on the Consequences of Uninsurance, *Insuring America's Health: Principles and Recommendations*, Washington, DC: National Academies Press, January 13, 2004, p. 25.

Kelley A. S., McGarry K., Fahle S., Marshall S. M., Du Q., Skinner J. S., "Out-of-Pocket Spending in the Last Five Years of Life", *Journal of General Internal Medicine*, February 2013, Volume 28, Issue 2, 2013, pp. 304 −309.

OECD, *Health at a Glance: OECD Indicators*, OECD Publishing, 2013.

B.16
后　记

2012 年 1 月 7 日，中国保监会主席项俊波在全国保险监管工作会议上提出，加快推进由新兴保险大国向世界保险强国转变。此后，项俊波主席又先后发表题为《从保险大国向保险强国转变》《从保险大国走向保险强国》《提高保险业服务经济社会发展的能力》的署名文章，提出力争用 20 年左右的时间，把我国建设成为世界保险强国。

改革创新是建设世界保险强国的战略支撑。项俊波主席在强调建设世界保险强国的同时，对保险业改革创新也给予了高度关注。2013 年 7 月 21 日，在保险业深化改革培训班上，项俊波主席发表了题为"深化改革，创新发展"的讲话，对推进保险业的改革创新进行了系统阐述。2014 年 1 月，项俊波主席发表题为《全面深化保险业改革创新》的署名文章，对保险业的改革创新做了进一步论述。

建设世界保险强国目标的提出和对深化保险业改革创新的高度关注，确立了未来一段时期中国保险业发展的主基调。在这一背景下，中国保险学会和特华博士后工作站继首本蓝皮书之后，再度会聚一批对保险事业充满热情、在业内具有较高知名度的专家学者，以提升中国保险业的国际竞争力为主题，以全面深化保险业改革创新为主线，对 2012 年和 2013 年中国保险业和保险公司的竞争力进行了评价分析与系统论述。

皮书系列是社会科学文献出版社推出的系列智库成果，对年度中国经济社会各领域的发展态势进行深度分析和前瞻预测，已成为党和国家各部门以及社会各界的思想库和工具书。保险蓝皮书《中国保险业竞争力报告》定位于保险业界的学术交流平台，致力于对中国保险业改革进行系统深入的分析和实时跟踪研究，追本溯源，建言献策，努力做到既权威、客观，又欢迎学术争鸣。

感谢南开大学经济学院刘茂山教授。刘茂山教授是中国保险学界老一代的

著名学者，对蓝皮书的编撰非常关心和支持，并将最新论述贡献给蓝皮书。感谢中国保监会前副主席魏迎宁先生对本书提出的宝贵建议。新安东京海上产物保险股份有限公司对本书的编辑出版提供了宝贵支持，在此表示衷心的感谢！

本年度保险蓝皮书在编委会指导下开展研究工作。全书由中国保险学会副秘书长张领伟博士、中国人寿保险股份有限公司冯占军博士组织统稿。中国保险学会的李连芬博士、特华博士后工作站张红亮、新安东京海上产物保险股份有限公司马慈婉女士、社会科学文献出版社蔡莎莎和冯咏梅等在编辑出版方面做了大量工作，一并表示感谢！蓝皮书各部分大都经过反复修改、数易其稿，凝聚了各位作者的智慧和汗水。然而，由于经验和水平等多方面的局限，不足和偏颇之处仍在所难免，敬请各位读者批评指正！有任何意见和建议，欢迎与我们联系：bxylps@126.com。

本书编委会

2014 年 12 月 25 日

社会科学文献出版社

皮书系列

"皮书"起源于十七、十八世纪的英国，主要指官方或社会组织正式发表的重要文件或报告，多以"白皮书"命名。在中国，"皮书"这一概念被社会广泛接受，并被成功运作、发展成为一种全新的出版形态，则源于中国社会科学院社会科学文献出版社。

皮书是对中国与世界发展状况和热点问题进行年度监测，以专业的角度、专家的视野和实证研究方法，针对某一领域或区域现状与发展态势展开分析和预测，具备权威性、前沿性、原创性、实证性、时效性等特点的连续性公开出版物，由一系列权威研究报告组成。皮书系列是社会科学文献出版社编辑出版的蓝皮书、绿皮书、黄皮书等的统称。

皮书系列的作者以中国社会科学院、著名高校、地方社会科学院的研究人员为主，多为国内一流研究机构的权威专家学者，他们的看法和观点代表了学界对中国与世界的现实和未来最高水平的解读与分析。

自 20 世纪 90 年代末推出以《经济蓝皮书》为开端的皮书系列以来，社会科学文献出版社至今已累计出版皮书千余部，内容涵盖经济、社会、政法、文化传媒、行业、地方发展、国际形势等领域。皮书系列已成为社会科学文献出版社的著名图书品牌和中国社会科学院的知名学术品牌。

皮书系列在数字出版和国际出版方面成就斐然。皮书数据库被评为"2008~2009 年度数字出版知名品牌"；《经济蓝皮书》《社会蓝皮书》等十几种皮书每年还由国外知名学术出版机构出版英文版、俄文版、韩文版和日文版，面向全球发行。

2011 年，皮书系列正式列入"十二五"国家重点出版规划项目；2012 年，部分重点皮书列入中国社会科学院承担的国家哲学社会科学创新工程项目；2014 年，35 种院外皮书使用"中国社会科学院创新工程学术出版项目"标识。

中国皮书网

www.pishu.cn

发布皮书研创资讯，传播皮书精彩内容
引领皮书出版潮流，打造皮书服务平台

栏目设置：

☐ 资讯：皮书动态、皮书观点、皮书数据、 皮书报道、皮书新书发布会、电子期刊

☐ 标准：皮书评价、皮书研究、皮书规范、皮书专家、编撰团队

☐ 服务：最新皮书、皮书书目、重点推荐、在线购书

☐ 链接：皮书数据库、皮书博客、皮书微博、出版社首页、在线书城

☐ 搜索：资讯、图书、研究动态

☐ 互动：皮书论坛

中国皮书网依托皮书系列"权威、前沿、原创"的优质内容资源，通过文字、图片、音频、视频等多种元素，在皮书研创者、使用者之间搭建了一个成果展示、资源共享的互动平台。

自2005年12月正式上线以来，中国皮书网的IP访问量、PV浏览量与日俱增，受到海内外研究者、公务人员、商务人士以及专业读者的广泛关注。

2008年、2011年中国皮书网均在全国新闻出版业网站荣誉评选中获得"最具商业价值网站"称号。

2012年，中国皮书网在全国新闻出版业网站系列荣誉评选中获得"出版业网站百强"称号。

法 律 声 明

"皮书系列"（含蓝皮书、绿皮书、黄皮书）由社会科学文献出版社最早使用并对外推广，现已成为中国图书市场上流行的品牌，是社会科学文献出版社的品牌图书。社会科学文献出版社拥有该系列图书的专有出版权和网络传播权，其 LOGO（ ） 与"经济蓝皮书"、"社会蓝皮书"等皮书名称已在中华人民共和国工商行政管理总局商标局登记注册，社会科学文献出版社合法拥有其商标专用权。

未经社会科学文献出版社的授权和许可，任何复制、模仿或以其他方式侵害"皮书系列"和 LOGO（ ）、"经济蓝皮书"、"社会蓝皮书"等皮书名称商标专用权的行为均属于侵权行为，社会科学文献出版社将采取法律手段追究其法律责任，维护合法权益。

欢迎社会各界人士对侵犯社会科学文献出版社上述权利的违法行为进行举报。电话：010－59367121，电子邮箱：fawubu@ ssap. cn。

社会科学文献出版社

权威报告·热点资讯·特色资源

皮书数据库
ANNUAL REPORT(YEARBOOK)
DATABASE

当代中国与世界发展高端智库平台

ШШШ.P55Ш.ГОШ.Г5Е

S 子库介绍
ub-Database Introduction

中国经济发展数据库

涵盖宏观经济、农业经济、工业经济、产业经济、财政金融、交通旅游、商业贸易、劳动经济、企业经济、房地产经济、城市经济、区域经济等领域，为用户实时了解经济运行态势、把握经济发展规律、洞察经济形势、做出经济决策提供参考和依据。

中国社会发展数据库

全面整合国内外有关中国社会发展的统计数据、深度分析报告、专家解读和热点资讯构建而成的专业学术数据库。涉及宗教、社会、人口、政治、外交、法律、文化、教育、体育、文学艺术、医药卫生、资源环境等多个领域。

中国行业发展数据库

以中国国民经济行业分类为依据，跟踪分析国民经济各行业市场运行状况和政策导向，提供行业发展最前沿的资讯，为用户投资、从业及各种经济决策提供理论基础和实践指导。内容涵盖农业，能源与矿产业，交通运输业，制造业，金融业，房地产业，租赁和商务服务业，科学研究，环境和公共设施管理，居民服务业，教育，卫生和社会保障，文化、体育和娱乐业等 100 余个行业。

中国区域发展数据库

以特定区域内的经济、社会、文化、法治、资源环境等领域的现状与发展情况进行分析和预测。涵盖中部、西部、东北、西北等地区，长三角、珠三角、黄三角、京津冀、环渤海、合肥经济圈、长株潭城市群、关中一天水经济区、海峡经济区等区域经济体和城市圈，北京、上海、浙江、河南、陕西等 34 个省份及中国台湾地区。

中国文化传媒数据库

包括文化事业、文化产业、宗教、群众文化、图书馆事业、博物馆事业、档案事业、语言文字、文学、历史地理、新闻传播、广播电视、出版事业、艺术、电影、娱乐等多个子库。

世界经济与国际政治数据库

以皮书系列中涉及世界经济与国际政治的研究成果为基础，全面整合国内外有关世界经济与国际政治的统计数据、深度分析报告、专家解读和热点资讯构建而成的专业学术数据库。包括世界经济、世界政治、世界文化、国际社会、国际关系、国际组织、区域发展、国别发展等多个子库。